c h i e n

Mikulov

Lednice

Thaya

Valtice

Breclav

Falkenstein

a. d.
ya

Poysdorf

Staatz

Hohenau

March

Buschberg
491m ×

Mistel-
bach

Wilfersdorf

Zistersdorf

S
l
o
w
a
k
e
i

Nieder-
sulz

Dürnkrut

Angern
a. d. March

Wolkersdorf

Korneuburg

Gänserndorf

Marchegg

Deutsch
Wagram

Devinska-
Nová Ves

Orth a.d.
Donau

Eckartsau

Devin

Das Weinviertel

Thomas Hofmann

Das Weinviertel

**Geschichte, Kultur, Natur, Ausflüge,
Radtouren und angenehme Plätze zwischen
Manhartsberg und March**

Herausgegeben von Othmar Pruckner

**Mit Fotos von
Michael Rathmayer
und
Uta Köstler**

Falter Verlag

ISBN 3-85439-145-5
© 1995 Falter Verlagsgesellschaft m.b.H.
1011 Wien, Marc-Aurel-Straße 9
Telefon 0222/536 60-0
Alle Rechte vorbehalten

Karten: Robert Kneitschel
Zeichnungen: Atelier Stolz
Umschlaggestaltung: Rainer Dempf
Typographie: Christof Janitschek
Produktion: Susanne Schwameis
Satz: Falter Satz, 1011 Wien
Druck: Landesverlag, 4020 Linz

Mein besonderer Dank gilt meiner Familie –
Monika und Clemens

sowie Walpurga Antl, Walter Fittner,
Rudolf Fürnkranz, Karin Gepperth, Heidi Haslinger,
Maria Heinrich, Herbert Hlawati, Peter Kenyeres,
Anton Kern, Thomas Kristen, Helmut Kurz,
Peter Malberg, Hermann Mayrhofer,
Gertrude Molterer, Johannes Wolfgang Neugebauer,
Ernst Neuhold, Lilli Obenaus, Helga Papp,
Arthur Reis, Reinhard Roetzel, Barbara Seemann,
Harald Seymann, Ernst Steindl, Franz Stojaspal,
Johann Strick, Gerhard Weisskircher

Inhalt

Praktischer Reiseteil

Das mollig warme Viertel

Hand aufs Herz: Wer kennt Niedersulz? Wer hat schon in Sitzendorf, der «Perle des oberen Schmidatales», einen geruhsamen Nachmittag verbracht? Wer hat jemals eine Theateraufführung in Guntersdorf besucht? Wer die Alchemistenstube in Oberstockstall gesehen? Und wer hat je die Kellergasse von Hadres in all ihren Tiefen erforscht?

Die fremde Weltgegend, um die es in diesem Buch geht, heißt Weinviertel. Ja, in Retz, da gibt es eine Windmühle. Und in Eggenburg viele alte Häuser. Im Marchfeld, auch das ist vielleicht bekannt, stehen hübsche Schlösser in der Landschaft herum. Aber damit hat sich das Wissen um das weite Land im Nordosten Österreichs meist schon erschöpft. Großmugl, Obernalb, Niederleis, Unterstinkenbrunn – solche Namen klingen in den Ohren von uns Fernreisenden um vieles exotischer als «Serengeti» oder «Palm Beach». Wir haben gelernt, uns im Basar von Istanbul zu bewegen, wir haben unseren Stammkellner im netten Strandclub in Kreta liebgewonnen und freuen uns aufs jährliche Wiedersehen mit ihm. Unsicherheit beschleicht uns dagegen in Kleinkadolz. Sagt man hier «Grüß Gott» oder einfach «Tag»? Versteht die alte Frau, die wir in Großwetzdorf nach dem Weg zum Heldenberg fragen, unser kunstvoll gebrochenes Hochdeutsch überhaupt?

Mit anderen Worten: Das Weinviertel ist für viele, zu viele Österreicherinnen und Österreicher eine fremde, exotische Welt geblieben. Nicht nur Innsbrucker, auch Wiener sonder Zahl geben spätestens in Oberschoderlee auf: Völlig verloren in der Weinviertler Weite.

Viel Vertrautes fehlt hier: Bettenburgen, Apartmentschlösser und Freeclimber-Reservate finden sich weder in Prinzendorf noch in Mailberg. Dafür aber versteckt sich hinter jeder Kurve ein neues Barockschlößchen, hinter jeder Kuppe eine idyllische Kellergasse.

Manchen ist das Land unheimlich: Es bietet fast überall einen ungewohnt großen Horizont. Es gibt keine engen, schroffen Schluchten, keine riesigen, dunklen Wälder, keine steilen Dreitausender-Flanken. Das Weinviertel ist vielmehr offen, breit, sanft und klar. Es ist eine helle und warme, geradezu mollige Landschaft, abseits des Spektakulären, Aufregenden, Gewaltigen. Dafür ist es gespickt mit Kleinoden, durchwoben von unzähligen Wegen und Stegen, die noch nicht zur Motorrad-Teststrecke verkommen sind. Seit 1989 sind Weite und Offenheit sogar noch um vieles größer geworden. Die einst harte Grenze zur CSSR wurde an vielen Stellen durchlässig, die Entdeckung des «Drüben» damit zum kurzfristig planbaren Sonntagnachmittagsvergnügen.

Dieses Buch gibt eine profunde Grundlage, ein ideales Ausflugsland neu zu entdecken. Es ist ein Wegweiser in eine ruhige, entspannende Welt. Mit seiner Hilfe können Sie sich in der Weinviertler Exotik zurechtfinden. Und die verborgenen Schätze heben – Wochenende um Wochenende neu.

Der Herausgeber

Einführung in ein unbekanntes Land

GEOGRAPHIE

Das Viertel unter dem Manhartsberg, wie das Weinviertel seit dem Jahre 1254 genannt wird, umfaßt mit 4200 Quadratkilometern knapp 22 Prozent der Fläche Niederösterreichs. Der Name rührt daher, daß es im Vergleich zum Waldviertel tiefer, eben «unter» dem Manhartsberg liegt. Dieser Manhartsberg selbst ist kein «richtiger» Berg, sondern nur ein flacher Rücken. Mit der höchsten Erhebung von 536 Metern zieht er in zwei Teilen von der Donau bis zur Thaya. Der südliche Teil beginnt beim unteren Kamp und reicht bis Eggenburg. Der nördliche schließt von Sigmundsherberg bis Richtung Znaim an.

Etwas salopp könnte man diese Region in der Nordostecke Österreichs als Mischung aus sanftem Hügelland und flacher Ebene bezeichnen.

Geteilt wird das Viertel durch einen mit Klippen durchsetzten Hügelzug, der sich vom Nordosten Stockeraus über den Rohrwald mit dem Waschberg (388 Meter) und Michelberg (409 Meter) Richtung Leiser Berge (491 Meter), Staatz (331 Meter), Falkenstein (425 Meter) bis nach Kleinschweinbarth und in die Pollauer Berge zieht.

Die Gewässer des Weinviertels sind mit Ausnahme von March und Thaya nur kleine Bäche, aber nichtsdestotrotz seit alters her schon immer von Bedeutung gewesen. Thaya und March waren immer heißumkämpfte natürliche Grenzen zu den östlichen Nachbarländern. Die Namen bedeutender Gewässer wie Donau, March, Thaya und Zaya wurden vielfach als schmückendes Beiwerk an Ortsnamen («Laa an der Thaya») angehängt. Früher mag diese dadurch versuchte nähere Charakterisierung noch zugetroffen haben. Nach der Regulierung und Drainagierung der Flüsse liegt allerdings weder Laa an der Thaya noch Orth an der Donau.

Weinviertler Landschaft bei Röhrabrunn: sanfte Hügel und weite Täler

Im Süden verläuft die Grenze des Weinviertels entlang der Donau. Wie ein Messer durchschneidet der große Strom die flachen Ebenen des Tullner Feldes und des Marchfeldes. Entlang des Ufers haben sich riesige Auwälder erhalten. Auch diese urtümlichen Landschaften werden in diesem Buch ausführlich vorgestellt.

GEOLOGIE

Fast die ganze Landschaft des Weinviertels ist von einer fruchtbaren Bodendecke überzogen, die wiederum Grundlage einer

üppigen Vegetation ist. Auf den ersten Blick: keine Spur von Geologie im engeren Sinn, nirgendwo nackte Felswände und mächtig aufragende Felstürme.

Dennoch ist das Weinviertel, insbesonders der östliche Teil, eines der geologisch am besten untersuchten Gebiete der Erde. Tausende Bohrungen, zum Teil mehrere Kilometer tief – der Rekord wurde in Zistersdorf mit 8553 Metern erreicht –, geben ein um-

Mammut: Gigant der Eiszeit

fassendes Bild des Untergrundes wieder. Der Grund: Bei der Suche nach Erdöl wurden die Geologen permanent um Hilfe gefragt. Unzählige Ortschaften wurden in der Fachliteratur verewigt. Das Spektrum der Weinviertler Besonderheiten reicht vom Aderklaaer Konglomerat über den Ameiser Schichtkomplex bis zu Altenmarkter Schichten, von Bockfließer Schichten, Bruderndorfer Schichten, Ernstbrunner Kalk, den Haidhof-Schichten, Hollabrunner und Mistelbacher Schottern, Laaer, Klementer und Michelstettener Schichten, vom Porrauer Diabaskomplex, den Thomasler Schichten bis hin zum Zellerndorfer Schlier oder Zogelsdorfer Kalksandstein. Den westlichen Rand des

Schottergrube bei Hollabrunn: Urdonau-Reste

Weinviertels bilden die kristallinen Gesteine des Waldviertels (Böhmische Masse).

Das Weinviertel läßt sich in drei geologische Einheiten gliedern. Zentrale Trennlinie ist die Klippenzone, die als sogenannte *Waschbergzone* das Wiener Becken im Osten von der Molassezone im Westen teilt.

Die *Molassezone* verläuft am Nordrand des Alpenbogens und vereinigt in sich die Abtragungsprodukte des im Süden gelegenen Alpenkörpers.

Die Klippenzone ist die charakteristischste geologische Einheit des Weinviertels, die es nur hier bzw. in Südmähren gibt. Sie besteht aus einzelnen «Härtlingen», isoliert aus dem Untergrund aufragenden Gesteinstrümmern, wovon die eindrucksvollste Formation sicherlich die Staatzer Klippe ist.

Fossile Kammuschel: Zeuge ehemaliger Meere im Weinviertel

Diese Kalkklippen wurden vor 17 Millionen Jahren durch die alpine Gebirgsbildung aus dem Untergrund nach oben gepreßt.

Das *Wiener Becken,* zu dem auch das «Marchfeld» gehört, entstand durch Einsenkung und Zerrung im Miozän, also vor rund 23 Millionen Jahren. Seit damals wurde es sukzessive mit Sanden und Tonen aufgefüllt, die als Erdölspeicher fungieren konnten und die Grundlage für die – nun langsam zu Ende gehende – Weinviertler Erdölwirtschaft bildeten.

In der Endphase, im Oberen Miozän – also vor 10 Millionen Jahren –, verlief die Urdonau weit nördlicher als heute und mündete in einem großen Deltasystem im Bereich zwischen Hollabrunn und Mistelbach in das Wiener Becken. In dieser Gegend sowie im Marchfeld selbst liegen heute zahlreiche Schottergruben.

In der letzten für den Weinbau wichtigen geologischen Phase spielte der Wind eine entscheidende Rolle. Während der Eiszeiten blies er Staub vom Süden in die Tundrenlandschaft nördlich der Donau. Dieses äolische Sediment – nunmehr als Löß bekannt – bedeckt auch heute noch auf weiten Flächen den Untergrund. Löß ist geradezu eine optimale Grundlage für den Weinbau: Er bildet gute Böden aus – und Weinkeller lassen sich in dem weichen, aber «tragenden» Material besonders gut anlegen.

KLIMA

Im ganzen Gebiet von der March bis zum Manhartsberg herrscht *Pannonisches Klima* vor. Grob gesprochen bedeutet dies heiße Sommer, kalte Winter und insgesamt sehr wenig Niederschläge.
In Absolutwerten ausgedrückt:
– Das Jahresmittel liegt zwischen 8 und 9 Grad,
– das Julimittel über 19 Grad
– und das Jännermittel bei minus 2,5 Grad.

Kennzeichnend ist der rasche Wechsel vom Winter zum Frühjahr. Im Marchfeld, der Laaer Ebene, dem Retzer Gebiet und dem Zayatal ist es im Jahresschnitt noch einmal um ein Grad wärmer als im restlichen Hügelland.

Grenzwert für die sonst sehr günstigen Vegetationsverhältnisse ist die sehr geringe Niederschlagsmenge, die bei 500 Millimeter pro Jahr liegt. Im Retzer Raum und um das Pulkautal schwanken die Niederschlagswerte gar nur im Bereich von 410

Weinviertler Klima: Kampf der Vegetation gegen Trockenheit

bis 450 Millimeter, was eindeutig am unteren Limit für Pflanzenwachstum liegt.

Die meisten Niederschläge fallen wider Erwarten im Sommer – bei kurzen, aber kräftigen Gewitterregen. Hartnäckige, lange Regenperioden wie etwa im Salzkammergut kommen so gut wie nicht vor.

Generell geht es den Weinviertlern, was die Vegetation betrifft, sehr gut. Daß hier Wein gedeiht, bedeutet, daß auch alle anderen Kulturpflanzen angebaut werden können.

Der Frühling hält hier früher als anderswo Einzug. In den Donau- und Marchniederungen blüht das Schneeglöckchen im langjährigen Durchschnitt schon vor dem 4. März, im restlichen Weinviertel – im Mittelwert – ab dem 10. März. Der Vollfrühling, gleichgesetzt mit dem Beginn der Apfelblüte, beginnt wieder zuerst im Marchfeld, im letzten Drittel des Monats April. Dann, im ersten Maidrittel, blühen die Apfelbäume auch im übrigen Weinviertel.

Der Frühsommer, durch Blüte des Winterroggens und des Holunders bestimmt, beginnt im Marchfeld um den 28. Mai; der eigentliche Hochsommer, markiert durch die Roggenreife, beginnt im Marchfeld schon vor dem 1. Juli und erreicht ab Mitte Juli das ganze Weinviertel.

Der Frühherbst, wenn sich von den Roßkastanien die Fruchtschalen lösen, beginnt im ganzen Weinviertel bis hinauf nach Südmähren und hinunter in die Kleine Ungarische Tiefebene um den 15. September. Der Vollherbst – die Blätter von Rotbuche, Stieleiche und Kastanie verfärben sich wunderbar – setzt zwischen 8. und 29. Oktober ein.

Der Winter ist im Weinviertel «Mangelware». Wer Schnee zum Langlaufen sucht, wird höchst selten Erfolg haben. Denn wenn die weiße Pracht überhaupt fällt, so meist nur in geringen Mengen, und fällt einmal mehr, so wird der Schnee sofort vom Wind verblasen. Er türmt sich dann in mehr oder weniger mächtigen Wehen genau dort auf, wo man mit Sicherheit nicht langlaufen kann.

GESCHICHTE

Das Viertel unter dem Manhartsberg ist uraltes Siedlungsland. Schon in den Eiszeiten, als in der baumlosen Tundrenlandschaft Mammuts grasen, tauchen vor mehr als 20.000 Jahren die ersten umherziehenden Mammutjäger auf. Zwischen 6000 und 5000 v. Chr. werden aus «steinzeitlichen» Jägern und Sammlern seßhafte Bauern, die bereits Haustiere besitzen. Um überhaupt siedeln zu können, müssen die Menschen aber erst einmal Lichtungen in die dichten Wälder schlagen. Bald entstehen auch riesige Festungsbauten und Kreisgrabenanlagen, die sogenannten «Rondelle», letztere mit einer Nutzung für «sozial-kultische» Zwecke.

Nach der Bronzezeit folgt die Eisenzeit, die den Weinviertlern einige «Mugln», riesige Grabhügel reicher Fürsten, beschert. Der bekannteste ist in der Ortschaft «Großmugl» zu bestaunen.

Noch vor Christi Geburt tauchen die Kelten, besser bekannt als Gallier, im Weinviertel auf, die Römer folgen. In der Völkerwanderungszeit tauchen Langobarden und Awaren auf. Slawen siedeln in vielen Orten des Weinviertels.

Ruppersthal: Auf den Spuren der Mammutjäger

Das immer stärker werdende Christentum sorgt für die Einwanderung von Siedlern aus dem bayrischen und fränkischen Raum.

Zur Zeit der Babenberger (976–1246) werden «Mutterpfarren» gegründet, die ihrerseits Keimzellen für die Christianisierung darstellen.

Mit 1278, der Schlacht von Dürnkrut und Jedenspeigen, wird der Beginn der Habsburgerherrschaft datiert. In dieser – auf heutigem Weinviertler Boden ausgetragenen – Schlacht besiegt Rudolf von Habsburg Przemysl Ottokar II. Die Habsburgerzeit geht 1918 in Eckartsau – ebenfalls im Weinviertel – mit der Abdankung Kaiser Karls zu Ende. In diese 640 Jahre dauernde Epoche fallen nicht nur kriegerische Ereignisse wie Einfälle der Hussiten, Böhmen, der Ungarn unter Matthias Corvinus, der Türken, der alles zerstörenden Schweden im Jahr 1645, der Kuruzzen, Napoleons (1809) und der Preußen. Es gibt auch Zeiten, in denen Friede und rege Bautätigkeit herrschen. Aus der Zeit der Renaissance sind wunderschöne Sgraffitohäuser erhalten. Viele der Kirchen gehen auf die Romanik zurück, wurden in der Gotik oft um einen Chor erweitert und im 18. Jahrhundert mit barockem Überschwang dekoriert.

Das Weinviertel wird heute noch oft als «blutiges Schlachtfeld» und Durchgangsland bezeichnet. Selbst im Zweiten Weltkrieg wird hier gekämpft – und zwar unter besonders tragischen Bedingungen: In Wien wird – am 27. April des Jahres 1945 – die provisorische Staatsregierung proklamiert, doch auf Weinviertler Boden wird noch bis zum 8. Mai, dem Tag der Kapitulation Hitlerdeutschlands, gestorben.

Die Jahrzehnte nach dem Krieg sind gekennzeichnet durch die Nähe des Eisernen Vorhangs; das Weinviertel wird zur «Peripherie».

Wie ein Wunder erscheint dann der plötzliche Untergang des «real existierenden Sozialismus» im Jahr 1989 – die Grenzbalken zu den Nachbarstaaten werden geöffnet. Für das Weinviertel, lange Zeit in einem toten Winkel Europas gelegen, brach damit wieder einmal eine neue Epoche an.

POLITIK

Die Formel ist einfach: Weinviertel ist Bauernland, und Bauern sind ÖVP-Wähler. Zumindest bis vor einigen Jahren hatte diese «Bauernregel» ihre eherne Gültigkeit, nun ist die politische Landschaft bunter geworden. Aus Verlusten auf seiten der «Schwarzen» konnten nicht nur die Freiheitlichen, sondern auch die Grünen, vor allem aber die Liberalen Kapital schlagen – bei den Landtagswahlen 1992 zog die Partei Heide Schmidts auf Anhieb in den niederösterreichischen Landtag ein.

Ein politisch eminent wichtiger Faktor ist die Nähe zur Ostgrenze. Generell allseits bejubelt, wird die Grenzöffnung zu Tschechien und zur Slowakei vor Ort eher differenziert gesehen. Einerseits fahren viele Weinviertler rasch «hinüber», um billig einzukaufen; gerne werden auch von Bauern die «billigen» Arbeitskräfte von drüben als Pfuscher und Hilfsarbeiter aufgenom-

Außenminister Alois Mock, Landeshauptmann Ludwig:
Grenzöffnung zur CSSR im Dezember 1989 bei Laa an der Thaya

men. Wenn sich aber ein Tscheche oder Slowake mit einer offiziellen Arbeitsgenehmigung hier eine Existenz aufbauen will, dann
kommen rasch Neid und Eifersucht auf. Wird irgendwo eingebrochen, dann ist der Sündenbock schnell gefunden, zuerst wird
einmal ein Tscheche oder, noch lieber, ein Slowake verdächtigt.

Die gegenseitige Liebe hält sich also in Grenzen. Die Euphorie der Ost-Öffnung ist verflogen – aber, zum Trost: Mährische Blasmusikkapellen spielen noch immer bei Kirtagen und
Jahrmärkten diesseits der Grenze auf. So schlecht kann es also
um die nachbarschaftlichen Beziehungen auch wieder nicht
bestellt sein!

GEWERBE UND INDUSTRIE

Große Fabriksgebäude, die etwa in der Mur-Mürz-Furche zum
Landschaftsbild gehören, hat es im Weinviertel nie gegeben.
Eine Konzentration von größeren Betrieben findet sich nur an
der Achse Wien–Korneuburg–Stockerau. Beide Städte verfügen zusammen über mehr als 10.000 Arbeitsplätze. Generell
nimmt die Dichte der Großbetriebe und damit auch jene der

Erfolgreiche Industrie: Europas größte Zitronensäurefabrik in Pernhofen

Arbeitsplätze von der Stadtgrenze Wiens aus ständig ab. Im unmittelbaren Nahbereich Wiens finden sich in Hagenbrunn sowie in Groß-Enzersdorf größere Betriebsansammlungen. Weitere Arbeitszentren liegen in Mistelbach, das als Bezirkshauptort ein großes Krankenhaus besitzt, in Hollabrunn mit einem kartoffelverwertenden Betrieb, bei Laa mit einer Zitronensäurefabrik und einem Hersteller von Traktorenanhängern, in Hohenau und Leopoldsdorf mit Zuckerfabriken, in Wolkersdorf mit einer Unterwäschefabrik sowie einem Industriepark und in Orth mit einem pharmazeutischen Betrieb, der Firma «Immuno». Am Nordrand des Marchfeldes werden noch immer Erdöl und Erdgas gewonnen.

Insgesamt ist die Zahl der industriell-gewerblichen Arbeitsplätze für die Bewohner des Weinviertels bei weitem nicht ausreichend. Die Kolonne der Pendler-Autos, die täglich auf der Brünner Straße nach Wien hereinrollt, scheint von Wien bis Wolkersdorf nicht abreißen zu wollen. An Spitzentagen werden an dieser Strecke 25.000 Autos gezählt. Als Maßnahme gegen die permanent anschwellenden Pendlerströme bemüht sich die Betriebsansiedlungsgesellschaft ECO-PLUS um Betriebsneugründungen im Industriepark von Wolkersdorf sowie in der Grenzlandregion um Poysdorf.

LANDWIRTSCHAFT

Strenggenommen dürfte das Weinviertel gar nicht Weinviertel heißen; Getreide-, Ölsaaten- oder Rübenviertel wäre eher angebracht. Denn von den knapp über 400.000 Hektar (oder 4000 Quadratkilometern) Wirtschaftsfläche entfallen 52 Prozent auf Getreide, 7 Prozent auf Ölsaaten, 5,3 Prozent auf Zuckerrüben und nur lächerliche 5,1 Prozent auf den Weinbau. Das Klima und die günstigen Bodenverhältnisse erlauben eben den Anbau so gut wie aller Früchte. Sichtbarer Ausdruck der intensiven landwirtschaftlichen Nutzung – wenn auch nicht gerade eine Bereicherung im Landschaftsbild – sind unzählige hohe Silos der Raiffeisen-Lagerhäuser, die in den «fetten» Jahren allerorts in die Höhe schossen.

Noch vor zehn Jahren schien die Welt – vor allem der Marchfeldbauern – eine grenzenlos heile zu sein. Große Flächen von Getreide, Mais und Zuckerrüben bescherten den Bauern kalkulierbare, große Gewinne. Alle Waren konnten ins Lagerhaus gebracht werden, der Preis war zumindest akzepta-

bel. Möglich war dies durch ein System von gestützten, garantierten Erzeugerpreisen sowie durch die Hochtechnisierung in der Landwirtschaft. Riesige Flächen konnten dank großer Traktoren, wirkungsvoller Spritzmittel und großer Erntemaschinen intensiv bewirtschaftet werden. Betriebe, die sich nach dem Zweiten Weltkrieg gerade selbst mit Lebensmitteln versorgen konnten, wandelten sich im Zuge der «Grünen Revolution» zu Agrarfabriken. Heute gibt es viele Betriebe, die zwar fünfzig und mehr Hektar unter dem Pflug stehen haben, deren Besitzer aber nicht einmal Zwiebel oder ein Häupel Salat anbauen, geschweige denn Hühner besitzen.

Marchfeld: Österreichs Kornkammer

Jetzt geht die Zeit der reinen Getreide-, Mais- und Zuckerrüben-Monokulturen langsam zu Ende; der EU-Beitritt zwingt das lange Zeit protektionistisch geschützte österreichische Agrarsystem zur Umstellung.

Da noch immer viel zuviel Ernte anfällt, sollen nun staatliche Stützungen und Förderungen Appetit auf Flächenstillegungen machen. Auch dieses subventionierte Brachliegenlassen von Ackerflächen stellt eine «sichere» Einkommensquelle dar – trotzdem wird lediglich ein halbes Prozent der landwirtschaftlich genutzten Fläche heute nicht bewirtschaftet.

In bestimmten Gebieten des Weinviertels wurden bisher bestimmte Produkte bevorzugt angebaut. Das Marchfeld heißt nicht umsonst Kornkammer Österreichs, auf über 25.000 Hektar wogen hier Weizen, Gerste und Roggen. An zweiter Stelle in der Reihe der Getreideproduzenten liegen die Bezirke Laa und Hollabrunn.

Das Marchfeld ist auch der Gemüsegarten Wiens. 350 Vertragsbauern liefern aus nächster Umgebung direkt an die Tiefkühlkost-Firma Eskimo-Iglo in Groß-Enzersdorf.

Getreu dem Prinzip, die Produkte dort zu verarbeiten, wo sie angebaut werden, entstanden im Weinviertel drei Zuckerfabriken. Jene von Dürnkrut wurde stillgelegt, die Hohenauer und Leopoldsdorfer Fabriken sind noch in Betrieb.

Auch die Erdäpfel haben im Weinviertel keinen weiten Weg von der Erde zu den Chips. In Hollabrunn, einem der größten Erdäpfelanbaugebiete, hat sich die «KV», die «Kartoffelverwertung», niedergelassen.

Um die Weintrauben, die von den Weinbauern bis vor wenigen Jahren der Einfachheit halber meist im Rohzustand an Genossenschaften abgeliefert wurden, kümmern sich immer mehr Produzenten heute schon selber. Die Erkenntnis, daß man aus einem Doppler mehr als bloß drei Bouteillen machen kann, hat dem Wein auf die Sprünge geholfen. Die allseits gepredigte Devise «Qualität statt Quantität» hat das Weinviertel, das lange Zeit im Schatten der Wachauer Weinbauern stand, längst zu einem Geheimtip in Sachen Wein gemacht.

Die Weinviertler Weine –
mehr als nur «Brünnerstraßler»

Vorweg: Die Weinviertler Weine sind besser als ihr Ruf. Vielfach wird der «Brünnerstraßler» abwertend rezensiert – tatsächlich wurde im Weinviertel (so wie auch in anderen Weinbaugebieten) lange weniger auf Qualität, sondern auf Quantität geachtet. Als Brünnerstraßler werden heute vorwiegend spritzige, leicht säuerliche (resche) Weine bezeichnet, die zumeist im Doppler (Zweiliterflasche) auf den Markt kommen.

Ein spezifisch weinviertlerisches Strukturproblem stand einer Qualitätsproduktion lange Zeit im Wege: Der Weinanbau war für die Weinviertler Bauern oftmals nur ein Standbein von mehreren, neben Getreide und Zuckerrüben wurde eben auch ein kleiner Wein-«Garten» bewirtschaftet.

Heute gilt das Weinviertel als Hoffnungsgebiet schlechthin. Die Zahl der Betriebe, die sich im vorderen Feld der Spitzenwinzer plazieren,

Weinbau: oft nur im Nebenerwerb

wächst von Jahr zu Jahr. Vinotheken schießen wie Schwammerl aus dem Boden. Seit dem Weinskandal, der sich auch im Weinviertel als heilsamer Schock ausgewirkt hat, sind unzählige Qualitätswinzervereinigungen entstanden. Ausgehend von den Richtlinien des Weingesetzes, versuchen immer mehr Winzer unter einem gemeinsamen Namen und unter selbstauferlegten Richtlinien hochwertige Weine auf den Markt zu bringen. Als marketingträchtige Zugpferde dienen nicht selten klingende Namen. «Matthias Corvinus» und «Rudolf von Habsburg» sind die prominentesten, gefolgt vom «Freiherr von Reichenstein».

WEIN: EINE ALTE KULTURPFLANZE

Aus der Sicht des Botanikers sind die Abkömmlinge der Wildrebe aus einer ehemaligen Auwaldliane hervorgegangen. Inzwischen sind durch Züchtungen mehr als 8000 Sorten entstanden. Auf der Suche nach den Wurzeln des Weinbaus muß man weit zurückgehen. Aufgrund einer Indizienkette, basierend auf Realfunden von Weintraubenkernen und Trinkgeschirren, schließt der Urgeschichtsexperte Johannes Wolfgang Neugebauer auf eine tausend Jahre vor Christus zurückreichende Geschichte des Weinbaus und -genusses im ostösterreichischen Raum. Nicht nur die dicken und kurzen Kerne der wilden Rebe *(Vitis silvestris)*, sondern auch die schlanken, hohen der kultivierten Rebe *(Vitis vinifera)* wurden bei Grabungen «sichergestellt».

DIE NATÜRLICHEN BEDINGUNGEN
DES WEINBAUS

Wein wächst in warm-gemäßigten Klimazonen mit genügendem Wasserangebot. Das Jahresmittel soll zwischen 9 und 21 Grad liegen, optimal ist für Weißwein ein Bereich zwischen 9 und 11 Grad und für Rotwein zwischen 10 und 13 Grad. Im Winter gefährden Temperaturen unter minus 20 Grad das Holz der Stöcke.

Der Temperaturunterschied zwischen Tag und Nacht wirkt sich positiv auf die Qualität aus, dabei werden in den Blättern produzierte Stoffe zu den Trauben transportiert. Während der Traubenreife kommt es bei Temperaturen über 30 Grad zum Säureabbau.

Bevorzugt wird Wein an Hanglagen gepflanzt: Die kalte Luft kann nach unten hin abströmen, die Sonneneinstrahlung wirkt hier besonders intensiv. Schließlich haben die im Weinviertel weitverbreiteten Lößböden sehr gute Eigenschaften, vor allem in bezug auf Wasserhaushalt, Humus- und Nährstoffangebot.

Neben all den natürlichen Parametern hat letztendlich der Winzer das entscheidende Wort bei der Weinqualität mitzureden. Sein Wissen und Können – das bereits beim Rebschnitt ansetzt und von der richtigen Düngung über das Treffen des optimalen Lesezeitpunkts bis hin zum perfekten Ausbau des Weines im Keller reicht – sind letztendlich für das Endprodukt ausschlaggebend.

DIE WICHTIGSTEN SORTEN UND WO SIE WACHSEN

Rund 14.000 Winzer, vorwiegend kleinere Betriebe, bewirtschaften mehr als 18.000 Hektar Rebfläche. Bis auf wenige Gebiete wird hier überwiegend Weißwein angebaut. Die Sorten Grüner Veltliner, Riesling und Weißer Burgunder sind die wichtigsten, zunehmend kommen auch Sorten wie Chardonnay in Mode.

DIE WEISSEN ...

Chardonnay Dieser Modewein ist erst seit 1986 als österreichische Qualitätsweinsorte zugelassen. Der als fruchtig bezeichnete Wein verbessert seine Geschmacksnuancen im Alter.

Frühroter Veltliner Diese Sorte reift, wie der Name verrät, etwas früher und gedeiht in größerem Rahmen im Schmidatal, Pulkautal sowie in Poysdorf und Herrnbaumgarten.

Grüner Veltliner Die absolut wichtigste, verläßliche und ertragreiche Rebsorte findet nirgendwo auf der Welt so ideale Verhältnisse wie in Ostösterreich vor. In vielen Gebieten macht der Anteil der Rebe zwei Drittel der Gesamtrebfläche aus. Durch unterschiedliche Bodenbedingungen lassen sich einige Geschmackstypen unterscheiden: Als «rassig» werden die Weine aus dem westlichen Weinviertel (Röschitz, Mailberg, Sitzendorf, Hohenwart) bezeichnet. An den Abhängen des Manhartsbergzuges südlich von Retz und im Pulkautal spricht die «Weinbibel», der «Steurer», von einem «sämlingartigen Veltlinertyp». Die Poysdorfer, Falkensteiner und Herrnbaumgartner kreieren einen säurebetonten, reschen Typus. Diese oft unter «Brünnerstraßler» subsumierten Weine werden nach Wolkersdorf hin etwas milder. Gerne wird der Wein wegen seines Säuregehaltes als Basis für den G'spritzten verwendet.

Müller-Thurgau (Riesling x Sylvaner) Diese Züchtung aus letztgenannten Sorten ist runde 100 Jahre alt und zeichnet sich im Geschmack durch einen Muskatton aus. Gebaut wird er vorwiegend am Wagram und im Schmidatal.

Sekt: ein Großteil der spritzigen Weißweine wird «versektet»

Rheinriesling Diese Sorte reift sehr spät und wird vom Winzer meist zum Abschluß der Weinernte gelesen. Größere Anbauflächen befinden sich, von Retz ausgehend, im Pulkautal und dann im Osten in der Poysdorfer, Falkensteiner und Herrnbaumgartner Gegend sowie um Angern und Matzen.

Welschriesling Diese ebenfalls spät zu lesende Rebsorte zeichnet sich durch eine feinwürzige, süffige, leicht säurebetonte Geschmacksnote aus. Größere Anbauflächen findet man wieder in der Gegend um Poysdorf, im Bereich der Brünner Straße und entlang des Hochleithenwaldes.

Weißer Burgunder (Pinot Blanc) Dieser in bezug auf Lage und Boden eher anspruchsvolle Wein mit dem süffigen Gesamteindruck wird in letzter Zeit immer populärer. Seine volle Qualität kann er erst im Kabinett- und Spätlesebereich entfalten.

... UND DIE ROTEN

Blauburger Diese Sorte wurde in den zwanziger Jahren in Klosterneuburg aus den Sorten Blaufränkisch und Blauer Por-

Hardeggscher Weinkeller in Seefeld: edle Tropfen in Holzfässern

tugieser neu gezüchtet und zeichnet sich durch seine intensive Farbe aus. Geschmacklich zeigt er Ähnlichkeiten mit dem Blaufränkischen. Schwerpunktmäßig wird er im Pulkautal und in der Schrattenberger Gegend angebaut.

Blauer Burgunder (Pinot noir) Rubinrote Farbe mit violetten Nuancen zeichnen diesen Wein mit seinem fruchtigen Aroma aus. Kultiviert wird er vor allem in den Weinviertler Rotweingebieten.

Blauer Portugieser («Vöslauer») Ein vom Anbau her eher anspruchsloser Wein, dem der Ruf anhaftet, nicht lange lagerbar zu sein. Bei entsprechend kundiger Hand des Winzers kann dieser süffige, fruchtige, milde Wein aber ganz beachtliche Qualitäten erreichen. Als Metropole gilt Haugsdorf.

Zweigelt Die Rebe ist eine Kreuzung aus den beiden Sorten St. Laurent und Blaufränkisch. Diese eher anspruchslose Sorte ist neben dem Blauen Portugieser die wichtigste Rotweinsorte im Weinviertel. Bevorzugt wächst er im Pulkautal und in der Poysdorfer und Schrattenberger Gegend.

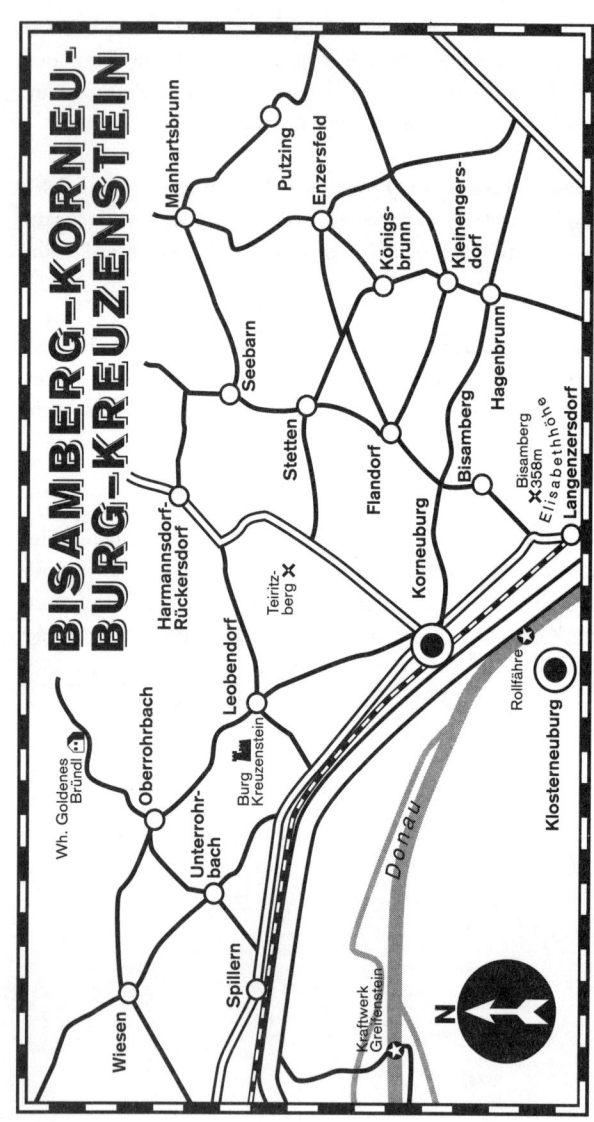

BISAMBERG-KORNEU-
BURG-KREUZENSTEIN

Erste Weinviertelerfahrung:
Bisamberg – Korneuburg – Kreuzenstein

DER BISAMBERG

Der Rücken des Bisamberges trennt Wien und Niederösterreich wie ein Riegel voneinander ab. In der Enge des Donaudurchbruchs, der sogenannten «Wiener Pforte», schmiegen sich an der linken Donauseite die Orte Langenzersdorf und Bisamberg an den Rücken des kleinen, 358 Meter «hohen» Berges, langsam, aber unaufhaltsam wachsen die beiden Ortschaften mit der ersten Stadt des Weinviertels, Korneuburg, zusammen.

Gerade nicht mehr mit der Tramway erreichbar, bietet sich diese Region für einen Sonntagnachmittagsausflug in idealer Weise an. Wer lieber alleine oder zu zweit unterwegs ist, sollte an einem Wochentag zur kurzen Schnupperreise in den allernächsten Teil des Weinviertels aufbrechen – und nicht am Wochenende, wenn alle wandern.

Der Bisamberg hat das, was der Wiener schätzt: ein paar nicht zu steile Wanderwege vom Bergfuß hinauf zum Gipfel,

Bisamberg: Nach der Wanderung lockt der Heurigenbesuch

35

oben ein Restaurant und schließlich ein wunderbares Panorama. Steffl, Riesenrad und Donauturm sind bei einigermaßen schönem Wetter gut zu sehen. Am Fuße des Berges liegen viele Heurigenlokale – nach dem Gipfelsturm gerade die richtige Belohnung für die durchgestandenen Strapazen.

Die Minimalversion eines Gipfelanstiegs, speziell für patriotische Wiener, beginnt in Strebersdorf. Diesen Vorort kann man vom Wiener Ringturm aus mit der Straßenbahnlinie 32 erreichen. Von der Endstation folgt man der Krottenhofgasse und biegt bei der Senderstraße links ab. Schnurstracks erreicht man den Gipfel.

Ungleich interessanter ist der Weg, der von Langenzersdorf nach oben führt. Bei dieser Gelegenheit kann man beim Hanak-Museum auch noch die Plastiken des berühmten Bildhauers besichtigen. Wenige Meter vom Museum entfernt befindet sich eine große Übersichtstafel mit allen markierten Bisamberg-Wegen.

Der kürzeste Weg zum Gipfel führt durch die Magdalenenhofstraße. Dieser geradeaus folgend, gelangt man durch Weinberge zu den – unübersehbaren – Fernsehsendemasten. Beide ORF-TV-Programme werden von hier gesendet.

Knapp unter dem Gipfel treffen sich alle Wanderwege; im von der Stadt Wien bewirtschafteten Magdalenenhof oder im schmucken Jagdschloß gegenüber kann sich der erschöpfte Wanderer stärken.

Hinunter geht es Richtung Süden über den Klausgraben in die Langenzersdorfer Kellergasse.

Am kürzesten ist der Rückweg über die Senderstraße hinunter auf die Hagenbrunner Straße. Folgt man dem Stadtwanderweg Nr. 10, so muß man beim Eichendorff-Denkmal nach rechts abbiegen, passiert nach einiger Zeit das Kinderfreundeheim und wandert entlang der Stadtgrenze zur Hagenbrunner Straße. Geht man jedoch beim Eichendorff-Denkmal den Weg gerade weiter, so kommt man an der Bildereiche vorbei, zum nächsten Wirtshaus «Gamshöhe», dem zweiten «Einkehrschwung» am Bisamberg.

ESSEN UND TRINKEN AM BERG Restaurant MAGDALENENHOF, Tel. 0222/2923486. Café MAGDALENENHOF, Tel. 0222/2924109. Gasthaus «GAMSHÖHE», Tel. 0222/63420.

DER ORT BISAMBERG

In «Pusinberge», so einer der ältesten Namen des zum Berg gehörenden Ortes Bisamberg, blieb bis heute der Charakter eines Weinhauerdorfes erhalten – was ihn auch zum Nobeldomizil für die Wiener Prominenz gemacht hat.

So wie Langenzersdorf gehörte der Ort während des Zweiten Weltkriegs zum Gemeindegebiet von Wien. An der neugestalteten Hauptstraße mit dem Kopfsteinpflaster liegen bodenständige Weinhauerhäuser und schöne Villen begüterter Bürger friedlich nebeneinander. Der Wein war stets wichtig und vor allem gut: Schon 1673 zählt der Autor des geographischen Werkes «Unter-Österreichischer Landkompaß», Stefan Sixsey, den Bisamberger Wein zu den besten, ebenso wird er im 18.

Bisamberg: Grabmal am Friedhof

Jahrhundert am Hofe Maria Theresias sowie beim Wiener Kongreß 1814/15 getrunken. Heute kann man sich bei der Bisamberger und Klein-Engersdorfer Weinkost selbst ein Urteil bilden – Klein-Engersdorf ist die Nachbarortschaft von Bisamberg.

Diese wie viele andere Veranstaltungen finden im neu adaptierten Schüttkasten des *Schlosses* statt. Die Grundlage des imposanten Baues bildete ein dreigeschoßiges Wasserschloß mit vier Ecktürmen aus dem Jahre 1586. 1821 wurde der Wassergraben zugeschüttet; die jetzt vorhandenen Ecktürme kamen neu hinzu. Heute befindet sich das ehemalige Traunsche Schloß in Privatbesitz. Der Schüttkasten wurde von der Gemeinde zur Schloßveranstaltungshalle und zum «Bisamberger Landgasthof» mit Taverne umgebaut.

Mitten am Berghang steht die *Kirche*, die über die Amtsgasse zu erreichen ist. Sie soll 1294 errichtet worden sein. An das romanische Langhaus wurde ein gotischer Chor angebaut. 1736/37 erhielt das Gotteshaus die barocke Gestalt inklusive Turm. Die Kirche ist versperrt.

Sehenswert ist der *Kreuzweg* mit seinen elf (!) Stationen. Ungleich anderen Leidenswegen beginnt dieser mit der Verabschiedung Christi und der Ölbergszene. Die Station «Judaskuß» sollte man sich von hinten ansehen, da hält der Verräter einen Geldbeutel in der Hand. Die Entstehung des Kreuzwegs geht auf eine Gräfin Strattman zurück, die ihn aus Dankbarkeit nach dem heil überstandenen Türkenkrieg von 1683 im Jahr 1696 in Auftrag gab.

Bei der Kirche bietet sich ein netter Rundblick. Schön ist auch ein Rundgang durch den Friedhof.

Rechts am Pfarrhof vorbei, ein Stück weiter den Berg hinauf, stößt man auf die Lourdesgrotte aus dem Jahr 1933.

DER AUSSTEIGER FLORIAN BERNDL

Eine gern besuchte Stätte der Erfrischung ist das zwischen Korneuburg und Bisamberg gelegene Bad. Benannt ist diese an Sommerwochenenden dichtbevölkerte Vergnügungsstätte nach einem Herrn namens Florian Berndl, einer heute fast vergessenen, aber umso bemerkenswerteren Persönlichkeit.

1856 in Großhaselbach bei Zwettl geboren, erlernte der junge Berndl die Schneiderei, verdingte sich dann in Wien bei den Piaristen als Kellerbursch, wechselte, beseelt vom Wunsch zu heilen, als Krankenwärter in das Allgemeine Krankenhaus. Dort lernte er massieren, maniküren, pediküren und Hühneraugen schneiden und half sogar als männliche Hebamme aus – da-

mals wie heute eine für Männer eher ungewohnte Tätigkeit. Der berühmteste
Fuß, an dem er je Hüheraugen ausschnitt, gehörte dem Chirurgen Eiselsberg.

Seine Freizeit verbrachte der Freiluftfanatiker in den Wäldern und
Auen rings um Wien. Als Florian Berndl schließlich sogar imstande war,
ein Blutvergiftung mit Kräutern, Luft- und Sonnenbädern zu heilen, stieg
er endgültig aus seinem zivilen
Beruf aus.

Bei seinen langen Streif-
zügen durch die damals noch
unregulierten Donauauen hat-
te er eine von Wildgänsen be-
völkerte Insel entdeckt –
Schritt für Schritt baute der
Visionär das Eiland zu einem
Gesundheitszentrum aus; das
«Gänsehäufeb» war geboren.
Bald galt Berndl in der Wie-
ner Gesellschaft des ausgehen-
den 19. Jahrhunderts als Ge-
heimtip. Er massierte, pedi-
kürte und packte Wiens Ge-
sellschaft in den Sand. Eine
Kegelbahn, eine Garderobe
und sanitäre Anlagen entstan-

Florian Berndl: Aussteiger und Naturapostel

den. Das Geschäft lief prächtig, bis ihm 1905 der Pachtvertrag gekündigt
wurde. Nach dieser großen Enttäuschung zog er sich auf den Bisamberg
zurück, kaufte ein kleines Föhrenwäldchen und wollte unter der Elisabeth-
höhe einen Volkssemmering, also ein Erholungs- und Gesundheitszentrum
für weniger begüterte Arbeiter, aufbauen. Dieser Traum sollte eine Illusion
bleiben, Berndl starb am 30. November 1934.

BISAMBERG

ANREISE AUTO Von Wien über Langenzersdorf oder über die A22, Abfahrt Korneuburg. **ANREISE ZUG** Mit der S-Bahn im Halbstundentakt,
zum Ortszentrum geht man 20 Minuten. Mit dem Bus BB232 vom S-
Bahnhof Floridsdorf. **ERSTE ANLAUFSTELLE** Gemeindeamt, Korneu-

burger Straße 21, Tel. 02262/62000. **ESSEN UND TRINKEN** Landgasthof BISAMBERG im ehemaligen Schloß, Schloßgasse 1, Tel. 02262/63102. Gasthaus GRUBER (Grill- und Wildspezialitäten), Bundesstraße 24, Tel. 02262/63745. **KAFFEEHAUS** Konditorei Max SCHRITLISER, Hauptstraße 28, Tel. 02262/62763. **SZENE** «PALETTE», Live-Musik, Amtsgasse 1, Tel. 02262/62808. Café KINO im ehemaligen Kino des Ortes, Hauptstraße 98, Tel. 02262/63864. **SCHLAFEN** «ÖKOHOTEL», Kaiserallee 31, Tel. 02262/5002. **THEATER** «Bisamberger Freiluftschloßspiele» im Juni, Kartenreservierung Tel. 02262/62000. **REITEN** Reitverein Klein-Engersdorf, Hauptstraße 3, Tel. 02262/5818. **HEURIGE** Infotafel an der Hauptstraße. Bekannt sind Leopold FRIEDBERGER, Hauptstraße 17, Tel. 02262/62446, Walter STUTTNER, Josef-Dabsch-Straße 9, Tel. 02262/62508 od. 63485, Franz FISCHER, Anton-Zickl-Gasse 4a, Tel. 02262/62917. **SCHWIMMEN** Florian-Berndl-Bad, Kaiserallee, Tel. 02262/2134.

LANGENZERSDORF

Seit der Eröffnung der Korneuburger Autobahn im Jahre 1981, durch die die Autoströme an der Gemeinde vorbeigeführt werden, ist wieder Leben in das Weinhauerdorf am Fuße des Bisamberges eingekehrt. Die zweispurige Durchzugsstraße wurde rückgebaut, Bäume, Parkplätze und ein Fahrradweg haben auf der Fahrbahn, die den Ort ehemals in zwei Hälften teilte, ihren fixen Platz gefunden.

Die Langenzersdorfer werben nicht umsonst mit dem Slogan: «Venus und Wein laden euch ein!» Die «Venus von Langenzersdorf», in den fünfziger Jahren gefunden, stammt aus der mehr als 60 Jahrhunderte zurückliegenden Lengyelkultur (4500 bis 4000 v. Chr.). Der Fund war damals so sensationell, daß man diese Idolfigur aus dem jüngeren Neolithikum sogar auf der Weltausstellung 1958 in Brüssel zeigte. Ein Abguß dieser «Venus von Langenzersdorf» befindet sich im Heimatmuseum des Ortes.

Bei beiden Ortstafeln von Langenzersdorf stehen Abgüsse von Frauenstatuen, «Frau Stonborough» Richtung Wien und «Abschied» Richtung Korneuburg, beide von Anton Hanak.

Das 1970 eröffnete *Hanak-Museum* mit dem 1982 angeschlossenen Charoux-Museum, dem 1990 der Nachlaß von Alois Heidel angegliedert wurde, bildet gemeinsam mit dem Heimatmuseum den kulturellen Schwerpunkt des Ortes. Es ist dem Werk des bedeutendsten österreichischen Bildhauers des beginnenden 20. Jahrhunderts, Anton Hanak (1875–1934), gewidmet. Der geborene Brünner studierte bei Prof. Edmund Hellmer in Wien Holzbildhauerei und war Zeitgenosse von Gustav Klimt und Josef Hoffmann; sein bekanntester Schüler war Fritz Wotruba. Von 1901 bis 1923 wohnte Hanak in Langenzersdorf. In einem großzügig gestalteten Freiluftareal und im Museum stehen nun seine Werke, etwa «Der Brennende Mensch» und «Die Erlösung durch die Natur». Acht Hanak-Plastiken wurden

Langenzersdorf: Hanak-Museum

nach den hier befindlichen Originalmodellen abgegossen und befinden sich vor dem Bundesamtsgebäude vis-à-vis der Wiener Urania.

Das *Charoux-Museum* erinnert an Hanaks bekanntesten Schüler. Siegfried Charoux (1896–1967) emigrierte 1935 aus politischen Gründen nach London. Er gehörte damals zu den bekanntesten Wiener Bildhauern. Seine Plastiken schuf er ab 1950 aus Polyester und Glasfasern.

Die dritte Bildhauergeneration ist durch die Plastiken des Wotruba-Schülers Alois Heidel vertreten, der 1990 starb und ebenfalls am Bisamberg, in Strebersdorf, wohnte.

Von Wien kommend, gelangt man zu den Museen, indem man bei der Nepomukstatue (1766) an der Hauptstraße dem grünen Hinweisschild «Hanak-Museum» folgt.

Öffnungszeiten der drei Museen in der Oberen Kirchengasse 23: 15.4.–15.11. Di 9–12, Sa, So, Fei 9–12 und 13–18 Uhr, Tel. 02244/3718 od. 29473.

Ein stilistisch völlig anderes Werk aus der Hand Hanaks ist das 1922 errichtete Kriegerdenkmal aus Sandsteinblöcken bei der Kirche unter den Föhren. Die neu renovierte *Pfarrkirche* selbst ist «nur zum Gottesdienst geöffnet», wie ein Schild an der Kirchentür verkündet. Der dreischiffige, ursprünglich gotische Bau wurde im 18. Jahrhundert barockisiert. Die beiden «barocken» Zwiebelhelme stammen aus dem Jahre 1902.

Die zweite Kirche in Langenzersdorf hat einen prominenten zeitgenössischen Architekten: Prof. Roland Rainer baute das Gotteshaus aus gebrauchten Mauerziegeln auf. Der oktogonale Bau mit dem achteckigen, abseits stehenden Turm wurde 1983 eröffnet und befindet sich bei der «Dirndlwiese», Krottendorferstraße 50, nicht weit hinter dem METRO-Markt.

LANGENZERSDORF

ANREISE AUTO Prager Straße ab Wiener Stadtgrenze. Anreise Zug Mit der S-Bahn im Halbstundentakt. **ERSTE ANLAUFSTELLE** Gemeindeamt, Hauptplatz 10, Tel. 02244/2308. **ESSEN UND TRINKEN** Überregionale Berühmtheit hat das Restaurant «TUTTENDÖRFEL» der Familie Gass an der Donau erlangt, Tel. 02262/2485. FUCHSBICHLER, Wiener Straße 110, Tel. 02244/2352. Gasthaus RODERICH, Wiener Straße 57–59, Tel. 02244/2415. **SCHLAFEN** Gasthaus RODERICH (s.o.). Fam. SCHÄFER, Propst-Peitl-Straße 74, Tel. 02244/4728. **KAFFEEHAUS** Konditorei KASENBACHER, Hauptstraße 6, Tel. 02244/2421. **HEURIGE** Sind gehäuft in der Kellergasse und an der Hauptstraße zu finden. Fam. BOCHSBICHLER, Kellergasse 129, Tel. 02244/3552. Johanna ROHRINGER, Kellergasse 127, Tel. 02244/2183. Infotafeln beim Kircheneingang und beim Hanak-Museum. **FAHRRADVERLEIH** Beim Bahnhof, Tel. 02244/2340. **GOLF** «Golf Range» Tuttendörfl, Auskunft: Tel. 02244/29559.

DIE STADT KORNEUBURG

Die 11.500 Einwohner zählende Stadt Korneuburg ist ein urbanes Zentrum dicht vor der Wiener Stadtgrenze und durch Autoverkehr ziemlich belastet. An Spitzentagen mühen sich 25.000 Autos, von der Laaer und der Stockerauer Straße kommend, über den Hauptplatz, bevor sie beim Wärmekraftwerk Korneuburg auf die Autobahn Richtung Wien auffahren können. An der Stadtgrenze sind auf einer Strecke von 400 Metern sieben Tankstellen aufgereiht – auch dies weist eindrücklich auf die enorme PKW-Flut hin. Die Hoffnungen der Korneuburger: Die Umfahrungsstraße soll 1997 eröffnet werden; ein Großteil der Autos wird dann schon westlich der Stadt auf die Autobahn geleitet werden können, ab dann wird es auch ein verkehrsberuhigtes Stadtzentrum geben.

Weitere positive Impulse für die Industriestadt sind von der Stadterneuerungsaktion zu erwarten. Die Bevölkerung Korneuburgs wächst kontinuierlich, und zwar um drei Prozent pro Jahr – nicht zuletzt dank des auf die «natürliche Geburt» spezialisierten Spitals, in dem jährlich 650 Kinder zur Welt kommen.

Korneuburg ist flexibel: Die Schließung der großen Schiffswerft hat die Stadt nicht in tiefe Verzweiflung gestürzt. Der einst zentrale Betrieb der Stadt bestand seit 1852, als die DDSG, damals noch im Besitz des k.u.k. Handelsministeriums, einen Winterhafen suchte. Die Österreichische Schiffswerften AG (ÖSWAG) wurde in den sechziger Jahren dieses Jahrhunderts von der DDSG ausgegliedert und nach einem wahren Schiffbauboom in den siebziger Jahren im Jahr 1989 an den Industriellen Herbert Liaunig verkauft. Dieser inkorporierte sie in seine Mericon-Holding und «wickelte den Betrieb ab». In vier Jahren baute er bei voller Auslastung und ohne Streiktag schrittweise 700 Beschäftigte ab und verkaufte den Betrieb schließlich an die Bank Austria. Der letzte Auftrag, der in Korneuburg für Arbeitsplätze gesorgt hatte, war das «Schulschiff», ein riesiges, schwimmendes Gymnasium für 36 Schulklassen. 1994 in Betrieb genommen, liegt es östlich der Wiener Floridsdorfer Brücke vor Anker.

Die letzten übriggebliebenen hochqualifizierten Werftarbeiter fanden Arbeit in Betrieben der Umgebung. Das große Werftareal an der Donau liegt noch zum großen Teil brach; nur ein kleiner Teil wird heute von der SUEK (Schiffs-Umwelt-Elektrotechnik Korneuburg), einer Reparaturwerft mit 20 Mitarbeitern, genützt.

Einer der 400 Korneuburger Betriebe ist besonders hervorzuheben: Die Firma Girak baut Seilbahnen, die nicht nur nach Lech, Zürs, Schladming oder Kitzbühel, sondern auch ins ferne Japan verkauft werden.

Korneuburg hat jedoch nicht nur Industrie, sondern auch eine reiche Geschichte. Vielfach unbekannte und versteckte Kunstschätze warten darauf, entdeckt zu werden.

EIN BLICK IN DIE GESCHICHTE

Die befestigte Stadt, deren erste Mauern auf den Beginn des 14. Jahrhunderts zurückgehen, hatte stets Bedeutung. In der Römerzeit vom 1. bis zum 5. Jahrhundert befand sich hier eine erste Ufersiedlung. Einer Theorie nach entstand im 11. Jahrhundert die Siedlung «Niwenburg», die durch das große Donauhochwasser von 1118 in zwei Teile getrennt wurde. So wurden die zerstörten Häuser abgerissen und am «Forum Novum», am «Neuen Markt», wieder aufgebaut. 1136 wird erstmals von einer Stadt gesprochen. Oft wurde hier Gericht der Landesfürsten (Landtaiding) gehalten. Zu jener Zeit war Korneuburg zwischen Krems und Wien der einzige befestigte Ort am linken Donauufer. Im Kampf Przemysl Ottokar II. gegen Rudolf von Habsburg stand die Stadt auf der Seite des Böhmenkönigs, der hier sein Hauptquartier aufschlug. 1298 erfolgte durch die Verleihung des Stadtrechts die endgültige Trennung von Klosterneuburg. Durch die Privilegien der Anschüttung und Niederlage sämtlicher Bodenprodukte bis hinauf nach Krems im Jahre 1327, das Salzprivileg 1365 und das Recht, selbstgebauten Wein ausführen zu dürfen (1373), wuchs die Stadt zu einem bedeutenden Handelsknotenpunkt an.

1417 wurde ein Großteil durch einen Brand zerstört. 1440 bis 1447 wurde der gotische Stadtturm, das heutige Wahrzeichen der Stadt, errichtet. Mit der Ernennung zur landesfürstlichen Festung 1450 rückte die Handelsstadt in den Blickpunkt kriegerischer Interessen. Der Ungarnkönig Matthias Corvinus war der erste, der die stolze Stadt einnahm: 1477 kam er über Wien nach Klosterneuburg, setzte über die seichte Donau und eroberte nach neuntägiger Belagerung auch Korneuburg. Kaiser Friedrich III. sollte Reparationszahlungen leisten, zahlte aber nicht wie vereinbart, worauf die Ungarn mit 10.000 Mann Verstärkung nochmals kamen und die Stadt abermals ein-

Korneuburger Wahrzeichen: gotischer Stadtturm

nahmen. Der Zwist zwischen Österreich und Ungarn endete 1490 mit dem Tod von Corvinus.

Der Sohn von Friedrich, Maximilian I., vertrieb die restlichen Ungarn aus Österreich und ließ die Stadt Korneuburg wieder als Festung ausbauen. Die nächsten waren die Schweden, denen die Stadt am 4. April 1645 kampflos übergeben wurde. 1646 konnten sie durch die kaiserlichen Truppen wieder vertrieben werden. Die Türken wurden 1683 im Vorfeld der Stadt vernichtend geschlagen. Nach der Türkenzeit wurde das Laaer Tor als vierte Pforte in die Stadt aus der Stadtmauer gebrochen.

1805 besetzte Napoleon die Stadt, ohne auf Widerstand zu treffen. Kaum waren die Franzosen abgezogen, kamen sie 1809 wieder, am 7. Juli zog das 6. Französische Infanterieregiment in die Stadt ein und blieb bis zum 19. November. Schwere Schäden richteten erst wieder die amerikanischen Bomber am 20. März 1945 an. Bei Kriegsende waren 42 Prozent der Häuser zerstört oder schwer getroffen.

STADTRUNDGANG

Ähnlich der Wiener Ringstraße zieht sich in Korneuburg der Wiener Ring, Bankmannring, Dr.-Karl-Liebleitner-Ring und der Dr.-Max-Burckhard-Ring rund um die Stadt, und genau wie in Wien entspricht der Verlauf des Straßenzuges jenem der mittelalterlichen Stadtmauer, die leider nur mehr in Resten vorhanden ist: Schon 1808 wurden die ersten Türme abgetragen, heute existieren von der ursprünglich 1650 Meter langen Mauer nur mehr 185 Meter. Der besterhaltene Abschnitt befindet sich hinter dem Finanz- und Vermessungsamt in der Laaer Straße. Innerhalb des Rings befinden sich die wichtigsten historischen Gebäude, schöne Villen aus der Zeit um die Jahrhundertwende liegen an der Ringstraße.

Ausgangspunkt des kleinen Stadtspazierganges ist das *Rathaus* mit dem Turm der alten Burg. Hier befindet sich auch das Bürgerservice mit der Touristeninformation. Der neugotische Bau stammt von Max Kropf, wurde 1894–1895 an der Stelle gebaut, wo die als Feuerlöschmagazin entfremdete, alte Nikolaikirche stand. Von oberhalb des Balkons schauen Kaiser Franz Joseph und Herzog Albrecht I. auf die Stadt herunter. Über dem Haupteingang prangen Herzogshut, Klosterneuburger und Korneuburger Wappen und erinnern an die enge Zusammengehörigkeit der Städte beiderseits der Donau. Von der prunkvollen Innenausstattung ist der Stiegenaufgang mit der

Wappendecke besonders bemerkenswert; gegen Voranmeldung beim Bürgerservice ist auch der Sitzungssaal zu sehen – frisch renoviert präsentiert sich hier ein Schmuckstück neugotischer Kunst.

Der mächtige, 1447 vollendete *Stadtturm* diente einst als Aussichtsturm – vom Ausguck sollten herannahende Feinde erspäht werden. Heute kann der Turm von Besuchern zwischen 10 und 17 Uhr bestiegen werden (Wintersperre!).

Der auf den ersten Blick barock anmutende *Rattenfängerbrunnen* am Hauptplatz ersetzt heute zwei Brunnen, die ursprünglich an seiner Stelle standen. Er wurde 1898 zum 50jährigen Regierungsjubiläum von Kaiser Franz Joseph von Emanuel Pendl erbaut und erinnert mit der Figur des Rattenfängers an die bekannte Sage. Unweit davon steht das *Nico-Dostal-*

Korneuburg: Synagoge aus dem 14. Jh.

Denkmal zur Erinnerung an den aus Korneuburg stammenden Komponisten (1895–1981) der silbernen Operettenära.

Die *Dreifaltigkeitssäule* ist ein barockes Schmuckstück aus dem Jahre 1747. Auf ihm verewigt sind die drei Erzengel: Gabriel mit der Lilie, Michael mit der Waage und Raphael mit Fisch und Wanderstab. Einst befand sich hier der Pranger der Stadt. Das Haus Hauptplatz Nr.1 gegenüber dem Rathaus diente 1746 als Militärquartier; 1852 bis 1896 war es als Gemeindeamtshaus in Verwendung. Freunde guter Mehlspeisen und Torten besuchen die Konditorei Balz im selben Häuserkomplex.

Am Hauptplatz Nr. 5, dem Gasthof «Zur Kaiserkrone», befindet sich im Eingang ein kleines Katharinenfresko aus dem 13./14. Jahrhundert. Im Haus Nr. 9 war von 1799 bis 1807 eine Gymnasialschule untergebracht. Das Nachbarhaus, Nr. 10, ist ein spätgotisches Bürgerhaus mit Erker und einem Maßwerksfries vom Beginn des 16. Jahrhunderts. Das «Klavidohaus», das riesige Eckhaus mit den Erkern (Nr. 15), erinnert mit seinem Stuckrelief an die Rückeroberung des von den Schweden besetzten Landes Niederösterreich durch Graf Puchheim im Jahre 1646. Dort, wo jetzt das 1852 errichtete Kreisgericht steht, befand sich früher ein bereits 1295 erwähntes Pilgerhospiz und später, ab 1417, das Rathaus. Die «Kaiserhäuser» (Nr. 22 bis 27) dienten seit dem 15. Jahrhundert dem Kaiser bei Besuchen als Unterkunft. Das «Wedlhaus» (Nr. 22) zeigt das Wappen von Oberösterreich und Tirol und den Bindenschild aus gotischer Zeit. Bei der Konditorei Matthes empfiehlt es sich, Nico-Dostaler – ein süße Spezialität des Hauses – zu essen. PS: Der Weg zum WC führt durch einen mittelalterlichen Türbogen.

Durch die Passage an der Stockerauer Straße kommt man zum «Bankmannhaus». Heute werden hier Fahrräder verkauft, doch ein altes Zunftzeichen – ein Brezel – erinnert daran, daß sich hier schon anno 1579 ein Bäckereibetrieb befand.

Bei der Einmündung der Laaer Straße ist der alte Einkehrgasthof «Weißer Wolf» aus dem 16. Jahrhundert zu sehen, wo heute Heimtextilien verkauft werden.

Die *Augustinerkirche* am Beginn der Laaer Straße mit dem ehemals angeschlossenen Kloster geht auf 1338 zurück. Der erste Bau brannte ab, die heutige Kirche stammt aus den Jahren 1745–73, der obere Turmteil – die Pläne stammen vom Wiener Architekten Max Kropf – ist nochmals um 125 Jahre jünger. Prunkstück der Kirche ist das Altarbild «Das letzte Abendmahl» (1773) von Franz Anton Maulpertsch.

Hinter Vermessungs- und Finanzamt, dem ehemaligen Kapuzinerkloster, hat sich die Stadtmauer in ursprünglicher Höhe erhalten. Wendet man sich bei der Salzgasse nach rechts, tauchen einfache niedere Bauernhäuser (Nr. 8, 11, 15, 17) auf. An der Ecke zur Kirchengasse beim schönen alten Greißlerladenportal wendet man sich nach links zur Pfarrkirche. Am Haus Kirchengasse Nr. 8 sieht man in einer Nische eine gotische Statue der *hl. Anna selbdritt* von 1550.

Die große, dreischiffige, gotische *Stadtpfarrkirche* wurde von 1210 bis 1212 erbaut. Aus dieser Zeit sind allerdings nur mehr Pfeilerfundamente und der Triumphbogen erhalten. Chor, Sakristei und südliches Seitenschiff stammen aus dem 14. Jahrhundert, das Mittelschiff wurde 1846 neugotisch eingewölbt. Der markante, spitze Turm stammt aus 1902. Hinter der Pfarrkirche steht der barocke Pfarrhof aus dem Jahre 1766.

Ein kleines Stück am Bankmann-Ring entlang gehend, biegt man an der Propst-Bernhard-Straße wieder Richtung Stadt ab.

Kurz noch einen Sprung nach links in die Roßmühlgasse, dort steht der Rest der alten *Synagoge* aus dem 14. Jahrhundert. 1460 schenkte Kaiser Friedrich III. die Synagoge der Stadt, die sie bis 1776 besaß, seither befindet sie sich in privaten Händen. Die Herkunft des Namens «Roßmühle» ist nicht genau geklärt. Eine plausibel klingende Version besagt, daß das Gebäude als Mühle genutzt wurde und zu Zeiten einer Belagerung sogar von Pferden betrieben worden sein könnte.

Am Dr.-Max-Burckhard-Ring Nr. 11 befindet sich das Kulturzentrum der Stadt. Einst eine Badeanstalt, wird es heute für Ausstellungen genutzt.

Geöffnet erster Sa im Monat 14–17 Uhr, jeden ersten So 9–12 Uhr, Voranmeldung unter Tel. 02262/2553.

ROLLFÄHRE

Bis zur Zeit der Donauregulierung konnte man durch eine Furth zeitweise auch zu Fuß hinübergehen. Immer wieder gab es Pläne, Korneuburg und Klosterneuburg durch eine Straßenbrücke zu verbinden – eine halbfertige Autobahnabfahrt direkt

Korneuburger Rollfähre: einzige Verbindung nach Klosterneuburg

an der A22 erinnert an dieses Vorhaben. Zur Zeit liegen diese Brücken-Pläne aber auf Eis.

Eine Rollfähre stellt heute die einzige, allerdings überaus beliebte Verbindung zur Schwesterstadt Klosterneuburg am anderen Donauufer dar. Es ist ein billiges, aber nettes Vergnügen, mit diesem archaischen, motorlosen Verkehrsmittel den Strom zu überqueren.

Rollfähre nach Klosterneuburg: 1.3. bis 30.9. in Betrieb. Wochentags 6.30 Uhr bis Sonnenuntergang, Sa, So und Fei 8 Uhr bis Sonnenuntergang.

KORNEUBURG

ANREISE AUTO Von Wien über die A22, Abfahrt Korneuburg, oder über Langenzersdorf an der Bundesstraße. **ANREISE ZUG** Mit der S-Bahn im Halbstundentakt von Wien. **ERSTE ANLAUFSTELLE** Bürgerservice, Rathausrückseite, Tel. 02262/2576-229. **ESSEN UND TRINKEN** «MAXIMILIAN», Am Hafen 1, Tel. 02262/63949. Pizzeria «LA SPESSORE», Bisamberger Straße 7, Tel. 02262/4319. Gasthaus GÖSSL, Wiener Straße 19, Tel. 02262/2735. Fam. Barenth, «ZUM ALTEN ZOLLHAUS», Bahnhofplatz 2, Tel. 02262/2600. **SCHLAFEN** Hotel JAGDHAUS, Stockerauer Straße 31, Tel. 02262/2322. Hotel «ZUR SONNE», Laaer Straße 12, Tel. 02262/2198. Gasthof «ZUR KAISER-

KRONE», Hauptplatz 5, Tel. 02262/2331. **SZENE** «FELLINI», Stockerauer Straße 14, Tel. 02262/5503. «DORIAN GRAY» an der Stockerauer Straße mitten im Industriegebiet ist ein überregionaler Treff, Tel. 02262/66681. **HEURIGE** Christine AIGNER, Propst-Bernhard-Straße 20, Tel. 02262/5578. Leopold JATSCHKA, Hans-Kudlich-Straße 7, Tel. 02262/2810. Roman PFAFFL, Leobendorfer Straße 7, Tel. 02262/3920. **KAFFEEHAUS** Konditorei BALZ, Hauptplatz 1, Tel. 02262/2119. Konditorei MATHES, Stockerauer Straße 1 und 5, Tel. 02262/2319. Konditorei REITER, Hauptplatz 9, Tel. 02262/2368, Bäckerei mit großer Auswahl an Osterkipferln, Kletzenbrot, Apfelkrapfen und Lebkuchen. **BAUERNMARKT** Jeden Di und Fr von 7 bis 11 Uhr am Hauptplatz. **FAHRRADVERLEIH** Am Bahnhof, Tel. 02262/2467-33. **SCHWIMMEN** Florian-Berndl-Bad in der Kaiserallee, Tel. 02262/2134. **TENNIS** Tenniscenter Bisamberg, Unterer Mühlweg 4, Tel. 02262/4597. ASC Marathon Korneuburg, Donaustraße 60, Tel. 02262/2996. ATUS Korneuburg, Austraße 7, Tel. 02262/2134. UNION, Bankmannring 1, Tel. 02262/3636. **WASSERSPORT** Verleih und Charter-Info bei Walter Piberger und Roas Weis, Klein-Engersdorfer Straße 20, Tel. 02262/3708. **ANGELN** Sport-Judex, Wiener Straße 10, Tel. 02262/2378. **FITNESS** Josef Göschl, Unterer Mühlweg 19, Tel. 02262/61111. Foxis Gym, Kaiserallee 46, Tel. 02262/61150. **KEGELN** Adamec, Donaustraße 60, Tel. 02262/2995. **TAXI** Karl Molzer, Stockerauer Straße 30, Tel. 02262/2471. **KULTUR** Im März Puppentheaterfestival. Im Mai Korneuburger Musiktage mit Chormusik und leichter Muse. Der Korneuburger Musiksommer bringt jeden Samstag im August Orchesterkonzerte, Liederabende und Klaviermusik. Informationen: Tel. 02262/ 2576/240. **STADTFÜHRUNGEN** Jeden 1. und 3. So im Monat um 10 Uhr, Treffpunkt Bürgerservice hinter dem Rathaus.

BURG KREUZENSTEIN

Eine Landmarke der besonders auffallenden Art ist das wuchtige Gebäude auf jeden Fall, ein Blickfang ersten Ranges. Von fern schaut Burg Kreuzenstein – ein Wahrzeichen des Weinviertels und Ziel zahlreicher Schulausflüge – auch unendlich alt aus, wie eine wahre Ritterburg aus dem finstersten Mittelalter. Doch: Dieses Gebäude wurde erst vor runden hundert Jahren erbaut. Ritter haben in diesen Gemäuern nie ihre Turniere und Spiele veranstaltet.

Sehr wohl aber gab es in der «Ritterzeit» an dieser Stelle bereits eine Burg, allerdings sah diese etwas anders als das dominante Gebäude aus.

Am 10. Februar 1155 wird in einer Melker Urkunde «Grizanstein» erstmals genannt. Die Herkunft des Namens ist unklar. 1246 fiel die Anlage an den Böhmenkönig Ottokar II. Nach seinem Tod 1278 bei der Schlacht von Dürnkrut und Jedenspeigen wurde Kreuzenstein habsburgisch.

1525 kam die Burg an Niklas Graf Salm, den späteren Verteidiger Wiens gegen die Türken 1529. 1585 gehörte sie der Familie Hardegg, wechselte auch weiterhin mehrmals die Besitzer und gelangte 1619 in den Besitz der Familie Herberstein. 1645 wurde die Burg den Schweden kampflos überlassen, diese benutzten sie zunächst als Quartier und Kommandozentrale. Als sie abzogen, sprengten sie die Burg einfach in die Luft.

Kreuzenstein,
die «Ritterburg»

Seit 1702 befindet sich das Anwesen im Besitz der Familie Wilczek. Deren bekanntester Vertreter, Graf Johann Nepomuk Wilczek, ließ 1874 die devastierte Burg abtragen und errichtete den stolzen Neubau, ein idealisiertes Märchenschloß. Nie bewohnt, diente Kreuzenstein immer als Museumsburg, die eine reiche Sammlung von Kunstschätzen birgt und zugleich auch eine wunderbare Filmkulisse abgibt. «Die drei Musketiere» und viele andere Filme wurden hier gedreht. Charlton Heston, Robert Mitchum, Sophia Loren, Gina Lollobrigida und Audrey Hepburn sind nur einige der Hollywoodstars, die hier vorbeikamen.

EINMAL UM DIE BURG HERUM

Die Burg liegt an einem ovalen Erdwall. Auch im Winter, wenn kaum Besucher den Berg besteigen und die Burg geschlossen ist, kann ein Rundgang um das Bauwerk einen schönen Eindruck vermitteln.

Die *Zugbrücke* im Südosten, die über den von Wilczek geschaffenen Burggraben führt, bildet den Ausgangspunkt der kleinen Burgumrundung. Über dem Tor ragt die Pechküche als Erker heraus. Rechts neben der Zugbrücke bietet das winzige Schlupftürl mit dem Wilczekschen Familienwappen Einlaß für Fußgänger. Torbogen und Schlupftürl stammen aus Oberösterreich, das Fallgitter wurde von der steiermärkischen Burg Strechau «importiert». Das Adlerwappen des Heiligen Römischen Reiches (16. Jahrhundert) unter der Pechküche kommt aus Italien. Der runde *Torturm* ist eines der wenigen Überbleibsel aus früherer Zeit: Er datiert vom Ende des 15. Jahrhunderts. Unten an der Mauer klebt das «Chörlein», ein Auslug für Burgbewohner.

Ein gedeckter *Wehrgang* zieht sich an der Mauerkrone rund um die ganze Burg. Hinter der Mauer, die den Torturm mit dem halbrunden Turm verbindet, liegt der Zwinger, der schutzsuchenden Menschen als Aufenthalts- und Nächtigungsplatz diente.

Hinter der Mauer sticht die *Loggia* ins Auge. Die mittlere der drei Säulen stammt aus Murano aus dem 14. Jahrhundert, die beiden seitlichen sind Kopien. Daneben anschließend be-

Burg Kreuzenstein: stolze Festung und phantastische Filmkulisse

53

findet sich der sogenannte Gadem, die Vorrats- und Schlaf-
kammer, in der heute die Burgverwaltung untergebracht ist.
Der Halbrunde Turm mit Laufgängen (im Inneren) und
Schießscharten auf vier Ebenen bildet den eigentlichen Eingang zum Burghof.

Im Kräutergarten vor der eigentlichen Burgmauer steht
eine Erle, deren Gipfel über die Mauer ragt. Hinter der Burgmauer liegen Stallungen und Gesindewohnungen. Daneben
befindet sich das Herrenhaus mit seinen Erkern und den
großen dreiteiligen Fenstern. Insgesamt 16 Gästezimmer sind
hier gebaut worden. Nach dem dreieckigen *Nordwestturm,* an
dessen Außenseite die Wappen der ehemaligen Besitzer der
Burg angebracht sind, gelangt man zur Kapelle und dann über
eine kleinen Böschung wieder zum Ausgangspunkt.

Die *Kapelle* ziert ein gotischer Glockenturm mit der Statue
des hl. Michael als Sinnbild der Verteidigung und des Wider-
stands. Unter dem riesigen Maßwerkfenster mit einer Glasma-
lerei aus dem 14. Jahrhundert hängt ein hölzerner Christus aus
Tirol. Der 50 Meter hohe *Bergfried* gleicht in der Architektur
den Stadttürmen von Perchtoldsdorf und Freistadt. Die Burg
hat neben einem Großbrand 1915 auch noch 250 russische
Granatentreffer im Zweiten Weltkrieg heil überstanden.

IM INNEREN DER MÄRCHENBURG

Der einstündige Rundgang im Inneren der Museumsburg mit
ihren 11.000 Exponaten und der größten privaten Waffensammlung Österreichs beginnt bei der Zugbrücke. Nach dem
Einlaß gelangt man in den *Zwinger,* jenem langgezogenen
«Schlauch», der zwischen der äußeren Burgmauer und der eigentlichen Burg liegt. Hatten Eindringlinge die Zugbrücke
überwunden, wurden sie beim Sturm auf den Halbrunden
Turm von den Wehrgängen der Mauer beschossen. Der *Halbrunde Turm* mit den Torflügeln aus dem ehemaligen kaiserlichen
Zeughaus in Innsbruck hat in seinem Inneren nochmals Wehr-

gänge auf vier Etagen. Heute befindet sich dort eine eindrucks-
volle Sammlung alter Wurfmaschinen, zum Beispiel eine 450
Jahre alte Steinschleuder und Foltergeräte. Durch den Halbrunden Turm gelangt man in den *äußeren Burghof,* wo sich an
der linken Seite das Gesindehaus befindet. Gegenüber waren
die Roßknechte mit den Pferden untergebracht. Durch einen
weiten Spitzbogen, über dem sich der sogenannte *Kaschauer
Gang* befindet, kommt man schließlich in den *inneren Burghof.*
Der weite Bogen entsprach wohl weniger den Verteidigungsin-
tentionen einer mittelalterlichen Burg als eher den Vorstellun-
gen des Kunstliebhabers Wilczek. Im Hof fällt der 60 Meter
tiefe *Ziehbrunnen* aus Mestre auf. Beim Ausheben des Brunnens
fand man einen jüdischen Grabstein aus dem 13. Jahrhundert.
Die Linde neben dem Brunnen hat noch der Bauherr selbst gepflanzt.

Der ersten Innenraum bietet einen Blick in die *Waffenkammer*
der Burg. Gezeigt wird unter anderem das «Rote Tuch», der
Rest eines 400 Jahre alten Henkersmantels. All jene, die das
Stück Stoff berühren, sollen innerhalb eines Jahres glücklich
verheiratet sein, so die Legende.

Im Inneren der Burg: der Bauherr mit Familie in historischen Gewändern

Über eine Stiege gelangt man in die *«Trinkstube»* mit Fenstern aus der Schweiz (1688). Bis zu fünf Liter Wein sollen die alten Ritter an einem Tag getrunken haben.

Im *Rittersaal* befindet sich der «Brixner Schrank», ein Meisterwerk gotischer Handwerkskunst aus der Zeit um 1500. Die netzgewölbte Decke ähnelt der des Wladislav-Saales in der Prager Burg. In der nachfolgenden *Jagdkammer,* deren Decke von einer gedrehten Kalksteinsäule aus dem Jahre 1510 getragen wird, befindet sich das Horn des «Einhornes». Es stammt von einem Narwal, den Wilczek von einer Nordpolexpedition selbst mitbrachte. Durch das Ankleidezimmer geht der Rundgang weiter in das *Fürstenzimmer* mit dem Doppelbett, das nur 1,8 Meter Außenlänge mißt.

Einen Einblick in alte Hygienegewohnheiten gewährt der Waschtisch mit dem fünf Liter fassenden Vorratsgefäß, das Wasser für eine Woche enthielt.

Vom Fürstenzimmer gelangt man zur *Kapelle,* in der noch manchmal die Messe gelesen wird. Rasch wirft man hier einen Blick zur Donau, ehe man sich wieder auf die Inneneinrichtung konzentriert. Das Glanzstück ist der aus 47 Teilen zusammengesetzte gotische Flügelaltar. Er wurde unter Verwendung mittelalterlicher Figuren und Reliefs, die zum Großteil aus dem 15. Jahrhundert aus der Sammlung des Grafen stammen, von einem Tiroler Bildhauer und einem Münchner Maler zusammengesetzt. Die drei Spitzbogenfenster hinter dem Altar stammen aus dem 14. Jahrhundert und wurden aus der Grazer Schloßkapelle hierher transplantiert. Im Triumphbogen der Kapelle hängt ein Kruzifix aus dem 15. Jahrhundert.

Im *Archiv* befinden sich in massiven Schränken wertvolle Urkunden. Viele diese kostbaren Schätze wurden allerdings im Zweiten Weltkrieg zerstört. Der spätgotische Schreibtisch in der Fensternische diente dem Archivar. Logischerweise führt der Weg vom Archiv in die *Bibliothek,* wo kostbare Bücher hinter einem Drahtgitter stehen. Vier rote Steinsäulen tragen das

Gewölbe – nur zum Schein, in der Tat haben unsichtbare Eisentraversen die tragende Funktion übernommen.

Den Schluß der Burgführung bildet ein Besuch in der *Küche.* Der 7,5 Meter lange Küchentisch wurde aus einem Stück Eichenholz gefertigt, das ursprünglich als Brücke in Salzburg Verwendung fand. Die uralten Küchenmaschinen begeistern nicht nur Gourmets, sondern auch Technikfreaks und Nostalgiker. Der «Nudeldrucker», eine Spaghettimaschine aus dem 16. Jahrhundert, ein «Windbrater», ein Bratspieß, der sich durch die heiße Luft des Bratens von selber drehte, Trinkgefäße, Töpfe, Pfannen und Teller in großer Zahl sind hier zu sehen.

Besichtigungen nur mit Führungen, März bis Mitte November, täglich 9–16 Uhr (Montag Ruhetag), Tel. 02262/66102, 66203 oder 02264/ 291.

GRAF JOHANN NEPOMUK WILCZEK –
DER «KAVALIER VON WIEN»

Johann Nepomuk Graf von Wilczek, Freiherr von Hultschin und Gutenland, wurde als Sohn des Franz Josef Wilczek und der geb. Gräfin von Reischach am 7. Dezember 1837 im Wiener Palais Wilczek geboren. In die Schule ging er nie, von seinen Hauslehrern, so behauptet er später, habe er «sehr wenig oder nichts» gelernt. Sein reiches Wissen eignete er sich als Autodidakt an, 1855 und 1856 war er außerordentlicher Hörer der Wiener Universität. Seine Lieblingsfigur in der Geschichte war Kaiser Maximilian I. (1459–1519), der «letzte Ritter».

Als Halbwüchsiger hatte er bereits weite Teile Österreichs inklusive der Alpen bereist. Eine «Bildungsreise» führte ihn nach Oberitalien, Frankreich und Süddeutschland. So nebenbei war er auch noch Sportler, Läufer, Bergsteiger und Abenteurer. 1854 schaute er sich in einer Taucherglocke die Reste der versenkten russischen Flotte unter Wasser an. Vier Jahre später heiratete er Emma Gräfin Capodilista. 1866, dem Jahr der Preußenkriege, ließ er sich als gewöhnlicher Soldat beim 9. Jägerbataillon anwerben, rettete bei Königgrätz einen verwundeten Hauptmann aus dem Kugelregen und erwarb dafür die «Goldene Tapferkeitsmedaille». 1868 und 1870 bereiste er Afrika und entwickelte großes Interesse an der Wissenschaft. So trieb er die Durchführung der ersten österreichischen Nordpolexpedition voran und unterstützte sie großzügigst aus eigener Tasche. 1872 reiste er nach Spitzbergen und Nowaja Semlja, traf dort auf der «Tegetthoff» Payer und Weyprecht und unternahm mit ihnen eine Sibirien-

fahrt. Als die beiden Forscher mit reichem wissenschaftlichem Material heimkehrten, machte er sich auf, um bei den europäischen Höfen Geld für eine weitere, noch größere Expedition aufzutreiben. Diese wurde 1882 bis 1883 schließlich auch durchgeführt.

Auch in der Heimat, in Kreuzenstein, war er nicht untätig geblieben. 1874 begann er, die durch die Schweden 1645 zerstörte Burg Kreuzenstein neu aufzubauen. Ursprünglich wollte er bloß eine Grabkapelle erbauen, Schritt für Schritt aber wuchs das Gebäude empor – er konnte es gut zur Auf-

Graf Wilczek: der Kosmopolit als Polarforscher

bewahrung seiner reichen Kunst-

schätzesammlung brauchen. Es sollte nie ein wehrhafter Charakter im Vordergrund stehen, wichtig war ihm stets die Harmonie der verschiedenen Baustile.

Was seine Stellung innerhalb der Wiener Gesellschaft betrifft, so sind seine Mithilfe beim Makart-Festzug 1879, bei der Kunstausstellung in St. Petersburg, beim Huldigungsfestzug anläßlich des 60jährigen Regierungsjubiläums des Kaisers im Jahre 1908 einige glanzvolle Höhepunke. Die Gründung der Wiener Rettung und die Stiftung des Rudolfinerhauses beleuchten seine karitative Ader.

Am 27. Jänner 1922 starb Wilcek 85jährig – er lebt fort nicht nur als der Erbauer der Burg Kreuzenstein, sondern auch als einer der größten Mäzene seiner Zeit.

LEOBENDORF

Der Ort Leobendorf, weit hingestreckt am Nordostrand des Kreuzensteiner Burgberges, ist ein alter Ort, die Leobendorfer Pfarre wird bereits 1203 erwähnt. Um 1350 entstand über romanischen Fundamenten eine einschiffige gotische Kirche, von der heute noch der Chor mit seinen wertvollen Fresken (Verehrung Mariens, Christus lehrt die Jünger) erhalten ist. Der Turm wurde 100 Jahre später in mehreren Etappen, zunächst als isolierter Wehrturm, gebaut.

Anfang des 16. Jahrhunderts wurde das spätgotische, dreischiffige Langhaus zwischen Chor und dem bereits bestehenden Turm eingefügt. 1645 zerstörten die Schweden die Kirche und den auf einen gotischen Vorgängerbau zurückgehenden Pfarrhof. Die Kirche wurde wieder ausgebessert und an der Südseite durch Strebepfeiler gestützt.

Die Kirche ist versperrt, Schlüssel beim Pfarramt, Tel. 02262/66110.

BURG KREUZENSTEIN, LEOBENDORF

ANREISE AUTO Von Wien auf der A22 (Abfahrt Korneuburg), nach Korneuburg rechts abbiegen und dem Schild «Burg Kreuzenstein» folgen. **ANREISE ZUG** Mit der S-Bahn im Halbstundentakt, Station «Leobendorf – Burg Kreuzenstein», dann noch ein halbstündiger Fußmarsch zur Burg. **ERSTE ANLAUFSTELLE** Gemeindeamt Leobendorf, Tel. 02262/66151. **ESSEN UND TRINKEN** ALTES BRAUHAUS, Tel. 02262/66028. **SCHLA-FEN** Hotel GÖSSL, Tel. 02262/66113. Pension BURGBLICK, Tel. 02266/80293. Pension BLAUENSTEINER, Tel. 02266/80402. Fam. REINSPERGER, Tel. 02266/80494. **HEURIGE** Leobendorf: Infotafel an der Hauptstraße/Ecke Kirchengasse. Tresdorf: Fam. RAMLEHNER, Tel. 02264/379 od. 4354. **BAUERNMARKT** Gekoppelt mit dem Erntedankfest am letzten Sonntag im September. **REITEN** SCHAFFLERHOF, Fam. Binder-Schießer, Tel. 02262/66136. **SZENE** «KURVENBAR», direkt an der B3, auf halbem Weg zwischen Korneuburg und Stockerau.

DIE «GOLDENES BRÜNDL»-RADTOUR

Am besten, man nimmt sich für diese 35 Kilometer lange Tour, bei der es viel zu entdecken gibt, einen ganzen Tag Zeit.

Der ganze Weg ist mit kleinen, grünen Tafeln mit einem Fahrrad und der Aufschrift «Goldenes Bründl» markiert. Ausgangspunkt ist das sehr empfehlenswerte Restaurant Tuttendörfel an der Donau; der Name erinnert an ein – nicht mehr existierendes – Fischerdorf gleichen Namens, das von seinen Bewohnern wohl deshalb verlassen wurde, weil die Häuser von der Donau immer wieder überflutet wurden. Dieses Tuttendörfel erreicht man, von Wien kommend, gleich direkt mit dem Rad von der Donauinsel aus, oder man leiht sich beim Bahnhof in Korneuburg (Tel. 02262/2467-33) beziehungsweise Langenzersdorf (Tel. 02244/2340) eines aus.

Die Fahrt führt vom Tuttendörfel Richtung Bisamberg. Direkt an der Donau stehen die riesigen, grauen Silos der Agrarspeicher Ges.m.b.H., hier wird ein Teil des heimischen Getreideüberschusses «zwischengelagert». Neben dem Golfplatz erhebt sich im Feld als markanter Orientierungspunkt das von Verbund und EVN gemeinsam betriebene Wärmekraftwerk Korneuburg – der rot-weiß-rote Schornstein ist unübersehbar.

Seit 1958 wird hier in drei Kraftwerksblöcken kalorische Energie aus Erdöl und Erdgas mit einer Leistung von 410 Megawatt

Die «Goldenes Bründl»-Radtour: Abstecher von der Donau ins Landesinnere

produziert. Der 1962 fertiggestellte Kraftwerksblock Nr. 1 mit einer Leistung von 80 Megawatt soll in einen Kombiblock mit 240 Megawatt Leistung, einem Drittel weniger Verbrauch und zwei Drittel weniger Schadstoffausstoß umgebaut werden; erreicht wird dies durch bessere Brennertechnik und Katalysatoren.

Die Abwärme des Kraftwerks wird genutzt: Sie dient zur Beheizung des Florian-Berndl-Bades, des großen «Ökohotels» sowie der benachbarten Glashäuser der Firma Vitro-Plant, in denen geklonte Bananen und Birken gezogen werden. Mehr als 50.000 Bananensprößlinge aus Korneuburg wandern jährlich nach Brasilien, von wo aus wieder Bananen nach Europa geschickt werden.

Exkursionen im Kraftwerk: Voranmeldung Tel. 02262/3520.

Nach der Kreuzung mit der Bundesstraße führt der Weg gerade über einige Holperstellen (Tempo-30-Zone) nach Bisamberg. Bei der kleinen Spitalskirche (erbaut 1690/91) mit dem ehemaligen Spital beschreiben die Markierungen einen Umweg, man fährt jedoch besser vom Ortsende direkt durch die Akazienallee am Damm weiter nach *Klein-Engersdorf*.

Auffallend ist ein riesiger barocker Pfarrhof. Er gleicht einem Herrensitz und wurde tatsächlich früher von Äbten des Schottenstifts gerne als Sommerresidenz verwendet. Die kleine Kapelle davor stammt aus dem Jahr 1863, die eigentliche barocke Pfarrkirche, dem hl. Veit geweiht, liegt außerhalb des Ortes an der Straße nach Hagenbrunn. Sie ist seit 1711 dem Wiener Schottenstift inkorporiert.

Weiter dem Bründl-Radweg folgend, durchquert man *Flandorf*. An der linken Straßenseite liegt unübersehbar das Umspannwerk Bisamberg. 380- und 220-Kilovolt-Hochspannungsleitungen aus Tschechien (Slavetice, Sokolnice) und aus Österreich (von den Donaukraftwerken Ybbs-Persenbeug, Altenwörth und Greifenstein sowie vom Wärmekraftwerk Korneuburg) werden hier «verknotet».

Weiter geht's in den Heurigenort *Stetten*. Welcher Betrieb gerade «ausg'steckt» hat, erfährt man am besten bei der Infotafel an der Weinpresse an der Hauptstraße. Hier steht auch, geschützt durch eine kleine Kapelle, ein von Putti umgebener hl. Nepomuk.

Hoch am Berg thront die mächtige, von Friedhofskreuzen umgebene, neugotische Kirche; ihr zu Füßen liegen die viereckigen Dampfhauben, die Lüftungslöcher unterirdischer Weinkeller.

Ein Blick nach Westen zeigt einen flachen Höhenrücken, den *Teiritzberg*. Er teilt das Korneuburger Becken von Osten nach Westen, liefert jede Menge Fossilien und ist nun schon Standort für eine zweite Mülldeponie. Für jeden Fossiliensucher ist der «Teiritz» der Inbegriff für das *Karpat*, eine 17 Millionen Jahre zurückliegende erdgeschichtliche Epoche im Tertiär, aus der die über 600 Meter dicken Schichten des Korneuburger Beckens stammen. Unzählige Schnecken und Muscheln, allen voran riesige Austern, werden von Sammlern hier zutage gefördert, dabei gelingen den Hobby-Forschern oft schönere Funde als akademisch gebildeten Paläontologen. Seit einiger Zeit arbeiten Amateure und Profis eng zusammen: Jedem Fundstück der Fossiliensucher wird ein wissenschaftlicher Name «verliehen», und die Fachleute kriegen endlich schöne Fossilien zu Gesicht.

In *Seebarn* angelangt, führt die Route einer langen Sandsteinmauer entlang; hinter dieser verbirgt sich das Schloß der Familie Wilczek. Ein Name ist mit Wilczek und Seebarn verbunden: Joseph von Eichendorff (1788–1857), der große Romantiker. 1810 kam er mit seinem Bruder Wilhelm von Lubowitz in Schlesien als Gast zur Familie Wilczek, um in Wien zu studieren und in den österreichischen Staatsdienst zu treten; sie pendelten zwischen dem Wilczekschen Stadtpalais und Seebarn hin und her. Am liebsten war Joseph von Eichendorff jedoch in Seebarn, zuweilen zog es ihn auch auf die Ruine der Burg Kreuzenstein. Zurück in Deutschland, schrieb er sein bekanntes Werk «Aus dem Leben eines Taugenichts», das vielfach seine Eindrücke aus der Zeit in Österreich wiedergibt.

Entlang der Mauer geht's im Schatten der Kastanienallee weiter nach *Harmannsdorf-Rückersdorf.*

Wie eine riesige, gelbe Scheune mit tief heruntergezogenen Dächern steht die Pfarrkirche von Harmannsdorf-Rückersdorf neben der Straße – wäre da nicht der achteckige Turm, der die Funktion des Gebäudes eindeutig festlegt.

Der ursprünglich romanische Kernbau wurde im 14. Jahrhundert durch einen gotischen Chorzubau mit Sitznischen rechts vorne erweitert. Im 15. Jahrhundert wurden die dicken romanischen Mauern seitlich durch Bögen durchbrochen, damals kamen die spätgotischen Seitenschiffe und der Vierungsturm dazu. Dieser wird lediglich von den beiden spitzen Bögen, die den Altarraum vom Langhaus trennen, getragen. 1689 wurde das Gotteshaus barockisiert. Der neugotische Hochaltar (1892) und der Ambo gehen auf Friedrich Schmidt, den Erbauer des Wiener Rathauses, zurück.

Heute zählt die Pfarre zu den lebendigsten im Weinviertel. Daß Glaube hier nicht nur gepredigt, sondern gelebt und praktiziert wird, erfährt jeder, der sich den Schlüssel für das versperrte Gotteshaus im Pfarrhof ausborgt. Kaum einer wird hier hinausgehen, ohne mit dem Pfarrer oder dem Pastoralassistenten geplaudert zu haben, manchen Radfahrer soll der Herr Pfarrer auch schon zu einer Tasse Kaffee eingeladen haben.

Nach dem Ortsende tritt man kräftig in die Pedale und erreicht den Rohrwald, dort rollt man gemütlich zum Gasthaus «Goldenes Bründl» hinunter.

An einen berühmten Habsburger erinnert ein schon stark verwitterter Granitblock gleich neben dem Bründl. Das heute nicht mehr lesbare Datum (24. April 1879) sollte an die Silberhochzeit von Kaiser Franz Joseph mit Sissi erinnern.

Das Goldene Bründl – bei den Stockerauern und Korneuburgern ein sehr beliebter Ausflugsort – ist auch Ausgangspunkt zahlreicher Wanderwege. Ein «Dr.-Hans-Wagner-Waldlehrpfad» sowie ein «Senioren- u. Familienweg» sind beschildert und markiert, die dazugehörende «Wanderkarte Rohrwald» kann man im Wirtshaus besorgen. Ein interessantes Wanderziel sind die «*Schwedenhöhlen*», die man in einer halben Stunde erreicht. Vom Parkplatz vor dem Gasthaus geht man im Wald (Hinweistafel: Schwedenhöhlen) vorerst nach rechts, Richtung Nordosten. Am Wiesengrund geht's weiter Richtung Karnabrunn. Nach einem scharfen Linksknick der Wiesenfläche überquert man den Graben zur rechten Hand. Hier hält man sich links und geht parallel zum Graben weiter. Auf einer kleinen Geländekuppe geht's rechts in den Wald, wo auch ein Bankerl steht. Dort befinden sich die Höhlen; für deren Besichtigung benötigt man allerdings eine Taschenlampe.

Die Radtour fortsetzend, fährt man Serpentinen hinunter, vorbei an der Essenzenfabrik Esarom (die unter anderem den Geschmack der Gummibärli produziert), eine unendlich lange, zwischen Wald und dem Rohrbach gelegene Häuserzeile entlang, die schließlich in den Ort *Oberrohrbach* führt. Hier gibt's einige schöne Hausfassaden, besonders schön ist das Haus Hofstraße Nr. 1 (1819), wo man auch gleich nach links Richtung *Unterrohrbach* abbiegt.

In Unterrohrbach wartet wieder eine Sehenswürdigkeit: das «*Landtechnikmuseum*». Traktorveteranen, Benzin- und Dieselmotoren aus der Frühzeit der Motorisierung, Zapfsäulen, Öldosen, Wagenheber, Werkzeug sowie Plakate von «damals» bilden ein buntes Sammelsurium, das nicht nur Technikfreaks begeistert.

In Unterrohrbach teilt sich der Radweg. Die erste, kürzere Möglichkeit: Man radelt Richtung Leobendorf und am linken Ufer zum Tuttendörfel zurück. Wählt man diese Route, so fährt man an der «*Dampf- und Dieselgarage*» vorbei. Gezeigt werden 25 alte Traktoren, diverse Handwerkserinnerungen, Bäuerliches, ein Waschtag, Militärerinnerungen … kurzum, alles, was irgendwie «alt» aussieht, wurde hier zusammengetragen.

Die Variante zwei für all jene, die noch nicht müde sind, führt zum Kraftwerk Greifenstein.

Die Route führt durch Spillern. Interessant sind hier die Gebäude der Firma Harmer mit typischer Industriarchitektur aus dem 19. Jahrhundert. Bereits 1855 wurde hier von Leopold Harmer eine Branntweinbrennerei gegründet. Schräg vis-à-vis ist die 1831 erbaute und seit 1969 evangelische Heilandskirche zu sehen.

Die Route führ weiter zum Bahnhof, dort unterquert man die A22, weiter geht's auf einer Schotterstraße mit Schlaglöchern der Autobahn entlang, hinter den beiden kleinen Schranken wird es wieder ruhiger. Im Auwald fährt man geradewegs zum Kraftwerk. Die Türe beim Gittertor des Kraftwerks ist für Radfahrer und Fußgänger offen und wird erst bei Einbruch der Dunkelheit geschlossen. Das zweitgrößte Kraftwerk an der Donau wurde zwischen 1981 und 1985 errichtet, es staut die Donau auf einer Länge von 31 Kilometern zurück und produziert mit seinen neun Kaplanturbinen 1720 Millionen Kilowattstunden im Jahr. Damit kann man 480.000 Haushalte, das sind 85 Prozent aller niederösterreichischen Haushalte, jährlich versorgen. Man sollte auf jeden Fall bis zur Mitte der Dammkrone vordringen – unter ohrenbetäubendem Rauschen stürzt die Donau bei Mittelwasser zwölf Meter in die Tiefe.

Wer mehr wissen will, begibt sich in das Informationsgebäude der DOKW.

Kraftwerksführungen: Voranmeldung bei DOKW, Frau Schweinhammer, 1010 Wien, Parkring 12, Tel. 0222/51538-4122.

Entlang des Treppelwegs fährt man nun am linken Donauufer zurück nach Wien oder überquert – als dritte Variante – die Donau auf der Dammkrone und kehrt beim «Jarosch» am anderen Donauufer ein.

«GOLDENES BRÜNDL»-RADWEG

ESSEN UND TRINKEN In Klein-Engersdorf: Gasthaus L. ULLMANN, Hauptstraße 60, Tel. 02262/4985. In Stetten: Gasthaus Josef SCHWEINBERGER, Tel. 02262/673660 mit Übernachtungsmöglichkeit. In Seebarn: Gasthaus BRAIT, Tel. 02964/280 mit Übernachtungsmöglichkeit. Gasthaus «GOLDENES BRÜNDL», Mario Krainz, bietet auch Grillabende an, Tel. 02266/80495. In Oberrohrbach: Buschenschank BRUCKER, Hofstraße 14, Tel. 02266/80801. In Spillern: «BRAUHOFSTUB'N», Stockerauer Straße 20, Tel. 02266/80694. In Harmannsdorf-Rückersdorf: Gasthaus: Johann STEINACKER, Laaer Straße 41, Tel. 02264/241. **REITMÖGLICHKEIT** Stockerauer Straße 27, Tel. 02266/2997 od. 8938. **HEURIGE** In Klein-Engersdorf: Familie HAAS, Hauptstraße 46, Tel. 02262/48894. Fam. LACKNER, Hauptstraße 43, Tel. 02262/4982. Fam. MOSER, Hauptstraße 84, Tel. 02262/4972. **MUSEUM** In Korneuburg: Fossilien des Teiritzberges: Im Keller des Korneuburger Kulturzentrums am Dr.-Max-Burckhard-Ring 11, jeden 1. Samstag im Monat 14–17 und Sonntag 9–12 Uhr. In Unterrohrbach: Landtechnikmuseum, Öffnungszeiten des Museums: 1. März bis 30. November Sa, So und Fei 10–19 Uhr gegen Voranmeldung, Tel. 02266/ 80417. Dampf- und Dieselgarage, Öffnungszeiten: Sa, So und Fei 10–19 Uhr. Erfrischungen werden geboten. Tel. 02266/80417. In Klein-Engersdorf: «Fober Museum», Voranmeldung unter Tel. 02262/ 4962. **SPARGEL** In Harmannsdorf-Rückersdorf: Fam. Engelbert Kirchmeier, Mühlgasse 34, Tel. 02264/4702. In Obergänserndorf: Fam. Anton Schirmbrand, Hollabrunner Straße 15, Tel. 02264/6170. **WINZER IN STETTEN** Roman PFAFFL, Hauptstraße 24, Tel. 02262/ 673423. Spezialitäten: Grüner Veltliner (Riede Hundsleiten/Sandtal), Rheinriesling (Riede Terrassen in Sonnleithen), Chardonnay, Cuvée Exzellent (Zweigelt und Cabernet Sauvignon).

HAGENBRUNN, KÖNIGSBRUNN UND ENZERSFELD

Eines haben die drei kleinen Orte gemeinsam: viele Heurigenlokale.

Hagenbrunn selbst ist ein reiner Weinbauort, der den Rebensaft schon bei der Ortstafel anpreist. Der Weinbauverein hat sich zu Vermarktungszwecken etwas Besonderes einfallen lassen: das «Heurigentelefon». Anrufer erfahren via Tonband (Tel. 02262/672126), wer gerade ausg'steckt hat. Zur Beruhigung für Pegel- und sonstige Trinker: Vis-à-vis der Kirche in der Schloßgasse informiert ein Aushang über die hier zur Verfügung stehenden öffentlichen Verkehrsmittel. Überhaupt wirkt es so, als ob jedes Haus ein Heuriger wäre, selbst der schmale Weg zur Kirche, der ehemaligen Schloßkapelle, wird von Weinlauben gesäumt. Das dazugehörende Schloß wurde 1603 erbaut und 1802 wieder abgetragen.

Zur persönlichen Standortbestimmung nach dem Heurigenbesuch dienen die Kilometerangaben am Dorfbrunnen: Nach Wien 15 Kilometer, nach Paris 1050 Kilometer und zum Mond 384.000 Kilometer – von Hagenbrunn aus gerechnet.

In *Königsbrunn* ist eine kleine, uralte, romanische Wehrkirche sehenswert. Der Bau befindet sich am Ortsende, direkt am Hang, im Schatten alter Bäume. Die Siedlung wurde 1150 erstmals urkundlich erwähnt, aus dieser Zeit stammt auch die Kirche mit ihren Sandsteinmauern, dem kleinen Rundbogeneingang mit dem roten Kreuz über der Tür und den winzigen Schießscharten im Turm. Beim Wiederaufbau der Kirche nach 1945 unterstrich man besonders schön die uralten Reste, indem man sie «*steinsichtig*» ließ.

Um einen schönen Rundblick zu bekommen, geht man zur «Usraelkapelle» Richtung Westen den Bergrücken hinauf (die Gehzeit beträgt rund 20 Minuten.) Von dieser hübschen

Königsbrunn: uraltes Wehrkirchlein

Barockkapelle (1758) bietet sich ein Panoramablick, reichend vom Bisamberg (Sender) über Korneuburg (Kraftwerksschlot) zum Kraftwerk Greifenstein an der Donau bis zur Burg Kreuzenstein. Im Vordergrund ist der hohe Kirchturm von Stetten zu sehen, wo es wieder auf den «Goldenes-Bründl-Weg» geht.

An der Straße von Königsbrunn nach Enzersfeld liegt links im Feld ein flacher Mugl: ein durch die Landwirtschaft eingeebnetes Hügelgrab. Die Pfarre *Enzersfeld* gehört zum Schottenkloster in Wien. Überhaupt ist auffällig, daß die Pfründe der Schotten fast ausnahmslos in guten Weinbaugebieten liegen.

Die Kirche des Ortes wurde Anfang des Jahrhunderts erbaut, hinter dem Chor befindet sich eine barocke Kreuzigungsgruppe. In der größten Weinbaugemeinde des Bezirks Korneuburg mit rund 80 Hektar Rebfläche spielen der Wein und dessen Vermarktung naturgemäß einen wichtige Rolle – auch hier haben die Schotten eine Pfarre. Heurige gibt es hier allerorts, und das auch noch das ganze Jahr über. Welche der Lokale gerade offen haben, ist auf einer Tafel am langgestreckten Dorfplatz zu ersehen, schräg vis-à-vis der kleinen Kapelle mit der Statue des hl. Nepomuk (1856).

Gleich nach dem Ortsende beginnt mit etwas Abstand das romantische Kellergrätzel mit den Waldheurigen. In der Saison hält hier mindestens ein Heuriger offen. Für Spaziergänge, sei es zum Appetitholen oder zum Ausnüchtern, geht man durch Weingärten Richtung *Putzing*. Wer für den lokalen Weinbau etwas Gutes tun und die schwere Arbeit der Winzer fördern will, der darf gegen Entrichtung eines kleinen Entgelts einen Nagel mit einer Nummer erwerben und ihn beim Hauermandl einschlagen. Als Belohnung winkt eine Urkunde.

ESSEN UND TRINKEN In Hagenbrunn: Hagenbrunner DORFWIRT, Hauptstraße 15, Tel. 02262/672762. In Enzersfeld: Herbert SCHEITE-RER, Hauptstraße 37–39, Tel. 02262/673329 mit Pension. Rudolf

HOFBAUER, Hauptstraße 1, Tel. 02262/673220 mit Fleischerei. **HEU-RIGE** In Hagenbrunn: Hagenbrunner Heurigentelefon: Tel. 02262/672126 (rund um die Uhr!). In Königsbrunn: Heuriger Karl HÖDL, Ortsstraße 1, Tel. 02262/672632. Josef SCHILLER, Ortsstraße 8, Tel. 02262/672930. In Enzersfeld: Anschlagtafel vis-à-vis von der Nepomukkapelle. Im Juni Winzerfest bei der Gemeinde, Tel. 02262/674141.

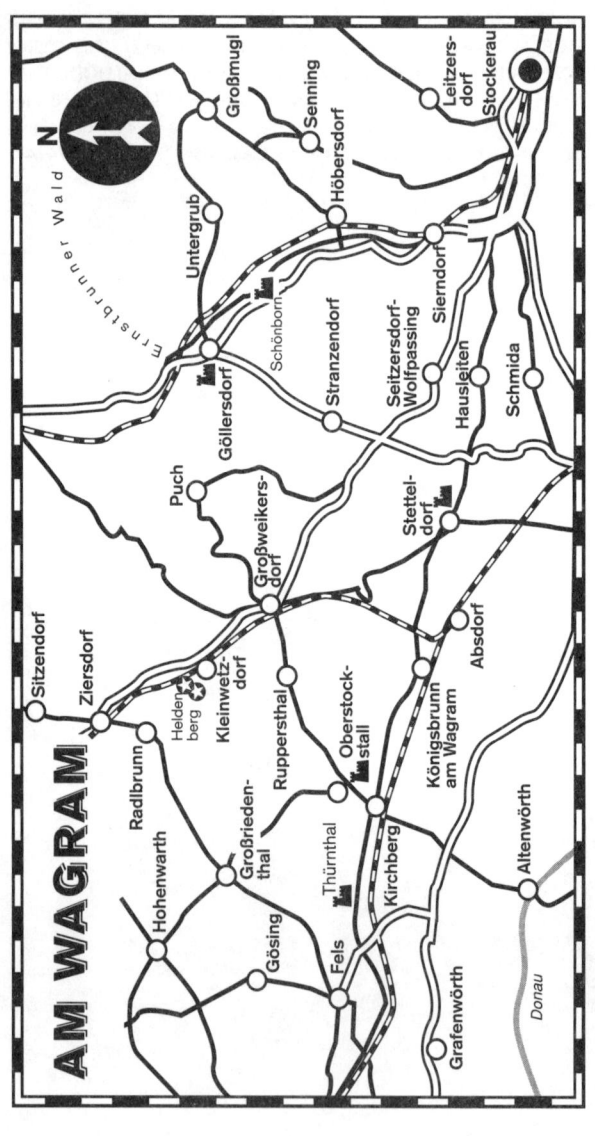

Westliches Weinviertel

Zwei große, grundverschiedene Landschaftstypen, die Ebene des Tullner Feldes und das tertiäre Hügelland des Weinviertels, prägen dieses Gebiet. Das flache Tullner Feld ist eine im Laufe der Eiszeiten entstandene, heute noch von Auwäldern durchzogene Beckenlandschaft entlang der Donau. Während der beiden letzten Eiszeiten, Riß und Würm, wurden auf dieser Fläche Schottermassen aus den Alpen abgelagert, in den darauffolgenden Warmzeiten – und auch heute – wurde ein Teil dieser Donauschotter durch die Donau selbst wieder weggespült. Als Ergebnis des Wechselspiels zwischen Akkumulation, Erosion und gleichzeitiger Einsenkung des Beckens hat sich die scharfe Geländekante des Wagrams herausgebildet.

Gegen Norden schließt mit der Wagram-Kante das hügelige Land aus der Tertiärzeit an. Während die Donau mit ihren Mäandern das Tullner Feld ausräumte, schlängelte sich die Schmida von Norden nach Süden und verhalf dem Tal zu seiner breiten Sohle. An manchen Stellen sind – für Erdkundler – noch alte Prallhänge und Umlaufberge zu erkennen. Das Land steigt von Osten nach Westen sanft an. Der breite Rücken des Manhartsberges bildet schließlich die Grenze zum Waldviertel.

AM WAGRAM ENTLANG

Nachdem sich die Terrasse des Wagram schon bei Spillern nahe Stockerau abzeichnet, erreicht sie bei *Hausleiten*, rund zehn Kilometer westlich von Stockerau, ihre volle Höhe von etwa 30 Metern. Um die Höhenstufe so richtig zu Gesicht zu bekommen, fährt man am besten von *Schmida* im Tullner Feld, acht Kilometer westlich von Stockerau, frontal auf sie zu. In Schmida sind das kleine, vierflügelige Schloß (nur von außen zu besichtigen) und unweit davon, schräg vis-à-vis der Kirche (1910), eine wunderschöne barocke Dreifaltigkeitsgruppe sehenswert.

Fährt man nun auf der kleinen Straße Richtung Wagram, sieht man gleich die große Kirche von *Hausleiten*. An der Ortseinfahrt verkünden Tafeln «1000 Jahre Seelsorge in Hausleiten». Als älteste, von Passau aus gegründete Mutterpfarre des Weinviertels ging von hier eine Welle von Pfarrgründungen aus.

Das Kirchengebäude selbst gehört zu einer Kette von Wehrkirchen entlang der Wagramkante. Um vor Donauhochwässern und Eisstößen sicher zu sein, errichtete man strategisch wichtige Siedlungen auf der Anhöhe. Der wuchtige dreischiffige Bau aus der Zeit des späten 13. beziehungsweise frühen 14. Jahrhunderts zeigt an der Südwestseite noch ein romanisches Fenster aus dem 12. Jahrhundert. Offensichtlich ist es Bestandteil eines Vorgängerbaus. Am Turm lassen sich zwei Bauphasen ablesen: Auf einen quadratischen Turm wurde einfach ein barocker achteckiger Turm aufgesetzt. Im Inneren ist das Konzept der weiten gotischen Basilika mit einem breiten Mittelschiff noch gut zu erkennen. Die Barockisierung fiel dezent aus und verdrängt nicht den gotischen Charakter des Gotteshauses. Das Altarbild – «Martyrium der hl. Agatha» –

Seitzersdorf-Wolfpassing: Trödlerladen an der Straße

stammt von Martin Johann Schmidt, dem «Kremser Schmidt».

Die Kirche ist verschlossen, der Schlüssel beim Pfarrhof erhältlich.

Im Sommer ist ein kleiner Abstecher in die Kellergasse, deren Lage in einer Lößschlucht für Abkühlung sorgt, eine angenehme Abwechslung. Zu erreichen ist sie über die Lehrngasse.

Wagt man von Hausleiten aus einen kleinen Abstecher ins «Landesinnere», so kommt man erst am Hardeggschen Gutshof vorbei und dann nach *Seitzersdorf-Wolfpassing*. Dieser Ort an der B4 – der «Prager Straße» – ist ein Dauer-Bauernmarkt: Von Erdäpfeln über Gurken, Kraut, Wein und Honig wird – direkt an der Straße – verkauft, was gerade aktuell ist. Der große Trödler an der Straße hat ein buntes Sammelsurium von barocken Heiligen bis zu Nähmaschinen, Scheunentoren, alten Möbeln und Häferln mit «Grüßen aus Mariazell» vorrätig.

Trödlerstuben Brüder Schmidt, Mo–Fr 9.30–18, Sa 9.30–14 Uhr, Tel. 02265/435.

Von *Gaisruck*, drei Kilometer westlich von Hausleiten am Fuße des Wagrams, kann man einen kurzen Abstecher nach *Pettendorf*

Stetteldorf am Wagram: die «Juliusburg» der Familie Hardegg

Absdorf-Hippersdorf: Bahnknotenpunkt im nördlichen Tullner Feld

machen. Der Ort an der Hochfläche, nördlich von Gaisruck, ist ein einfacher, schön angelegter Bauernort mit «Hintaus-Scheunen». Am Leeberg, hart an der Wagramkante, findet alljährlich die Sonnwendfeier statt. Ein Blick nach Norden zeigt bewaldete Hügel.

Nördlich der B4 liegt *Stranzendorf.* Die unübersehbare Kirche am Hang erbaute Lukas von Hildebrandt. Nach der Pfarrerhebung von 1711 gab Friedrich Karl von Schönborn bei seinem Freund und Baumeister Hildebrandt den Bau in Auftrag, 1733 wurde sie geweiht. Auch die Altäre im Inneren der Kirche gehen auf Entwürfe des großen Barockbaumeisters zurück. Der Schlüssel ist beim Pfarramt in Absdorf, Hauptplatz Nr. 12, Tel. 02278/2313, auszuborgen.

Am Wagram gegen Westen folgen weiter *Eggendorf, Starnwörth* und *Stetteldorf am Wagram.*

Das hier befindliche Hardeggsche Schloß, die «Juliusburg», wurde 1588 bis 1602 unter Graf Julius II. von Hardegg erbaut. Die barocken Umbauten erfolgten nach Plänen von Johann Jakob Castelli am Beginn des 18. Jahrhunderts. Castelli plante auch die Kirche in der Ortsmitte, die außen zwar schmucklos ist, innen aber eine reiche Barockausstattung besitzt. Interessantes Detail am Kirchenplatz: Die Dreifaltigkeitssäule mit dem Gnadenstuhl aus der Barockzeit ist von Weinreben umrankt.

Bei *Absberg* schlängelt sich die Straße hinunter in die Ebene. Hält man sich noch vor dem Bahnübergang links, kommt man in eine kurze und sehr schöne Kellergasse. Zwischen der Schmida und dem Wagram liegen zwischen Weingärten einige idyllische Preßhäuser, einer der beiden Heurigen hat fast immer offen.

Die Bahnstation *Absdorf-Hippersdorf*, unten im flachen Feld gelegen, ist der wichtigste Bahnknotenpunkt im nördlichen Tullner Feld. Hier zweigt von der Franz-Josefs-Bahn, die nach Gmünd, Prag und Berlin führt, die Strecke nach Krems und in die Wachau ab. «Wahrzeichen» dieses Pendlerumsteigeplatzes ist eine Stahlbrücke quer über alle Gleise.

Ein sehenswertes Gebäude im Ort ist das Rathaus mit einer secessionistischen Fassade.

Heimatmuseum: Schlüssel ist bei Herrn Oskar Mann, Tel. 0278/2224, auszuborgen.

In *Königsbrunn*, vier Kilometer westlich von Absdorf, befinden sich an der Hauptstraße einige schöne, alte, einstöckige Bauernhäuser. Mit Fresken oder mit Marienstatuen versehen, sind diese «Ackerbürgerhäuser» Beleg dafür, daß es hier auch schon im 18. Jahrhundert reiche Weinbauern gab.

ESSEN UND TRINKEN, HEURIGE In Hausleiten: Gasthaus AMSTÄTTER beim Bahnhof, Tel. 02265/272. In Absberg: Fam. GRAND, Tel. 02278/2272. Fam. WALZER-WEBER, Tel. 02278/2926 oder 02279/2169. In Absdorf-Hippersdorf: Gasthaus Rudolf SCHWAIGER mit Kegelbahn, Tel. 02278/2219. **SCHWIMMEN** Freibad in Absdorf-Hippersdorf.

KIRCHBERG UND OBERSTOCKSTALL

Von allen Orten am Wagram ist Kirchberg am Wagram der schönste. Schon von weitem sieht man die große barocke *Wallfahrtskirche «Maria Trost»*. Der Ort selbst liegt auf drei Niveaus:

auf der Donauebene des Tullner Feldes, auf dem Hang und auf der Hochfläche.

Die Wallfahrtskirche geht auf ein angebliches «Wunder» in der Barockzeit zurück: Das Ehepaar Christoph und Maria Magdalena Beer heiratete 1674 und blieb kinderlos. Da versprach das Paar, eine Mariensäule zu stiften, wenn sich Nachwuchs einstellen würde. Prompt wurde ihnen ein Sohn, Johann Jakob, geboren; nachzulesen im Taufbuch des Jahres 1679. Das versprochene Standbild wurde an der Straße von Ober- nach Mitterstockstall errichtet. Später baute ein Bauer einen kleine Kapelle darüber, als Dank für die Heilung von einer Krankheit. Im Zeitraum von 1748 bis 1766 wurden 270 Gebete «erhört». Die Kapelle mußte wegen des immer größer werdenden Andrangs erweitert werden, doch unter Kaiser Josef II. kam es zum Abbruch des Gebäudes. Inneneinrichtung und Gnadenbild kamen in die Pfarrkirche St. Stephan, die durch den Titel «Maria Trost» erweitert wurde.

Die heutige Wallfahrtskirche stellt einen barocken Prachtbau dar. Die Kosten für die Umgestaltung des gotischen Vorgängerbaus am Beginn des 18. Jahrhunderts trug das Passauer

Kirchberg am Wagram: barocke Wallfahrtskirche

Domkapitel, nur die besten Künstler kamen in Kirchberg zum Einsatz. Ausführende waren: Carlo Innocenco Carlone, Paolo d'Allio und Diego Carlone. Auf der Referenzliste der Künstler stehen unter anderem Bauten wie Schloß Schloßhof, Franziskanerkirche oder Belvedere in Wien. Das Hochaltarbild «Martyrium des hl. Stephan» ist eine Meisterleistung des erst 26jährigen Carlo Carlone, den Marienaltar schuf der «Kremser Schmidt». Von der Kanzel bis hin zu den Altären sind barocker Überschwang und Lebensfreude zu spüren.

Die Kirche war unter den Wallfahrern sehr beliebt, im 19. Jahrhundert erreichte der Boom sogar Mariazeller Dimensionen.

Ein kleiner Rundgang um den Marktplatz offenbart einen Einblick in die Geschichte des Ortes. Bereits 1493 war Kirchberg durch Kaiser Friedrich III. das Marktrecht verliehen worden. An diese alten Zeiten und Gebräuche erinnert noch das Marktmandl vor dem neuen Rathaus. Die 1636 errichtete Statue hält einen Hammer in der Hand, 14 Tage vor und nach dem Markt wurde der Hammer durch ein Schwert als Zeichen der Marktgerichtsbarkeit ersetzt.

Altes Rathaus: Funde aus dem Alchemistenlabor

Das Haus Nr. 31 zeigt einen schönen Renaissanceerker, gleich daneben befindet sich das Alte Rathaus aus dem 17. Jahrhundert. Im Parterre ist eine Vinothek der Vermarktungsgemeinschaft «Wagramer Selektion» untergebracht (Öffnungszeiten: Samstag von 14 bis 17 Uhr), im ersten Stock befindet sich eine Alchemistenausstellung (siehe: S. 78 ff.). Darüber deuten die ovalen Fenster ein altes Speichergeschoß an. An der gegenüberliegenden Seite den Platzes ist noch das Bärenhaus (Nr. 18) mit dem Wappen der Familie Beer sehenswert. Interessant ist auch das barocke, mit secessionistischer Fassade versehene Färberhaus (Nr. 29).

Das monumentale Bezirksgericht stammt aus den Jahren 1912/13, der berühmteste hier tätige Jurist war Altbundespräsident Rudolf Kirchschläger, der 1948 hier einige Monate als Ferialvertretung arbeitete.

Die Dreifaltigkeitssäule aus 1780 zeigt bereits klassizistische Stilelemente. Sehenswert sind noch die hohen, über Lößschluchten führenden Brücken, die 1882 bzw. 1884 mit Unterstützung der Sparkasse errichtet wurden.

Im unteren Ortsteil sei in der Kremser Straße auf das ehemalige Bürgerspital mit der Kirche aus der Barockzeit hingewiesen.

KIRCHBERG AM WAGRAM

ANREISE AUTO Von Wien auf der A22, ab Stockerau auf der B3, Abfahrt Kirchberg/Wagram. **ANREISE ZUG** Ab Wien Nord bzw. ab Wien, Franz-Josefs-Bahnhof. **ERSTE ANLAUFSTELLE** Gemeindeamt, Tel. 02279/2332. **ESSEN UND TRINKEN** Zwei-Hauben-Lokal in Oberstockstall: Familie SALOMON, Tel. 02279/2335, Mi bis Sa 12–22 Uhr. **SCHLAFEN** Gasthaus HEISS, Kremser Straße 5, Tel. 02279/2264. **KAFFEEHAUS** Café-Konditorei KARL, Marktplatz 33, Tel. 02279/2265. **HEURIGE** Infotafeln neben den Ortsschildern der einzelnen Gemeinden und am Hauptplatz. **MARKT** Faschingsmarkt und Laurenzimarkt (2. Mo und Di im August). **FISCHEN** Auskunft beim Forstamt Grafenegg in Altenwörth, Hauptstraße 10, Tel. 02279/2523. **BADEN** Freibad in Kirchberg, Tel. 02279/2430.

DER ALCHEMIST VON OBERSTOCKSTALL

In Oberstockstall, zwei Kilometer nördlich von Kirchberg, verdient neben einem jüdischen Friedhof das Schloß besondere Beachtung. Hier wurde in den achtziger Jahren unseres Jahrhunderts ein Sensationsfund gemacht: Unter der Kapelle der

Schlosses wurde durch Zufall ein «High-Tech»-Labor aus dem 16. Jahrhundert freigelegt.

Das Schloß mit dem Herrschaftshof entstand in den Jahren 1538 bis 1548, die Kapelle ließ Rudger, Domherr zu Passau und Pfarrer zu Kirchberg, in den Jahren 1302 bis 1327 erbauen.

Mehr als 870 Objekte und Formen, 280 Schmelztiegel, 5 Trichter, 13 Dampfhauben, 7 Destillierkolben, 18 Schmelz-schalen, 2 Flüssigkeitsheber, 6 «Sandbäder» und zahlreiche andere Utensilien wurden gehoben und sichergestellt – sie geben einen Einblick in den Alltag eines Alchemisten.

Es muß sich um das Labor eines Metallurgen gehandelt haben, der hier zweifelsfrei versuchte, Gold herzustellen. Mehrere Laboruntereinheiten konnten rekonstruiert werden: Im Probierlabor wurden offenbar Erze auf das Vorhanden-

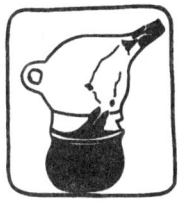

«High-Tech»-Gerät des Alchemisten

sein reiner Metalle untersucht, insbesondere wurde der Gold-, Silber-, Kupfer- und Bleigehalt bestimmt. Hier fanden auch die Schmelztiegel, Schmelzschalen und Kupellen ihre Verwendung.

Im Destillierlabor wurden «Quintessenzen», z.B. Alkohol, gewonnen. Diese wurden als Arzneimittel eingesetzt, aber auch dazu verwendet, für das Scheideverfahren von Gold und Silber «Königswasser» herzustellen.

Gearbeitet wurde hier in der Mitte des 16. Jahrhunderts. Die Türkenbelagerung von 1529 war überstanden. Paracelsus oder Agricola sind international bekannte Vertreter einer neu-en geistigen Haltung der Renaissance; die Reformation stößt allerorten auf offene Ohren. Wer der Laborant war, kann bis dato nur vermutet werden; eine heiße Spur führt zu Christoph von Trenbach, Domherr zu Passau, der 1548 den Pfarrhof, sprich das heutige Schloß Oberstockstall, erbauen ließ. Die In-dizien sprechen für ihn: Er starb schon vier Jahre nach Fertig-stellung des Baus, und zwar unter ungeklärten Umständen, noch keine 42 Jahre alt. Nach seinem Tod stellte sich heraus, daß er, der stets als wohlhabend gegolten hatte, beim Kremser Apotheker Schulden hatte. Außerdem berichtet die Chronik, daß Christoph von Trenbach an chronischem Nasenbluten litt. Dies deutet auf eine Blei- oder Quecksilbervergiftung hin.

Nach seinem Tod übernahm sein jüngerer Bruder, Urban von Trenbach, die Pfarre mitsamt ihren Schulden. Bald machte Urban, der zuvor in Italien studiert hatte, eine steile Karriere: 1556 Dompropst zu Passau, 1561 Bischofsweihe. In dieser Funktion ließ er auch Dukaten prägen, um dem finanzschwachen Bistum auf die Beine zu helfen. Es ist denkbar, daß auch er das Labor benutzte und hier Erze und Mineralien, die ebenfalls im Fundkomplex enthalten sind, auf ihre Qualität untersuchte.

Konkret liegt die Fundstelle in der Sakristei hinter der gotischen Schloßkapelle, in der auch die aus der Mitte des 16. Jahrhunderts stammenden Fresken sehenswert sind, an einigen Stellen sieht man auch noch Fresken aus der Frühgotik. Ein Großteil der Funde ist im Alten Rathaus in Kirchberg am Wagram ausgestellt. In dieser gut präsentierten Schau sind nicht nur jede Menge von Tiegeln, Krügen und Glasphiolen zu sehen, sondern auch die Nachbildung eines Destillierofens vom Typus «Fauler Heinz».

Öffnungszeiten: Jeden Samstag von 14 bis 17 Uhr im «Alten Rathaus» (oder gegen Voranmeldung beim Gemeindeamt, Tel. 02279/2332).

DIE GUTE KÖCHIN EVA SALOMON

Was gibt es Besseres für einen Gast als eine Wirtin, die gerne kocht? Die Antwort lautet: eine Begegnung mit der Kochkunst von Frau Salomon.

Seit ihrem zwölften Lebensjahr rührt die rührige Mittvierzigerin kräftig um – und steht bis heute jeden Tag selbst in der Küche ihres Zwei-Hauben-Restaurants in Oberstockstall bei Kirchberg am Wagram. Stets strahlt sie Ruhe, Besonnenheit und Kompetenz aus und zieht so ihre Umgebung in ihren Bann.

Als Tochter des Wachauer Weinbau- und Gastronomie-Papstes Josef Jamek erlernte sie das Handwerk von der Pike auf. Und es war für sie sehr bald klar, daß sie in die Fußstapfen ihres Vaters treten würde. Heute noch ist sie ihren Lehrern dankbar, daß sie montags nie geprüft wurde. Die wußten nämlich, daß Eva, damals noch Jamek, an Sonntagen bis Mitternacht im Lokal stand. «Mein Vater hat mich stets motiviert und war begeistert, wenn ich etwas gekocht habe», weiß sie über ihre ersten kulinarischen Gehversuche zu berichten.

Nach Handelsschule und Realgymnasium in Krems sollte sie den Jochinger Betrieb übernehmen, heiratete aber 1970 und zog mit ihrem Mann Fritz Salomon, dessen Bruder Erich in Krems das Kloster Und besitzt, nach Oberstockstall. 1980 wurde das Lokal eröffnet und als rühriger Familienbetrieb geführt. Ihre fünf Kinder arbeiten bereits im Betrieb mit. Der älteste Sohn Fritz kümmert sich um Landwirtschaft und Weinbau, die älteste Tochter Evi kocht dem Vernehmen nach fast so gut wie die Mutter. Die beiden anderen Töchter, Sophie, Medizinstudentin, und Edith, Kochschülerin in Tulln, kümmern sich an Wochenenden um Schank und Service, und der jüngste Sohn, Matthias, noch in der Mittelschule, wird beim Besteckwischen eingesetzt.

Eva Salomon: lächelnd alles im Griff

Schon beim Betreten des Schlosses, das sich seit 1863 im Besitz der Familie Salomon befindet, kommt man an Beeten mit Lavendel vorbei und wird damit schon auf ein Grundprinzip der Salomonschen Kochkunst hingewiesen, das da lautet: «So frisch wie möglich!»

Die Kräuter-Liebhaberin baut Basilikum, Rosmarin, Kerbel, Majoran, Zitronenthymian, Zitronenmelisse, Weinraute, Liebstöckl und Salbei selbst an und produziert auch möglichst viele Zwischenprodukte selbst. Die Töch-

ter stöhnen allerdings unüberhörbar: «Mehr als 2000 Gläser Marmelade haben wir heuer eingekocht.»

Rosenblütenmarmelade, Lavendelblütensaft, eingelegte grüne Nüsse, Paradeiser-Chutney, Berberitzen- und Schlehdornmarmelade werden im eigenen Lokal verwendet und, solange der Vorrat reicht, auch verkauft. Und ständig ist die experimentierfreudige Küchenchefin auf der Suche nach neuen, originellen Kreationen und Geschmacks-Kombinationen.

Es gibt so gut wie keinen Bereich, um den sie sich nicht persönlich kümmert. Von der Auswahl der Speisen, die je nach Angebot zusammengestellt werden, über den Einkauf der Waren bis hin zum Unkrautjäten und zur Tischdekoration gibt sie den Ton an, hilft persönlich mit und koordiniert ihr Team. Sie prägt das Haus, sie ist die Chefin. Nur Experten und besonderen Freunden des Hauses verrät sie ihr ganz besonderes Lieblingsgericht: mit Schafkäse gefüllte Zucchiniblüten.

Öffnungszeiten des Zwei-Hauben-Restaurants: Mi–Sa 12–22 Uhr, Tel. 02279/2335.

WINZER IN OBERSTOCKSTALL Karl FRITSCH, Nr. 24, Tel. 02279/27403. Spezialitäten: Grüner Veltliner (Riede Schloßberg), Weißburgunder (Riede Schloßberg), Rheinriesling (Riede Mordthal), Blauer Burgunder (Riede Kreuzberg). Fritz SALOMON, Schloß Oberstockstall, Tel. 02279/2335. Spezialitäten: Gelber Traminer (Riede Ederin), Weißburgunder (Riede Grünbichl), Rheinriesling (Riede Dobbel).

FELS AM WAGRAM

Mit über 500 Hektar Weinbaufläche ist die Marktgemeinde Fels mit den Orten Thürnthal, Gösing und Stettenhof eine der größten Weinbaugemeinden im Weinviertel. Die Weinbaufläche beginnt unmittelbar nördlich der Siedlungsgrenze und steigt langsam nach Norden Richtung Gösing an. Draußen, einen guten halben Kilometer vom Ort entfernt, reiht sich in sieben Kellergassen Preßhaus an Preßhaus. Hammergraben, Zwerggraben, Mitterweg und Steinagrund heißen die größeren Kellergassen. Fast alle Weinkeller stehen in Funktion – ein beruhigendes Gefühl für Weinliebhaber.

Fels am Wagram: Kirche in der weiten Weinlandschaft

Die Felser Weingärten gehen nahtlos über in jene von Feuers-brunn und Engabrunn; über das Strassertal bis hinein ins unte-re Kamptal bietet sich hier eine fast lückenlos geschlossene Rebfläche dar.

Der Ort selbst ist durch den markanten Kirchturm mit dem steilen Walmdach leicht zu erkennen. Schon von Thürnthal aus sieht man das markante Gebäude, das im wesentlichen in unserem Jahrhundert gebaut wurde. Lediglich Chor und Turm sind gotisch.

Die heutige Gestalt des Thürnthaler Schlosses geht auf den Auftrag von Wenzel Adrian Wilhelm Graf Enkevoirt zurück. Er betraute Joseph Emanuel Fischer von Erlach, den Sohn des berühmten Johann Bernhard Fischer von Erlach, mit der Neu-gestaltung des 1679 abgebrannten Hauses.

Ein netter Abstecher von Fels nach Norden führt in den drei Kilometer entfernten kleinen Bauernort *Gösing.* Wie ein Schwalbennest liegt das Dörfel, an dem die Zeit scheinbar spurlos vorübergezogen ist, an einem Hang. Sehenswert sind die beiden einstöckigen Ackerbürgerhäuser in der Burggasse Nr. 1 und Nr. 3 aus dem 18. Jahrhundert.

Wer weiterhin in der Weingegend bleiben will, begibt sich nach *Großriedenthal* sieben Kilometer nördlich von Fels und vier Kilomter südöstlich von *Hohenwarth,* das durch seine alte, weithin sichtbare Wehrkirche eine Landmarke am Manhartsbergrücken ist. In Großriedenthal haben sich 1989 rund 40 Winzer aus den Gemeinden Großriedenthal-Neudegg zur Vereinigung naturnahen Weinbaus in Österreich zusammengeschlossen. Ihr Ziel ist die Förderung des vollbiologischen Weinbaus. Die Ortscuvée vom Grünen Veltliner für alle umweltbewußten Weinkenner trägt ein grünes Etikett mit der Bezeichnung «Ursprung».

WINZER IN FELS AM WAGRAM Franz LETH, Kirchengasse 6, Tel. 02738/2240. Spezialitäten: Weißburgunder, Grüner Veltliner, Sauvignon Blanc, Blauburgunder, Cabernet Sauvignon. Weingut WIMMER-CERNY, Obere Marktstraße 37, Tel. 02738/2248. Spezialitäten: Grüner Veltliner (Riede Weelfel, Riede Fomberg), Weißburgunder (Riede Scheiben), Riesling (Riede Weelfel). **WINZER IN GÖSING** Leopold BLAUENSTEINER, Obere Zeile 12, Tel. 02738/2116. Spezialitäten: Rheinriesling (Riede Gmörk), Chardonnay (Riede Ahnengold), Welschriesling (Riede Gmörk). F. Toni SÖLLNER, Hauptstraße 34, Tel. 02738/2126. Spezialitäten: Rheinriesling (Riede Fomberg), Grüner Sylvaner (Riede Reich), Weißburgunder (Riede Reich). **WINZER IN GROSSRIEDENTHAL UND HOHENWARTH** Josef BAUER, Großriedenthal 60, Tel. 02279/7204. Spezialitäten: Spätburgunder (Riede Neudegger Felder), Chardonnay (Riede Eisenhut), Riesling (Riede Goldberg). Karl MEHOFER, Neudegg 14, Gemeinde Großriedenthal, Tel. 02279/7247. Spezialitäten: Grüner Veltliner (Riede Badenthal), Roter Veltliner (Riede Riesmein), Zweigelt (Riede Badenthal). Herbert und Ingeborg HOLZER, Großriedenthal 30, Tel. 02279/7201. Spezialitäten: Grüner Veltliner (Riede Goldberg), Zweigelt (Riede Eisenhut), Weißburgunder (Riede Riesmen), Roter Veltliner (Riede Heide). Hans DIWALD, Großriedenthal 35, Tel. 02279/7225 (Bioweine). Spezialitäten: Grüner Veltliner (Hinter der Au), Chardonnay (Riede Goldberg), Frühroter Veltliner (Riede Heide), Cuvée (Zweigelt und Cabernet Sauvignon). Johann SETZER, Hohenwarth 28, Tel. 02957/228. Spezialitäten: Roter Veltliner («Wiener Symphoniker»), Grüner Veltliner (als leichte Variante «Vesper» und als Spätlese «Ausstich»), Merlot.

DER HELDENBERG,
«ÖSTERREICHS WALLHALLA»

Der Heldenberg bei Kleinwetzdorf, ein wenig abseits der Prager Straße gelegen, ist eines der neu entdeckten Highlights im
Weinviertel, eine Heldengedenkstätte der besonderen
Art, ein österreichisches Walhalla – nur eine Spur kleiner als das deutsche Vorbild.

Gedenkstätte:
Heldenberg

   In Kleinwetzdorf – mit Großwetzdorf zur Gemein-
de Heldenberg zusammengelegt – biegt man auf der
Prager Straße von Wien kommend nach links ab, die
Anfahrt ist beschildert.

   Dort befindet sich eine weitläufige Parkanlage mit
Statuen und Denkmälern, die allesamt Kriegshelden
der k.u.k. Armee glorifizieren. Am großen Säulenhaus legt
die Aufschrift «Den würdigen Söhnen des Vaterlandes sei dies
Haus für ihre in den Jahren 1848 & 1849 bewiesene uner-
schütterliche Treue und heldenmütige Tapferkeit gewidmet»
den Sinn der ganzen Anlage dar. Vor dieser Halle befindet
sich ein Obelisk mit der Gruft, in der Feldmarschall Radetzky
seine letzte Ruhestätte fand. Statuen, Kanonen und Mörser
und vor allem 140 Zinnbüsten sind in dem Areal verstreut.

   Erbaut und finanziert hat diese Ruhmesstätte, die erst vor
wenigen Jahren aus einem gespenstischen Dornröschenschlaf
wachgeküßt wurde, ein gewisser Herr Joseph Gottfried Pargfrieder. Von diesem ist weder Geburtsdatum noch genaue
Herkunft bekannt. Er selbst gab zu seiner Person Wider-
sprüchliches von sich. Manchmal sagte er, in «armen Verhält-
nissen» geboren zu sein, ein andermal soll er behauptet haben: «Ehe ich noch das Licht der Welt erblickte, waren für
mich schon die glänzendsten Aussichten für die Zukunft
eröffnet.» Prompt ranken sich schöne Legenden um den noblen Spender und Schaffer des Heldenbergs: Er soll, so geht
die Mär, ein illegitimes Kind von Kaiser Josef II. gewesen
sein.

Sicher ist allerdings, daß Pargfrieder so etwas wie ein Kriegsgewinnler war, ein Armeelieferant, der die k.u.k. Truppen mit Schnürstiefeln versorgte. Als 1848/49 nach siegreichen Feldzügen die Armee in der Auffassung Pargfrieders nicht genügend geehrt wurde, griff er zur Selbsthilfe und ging daran, die Tempelanlage bei Kleinwetzdorf anzulegen. Höchstes Ziel seiner heute etwas seltsam anmutenden Bestrebungen war es, sein Vorbild, seinen Freund, den strahlenden Helden Feldmarschall Radetzky, am Heldenberg beizusetzen.

Bereits 1854 hatte ein erster tapferer Soldat, Feldmarschall Maximilian Freiherr von Wimpfen, seine letzte Ruhestätte am Heldenberg gefunden. Der große Radetzky war gar nicht so leicht von von der Idee zu überzeugen, sein Grab ausgerechnet im tiefsten Weinviertel zu finden, wodurch er sich schlußendlich überreden ließ, bleibt im Dunkel der Geschichte verborgen. Er vermachte in seinem Testament von 1855 seinen Leichnam dem Schuhfabrikanten: «Ich bitte meinen alten Freund Pargfrieder, bei welchem ich in seinem Park bei Wetzdorf am Heldenberg an der Seite meines alten Freundes, Mar-

Heldenberg: Österreichs Walhalla für k.u.k. Kriegshelden

schall von Wimpfen, beigesetzt zu werden wünsche, der Testamentsvollstrecker meines letzten Willens zu sein, dessen Anspruch alles überlassen bleibt.»

Als Radetzky am 5. Jänner 1858 in Mailand starb, wurde er zunächst nach Wien überführt. Von dort aus wurde der Leichnam unter der Leitung des jungen Kaiser Franz Joseph am 18. Jänner zum Heldenberg transferiert, wo er mit militärischem Pomp beigesetzt wurde.

1863 starb auch Pargfrieder. Er fand als dritter in der Gruft zwischen Radetzky und Wimpfen Platz, worauf das Volk prompt spöttisch reagierte: «Hier ruhen drei Helden in ewiger Ruh, zwei lieferten Schlachten, der dritte die Schuh.»

Noch zu Lebzeiten – anno 1858 – hatte Pargfrieder den Heldenberg dem Kaiser geschenkt, unter der Bedingung, dort selbst begraben zu werden. 1909 hatte der Kaiser das Interesse verloren und schenkte die Anlage der Armee. Seit 1918 gehört der Heldenberg der Republik Österreich.

Der Heldenberg ist ganzjährig geöffnet. Jeden ersten Samstag im September findet um 10 Uhr die Radetzky-Gedenkfeier statt.

Im Schloß Kleinwetzdorf, der ehemaligen Residenz von Pargfrieder, befindet sich die Dokumentation «Radetzky – Wimpfen – Pargfrieder». Das Schloß selbst wurde im 18. Jahrhundert umgestaltet und erhielt zwischen 1833 und 1841 die heutige Form eines Biedermeierlandschlößls. Aus dieser Zeit stammt auch die Gartenanlage, das mächtige Löwentor wurde bereits 1833 gebaut.

GROSSWEIKERSDORF, ZIERSDORF, SITZENDORF

Großweikersdorf liegt direkt an der Prager Sraße, von Wien kommend noch vier Kilometer vor Kleinwetzdorf/Heldenberg. Die «Perle des unteren Schmidatales» besitzt eine wunderschöne Barockkirche mit einem weithin sichtbaren hohen

Turm von Fischer von Erlach, allerdings nicht von Johann Bernhard, sondern von dessen Sohn Joseph Emanuel.

In der Grabkapelle hinter der rechten Seitenkapelle befindet sich das «Heilige Theater», eine seltene barocke Kulissenmalerei aus dem Jahr 1742.

Gleich neben der Bahn, am rechten Ufer der Schmida, liegt der Kugelberg. Diese offensichtlich künstliche Erdanschüttung kann verschieden gedeutet werden: Der «Dehio» interpretiert den Kugelberg als einen Grabhügel der Hallstattkultur. Allerdings könnte es sich auch um einen sogenannten «Wasen» handeln, einen ebenfalls künstlich aufgeschütteten, kegelstumpfförmigen Erdhügel, der neben einem wehrhaften Charakter, so wie man ihn von Hausbergen kennt, auch stets eine ökonomische Bedeutung hatte. Ein «Wasenherr» war stets auch Grundherr und bewirtschaftete das Land ringsum.

Großweikersdorf: barocker Kirchturm

Die Gegend um Großweikersdorf ist ein Zentrum des heimischen Spargelanbaus. Seit der Jahrhundertwende weiß man den Wert des Gemüses zu schätzen, das in zahlreichen Betrieben angebaut wird.

Ruppersthal, fünf Kilometer von Großweikersdorf entfernt, besitzt nicht nur eine spätgotische, später barockisierte Staffelkirche, in diesem Ort wurde auch Ignaz Joseph Pleyel (1757–1831) geboren. Der Zeitgenosse Haydns und Mozarts gilt als Schöpfer der französischen Nationalhymne. Aber genau wissen es nicht einmal die Franzosen: Man sagt, daß die Melodie von Pleyel, einem Freund des Texters der Marseillaise, Rouget de Lisle, stammen könnte, aber auch Jean Frederic Edelmann aus Strassbourg sowie Jean Baptiste Grisons und Alexandre Boucher werden als mögliche Komponisten genannt.

Als schöne, landschaftlich sehr reizvolle und völlig ruhige Radstrecke bietet sich ein Abstecher von Großweikersdorf über Niederrußbach und Oberrußbach nach Puch an. In Oberrußbach steht ein kleines Kircherl auf einem Hausberg. In Puch kehrt man um und fährt über Ameistal wieder zurück nach Großweikersdorf.

Drei Kilometer nördlich von Heldenberg liegt *Ziersdorf.* Die Bundesstraße führt direkt am Bahnhof vorbei. Dieser war ausschlaggebend für die Aufwärtsentwicklung des Ortes im späten 19. Jahrhundert.

Zur Jahrhundertwende standen rund um den Ort unzählige Ziegelöfen in Betrieb. Dies hatte einen relativ hohen Anteil von Arbeitern unter der Bevölkerung zur Folge, und da die Arbeitsbedingungen in Ziegelwerken bekanntlich hart und ausbeuterisch waren, konnten die Sozialdemokraten hier – mitten am Land – schon in der Ersten Republik einen starken Zustrom verzeichnen. Zahlreiche rote Vereine wie der Arbeiterradfahrerbund (1929) und die Sozialistische Arbeiterjugend (1931) wurden gegründet.

Diese Dominanz der Sozialdemokratie konnte bis heute bewahrt werden und spiegelt sich nicht zuletzt auch in der Größe der Parteilokale wider.

Neun Kilometer von Ziersdorf entfernt liegt eine sehr nette, besuchenswerte Ortschaft. Und da noch niemand den Ausdruck «*Sitzendorf an der Schmida* – Perle des oberen Schmidatales» geprägt hat, so geschieht dies hier. Allein ein Rundblick am Hauptplatz überzeugt den Besucher. Auf dem rechteckigen Platz befinden sich Bauwerke aus allen Epochen: zum Beispiel ein wunderschönes Jugendstilhaus (Nr. 10) mit Keramikreliefs, ein Haus aus 1420 mit gotischem Erker und original erhaltener Fassade, noch dazu mustergültig renoviert. Ursprünglich war das Haus ein Spital, später eine Schule, dann Rathaus, Bäckerladen, Kaufhaus und schließlich Wohnung. Ein Blick zur Kirche zeigt eine Blumenhandlung mit schönem, grünem Portal. Dazwischen befinden sich großteils aus dem 18. und 19. Jahrhundert stammende Häuser.

In der Mitte des 18. Jahrhunderts werden in Sitzendorf von 119 Häusern 47 Gewerbetreibende genannt. Schuster, Binder, Schneider, Weber, Zimmerer, Krämer, Handschuhmacher und eine Kleinbrauerei hatten sich hier angesiedelt, bereits 1513 gab es ein Landgericht, seit 1544 besitzt Sitzendorf das Marktrecht. Bedeutend für den Aufschwung des Ortes war die «Commerzial-

straße», die von Mähren über Guntersdorf und Sitzendorf nach Krems führte. Auch noch im beginnenden 20. Jahrhundert ist Sitzendorf wohlhabend. 93 Handels- und Gewerbebetriebe, davon zehn Gemischtwarenhandlungen, zwei Ärzte, zwei Apotheker, eine Hebamme und ein Tierarzt zeugen von der einstigen Hochkonjunktur. Heute sind weniger als 20 Betriebe übriggeblieben.

Ein wichtiger Gradmesser in der Bedeutung eines Ortes ist stets die Kirche. Alter,

Sitzendorf: Jugendstil am Hauptplatz

Größe und Ausstattung erlauben in vielen Fällen Rückschlüsse auf die Wichtigkeit der Grundherren. Das dreischiffige gotische Gotteshaus wurde im 14. Jahrhundert errichtet, die Fresken beim Eingang stammen aus dem 16. Jahrhundert. Die Wurzeln reichen freilich viel weiter zurück: Schon die Kuenringer besaßen das Patronatsrecht über eine alte romanische Martinskapelle.

Weinbau wird in Sitzendorf zumindest seit 1241 betrieben. Wer heute allerdings einen Heurigen sucht, muß in die Nachbarorte Frauendorf, Braunsdorf und Goggendorf ausweichen. Von den Kellergassen ist die in Frauendorf am schönsten.

Sucht man eine ruhige Verbindung zwischen den einzelnen Orten, folgt man dem Schmidatal-Radweg. Dieser wurde als Verbindung vom Heldenberg nach Röschitz angelegt. Von Goggendorf aus fährt man zunächst an einer Mühle vorbei und kommt in Braunsdorf bei der Stützmauer des Schlosses an. Der dreigeschoßige Bau stammt aus dem 16./17. Jahrhundert und wurde nur geringfügig barockisiert. Die Kirche ist ein schlichter spätbarocker Bau.

GROSSWEIKERSDORF, ZIERSDORF, SITZENDORF

ESSEN UND TRINKEN In Großweikersdorf: Gasthaus Franz MAURER, Hauptplatz 15, Tel. 02955/70248. **SCHLAFEN** In Großweikersdorf: Pension CHRISTINE, Tel. 02955/7711. **KAFFEEHAUS** In Ziersdorf: Café ZEILINGER, Wiener Straße 5, Tel. 02956/2310. **WINZER IN ZIERSDORF** Anton WÖBER, Hollabrunner Straße 3, Tel. 02956/2261. Spezialitäten: Grüner Veltliner (Hefeabzug, Riede in der Schablau), Roter Veltliner (Riede Hütterberg), Rheinriesling (Riede Katzensprung). **WINZER IN RADLBRUNN** Josef STRELL, Radlbrunn 138, Tel. 02956/2466. Spezialitäten: Weißburgunder (Riede Karln), Chardonnay (Riede Karln), Grüner Veltliner (Riede Lehlen), Sauvignon Blanc (Riede Hochstraß), Rotburger (Riede Kirchberg).

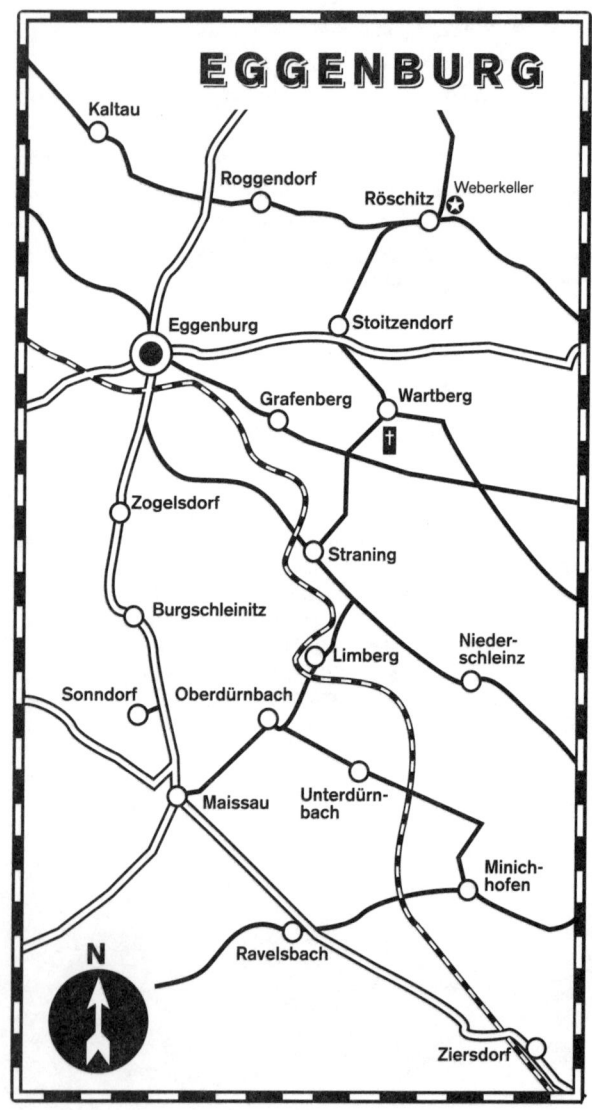

EGGENBURG

Kaltau

Roggendorf

Röschitz Weberkeller

Eggenburg Stoitzendorf

Grafenberg Wartberg

Zogelsdorf

Straning

Burgschleinitz

Limberg Nieder-
schleinz

Sonndorf Oberdürnbach

Maissau Unterdürn-
bach

Minich-
hofen

N

Ravelsbach

Ziersdorf

Eggenburg

DIE STADT AM MEER

Eggenburg ist die am weitesten im Westen gelegene Stadt des Weinviertels, sie stellt sozusagen einen Grenzposten ins angrenzende Waldviertel dar. Die kleine, bildhübsche, abseits der Hauptdurchzugsstraßen gelegene Stadt ist ohne Zweifel einer der besuchenswertesten Flecken weit und breit; in ihr hat sich der Charakter einer typischen Weinviertler Kleinstadt geradezu archetypisch erhalten. Außerdem ist hier ein Eldorado für Fossiliensammler entstanden. Eggenburg, vor 20 Millionen Jahren am Ufer des «Tertiärmeeres» gelegen, hat sich zu so etwas wie der erdgeschichtlichen Hauptstadt Österreichs emporgeschwungen.

Angefangen hat dies damit, daß der Heimatforscher Johann Krahuletz im Jahr 1885 im Eggenburger Schindergraben einen Krokodilschädel ausgrub. Der *Gavialosuchus eggenburgensis* ist seither im Krahuletz-Museum ausgestellt und der sichtbare Beweis dafür, daß hier einmal ein subtropisches Meer an die Kristallinhügel des Manhartsberges brandete. Krahuletz (1848–1928) ist ein klassischer Autodidakt – und verdiente sich schon als kleiner Bub ein paar Groschen durch das Sammeln von Fossilien und prähistorischen Trümmern. Ganz besonders gern «forschte» Krahuletz am Fuße des Eggenburger Vitusberges: «Damals befanden sich auf dem Vitusberg noch Äcker, und nach dem Pflügen der Felder konnte man mit Sicherheit damit rechnen, einiges aufzufinden. Wenn so hübsch ein paar Sackerln voll waren, kam die Lieferzeit. Baron Candis holte es sich ab, und der Vater bekam meistens einen Gulden Trinkgeld für unsere Arbeit, manchmal, wenn etwas ganz Schönes dabei war, bekamen wir Buben einige Sechserln.»

1986 gesellte sich zum Krahuletz-Krokodil eine Seekuh mit dem wissenschaftlichen Namen *Metaxytherium krahuletzi*. In der Gemeindesandgrube der Nachbarortschaft Kühnring fanden

Paläontologen Seekuhrippen – seit damals wird rund um Eggenburg von Fossilienfreaks, Hobbypaläontologen und Wissenschaftlern aus aller Welt wie wild nach Seekühen gesucht, und tatsächlich wurden bereits mehrere Skelette geborgen.

Zentrum aller erdgeschichtlichen Aktivitäten ist das weit über die Stadtgrenzen hinaus bekannte, in den ersten Jahren des 20. Jahrhunderts errichtete Krahuletz-Museum; die reiche Sammlung wurde in den letzten Jahren vom engagierten Direktor Franz Stürmer neu geordnet und präsentiert sich nun auch für Laien verständlich und anschaulich. Krahuletz selbst, der vom Sammler zum Professor avancierte, legte den Grundstein für den Ruhm des Hauses.

Hier beginnt oder endet jede Stadtbesichtigung, schon deshalb, weil das Museum auch als gut ausgestattete Touristeninformationsstelle dient und neben der erdgeschichtlichen Abteilung auch diverse andere, wechselnde Ausstellungen präsentiert werden.

Noch etwas sollte man nicht vergessen, und zwar das zweite Museum in Eggenburg: Im «1. Österreichischen Motorrad- und Technikmuseum – Sammlung Ehn» zeigen Väter und

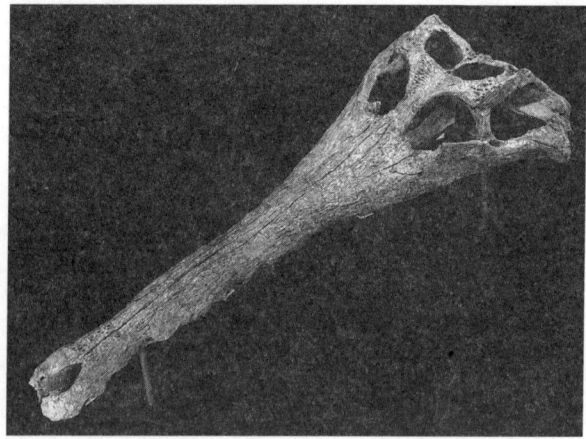

Eggenburg: Gavialosuchus eggenburgensis – fossiler Krokodilschädel

Großväter stolz und wehmütig zugleich ihren Söhnen und En-
keln jene «PUCH», die sie sich in den fünfziger Jahren mühsam erspart haben.

Zur Geschichte der Stadt selbst: 1277 erhält Eggenburg von
Kaiser Rudolf von Habsburg das Stadtrecht. 1411 erklärten die
Stände den jugendlichen Herzog Albrecht für mündig, als
Dank erlaubte er der Stadt Eggenburg den Salzhandel und das
Recht der Salzniederlegung. Eine Blütephase erlebte die Stadt
im 16. Jahrhundert, was unter anderem am Sgraffitohaus ab-
zulesen ist. In der Barockzeit wird Eggenburg als Steinmetz-
stadt bekannt: Der leicht zu bearbeitende Kalksandstein, der in
der nahegelegenen Ortschaft Zogelsdorf abgebaut wird, ist die
Voraussetzung für das Aufblühen der Zunft und der Stadt. Allerorts, nicht zuletzt in der Kirche, sind Kunstwerke der Eggenburger Steinmetze zu bewundern.

Heute ist Eggenburg mit seinen rund 3700 Einwohnern etwas in Vergessenheit geraten und steht – ökonomisch gesehen –
im Schatten der 14 Kilometer entfernten Bezirkshauptstadt
Horn.

DURCH DIE STADT

Ein kleiner Stadtrundgang beginnt sinnvollerweise beim *Krahuletz-Museum*. Gleich neben dem Museumsgebäude befindet sich
ein Frühwerk des Architekten Clemens Holz-
meister: Das ehemalige Kino der Stadt dient
dem Museum heute als Fossilien- und Minerali-
endepot.

Durch die Kremser Straße erreicht man in
wenigen Minuten den weitläufigen Hauptplatz. Das Haus Kremser Straße Nr. 3 ist un-

*Krahuletz-Museum:
Treffpunkt für Geofreaks*

übersehbar und frisch renoviert – das *Rathaus*. In diesem hüb-
schen barocken Stadtschlößchen wohnte einst einer der ganz
Großen der Stadt, der berühmte Steinmetzmeister Leopold
Farmacher.

Der riesige *Hauptplatz* ist neben Krahuletz-Museum und Stadtpfarrkirche unzweifelhaft die Hauptattraktion des Ortes. Gleich an der Ecke Kremser Straße/Hauptplatz befindet sich das Sgraffitohaus, erbaut 1547.

Im Zentrum des einst freien Platzes steht eine Häusergruppe, das sogenannte *«Grätzel»*. Im 15. Jahrhundert war der Baugrund innerhalb der engen Stadtmauern so weit erschöpft, daß sich die Bürger der Stadt darauf einigten, mitten am Platz neue Häuser zu errichten, außerhalb der Stadtmauern fühlte man sich zu unsicher. Eines der ältesten erhaltenen Häuser im Grätzel, das Haus Nr. 2, Gamerithhaus genannt, stammt im Kern aus dem Jahr 1570, die Außendekoration aus 1730. Das Haus Nr. 1 ist ein Renaissancebau mit zwei Erkern.

Die *Pranger- oder Rolandsäule,* eines der «Dekorationsobjekte» des Eggenburger Hauptplatzes, stammt aus dem 16. Jahrhundert, ebenso der Brunnen. Die *Mariensäule* wurde im 17. Jahrhundert gefertigt. Am Nordteil des Platzes steht die *Dreifaltigkeitssäule.*

Über die vom Hauptplatz wegführende Pfarrgasse geht man nun Richtung Pfarrkirche. Rechter Hand führt die *Juden-*

Eggenburg: Hauptplatz mit Sgraffitohaus und Pranger

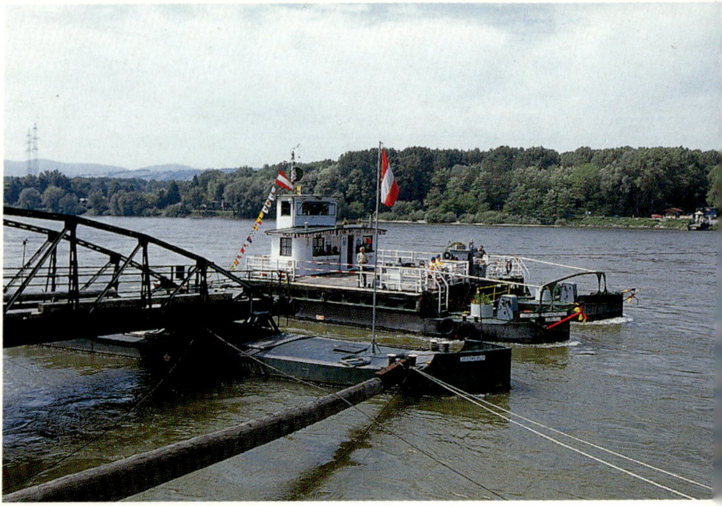

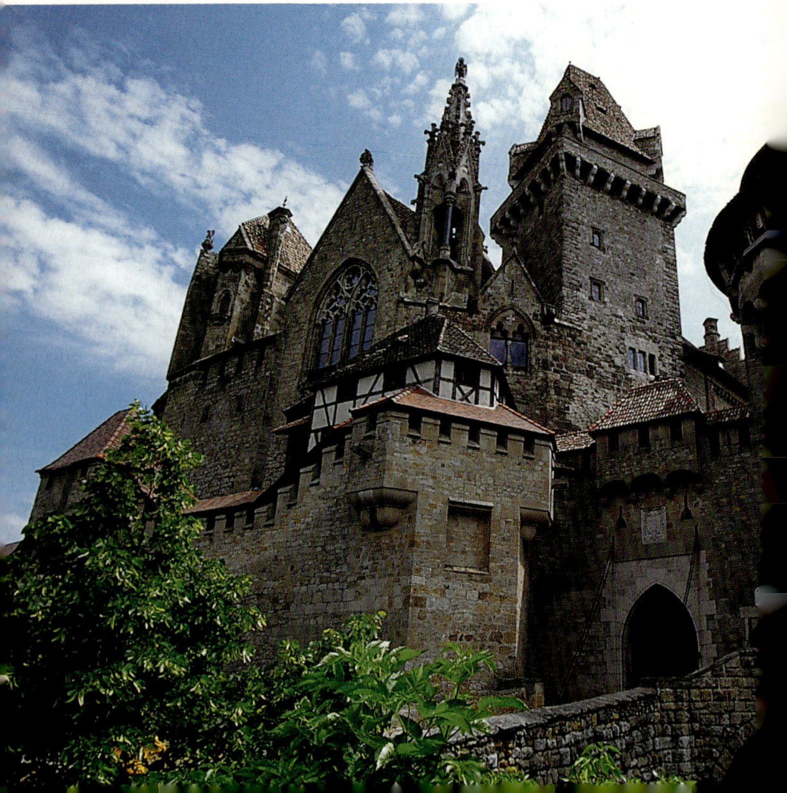

Vorhergehende Seite: Weinkeller im Pulkautal

Rollfähre bei Korneuburg (li. oben)
Burg Kreuzenstein (li. unten)
Rathaus in Korneuburg (re. oben)
«Frau Stoneborough» in Langenzersdorf (re. unten)

Kapelle am Michelberg (li.)
Kirche am Wartberg
(re. oben)
Fossile Makrele aus
Limberg (re. unten)

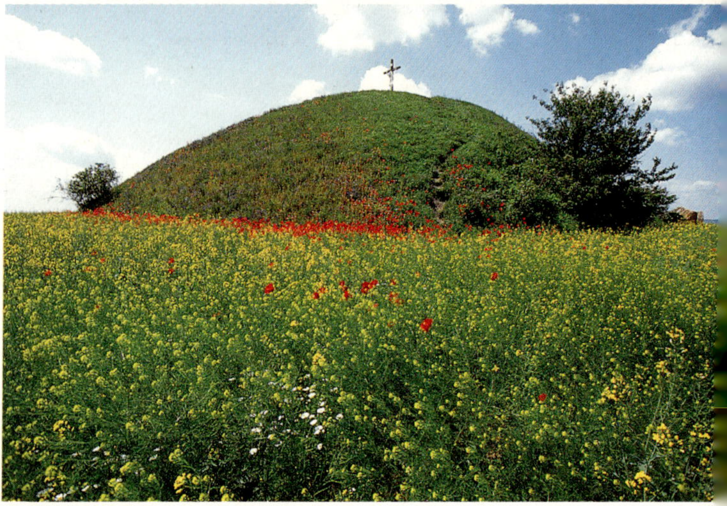

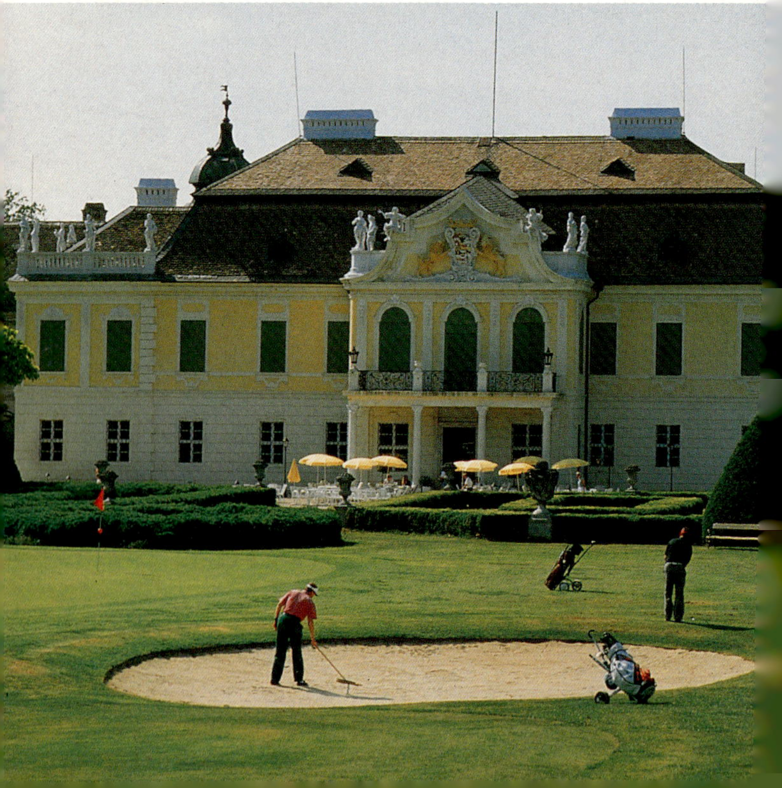

Grabhügel bei Niederfellabrunn (li. oben)
Schloß Schönborn (li. unten)
Grabhügel bei Großmugl (re. oben)
Professorenvilla in Hollabrunn (re. unten)

Folgende Seite:
Ritterstatue am Heldenberg bei Kleinwetzdorf

gasse ab: U-förmig umschließt sie das ehemalige kleine Juden-viertel Eggenburgs.

Wie in vielen Weinviertler Städten waren auch hier Juden heimisch, und, ebenfalls wie in vielen Städten, es gab auch hier blutige Übergriffe gegen diese ewig verfolgte Minder-heit. Schon im Jahr 1338 fand ein blutiges Pogrom statt, und im 15. Jahrhundert wurde die jüdische Bevölkerung wegen eines angeblichen Hostienfrevels «auf ewig» aus der Stadt vertrieben. Anfang des 16. Jahrhunderts – offensichtlich wur-den sie als Händler und «Banker» gebraucht – durften sich aus Laibach vertriebene Juden wieder in der Stadt ansiedeln. Die Synagoge befand sich übrigens im ehemaligen Pfarr-heim.

Die *Pfarrkirche zum hl. Stephanus* ist das markante und eigen-willig anmutende Wahrzeichen der Stadt. Immerhin handelt es sich hier um eine der wenigen Kirchen des Landes, deren beide Türme niedriger sind als das Kirchenschiff. Sie stammen aus der romanischen Bauepoche; der nordseitige Turm blieb über die Jahrhunderte fast unverändert erhalten.

Zwischen die beiden Türme hineingebaut wurde das goti-sche Presbyterium, es stammt aus dem Jahr 1340. Siebzig Jahre später wurde die Kirche mitsamt dem Pfarrhof in die neu errichtete Stadtmauer eingebunden; 1484 wurde das 21 Meter hohe und 25 Meter lange gotische Langhaus hinzuge-fügt.

Die Hauptsehenswürdigkeit im Inneren ist die berühmte *Steinkanzel* aus dem Jahr 1515, eine Steinmetzarbeit aus Zogels-dorfer Kalksandstein. Eine Lichtsäule ist noch älteren Datums, sie stammt aus dem Jahr 1505. Im linken Seitenschiff befindet sich der gotische *Elisabethaltar.*

Aus dem Jahr 1990 datiert das linke hintere Glasfenster der Kirche. Es wurde von einem jüdischen, aus Niederösterreich stammenden und nach Israel emigrierten Künstler namens Aryeh Weiss geschaffen; der im Ort heimische Künstler Ernst Degasperi hatte eingeladen, dieses Zeichen der Versöhnung zwischen Christen und Juden zu setzen, und Weiss bedankte sich durch das Kunstwerk auch bei einer Bäuerin, die ihn in den letzten Kriegstagen im kleinen Ort Grafenwörth im Tullner Feld vor den Nazis versteckte.

Schlüssel im Pfarrhof, Pfarrgasse 6, oder bei Frau Kugler, Kirchengasse 6, an der Ostseite des Kirchenplatzes.

Zu einem Eggenburg-Bummel gehört unbedingt auch ein Spaziergang entlang der *Stadtmauer.* Hinter der Kirche kann man über einen Durchlaß in der dicken Mauer einen Spazierweg erreichen – schön, daß das Glacis entlang der schmächtigen Schmida noch nicht verbaut wurde. Man wandert nun im Uhrzeigersinn die Stadtmauer entlang und kann durch die Neutorgasse zurück in die Stadt schlendern.

EGGENBURG

ANREISE AUTO Ab Wien auf der A22 (Stockerauer Autobahn), ab Stockerau auf der B4 (Prager Straße) Richtung Horn bis Maissau, dort rechts nach Eggenburg abbiegen. **ANREISE ZUG** Mit der Franz-Josefs-Bahn ab Wien. **ERSTE ANLAUFSTELLE** Touristeninformation im Krahuletz-Museum, geöffnet tägl. 9–12 und 13–17 Uhr, Tel. 02984/3400. **ESSEN UND TRINKEN** STADTHOTEL, Kremser Straße 8, Tel. 02984/3531, das beste Haus in Eggenburg. Gasthaus SEHER, Am Hauptplatz 17, Tel. 02984/3521-11, mit Fitneß-Center und Sauna (Tel. 02984/3521-19), Kegelbahn, «English Pub» und Disco. BAHNHOFS-RESTAURATION im Bahnhof, Tel. 02984/3554. **KAFFEEHAUS** KRA-HULETZSTÜBERL, am Hauptplatz im Sgraffitohaus, Tel. 02984/3532. Im Sommer netter Schanigarten am Platz. Café-Konditorei BUCHER am Hauptplatz 6, Tel. 02984/2673, mit empfehlenswerten Mehlspeisen. **HEURIGE** In Stoitzendorf, mit «Grean» (Ostermontag), Hauermarkt und Kellergassenfest (Info: Tel. 02984/3400). **SCHLAFEN** STADTHOTEL, s.o. Mehrere Pensionen und Privatzimmervermieter. **BADEN** Geheiztes Freibad, Bahnallee 22, mit großer Liegewiese und Minigolfanlage, Tel. 02984/3500. **FAHRRADVERLEIH** Fahrrad am Bahnhof, Reservierung unter Tel. 02984/3527. **BAUERNMARKT** Jeden Sa von April bis Oktober am Hauptplatz. Vier Jahrmärkte (Info: Tel. 02984/3501-17). **TENNIS** Tennisplatz an der Kühnringerstraße 7 (Helmut Krippl, Tel. 02984/3507). **LITERATUR** Steininger, Fritz und Piller, Werner E. (Hg.): Eggenburg am Meer. Eintauchen in die Erdgeschichte. Katalog des Krahuletz-Museums, Eggenburg 1991.

RUND UM EGGENBURG

Spaziergänge und kleinere Ausflüge bieten sich in und um Eggenburg in reicher Zahl an.

Da gibt es zuerst einen *Waldlehrpfad*, der in Fortsetzung auf den Vitus- bzw. Kalvarienberg führt.

Für Spezialisten mit gutem Schuhwerk bietet sich der *Wanderweg «Erdgeschichte selbst erleben»* an, Ausgangspunkt ist selbstverständlich das Krahuletz-Museum. Auf der mehrstündigen Runde besucht man Aufschlüsse (also Stellen, an denen Gesteine und Gesteinsschichten gut sichtbar offenliegen), Fossilienfundstätten und aufgelassene Kalksandsteinbrüche. Information im Krahuletz-Museum, sehr zu empfehlen!

Auch ein *«Wanderweg der Grenzsteine»* wurde ausgeschildert. Die ältesten auf dieser Runde zu sehenden Grenzsteine stammen vom Beginn des 16. Jahrhunderts. Manche von ihnen wurden im Zweiten Weltkrieg mit Hakenkreuzen versehen. Nachdem der ganze Grenzverlauf der Stadt-Gründe eine Länge von 35 Kilometern hat, wurden drei jeweils etwa 15 Kilometer lange Wanderungen konzipiert, Informationen und Wegepläne gibt es ebenfalls im Krahuletz-Museum.

Weitere Touren führen zum Meiselsdorfer Teich im Westen der Stadt und zu den Kogelsteinen östlich der Stadt. Dabei handelt es sich um in auffälliger Form verwitterte Granitgebilde.

Der *Urgeschichtswanderweg* von Eggenburg über Pulkau und Retz nach Znaim umfaßt das weite Feld zwischen Erdgeschichte, Urgeschichte und Mystik. Stets am Rande des alten Granitplateaus der Böhmischen Masse entlang führt der Weg durch die Millionen Jahre der Erdgeschichte – bis herauf zum Auftreten des Menschen. Anhand eines 140 Seiten dicken Buches, das man am Ausgangspunkt im Krahuletz-Museum erwirbt, läßt sich der Trip zwischen den Wackelsteinen und urzeitlichen Gräbern individuell gestalten. Die Autoren, das Horner Ehepaar Herbert und Herta Puschnik, geben einzelne Abschnitte

vor. Eggenburg–Roggendorf in vier Stunden Gehzeit, Roggendorf–Pulkau zwei Stunden, Pulkau–Obermarkersdorf in sechs
Stunden, Obermarkersdorf–Retz in dreieinhalb Stunden,
Retz–Staatsgrenze in zweieinhalb Stunden und das letzte Stück
bis Znaim in fünf Stunden. Insgesamt muß man für die grenzüberschreitende Tour drei bis vier Tage einkalkulieren, Stadt-
besichtigungen miteingerechnet.

Bei urgeschichtlichen Funden, also Scherben, Fibeln, Arm-
reifen oder Skeletten, besteht kein Zweifel über deren mensch-
lichen Ursprung. Im Gegensatz dazu sind «Grübchen», «Näpf-
chen» und «Schalen» auf Granitblöcken zu Gegenständen per-
manenter Diskussionen geworden. Gestritten wird darum, ob
es sich dabei bloß um natürliche Erosionserscheinungen handelt oder ob diese Vertiefungen im Gestein von prähistorischen
Menschen ganz bewußt herausgehauen wurden. Entlang dieses
Wanderweges sind etliche dieser Schalensteine zu sehen.

ZOGELSDORF UND SEIN «SCHATZ»

Die großen Herkulesfiguren an der Wiener Hofburg, große
Teile der Prachtbauten der Wiener Ringstraße, Teile von
Schloß Schönbrunn, unzählige barocke Heiligenstatuen: Alle
bestehen aus ein und demselben Material, dem Zogelsdorfer
Kalksandstein.

Zu verdanken haben die Zogelsdorfer ihren wertvollen, weil
so gut zu bearbeitenden Stein jenem subtropischen Meer, das
sich vor 20 Millionen Jahren entlang der Küste zum Waldviertel erstreckte. In kleinen Buchten zwischen Inseln und Halbin-
seln lebten damals unzählige Mikroorganismen und Kleinlebe-
wesen, aus deren Resten der weiße Stein entstand.

Zogelsdorfer Steine dienten nicht immer nur als Bausteine.
1299 ließ Herzog Rudolf zur Belagerung der Burg Falkenberg
im Strassertal 7800 große Steinkugeln heranschaffen, 72 Wagen waren Tag und Nacht unterwegs, um die schweren Ge-
schoße zu ihrem Bestimmungsort zu transportieren.

Der große Vorteil des Steins lag (und liegt) darin, daß man ihn in beliebig großen Stücken brechen konnte. Keine Klüfte oder Sprünge legten dem Steinmetz irgendwelche Einschränkungen bei der Bearbeitung auf.

In der Barockzeit erlebte die Handwerkskunst eine Hochblüte, Heiligenfiguren, Fensterbänke und Futtertröge wurden in der nahegelegenen Stadt Eggenburg von zahlreichen Steinmetzbetrieben angefertigt, gleichzeitig entwickelte sich auch der Geschäftssinn der Eggenburger, die ihre Kunstwerke auch in – für damalige Begriffe – ferne Gegenden exportierten. Figuren an der Rochus- und Seba-

Niederleiser Barockengel aus Zogelsdorfer Stein

stiankapelle in Mannersdorf am Leithagebirge und sogar im ungarischen Fertöd sind aus Zogelsdorfer Stein gefertigt. Dort wäre es wohl billiger gewesen, den Mannersdorfer Leithakalk zu verwenden, aber die Weinviertler lieferten offenbar die bessere Qualität.

Nach dem barocken Bauboom wurde es in den Steinbrüchen rund um Eggenburg ruhig – die Aufträge fehlten. Der Steinbruch in St. Margarethen im Burgenland wurde zur existenzbedrohenden Konkurrenz, und als weitere, beliebte, weil billige «Steinbrüche» dienten die im Laufe der Zeit zwecklos gewordenen alten Stadtmauern.

Letzte Hochkonjunkturphasen erlebte der Zogelsdorfer Kalksandstein durch den Bau der Franz-Josefs-Bahn. Einerseits wurde beim Bau selbst viel Material gebraucht, andererseits war nun eine kostengünstige und rasche Transportmöglichkeit gegeben. Dies wirkte sich bereits beim Bau der Wiener Ringstraße aus. Der heute noch zu besichtigende Johannesbruch in Zogelsdorf wurde erst im 19. Jahrhundert angelegt.

Mit dem Abschluß der Ringstraßenbauten war auch die Phase des Kalksandsteins für immer vorbei. Die Baumaterialien änderten sich, die Steinbrüche rund um Eggenburg wurden nach und nach stillgelegt. Doch nun entsinnt man sich der großen Tradition: Im kleinen Ort mit dem großen Namen Zogelsdorf wurde unweit der Straße im ehemaligen Johannesbruch ein Schausteinbruch eingerichtet.

RADTOUR ZUM RÖSCHITZER WEBERKELLER

Die Tour hat eine ungefähre Länge von zwanzig Kilometern.

Von Eggenburg rollt es sich leicht in das flache Weinviertel hinaus – nach Osten nach Grafenberg, dessen Name bereits 1051 erstmals in einer Urkunde aufscheint, und weiter nach Wartberg, dessen einsame Kirche auf dem 312 Meter hohen Kirchenberg weithin sichtbar ist.

Das Kirchengebäude stammt aus dem Anfang des 16. Jahrhunderts. 1681 folgt der Turm, und 1725 wurde die Kirche renoviert. Bis 1784 war die Wartberger Kirche eine Filialkirche von Eggenburg, erst dann erfolgte die Gründung einer eigenen Pfarre.

Zur Zeit des Dreißigjährigen Krieges fand auf dem Kirchenberg eine Schlacht zwischen den hereinstürmenden Böhmen und den kaiserlichen Truppen statt. Nach einem verlustreichen Kampf im April 1620 trugen die Kaiserlichen unter der Führung der Generäle Dampierre und Bouquoy den Sieg davon.

Wenngleich der Anstieg auch steil und schweißtreibend ist: Lassen Sie sich den Rundblick, der sich von diesem erhabenen Punkt aus bietet, nicht entgehen.

Die Radtour führt weiter über Roseldorf nach *Röschitz*, dem größten Weinort des Bezirks Horn. Die erhöhte, weithin sichtbare barocke Pfarrkirche stammt von Leopold Wisgrill. Schön ist die barock-klassizistische Ausstattung mit dem Altarbild von Martin Johann Schmidt, dem «Kremser Schmidt», die zwar im Laufe der Jahre etwas vergilbte, aber dadurch umso mehr die Aura der Vergangenheit vermittelt. Der Ort ist ein echter Weinbauernort, an der Größe und Ausstattung einiger alter Winzerhäuser sieht man, daß die Röschitzer Weine stets zu den besseren gehörten. Auf einigen Bildstöcken sind Weinranken eingemeißelt.

Die herausragendste Sehenswürdigkeit von Röschitz ist aber zweifelsfrei ein Weinkeller:

An der Straße Richtung Pulkau liegt der weithin bekannte *«Weberkeller»*. In die Lößwände dieses ziemlich einzigartigen Kellers sind Reliefs eingeschnitzt, ein buntes Sammelsurium von historischen Figuren. Leopold Figl, Noah mit seiner Arche, Jesus beim letzten Abendmahl, Johann Sebastian Bach, Friedrich Schiller, Wolfgang Amadeus Mozart, Kardinal König, der Liebesgott Amor und, schrecklich genug, auch Adolf Hitler sind hier vereint.

Ludwig Weber I. gilt als Erfinder der «Lößkunst». An stillen Winterabenden der zwanziger Jahre (noch war das Fernsehen

Röschitz: Der «Lößschnitzer» Erich Weber in seinem Keller

nicht erfunden) begann er, Reliefs in das eiszeitliche Sediment zu schnitzen.

Sein Sohn, liebevoll Ludwig II. genannt, setzte nach dem Zweiten Weltkrieg die Arbeiten des Vaters fort. Dessen Sohn, der heutige Seniorchef des Weinbaubetriebes, Erich Weber, ist nunmehr mit der Erhaltung und Restaurierung der Arbeiten beschäftigt. Keiner der Webers, auch nicht Ludwig III., von dessen Hand die im Heurigenlokal ausgestellten Bilder stammen, besuchte je eine Kunstschule.

Wer den einzigartigen Keller sehen will, kehrt zuerst beim Heurigen ein. Nach einem Pflichtachterl geht der alte Herr Weber mit den Gästen über die Straße und zeigt ihnen die geschnitzten Lößwände. Gerade noch hat er Platz für ein Selbstporträt gefunden: «Den Tupfer (Weinheber) hab' ich mir auch dazu gemacht, daß ich immer was zum Trinken hab'», witzelt er.

Am Weg zurück fährt man über Roggendorf zu B35, dort kann man entweder rechts ins Pulkautal abzweigen oder links über Gauderndorf nach Eggenburg zurückkehren.

ESSEN UND TRINKEN Gasthaus LANDAUER mit Kegel- und Übernachtungsmöglichkeit, Tel. 02984/2715. **WINZER IN RÖSCHITZ** Ewald GRUBER, Röschitz 95, Tel. 02984/2765. Spezialitäten: Grüner Veltliner (Riede Himmelreich), Chardonnay (Riede Hinterholz), Rheinriesling (Riede Galgenberg), Malvasier (Riede Gebirg). Alfred MAURER, Röschitz 118, Tel. 02984/2940. Spezialitäten: Rheinriesling (Riede Haidweingärten), Chardonnay (Riede Haidweingärten), Weißburgunder (Riede Galgenberg), Grüner Veltliner (Riede Reipersberg).

MAISSAU

Die Herkunft des Namens Maissau ist bis heute nicht eindeutig geklärt. Zum einen könnte es *Gegend der Mäuse* heißen, zum anderen *Nebelau*. Die Maissauer bevorzugen die Variante mit den kleinen grauen Tieren und machten die Maus kurzerhand zu ihrem Maskottchen.

Der Ort, 1144 erstmals erwähnt und schon 1380 zur Stadt erhoben, wurde in vier Phasen besiedelt. Der älteste Teil ist die heutige Aigenstraße, wo sich ein Gassendorf befand. In der zweiten Phase wurde wahrscheinlich im 13. Jahrhundert nördlich der Aigenstraße am Abhang des Manhartsberges eine planmäßige Siedlung errichtet. Mit der Befestigung der Stadt kam die Aigenstraße außerhalb der Mauern zu liegen. Mit der Zeit des aufkommenden Postverkehrs entstand außerhalb der Mauern im Nordosten die «Neustift». Durch diese Siedlung verlief auch die

Maissauer Schloß: romantische Fassade

Hauptverkehrsader Wien–Prag. Im 20. Jahrhundert schließlich erfolgte die Aufschließung der Gartenhaussiedlung im Südosten und entlang der Josef-Naderer-Straße im Norden.

Direkt an der B4 sieht man ein Schild mit einem Doppeladler, darunter die Aufschrift «Postamt und k.k. Poststation Maissau»: Bereits im 17. Jahrhundert ist die Prager Straße als Postroute angeführt, 1647 sind Postkurs und Poststation in Maissau nachweisbar. Unter Maria Theresia kommt es zu einem Ausbau der Einrichtungen. Bis 1899 blieb die Poststation in der Hand von Postmeistern, die ihr Privileg vererbten. In der k.k. Mautstube befanden sich Stallungen für 100 Pferde, die man zum Wechseln benötigte. Maut wurde an der Strecke bereits seit 1755 kassiert, 1833 wurden die Einnahmen «verstaatlicht».

Bei einem kleinen Spaziergang durch das Städtchen sind die zehn Informationstafeln an den bedeutsamen Gebäuden eine wichtige Hilfe. Interessant ist die Stadtmauer mit dem *Znaimer Tor.* Bis 1960 war in diesen Räumlichkeiten noch das Gemeindeamt untergebracht. Gleich daneben befindet sich der Gemeindekotter.

Das *Schloß,* ursprünglich Sitz der einflußreichen Herren von Maissau, erhielt 1870 seine romantische Gestalt. Der Bergfried hingegen stammt noch aus dem Mittelalter. Das traumhaft gelegene Anwesen befindet sich in Privatbesitz und ist nicht zu besichtigen.

Die *Pfarrkirche* wurde nach dem Stadtbrand von 1767 als spätbarocker Saalbau errichtet, der Turm stammt von 1843. Beim Musikheim sieht man an der Fassade ein Frühwerk von Karl Korab, der sich in der Nachbarortschaft Sonndorf niederließ.

Bis in die heutige Zeit hat sich die Bedeutung der Stadt, die direkt am Abhang des Manhartsberges und damit genau an der Grenze vom Wein- zum Waldviertel liegt, als Raststation gehalten. Eine überaus gute Gastronomie bewegt viele Durchreisende, hier stehenzubleiben.

Als kleiner Verdauungsspaziergang bietet sich dann ein etwa einstündiger Abstecher zum Waldlehrpfad «Schloßwald» an. Infotafel, Bankerl und ein Spielplatz sind willkommene Haltepunkte.

MAISSAU

ANREISE AUTO Von Wien über die A22, dann auf der B4 Richtung Horn. **ERSTE ANLAUFSTELLE** Gemeindeamt, Tel. 02958/82271. **ESSEN UND TRINKEN** Hotel-Restaurant NADERER, Am Berg 44, Tel. 02958/82334, oberhalb des Ortes gelegen, Gasthaus «ZUR ALTEN SCHMIEDE», Wiener Straße 2, mit reichhaltiger Vinothek, Tel. 02958/82237. **KAFFEEHAUS** Café-Konditorei-Lebzelterei SCHMID, Wiener Straße 8, Tel. 02958/82249. **HEURIGE** Insgesamt sieben Heurige mit einzigartigem Blick ins Weinviertel von den Terrassen. **SCHLAFEN** Hotel NADERER s.o., Gasthaus «ZUR ALTEN SCHMIEDE», s.o., Gasthaus BERGER, Tel. 02958/82243.

KARL KORAB MALT LANDSCHAFTEN, IST ABER KEIN LANDSCHAFTSMALER

In der Kunstszene gehört er zu den Arrivierten, zu den Anerkannten, zu den «Klassikern». Wer kennt nicht seine Radierungen, wo ländliche Hintausskylines mitten im Blatt anfangen und gleich wieder aufhören? Wer hat nicht schon seine bunten Gouachen gesehen? Irgendwo lugt da ein buntes Dreieckspitzerl zwischen verschiedenen Farbbahnen und einem alten Zeitungsstück hervor. Die Technik der Collage, mit der Korab gerne arbeitet, das Übereinander und Nebeneinander verschiedenster Materialien, Farben und Umrisse, macht neugierig. Da ist noch mehr, wer steckt dahinter?

Im Weinbauort Falkenstein geboren, verbrachte Korab seine Kindheit und Volksschulzeit im Weinviertel. Als er zwölf war, übersiedelte die Familie nach Maissau, dorthin, wo das Weinviertel aufhört und das Waldviertel beginnt. In Horn besuchte er das Gymnasium, und schon bald erkannte er, daß es für ihn nur einen Weg gibt: den nach Wien an die Akademie. Das Gymnasium schloß er nur mehr der Vollständigkeit halber ab, die meiste Zeit verbrachte er schon mit Skizzenbuch und Bleistift. Nach seinen Wiener Jahren, dem Studium bei Professor Sergius Pauser, heiratete er und zog wieder aufs Land. Heute wohnt der 1937 geborene in Sonndorf, einer kleinen Nachbarortschaft von Maissau, und arbeitet hier in seinem Atelierhaus.

Als heimattreuer Künstler läßt er sich aber nicht gerne vereinnahmen: «Ich fühle mich weder als ausschließlicher Wein- noch als Waldviertler, auch nicht einmal als rein niederösterreichischer Maler; ich fühle mich als europäischer Maler!» Was zunächst wie einen griffige Modemasche klingt, hat er schon vor Jahren unter Beweis gestellt. Mit einem aufwendigen Bildband über Schottland zeigte er seine Qualitäten als Bildautor.

Farbe, Form, Umriß, Struktur und Komposition sind Ausdrucksmittel seiner Arbeit. «Ein Bild muß strahlen, es muß Stimmung erzeugen, der Betrachter soll sich berührt fühlen.» Wenn er als Maler, er besteht auf die Bezeichnung «Maler» und verwehrt sich gegen den Ausdruck Künstler, eine

Karl Korab: stiller Maler von internationalem Format

seiner «Landschaften» vollendet hat, so will er damit bloß anregen. «Keineswegs soll eine Geschichte erzählt werden, auch wenn es die Leute noch so gerne hätten.»

«Landschaft», «Gelände», «Halde», «Kahlschlag», «Grenzland», «Flachland», «Strand» … so nennt er seine Bilder. Korab ein Landschaftsmaler? Nein, alles, nur das nicht! Wenn der Morgenmensch mit Bleistift, Kohlestift und Papier in die Natur hinaus geht, so ist die Landschaft nur ein Vorwand für die Malerei. Er saugt sie in sich auf, skizziert in wenigen Strichen das Wesentliche und geht zurück ins Atelier. Das Hinausgehen in die Natur bewahrt ihm die Ursprünglichkeit, auf diese Weise entgeht er der Gefahr des Manierismus. Karl Korab ist in seinen Arbeiten ein ewig Suchender, einer, der sich für den schwereren Weg entscheidet. Wenn er merkt, daß er eine bestimmte Art, Bilder zu malen, besonders gut beherrscht, so wird ihm das suspekt. Er sucht bei seiner Arbeit den Widerstand, die Herausforderung.

Korab ist offen und aufgeschlossen für alles, was gut ist. Er setzt bei seinen Arbeiten auf das «G'spür». Erst wenn es einen Draht von der Landschaft, von der Musik, von irgendeinem Objekt zu ihm gibt, wenn er etwas spürt, dann weiß er, daß es für ihn gut ist. Genau diese Anforderung stellt er an seine Bilder. Es sind gute Bilder, und Leute mit etwas «G'spür» empfinden etwas beim Betrachten. Wichtig ist ihm, daß die Leute etwas empfinden. Was sie empfinden, das sei jedem freigestellt. Fertige Interpretationen, Einstiegshilfen, geistige Beipacktexte gibt es bei ihm nicht. Bildtitel sind, so sagt er, Nebensache, er könnte «genausogut alle Bilder durchnumerieren».

Seine Hoffnung ist das ursprünglich in allen Menschen vorhandene Gefühl für Kunst und Ästhetik. Vor allem Kinder, so seine These, haben sich diese Ursprünglichkeit und Unverbildetheit im Schauen bewahrt.

PS: Das Atelier von Karl Korab in Sonndorf, gleich links bei der Ortseinfahrt das erste Haus, steht bei Voranmeldung für alle offen (Tel. 02958/82594).

MAISSAUER RAD-RUNDE

Der Maissauer Radwanderweg Nr. 2 ist ein rund 17 Kilometer langer Rundkurs. Der Höhenunterschied beträgt knapp 100 Meter, die Route führt von Maissau (341 Meter) über Minichhofen (244 Meter) wieder zum Ausgangspunkt zurück. Kultureller Höhepunkt ist die Prandtauerkirche in Ravelsbach.

Durch die Maissauer Kellergasse, vorbei an alten Preßhäusern, geht's Richtung Norden nach *Oberdürnbach*. In diesem Ort sind die gotischen Fresken in der Kirche sehenswert.

Schlüssel bei Fam. Rabl, Oberdürnbach 4, Tel. 02958/82510.

Weiter geht es Richtung *Limberg*. Das dortige Schloß ist im Kern spätgotisch, war früher von einer Mauer umgeben und wird jetzt vom Besitzer, dem Stift Altenburg, als Wohnung vermietet. Im Steinbruch der Fima Hengl wird Granit gebrochen. In den weißen Zogelsdorfer Kalksandsteinen, die darüber liegen, wurden einige schöne fossile Seesterne gefunden. Auf dem Weg nach *Niederschleinz* befindet sich nordseitig des Baches der sogenannte Taubenberg. Ursprünglich wurde hier der Limberger Diatomit abgebaut. Dieses graue Sediment entstand vor 18 Millionen Jahren im Tiefwasser aus Kieselalgen und wird als Kieselgur in der Dämmstoffindustrie eingesetzt. In *Parisdorf*, zwei Kilometer nördlich Ravelsbach, baut die Firma Wienerberger auch heute noch Diatomit ab.

Straning: Kellergassenidyll

Schon bei der Fahrt nach Niederschleinz sieht man am Gegenhang die schöne Kellergasse, die nach *Straning* führt. In Straning selbst ist Richtung Bahnhof ebenfalls eine sehr sehenswerte Kellergasse zu empfehlen. Im Ortszentrum stellt die barocke Pfarrkirche, nach Plänen von Theodor Wisgrill erbaut, ein Prachtstück barocker Baukunst dar. Von Niederschleinz

geht's über den Galgenberg nach Unterdürnbach. Weiter Richtung Osten fahrend, durch die Bahnunterführung hindurch, sieht man im Norden die Kirche von Wartberg völlig alleine außerhalb des Ortes auf dem Kirchenberg stehen. In der weiten Ebene des Schmidatales biegt man nach rechts Richtung *Minichhofen,* dem tiefstgelegenen Punkt der Tour, ab. Von da an geht's moderat bergan, zunächst über die Bahn nach *Gaindorf,* wo einst ein Hammerwerk war. In den Räumlichkeiten, die später als Perl

Ravelsbach: im Inneren der Prandtauer-Kirche

muttdreherei, Wagnerei, Tischlerei und Weberei genutzt wurden, findet seit 1982 der «Weinviertler Kultursommer» statt. Von dort geht's weiter nach Ravelsbach.

In *Ravelsbach* haben sich Benediktiner des Stiftes Melk niedergelassen. Im Süden des rechteckigen Hauptplatzes steht die 1721 bis 1726 von Prandtauer erbaute Kirche. Um den nach dem Vorbild der Melker Stiftskirche geplanten Bau überhaupt beginnen zu können, mußten 12.000 hölzerne Piloten in den weichen Untergrund geschlagen werden. Trotz eines großen Hauptaltares, zweier Seiten- und zweier Nebenaltäre und einer Kanzel, allesamt überaus reich verziert, wirkt die Kirche groß, geräumig und hell. Der angeschlossene mächtige Pfarrhof stammt noch aus dem 17. Jahrhundert. Die Pfarre selbst wurde 1110 durch Leopold III. gegründet und kam dann in den Besitz des Stiftes Melk. Die guten Patres vermehrten im Laufe der Jahrzehnte ihren Ravelsbacher Besitz, sodaß 1590 30 von 37 Häusern in Melker Hand waren. An sozialen Einrichtungen wird anno 1314 bereits ein Badhaus genannt, auch ein Schulmeister und eine Armenstiftung sind im 14. Jahrhundert bereits bekannt.

Der Weg zurück nach Maissau ist drei Kilometer weit und steigt permanent an.

ESSEN UND TRINKEN Gasthaus RAVELSBACHER HOF, Tel. 02958/ 82450.

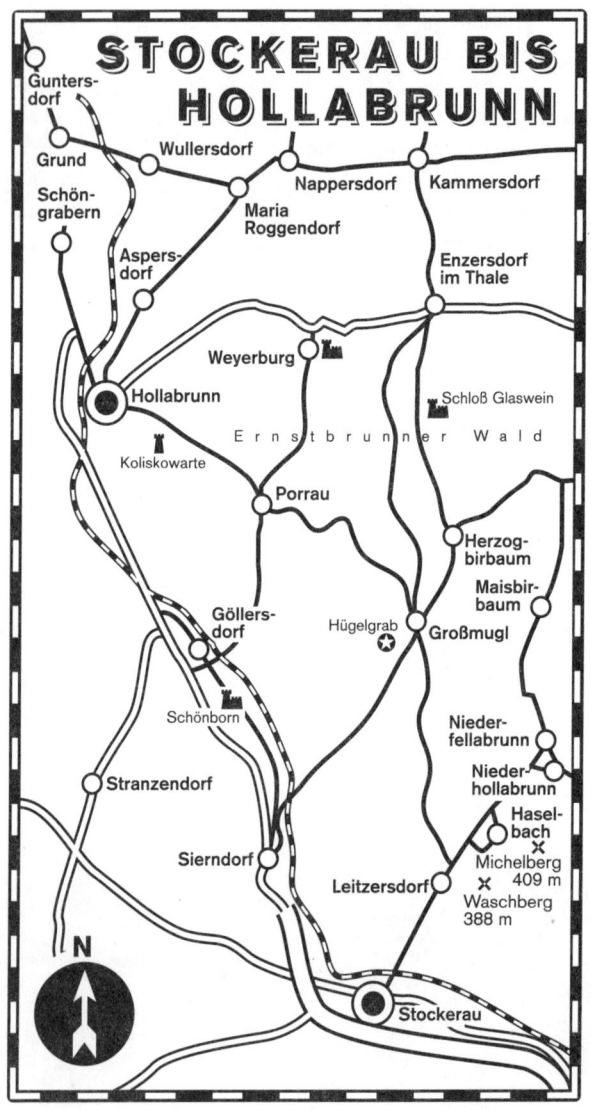

STOCKERAU BIS HOLLABRUNN

Guntersdorf

Grund

Wullersdorf

Nappersdorf

Kammersdorf

Schöngrabern

Maria Roggendorf

Aspersdorf

Enzersdorf im Thale

Weyerburg

Hollabrunn

Schloß Glaswein

Ernstbrunner Wald

Koliskowarte

Porrau

Herzogbirbaum

Maisbirbaum

Göllersdorf

Hügelgrab

Großmugl

Schönborn

Niederfellabrunn

Stranzendorf

Niederhollabrunn

Haselbach

Sierndorf

Michelberg 409 m

Leitzersdorf

Waschberg 388 m

N

Stockerau

Von Stockerau nach Hollabrunn

Stockerau entstand aus einem an der Poststraße Wien–Hollabrunn–Prag–Hamburg gelegenen Straßendorf. Bereits 1649
gab es hier eine «Fahrpost». Heute präsentiert sich Stockerau
als Stadt mit vielen Gesichtern.

Der Name der Stadt «Stockarawe» dürfte von «stockaere
ouwe» abstammen, was nichts anderes heißt als «Au der Holz-
abstocker». Das waren jene Leute, die den Wald rodeten und
das Land urbar machten. Der
Wurzelstock blieb bei dieser
Tätigkeit im Boden. So läßt
sich der Name auch mit der
Besiedelung während der Ba-
benbergerherrschaft aus Bayern im 10. Jahrhundert
gleichsetzen. Die Stockerauer
lebten um die Jahrtausendwende wohl an einem Platz
südlich der Kirche, von wo
aus sie ihre Kolonisation betrieben. Etwas außerhalb der
Stadt liegt das große St.-Kolo-
man-Kloster. Zu Beginn des
11. Jahrhunderts wurde ein
christlicher Prediger namens
Koloman der Spionage ver-

Stockerau: zweithöchster Kirchturm des Landes

dächtigt und gehängt; die Legenden um den hl. Koloman sind
heute noch lebendig. Das Kloster ist ein Bau aus der Barockzeit,
es wurde im Zuge der Reformen Josefs II. zugesperrt, als Folge-
nutzer traten unter anderen das Militär und eine Bandfabrik
auf, bis wieder Klosterschwestern, die «Dienerinnen des Hl.
Geistes», einzogen.

Weitere Daten zur Stadtgeschichte: 1465 erfolgte die Verleihung des Stadtrechtes, aus 1514 datiert ein Wappen, das einen Wurzelstock mit einem daraus sprossenden Baum mit Krone zeigt. 1722 bis 1724 erfolgte die Erbauung des Kirchturms; 1841 wurde die Bahnlinie Wien–Stockerau eröffnet, die zweite Bahnlinie auf österreichischem Gebiet. Die riesige Platane vor dem Bahnhof wurde übrigens im Eröffnungsjahr gepflanzt. 1893 wurde Stockerau zur Stadt erhoben.

QUER DURCH DIE «LENAU-STADT»

Der Spaziergang durch die Stadt beginnt bei der Grafendorfer Straße, hier war früher auch die Stadtmauer. Der *«Grafendorfer Hof»*, ein 1927 errichteter Gemeindebau, erinnert an große Wiener Wohnanlagen aus der Zeit des «Roten Wien». Die kleine gelbe *«Sebastiani-Kirche»* wird heute als Lager der Firma Burger verwendet. 1639 wurde sie als katholische Kirche geweiht, unter Kaiser Josef II. zugesperrt, später für militärische Zwecke adaptiert und dann als Lutherkirche genutzt. Direkt daneben befindet sich das ehemalige Bürgerspital.

Stockerau: jeden Samstag Bauernmarkt

Der *Sparkassaplatz* wird durch die barocke Pieta-Statue und das grün gefärbte Sparkassengebäude aus den Jahren 1904/05 geprägt. Das *Bräuhaus* mit der rosa Fassade trägt über dem Torbogen die Jahreszahl 1773 – Bier wird hier leider nicht mehr gebraut.

Stockerau: barocke Pracht der ehemaligen Mühle

Wo sich der Platz wieder zur Hauptstraße verengt, erinnert ein Fresko an das Kaufhaus Hellmer (Textilien). Haus Nr. 26, das «Schaumannhaus» (1756), hat im Giebelfeld eine Plastik der Heiligen Dreifaltigkeit. Die Familie Schaumann war im 18. Jahrhundert nach Stockerau gekommen und stellt mit Mag. Julius Schaumann auch den ersten Bürgermeister der 1893 zur Stadt erhobenen Gemeinde. Vom «Ihm-Haus» (Nr. 27) wird manchmal behauptet, daß es sich um das erste Rathaus des Ortes handle, schriftliche Aufzeichnungen fehlen aber. Das Relief erinnert an den hier geborenen Josef Weineck, den Erfinder der Fetthärtung (1886).

Vis-à-vis ist am «Scherer-Haus» (Nr. 22) eine schöne Rokokofassade bemerkenswert, mit einem Wappen, das auf die Erbauer des Hauses, die «Herren von Kornritter», zurückgeht (erste Hälfte des 18. Jahrhunderts). Das «Hartlhaus» (Nr. 23) stammt aus der zweiten Hälfte des 16. Jahrhunderts. Das «Manharthaus» (Nr. 16) mit den beiden Muscheln ist eindeutig ins Zeitalter des Rokoko zu stellen und wäre einmal beinahe abgerissen worden, weil es ein Verkehrshindernis darstellte. In der engsten Stelle der Hauptstraße liegt das «Kotowicz-

Haus» (16. bis 17. Jahrhundert) mit einer Madonnenstatue in der Nische.

Das «Stefsky-Haus» (Nr. 14) an der Straßenkreuzung trägt heute einen über zwei Stockwerke reichenden Renaissanceerker und beherbergt die älteste, 1823 gegründete Fabrik von Stockerau. Hier holen sich Österreichs Offiziere, Feuerwehrleute, Musikanten, Jäger, Wanderer, Skilehrer und alle, die sonst noch Stoffabzeichen an ihre Anoraks und Jacketts nähen, ihre Sticker, Embleme und Sterne.

Nahe dem Dr.-Karl-Renner-Platz mit der Kaiser-Franz-Josefs-Jubiläumsstiege (1898), die zur Kirche emporführt, befindet sich eine ehemalige Mühle mit wunderschöner Barockfassade; heute ist darin die Konditorei Mathes einquartiert. An diesem Haus zeigt der «Stockerauer Mühlenstil» seine schönsten Facetten in Stuck, hier finden auch jeden Sommer die «Stockerauer Festspiele» statt.

Die *Kirche,* dem hl. Stephan geweiht, steht an Stelle des gotischen Vorgängerbaus, einziger Rest aus dieser Epoche ist die «Ölberggruppe» an der Außenmauer der Kirche. 1722 bis 1725 wurde der Turm gebaut; geschmückt wird er von Statuen des hl. Leopold und hl. Stephan. Mit 88 Metern ist der Turm der zweithöchste in Niederösterreich, überragt wird er nur mehr vom Turm des Stiftes Zwettl. Erst 1777/78 folgte das frühklassizistische Kirchenschiff. Das Innere ist durchaus beeindruckend. Die beiden Statuen seitlich des Hochaltares kommen aus dem Wiener Stephansdom; die Ausstattung stammt zum Teil aus dem 19. Jahrhundert.

In der Schießstattgasse fällt eine grüne Straßenwalze auf. Sie steht vor dem *Automobilmuseum,* das in einer ehemaligen, 1884 errichteten Turnhalle untergebracht ist.

Ein paar Schritte weiter steht rechts das *Lenau-Denkmal,* ein Werk des in Stockerau gebürtigen Wilhelm Seib (1854–1924 in Spannberg).

Der als Nikolaus Franz von Strehlenau 1802 in Ungarn geborene Dichter verbrachte die Zeit zwischen 1818 und 1821 bei seinen Großeltern in Stockerau. Angeblich, so wird erzählt, streifte er gern in der Au herum und holte sich hier Inspirationen für seine «Schilflieder». Mit der Gründung der «Internationalen Lenaugesellschaft» (1964) und dem «Internationalen Lenauarchiv» (1968) mauserte sich Stockerau zur «Lenaustadt». Neben dem Denkmal erinnern eine «Lenau-Ecke» im Bezirksmuseum sowie die «Lenautaler» (eine süße Komposition der Konditorei Mathes aus Marzipan, Pistazie, Kirschbrand und Nougat) an den großen Dichter.

Die genannte Lenau-Ecke bzw. das Bezirksmuseum befindet sich im «Belvedereschlößl» wenige Schritte vom Lenau-Denkmal entfernt. Besagtes «Schlößl» ist ein ehemaliges barockes Lustschlößl, das sich die Herrschaft Freisegg zu Beginn des 18. Jahrhunderts hier erbauen ließ. Von der Ausstattung ist die Sala Terrena mit gefärbelter Stuckdekoration sehenswert.

Die heutige *Lutherkirche* in der Schießstattgasse Nr. 44 war ehemals eine jüdische Synagoge. Sie wurde nach der «Reichskristallnacht» 1938 umgebaut. Nach dem Kriegsende wurde sie im Zuge eines Rückstellungsverfahrens an die Israelitische Kultusgemeinde übertragen, die verkaufte sie schließlich an die evangelische Pfarrgemeinde.

Bemerkenswerte Bauten befinden sich wieder an der Hauptstraße Richtung Rathausplatz. Das «Baldrianhaus» (Nr. 6) mit dem hl. Florian stammt aus dem 16. Jahrhundert. Das Volksbankgebäude geht in seinem Kern auf das 16. und 17. Jahrhundert zurück, die Fassade ist eindeutig jünger.

Das Haus Hauptstraße Nr. 4 mit der Pilastergliederung trägt eine Madonnenstatue (Immaculata), die eine Kopie eines Kunstwerks von Raffael Donner sein soll. Außerdem lebte hier der Maler Leopold Scheidl (1884–1958), der unzählige Ansichten von Stockerau schuf.

Die *Dreifaltigkeitssäule* am Rathausplatz geht auf das Pestjahr 1713 zurück, gebaut wurde sie 1715. Über der Eisenhandlung (Rathausplatz Nr. 4) sind Reste eines Freskos mit einer Darstellung von Jesus, Maria und dem hl. Johannes aus dem 17. Jahrhundert entdeckt worden.

Wann und von wem das prunkvolle *Rathaus* erbaut wurde, ist nicht ganz klar. Fest steht, daß es am 22. April 1716 von Graf Schönborn gekauft wurde. Die heutige Fassade stammt aus den Jahren 1738 bis 1740 und geht auf Joseph Emanuel Fischer von Erlach zurück. Wichtig für alle Neuankömmlinge: In diesem Gebäude, Eingang in der Josef-Wolfik-Straße, befindet sich die Touristeninformation.

Das Haus mit der Apotheke am Ende des Rathausplatzes (Josef-Wolfik-Straße Nr. 2) ist ein schönes Beispiel für Jugendstil-Architektur.

Das Gebäude der «Alten Post» mit dem viereckigen Turm und der Sonnenuhr (Josef-Wolfik-Straße Nr. 12) geht auf das 16. Jahrhundert zurück, die Fassade stammt aus dem 18. Jahrhundert. Hier führten die beiden wichtigen Straßen nach Horn und Hollabrunn vorbei.

AUSFLUG IN DIE AU

Gleich hinter dem Bahnhof beginnt der Ausstieg aus der Stadt und der Einstieg in die Natur: Ein Ausflug in das Naturschutzgebiet der Stockerauer Au ist durchaus empfehlenswert.

Alle Verkehrsmittel außer dem Auto sind erlaubt: Wer mit dem Kanu fahren möchte, kann sich in der Stadt in der Josef-Wolfik-Straße Nr. 43 eines ausborgen. Mit einem Handwagerl zieht man das Boot bis zum Krumpenwasser oder zum Stockerauer Arm.

Zweite Möglichkeit: das Fahrrad; ein Verleih befindet sich am Bahnhof.

Dritte Variante: per pedes; am einfachsten ist es, man folgt dem ausgeschilderten Naturlehrpfad.

Ein mögliches Ziel ist das Gasthaus «Konrad», das seit 100 Jahren am Krumpenwasser hungrige und durstige Ausflügler versorgt. Eine Reihe hölzerner Badehütten stammt aus einer

In der Stockerauer Au: Badehütten aus der Jahrhundertwende

Zeit, als man hier noch baden konnte – heute ist das Wasser vor den Hütten zu seicht. Wer tatsächliches Badevergnügen sucht, geht am Gasthaus vorbei, bis er nach ein paar hundert Metern zu einer Brücke kommt, dort ist das Wasser dann tief genug.

STOCKERAU

ANREISE AUTO Von Wien über die A22 rund 30 Kilometer. **ANREISE ZUG** S3 von Wien im Halbstundentakt, von Hollabrunn im Stundentakt. **ERSTE ANLAUFSTELLE** Rathaus, Touristeninformationsstelle, Josef-Wolfik-Straße 1, Tel. 02266/695-18. **ESSEN UND TRINKEN** «DREI-KÖ-NIGS-HOF», Hauptstraße 29, Tel. 02266/627881. «ZUM GOLDENEN ADLER», Fam. Kardos, Eduard-Rösch-Straße 41, Tel. 02266/ 62304. «LENAUSTUBEN», Josef-Wolfik-Straße 10, Tel. 0266/67950 od. 62812. Augasthaus Konrad WAITZ, Tel. 02266/65370. **KAFFEEHAUS** Café-Eissalon WIMMER, Hauptstraße 57, mit eigener Speiseeiserzeugung, Tel. 02266/62170. Café-Konditorei MATHES, Dr.-Karl-Renner-Platz 1, Tel. 02266/63958. Spezialität des Hauses sind die Lenautaler. **SZENE** KLIM-BIM, Schießstattgasse 20, Tel. 02266/64562. **HEURIGE** RIEDL-SCHARINGER, Rathausplatz 1, Tel. 02266/62654. KARL-HEU-RIGER, Sparkassaplatz 2, Tel. 02266/63216. **SCHLAFEN** City-Hotel BAUER, Hauptstraße 49, Tel. 02266/62930. KOLPINGHAUS, Adolf-Kolping-Straße 1, Tel. 02266/61044. Karl PUMMER, Adolf-Kolping-Straße 8, Tel. 02266/62477, NEUMAYER, Hanuschgasse 4, Tel.

02266/62708. **MUSEEN** Bezirksmuseum im Belvedereschlößl. Geöffnet: Sa 15–17 und So 9–11 Uhr. Sonst gegen Voranmeldung: Tel. 02266/65188. Automobilmuseum, Schießstattgasse 9. Geöffnet: Sa 15–18, So u. Fei 10–12 und 14–17 Uhr, Tel. 02266/ 64564. **FESTSPIELE** Ende Juli bis Anfang September vor der Kirche am Dr.-Karl-Renner-Platz. Information: Tel. 02266/69518. **MÄRKTE** Jeden Mittwoch- und Samstagvormittag am Rathausplatz Bauernmarkt. Flohmarkt jeden Sonntag ab 8 Uhr am Parkplatz der Disco VALENTINO (Autobahnabfahrt: Stockerau Nord). **FAHRRADVERLEIH** hinter dem Bahnhof, Tel. 02266/62721-385. **KANUVERLEIH** Josef-Wolfik-Straße 43, Tel. 02266/ 64763. **SCHWIMMEN, FITNESS** Erholungszentrum Stockerau, Pestalozzigasse 1, Tel. 02266/62995. Sportzentrum «Alte Au», Tel. 0266/ 65300. Squash in der Tullner Straße 41, Tel. 02266/65191. **TENNIS** Schießstattgasse 9, Tel. 02266/62645. Uferweg 54, Tel. 02266/62445. Weg zum Hallenbad 3, Tel. 02266/67771. **TAXI** Fa. Brüder Moser, Sparkassaplatz 6, Tel. 02266/62153. Fa. Jatschka, Uferweg 8, Tel. 02266/ 63687. **KINO** Apollokino, Tel. 02266/67764.

WASCH- UND MICHELBERG

Der Rohrwald mit seinen beiden südwestlichen Eckpfeilern, dem Waschberg (388 Meter) und dem Michelberg (409 Meter) ist das klassische Ausflugsgebiet der Stockerauer. Ein guter Ausgangspunkt für eine Rohrwaldwanderung ist *Leitzersdorf*. Vom Ortsende aus (blaue Markierung) beträgt die Distanz zum Waschberg zwei Kilometer und zum Michelberg vier Kilometer.

Doch vorher noch einen Blick in den Ort: Bemerkenswert ist der Pfarrhof mit seiner barocken Fassade (1737). Neben der Kirche erinnert ein Gedenkstein an die Schlacht von Leitzersdorf, ausgefochten zwischen Matthias Corvinus und Friedrich III. im Jahre 1484. Damals muß schon ein Teil der heutigen *Pfarrkirche* gestanden sein, denn der Kern mit seinen dicken Mauern ist romanisch.

Der nächste interessante Ausgangspunkt für eine «Bergtour», die allerdings keiner alpinen Ausrüstung bedarf, ist *Haselbach*. Von diesem Ort folgt man dem grünen Schild «Michelberg». Beim «Gipfelsturm» geht man über Wiesen, die mit weißen Kalksteinen übersät sind. Bei genauer Betrachtung sieht man tatsächlich linsenförmige Fossilien im Gestein. Diese «Linsen» sind die sogenannten Nummuliten, einzellige Mikroorganismen aus der Zeit des Eozän, und stammen aus einem rund 55 Millionen Jahre alten Riff. Der Begriff «Nummuliten», der eigentlich Geldstein bedeuten würde, rührt daher, daß die ägyptischen Pyramiden aus einem vergleichbaren Gestein bestehen und einst vermutet wurde, daß Nummuliten Zahlungsmittel für die Pyramidenarbeiter gewesen wären.

Der Gipfel ist von einem bronzezeitlichen Wall (2200/2300 bis 1600 v. Chr.) umgeben – Funde verschiedenster Epochen beweisen die historische Bedeutung des Michelberges, der immer als Aussichtsposten wichtig war. Heute sieht man vom Gipfel nicht nur Korneuburg, die Leiser Berge und den Bisamberg, sondern bei schönem Wetter auch den Ötscher und die Kleinen Karpaten.

Die den Gipfel krönende Votivkapelle entstand nach dem Preußisch-Österreichischen Krieg im Jahre 1867. Jeden zweiten Samstag im Monat um 19 Uhr finden Gebetsrunden statt.

Michelberg: lohnender Blick in die Ferne

Im Ort *Haselbach* befindet sich ein Gedenkstein, der an Thomas Ebendorfer erinnert. Der Granitblock selbst ist keine Sen-

sation, Thomas Ebendorfer, der am Laurenzitag 1388 hier geboren wurde, hingegen schon. Der ehemalige Rektor der Universität Wien und Sekretär von Friedrich III. war einer der produktivsten Schreiber des ausgehenden Mittelalters und der frühen Neuzeit. Mit 40 Bänden zu je 500 Seiten – soweit vorsichtige Schätzungen – übertrifft sein Werk sogar jenes von Thomas von Aquin. Er war sehr vielseitig, er erkannte das verfallene Carnuntum und nannte es «ein zweites Troja». Er war es auch, der den Namen «Habs-

Haselbach: das Thomas-Ebendorfer-Denkmal

burger» aufbrachte und für ihren Besitz und für ihre Hausmachtpolitik den Begriff «Domus Austriae» einführte.

100 Meter von der spätbarocken Saalkirche entfernt, schon am Ortsrand, steht eine über einem Pestgrab errichtete Pestkapelle. Insgesamt 64 Personen sind im Pestjahr 1679/80 gestorben und hier begraben worden.

Zwei nette kleine Orte der Rohrwaldregion sind *Niederhollabrunn* und *Niederfellabrunn*. Beide besitzen einen Leeberg, sprich einen «Mugl».

Niederhollabrunn wurde 1135 erstmals urkundlich erwähnt, damals war der Ort viel bedeutender als die heutige Bezirkshauptstadt Hollabrunn. Der auffälligste Bau ist die große, weithin sichtbare Barockkirche. Die ursprüngliche babenbergische Eigenpfarre wurde 1253 dem Passauer Domkapitel übertragen. Somit ist auch der aufwendige Kirchenbau erklärbar, denn die Passauer scheuten bei den barocken Kirchen weder Kosten noch Mittel. Das Gotteshaus wurde 1718 nach Plänen des Passauer Hofbaumeisters Domenico d'Angeli erbaut. Der spätbarocke Hochaltar stammt aus der Mitte des 18. Jahrhunderts. Die Kanzel (1784) war für die ehemalige Franziskanerkirche in Stockerau hergestellt worden.

Der wohl fleißigste Niederhollabrunner Schreiberling aller Zeiten war der als Sohn eines jüdischen Gemeindearztes 1897 geborene Literat Theodor Kramer, der schon mit vierzehn zu schreiben begann. 12.000 Gedichte stammen aus der Feder des 1938 ins Exil nach England vertriebenen Lyrikers. In seinen Gedichten schreibt er nicht nur über das Landleben, sondern nimmt auch gegen Faschismus und Unterdrückung Stellung. Nach dem Anschluß Österreichs an Deutschland erhielt der Dichter Arbeits- und Berufsverbot und lebte bis zur Emigration im Untergrund. Treffend schildert er die damalige Situation:

Die Wahrheit ist, man hat mir nichts getan.
Ich darf schon lang in keiner Zeitung schreiben,
die Mutter darf noch in der Wohnung bleiben.
Die Wahrheit ist, man hat mir nichts getan.

Nach dem Krieg kehrt er alt und krank nach Wien zurück, wo er sich im neuen Österreich nicht mehr zurechtfinden kann. 1958 stirbt er und wird noch posthum mit dem Literaturpreis der Stadt Wien geehrt.

WASCH- UND MICHELBERG

ESSEN UND TRINKEN In Leitzersdorf: Gasthaus KREUZMANN, Ernstbrunner Straße 72, Tel. 02266/63480. Am Michelberg: Das Gasthaus hat bei Schönwetter an Wochenenden geöffnet (Tel. 02266/ 62839). In Niederhollabrunn: Gasthaus «HUCKLEBERRY INN», Tel. 02269/2557.

GROSSMUGL

Hören Nichtsahnende den Ortsnamen zum ersten Mal, reagieren viele vorerst mit kindlichem Vergnügen. So ein komischer Ort! Erklärt man die Herkunft des Namens, tritt an die

Stelle des spöttischen Lächelns vorerst einmal Neugier: Etwas außerhalb des unspektakulären Dorfes, an der Straße nach Geitzendorf, befindet sich tatsächlich ein unübersehbarer «Mugl». Man hat festgestellt, daß er mit 16 Metern Höhe der höchste noch erhaltene Grabhügel der Hallstattkultur in Mitteleuropa ist. Diese Epoche der Älteren Eisenzeit reichte von

800/750 bis 450 v. Chr., charakteristisch waren in dieser Zeit reich verzierte Gefäße, oft mit Stiermotiven.

Neben dem großen befindet sich ein kleinerer, kaum mehr wahrnehmbarer Tumulus. Dieser,

Kultobjekt: Mondidol

weil leichter zu rekonstruieren, wurde – im Gegensatz zu seinem großen Bruder – 1950 bis 1956 wissenschaftlich intensiv untersucht. Man fand Reste einer hölzernen Grabkammer und zahlreiche schlechtgebrannte Keramikscherben.

Hallstattzeitliche Siedlungen wurden im Raum von Großmugl wiederholt gefunden. Im Herbst 1994 wurde ein Grabungsteam bei der Siedlung Totenweg am nordwestlichen Ortsende an der Straße nach Ringendorf fündig. Zwei unvollständige «Mondidole», die wohl mit dem Herdfeuer und kultischen Sonnwendfeiern

Großmugl: Grabhügel aus der Zeit der Hallstattkultur

in Zusammenhang gebracht werden können, sowie Reste von Wirtschaftsgebäuden und Vorratsgruben wurden freigelegt.

Im Ort Großmugl fallen zunächst zwei kleine Kapellen und ein spätgotischer Tabernakelpfeiler (1502) mit einer gedrehten Säule auf. Am Weg zur Kirche steht ein barockes, bunt gefaßtes, frisch renoviertes Floriani-Denkmal. Beim Haus gegenüber (Wappen aus 1577) handelt es sich um das ehemalige herrschaftliche Amtshaus der Kartause Aggsbach. Die Kirche wurde in der Gotik erbaut, 1453 um die Marienkapelle erweitert und im Barock kräftig umgestaltet.

GROSSMUGL

ANREISE AUTO Ab Wien auf der A22, Abfahrt Stockerau. Nach Stockerau rechts Richtung Großmugl. **ESSEN UND TRINKEN** Gasthaus RIEFENTHALER, Marktplatz 112, Tel. 02268/227, mit Übernachtungsmöglichkeit. **VERANSTALTUNGEN UND SZENE** Jeden 1. Samstag im Monat Karaoke-Show in der «LEEBERGDISCO», September bis März auch So ab 20 Uhr mit Bierpub (20 Sorten). **EINKAUFEN** Kürbiskernöl, Leopold MITTERHAUSER, Ringendorf 21, Tel. 02268/6336.

DER SIERNDORFER FLÜGELALTAR

In Sierndorf, fünf Kilometer nordwestlich von Stockerau, befindet sich ein privat geführter, liebevoll gepflegter Tierfriedhof. Dieses gleich neben der Straße gelegene, von einem Zaun umgebene Fleckerl Erde zeigt die oft ans Perverse grenzende Liebe vieler Menschen zu Vierbeinern. Die Inschriften auf den zum Teil sehr teuren Marmor- und Granitgrabsteinen sprechen für sich: «Hier ruht alles, was mir das Liebste war auf Erden», «Du bleibst unvergessen, Myra, Minki, Murli», «Unser Seelchen Adele», «Meine Susi, schlafe gut in dieser Erden! Die Liebe – sie wird niemals sterben».

Abgesehen von dieser Kultstätte für Tierliebhaber beherbergt der Ort an der Durchzugsstraße auch noch tatsächliche Kunstschätze: Einer der bemerkenswertesten Altäre Österreichs aus der Epoche des ausgehenden Spätmittelalters ist hier

Sierndorfer Flügelaltar: spätmittelalterliches Meisterwerk in Holz und Stein

zu finden. Leider nur zu Gottesdienstzeiten zu sehen, stellt der 1518 geschaffene Sierndorfer Flügelaltar ein wichtiges Werk der Donauschule dar. Das Zentrum des aus Breitenbrunner Kalkstein angefertigten Altars stellt die Verkündigung Mariens dar. Der Sockel des Altars, die Predella, zeigt die Heiligen Drei Könige sowie das Jesuskind, das von Maria gehalten wird. Ihnen zur Seite hat sich das Stifterpaar, Wilhelm von Zelking und seine Frau Margarethe von Sandizell, abgebildet mit fünf Kindern, gesellt. Auch in der spätgotischen Empore zur linken Seite des Altares hat sich das Paar verewigen lassen – die beiden Figuren werden der frühen Renaissance zugerechnet.

Die Flügel des Altares sind aus Lindenholz geschnitzt. Dargestellt sind Maria Heimsuchung, die Geburt Christi, Maria bei der Darbringung Jesu und schließlich Maria mit dem lehrenden Kind im Tempel.

Schloß Sierndorf geht auf das Mittelalter zurück, besitzt ein Renaissanceportal und wurde um 1730 umgebaut. Die dazugehörige Kapelle stammt aus dem frühen 16. Jahrhundert.

ESSEN UND TRINKEN Fam. SCHÖDL-KIEFER, Unterparschenbrunn Nr. 19, Tel. 02267/2262.

SCHLOSS SCHÖNBORN

Die Anlage des Schlosses mitsamt seinem Garten, die Kapelle an der Straße nach Göllersdorf, beide Kirchen in Göllersdorf und noch einige andere in der Umgebung gehen auf den Auftrag von Graf Friedrich Karl von Schönborn und die geniale Konzeption und Ausführung durch Lukas von Hildebrandt zurück. Der Kontakt zu Hildebrandt kam wahrscheinlich durch seinen engen Freund Prinz Eugen zustande, Friedrich Karl hielt die Werke des Baumeisters für die «heutige beste Baukunst».

Der im Jahre 1674 geborene Schönborn war seit 1703 in Wien als Kurmainzischer Sondergesandter akkreditiert, im Juni 1705 wurde er durch Josef I. zum Reichsvizekanzler ernannt. Am 8. Juni 1710 erwarb er vom Wiener Neustädter Bischof Graf Franz Anton Buchheim die Herrschaft in Göllersdorf. Der Bau, der heute als Justizstrafanstalt für geistig abnorme Rechtsbrecher Verwendung findet, entsprach nicht dem Geschmack des Reichsvizekanzlers. Also entschloß sich Friedrich Karl, wenige Kilometer südlich eine völlig neue Anlage zu

Schloß Schönborn: Hauptportal

errichten. Hier konnte sich Lukas von Hildebrandt nach Herzenslust entfalten. 1711 wurde mit dem Bau begonnen, 1713 wurde von Einwölbungsarbeiten berichtet, im Juni desselben Jahres waren die Stuckarbeiten im Saal vollendet und im September bereits zwölf weitere Zimmer fertig. 1715 war das Schloß bezugsfertig, die Kapelle konnte geweiht werden. Die Orangerie wurde 1717 vollendet. Für die Wasserspiele in der Gartenanlage mußte eine eigene Wasserleitung gebaut werden, allerdings funktionierten diese Wasserspiele nie ganz perfekt.

Einen schönen Gesamteindruck der großzügigen Anlage erhält man, wenn man Richtung Bahnhof fährt: Wirtschaftsgebäude, der zum Schloß hin offene Orangeriehof, der Park mit den exakt geschnittenen Buchsbäumen, Steinvasen vor dem breiten Schloß, dessen dreiachsiger Schloßeingang und die Seitentrakte geben ein imposantes Bild ab. Der Balkon wurde erst 1905 angebaut.

Auf einer mit Backsteinen gepflasterten Allee gelangt man zum Eingangsbereich. Schilder verkünden, daß hier scharf geschossen wird – mit Golfbällen. Was zur Folge hat, daß der

Schloß Schönborn: Golferparadies in barockem Ambiente

Park für normalsterbliche Besucher geschlossen ist. Lediglich das im Erdgeschoß befindliche Restaurant ist allgemein zugänglich.

Durch das Hauptportal des Schlosses tritt man in die Sala Terrena. Dieser quadratische Raum stellt ein barockes Gesamtkunstwerk dar: reiches Bandlwerkdekor, Pilaster und figurale Darstellungen schmücken den Saal.

Richtung Göllersdorf steht an einer Straßenkurve am Ende des Golfplatzes eine der schönsten Nepomukstatuen Österreichs, ebenfalls ein Werk Hildebrandts, der die Kapelle samt Heiligendarstellung 1729 bis 1733 aus Dankbarkeit für den gelungenen Schloßbau errichtete. Die Statue des berühmten «Brückenheiligen» steht unter einem von vier Steinsäulen getragenen Baldachin.

SCHLOSS SCHÖNBORN

GOLF Der 1989 eröffnete Platz (27 Löcher) ist in die historische Parkanlage integriert. Informationen unter Tel. 02267/2879 oder 2863. **ESSEN UND TRINKEN** Das Restaurant im Schloß steht auch Besuchern offen, die Küche ist vorzüglich. Tel. 02267/2683, im Winter nur an Wochenenden geöffnet.

GÖLLERSDORF

In seinem Kern geht das *Schloß Göllersdorf,* in dem seit 1874 eine Strafanstalt untergebracht ist, auf ein bereits 1463 erwähntes neues Haus zurück. Am südlichen Teil mit der Kapelle kann man noch zwei spätgotische Spitzbogenfenster erkennen.

Seine heutigen Dimensionen erhielt das Schloß im 16. Jahrhundert. 1710 wurde es an den Reichsvizekanzler Karl Friedrich von Schönborn verkauft.

Am Hauptplatz zieht ein *Triumphbogen* die Aufmerksamkeit der Besucher auf sich. Er stammt aus dem Jahr 1703 und wurde zu Ehren Kaiser Karl III. aufgestellt, der am 20. September 1703 in Göllersdorf nächtigte. Er war unterwegs zu seiner Krönung nach Spanien.

Am Hauptplatz finden sich auch zwei Pestsäulen. Die kleinere mit dem Obelisken wurde aus Dank nach einer verheerenden Pestepidemie in den Jahren 1678/79 errichtet. Die größere, die *Mariensäule* mit den drei Pestheiligen Rochus, Boromäus und Sebastian, ist eine Stiftung des Friedrich Karl Schönborn, der sie als Dank für die erloschene Pest von 1713 erbauen ließ. Der Entwurf (1731/32) stammt von Lukas von Hildebrandt.

Göllersdorfer Straße: der hl. Nepomuk

Der *Pranger* aus dem 16. Jahrhundert ist ein Zeichen der Marktgerichtsbarkeit. An den Pranger gestellt zu werden galt als schwere Strafe, sie wurde höchst selten verhängt. Ein Beispiel zeigt, welche Vergehen mit dem Pranger geahndet wurden: Als 1717 Lorenz und Rosina Söter beim Matthäusmarkt einem Kürschner einen Pelz stahlen, mußten sie eine Stunde am Pranger stehen und wurden dann für immer aus dem Ort verwiesen.

Die *Pfarrkirche* schließt den Hauptplatz nach Süden hin ab. Ihre heutige Gestalt geht auf Schönborn und Hildebrandt zurück; das Gotteshaus, in den Jahren 1740/41 grundlegend barockisiert, gilt als letztes Werk Hildebrandts.
Schlüssel beim Pfarrhaus Nr. 33, neben der Kirche.

In Richtung des nördlichen Ortsendes an der linken Straßenseite befindet sich die dreiteilige *Lorettokapelle.* 1618 wurde ein Armenhaus mit Spital gestiftet, 1694 die Lorettokapelle – das ist der kleine Anbau im Süden –, und schließlich gab

Friedrich Karl Schönborn 1720 den achteckigen Zentralbau bei Lukas von Hildebrandt in Auftrag. Das Deckenfresko stammt aus dem Jahr 1730 von Rudolf Byß und stellt mit dem reichen Goldschmuck einen Höhepunkt barocken Überschwangs dar.

Die Kapelle befindet sich im Besitz der Familie Schönborn. Jeden Monat wird hier eine Messe gelesen.

SCHÖNBORN UND GÖLLERSDORF

ANREISE AUTO Von Wien über die A22 und Stockerau. **ANREISE ZUG** Mit der S-Bahn S3 stündlich. **ERSTE ANLAUFSTELLE** Gemeindeamt, Marktplatz 10, Tel. 02954/2265. **ESSEN UND TRINKEN** Gasthof «ZUR WEISSEN ROSE», Hauptplatz 41, Tel. 02954/2229. Im Sommer Gastgarten. Gasthaus TOIFL, An der Bahn 113, Tel. 02954/2218. **SCHLAFEN** «ZUR WEISSEN ROSE», s.o. **KAFFEEHAUS** Konditorei Marianne BOUCHAL, Marktstraße 78, Tel. 02954/2202-79. **MARKT** Matthäusmarkt am 2. Samstag im September. **HEURIGE** Im wunderschön gelegenen Viendorfer Kellerviertel, Rudolf NEUNTEUFEL, Tel. 02954/3142, Termin des FF-Heurigen bei der Gemeinde, Tel. 02954/ 2265. **REITEN** Karl Denninger, Pfarrgasse 38, Tel. 02954/2293. **TENNIS** Regina Schwarz, Tel. 02954/2989. **KEGELN** Gasthof «ZUR WEISSEN ROSE», s.o. **EINKAUFEN AM BAUERNHOF** Fam. KÜHRER in Untergrub Nr. 18, Tel. 02954/2513. **GALERIE** In Untergrub 32 präsentiert bereits seit 1982 Horst Ziolkowski erfolgreich Werke von Fuchs, Kumpf, Hutter u.a. Sa, So u. Fei 14–18 Uhr, Tel. 02954/2514.

HOLLABRUNN

Hollabrunn ist Bezirkshauptort, Einkaufs- und Messestadt und Zentralort des westlichen Weinviertels. Und, nicht zu verachten, der Ruf Hollabrunns reicht zumindest bis nach Paris: Am Arc de triomphe ist der Name der Stadt eingemeißelt. Diese «Eintragung» geht auf die Franzosenkriege des vorigen Jahrhunderts zurück; am 10. Juli 1809, nach der Schlacht bei Deutsch-Wagram, wurde die Armee Napoleons hier noch in schwere Gefechte verwickelt.

Vor allem aber ist Hollabrunn Schulstadt. 5500 Schüler fallen Tag für Tag per Bus oder Schnellbahn in die quirlige Stadt ein und sind ein nicht zu übersehender Wirtschaftsfaktor. Sie bevölkern nicht zuletzt die zahlreichen Lokale des Ortes: Rund um den Lothringer Platz hat sich so etwas wie das «Bermudadreieck» von Hollabrunn entwickelt.

Die berühmteste Schule der Stadt ist zweifelsfrei das heute nicht mehr als solches geführte Erzbischöfliche Seminar, gleich hinter der Kirche gelegen.

Prominente Vertreter der katholischen Kirche gingen durch dieses Haus: Pater Udo Fischer, der rebellische Pfarrer in Paudorf etwa, aber auch der engagierte Caritas-Direktor Helmut Schüller. Bekannt wurde das Seminar im Frühjahr 1995 durch die Affäre um Kardinal Hans Hermann Groër.

Nicht alle Schüler schlugen eine Kirchenkarriere ein. Engelbert Dollfuß drückte hier die Schulbank ebenso wie der Geograph Adalbert Klaar. Auch Karl Gutkas, «Chefhistoriker» des Landes Niederösterreich, ging hier zur Schule.

Heute ist dieses Knabenseminar ein Aufbaugymnasium der Erzdiözese Wien. Sinn des im Jahre 1974 von Groër gegründe-

Hollabrunn: das ehemalige Erzbischöfliche Seminar

ten Oberstufenrealgymnasiums ist es, «Spätberufenen» die Matura zu ermöglichen.

Im weitläufigen Haus befindet sich auch eine Außenstelle des Afro-Asiatischen Instituts sowie eine Krankenpflegeschule.

Übrigens ist Hollabrunn eine historisch gewachsene Schulstadt. Die erste Schule wird 1544 erwähnt, andere Quellen gehen noch weiter zurück und berichten bereits 1393 von einer Schule. Es gibt sogar Hinweise darauf, daß hier schon gleichzeitig mit der Pfarrgründung um 1200 die Lehrtätigkeit aufgenommen wurde.

SPAZIERGANG DURCH DIE STADTGESCHICHTE

Der etwas abschüssige *Hauptplatz* ist ein geeigneter Ausgangspunkt für eine kleine Stadtdurchquerung. Das Haus Nr. 13, ein

wunderschöner Jugendstilprachtbau, ist das beherrschende Gebäude am Platz. Errichtet wurde es 1904, der Architekt hieß Hugo Wanderley und war ein Schüler Otto Wagners.

Hollabrunn war übrigens eine der ersten Gemeinden Österreichs mit einer Sparkasse. Bereits 1824 wurde hier eine «Ersparniskassa» zu dem Zweck gegründet, «den Dienstboten, Handwerksgesellen, Taglöhnern und sonstigen beflissenen Personen ein Mittel an die Hand zu geben, von ihrem mühsam er-

Hollabrunn: Straßenfest

worbenen Lohn allmählich ein kleines Kapital zurückzulegen, um solches fruchtbringend zu machen und in späteren Tagen zur Begründung einer besseren Versorgung, zur Aussteuer, zur

Aushilfe in Krankheiten oder auf irgendeiner anderen nützlichen Art zu verwenden».

Die *Pestsäule* am Platz stammt aus dem Jahr 1713. Das *Rathaus* mit dem Dachreiter entstand aus zwei Häusern des 19. Jahrhunderts. In der Theodor-Körner-Gasse Nr. 2 fällt der Ziegelbau der *Jahn-Turnhalle* aus dem Jahr 1884 auf.

An der östlichen Seite des Kirchenplatzes ist im Hintergrund das große Gebäude des oben beschriebenen ehemaligen Erzbischöflichen Seminars zu sehen.

Die *Kirche* selbst geht auf die Romanik zurück, erhielt allerdings erst im 19. Jahrhundert ihre heutige Gestalt. Interessant sind die Grabsteine an der Außenmauer der Kirche.

Die Aufschrift «Deutsches Haus, deutsches Land, beschirm es Gott mit starker Hand 1897» auf dem Haus Nr. 19 in der Amtsgasse erinnert an damalige großdeutsche Tendenzen zu Ende des 19. Jahrhunderts, wie sie landesweit zu verzeichnen waren.

Über die Neugasse kommt man zum *Lothringerplatz*. Hier regiert die Szene. In «Richard's Bierbeisl» kann zwischen sechs Faß- und 30 Flaschenbieren gewählt werden. Junge und Junggebliebene gehen zum «Willi», Leute, die gerne durchmachen, treffen sich in «Irfan's Bermudabar». Wer es gemütlicher liebt und obendrein noch Wert auf Geschichte legt, ist im «Café Sobieski» gut aufgehoben. Angeblich soll in dem Raum mit der wunderschönen Stuckdecke der Polenkönig Jan Sobieski gewohnt haben. Sehr zu empfehlen sind etwas außerhalb des Bermudadreiecks noch das «Café Doris» mit einem exzellenten Eis im Sommer und das «Hoppas», das man durch einen Durchgang im Hinterhof von Sparkassagasse Nr. 5 erreicht. Hier speist man gut, umgeben von modernster Architektur – ein Insidertip für aufgeschlossene Lokalliebhaber.

Die *Herrenmühle,* ursprünglich ein Herrenhaus aus dem 17. Jahrhundert, diente später als Mühle und nun als Museum.

Folgt man dem Mühlenring Richtung Westen, sieht man schon die große Aufschrift «Bauernland». Hier hat die Kartoffelverwertung ihren Sitz. Chips, Kartoffelpuffer, Pommes frites,

Erdäpfelsalat und Kroketten werden hier von rund 200 Arbeitskräften produziert. In der Regel haben die Erdäpfel keine weite Reise hinter sich; die meisten kommen aus der Hollabrunner und Stockerauer Gegend.

An Wochentagen von 8 bis 17 Uhr können hier alle Produkte auch en gros eingekauft werden.

JÜDISCHE VERGANGENHEIT

In Hollabrunn befand sich einst ein eigenes Bethaus und eine Chewra Kadischa (wörtlich: heilige Bruderschaft; ihr oblag die Durchführung von Bestattungen und anderen religiösen Aufgaben). Ab 1901 existierte eine eigene Kultusgemeinde, die auch einen Kantor, zuletzt Herrn Jellinek, angestellt hatte. Herr Jellinek war Religionslehrer für die jüdischen Schüler/innen, Vorbeter im Gottesdienst und hatte die Aufgaben eines Matrikelführers. Ein Vorbeter war deswegen notwendig, weil die Gebete im Gottesdienst hebräisch gesprochen werden, zu dieser Zeit aber beherrschte niemand mehr diese Sprache.

Um einen Gottesdienst abhalten zu können, braucht man zehn erwachsene Männer (Minje), dafür gab es in Hollabrunn auch einen Betverein (Minjanverein). Waren zu wenige Männer versammelt, so fuhr man in den nächsten Ort, um von dort den fehlenden Mann zu holen. Bei Hochzeiten kam eigens ein Rabbiner aus Horn oder Wien angereist. Die Gemeinde galt nicht als besonders strenggläubig. Nur die hohen Feiertage wurden eingehalten. Und nur wenige der Geschäfte hielten am Samstag (Schabbes) geschlossen. Auch mit dem koscheren Essen (den Speisevorschriften entsprechend) hielten es viele nicht mehr so genau. Oft gab es auch bei jüdischen Familien am Sonntag Schweinsbraten.

Wichtig war jedoch stets die Einhaltung des «Jahrtags». Genau ein Jahr nach dem Todesfall wird für den Verstorbenen ein Gottesdienst abgehalten, auch die Steinsetzung am Grab erfolgte nach einem Jahr.

1938 wurden die 30 jüdischen Familien aus der Stadt vertrieben. Franziska Schwarz, eine der wenigen Überlebenden des Holocaust, berichtet: «Wir haben hier in der Bevölkerung gelebt und sozusagen dazugehört. Nur die Deutschnationalen waren schon die damaligen Nazis. Sie haben uns zwar nichts gemacht, aber wir waren ihnen nicht ebenbürtig. Aber die übrige Bevölkerung hat uns voll akzeptiert. Sie sind zum Juden einkaufen gegangen, sie sind zum jüdischen Arzt gegangen – wir haben ja dieselbe Sprache gesprochen.

Die letzten 14 Tage in Hollabrunn hatten wir Ausgehverbot. Wir durften nur in der Früh zwischen sechs und acht Uhr auf die Straße. Und dann ist der Befehl gekommen. Es war am 24. September 1938. Wir wurden mitten in der Nacht geweckt. Man sagte uns, daß wir um acht Uhr in der Früh auf der Kreisleitung sein und unterschreiben müßten, Hollabrunn binnen 48 Stunden zu verlassen. Als alle weg waren, wurde die weiße Fahne gehißt, was bedeutete: Hollabrunn ist judenrein.»

Hollabrunn: Grabstein im jüdischen Friedhof

Sämtliches Hab und Gut der Juden wurde «arisiert», d.h. in deutsches Eigentum übergeführt. Zu Spottpreisen hatten die Juden ihre Häuser, Grundstücke, Geschäfte, Pferde verkaufen müssen – sofern sie ihnen nicht von den Nationalsozialisten gestohlen worden waren. Es kam vor, daß Lastwägen vorfuhren, Burschen und Männer in die Geschäfte stürmten und sich frei bedienten. Anschließend mußten die jüdischen Geschäftsinhaber auf der Gendarmerie unterschreiben, die Ware freiwillig der Partei geschenkt zu haben. Die berüchtigten «Reibpartien» fanden nicht nur in Wien statt – auch in Hollabrunn wurden sie veranstaltet. Auslagenscheiben wurden durch große Schriftzüge als «Judengeschäfte» deutlich gekennzeichnet. Passanten amüsierten sich dabei zuzusehen, wie sich die Geschäftsbesitzer bemühten, die Schmierereien «wegzureiben».

An die jüdische Gemeinde von Hollabrunn erinnert heute nur noch der jüdische Friedhof, der auch geöffnet ist. Das Areal am Ende der Steinfeldstraße war bereits 1876 von der Wiener Kultusgemeinde erworben worden und wurde 1926 erweitert. Die Gräber sind mit Buchsbaum überwachsen, etliche Grabsteine umgestürzt.

HOLLABRUNNER AUSFLÜGE

Mitten im Eichenwald steht die aus Granitsteinen errichtete *Koliskowarte,* die ein gewisser Herr Dr. Rudolf Kolisko, geboren 1859, im Jahre 1935 aus eigenen Mitteln am Geißberg errichten ließ. Die Warte ist so massiv gebaut, daß sie jede Zerstörungswut Halbstarker und auch den Krieg ohne bemerkenswerten Schaden überstanden hat. Zweifelhaftes Ziel des Herrn Kolisko war es, die deutsche Sprache in allen öffentlichen Volks- und Bürgerschulen in Österreich unter der Enns einzuführen.

Zur Pilgerstätte *Klein-Mariadreieichen* gelangt man auf mehreren Wanderwegen, die direkt von Hollabrunn, von Oberfellabrunn und der Ortschaft Groß (Renaissanceschloß) abgehen. Der geheiligte Platz mitten im Wald ist durchaus idyllisch gelegen: eine kleine Kirche, davor einige Reihen mit Bänken, ein Erfrischungsstand und ein aus Holzbrettern zusammengenageltes WC.

1870 wurde der Bau geweiht. Die ursprünglich hier aufbewahrte Gnadenstatue aus dem ausgehenden 15. Jahrhundert steht in der Pfarrkirche in Groß.

Im Mai, Juni und September werden hier jeden Sonntagnachmittag Marienandachten abgehalten. Da man sich bekanntlich nach frommen Andachten durchaus stärken sollte,

hat vom 1. Mai bis Ende September an Wochenenden die Jausenstation geöffnet.

Nach *Weyerburg* gelangt man über Kleinstetteldorf und Eggendorf im Thale. Dieses Schloß, seit 1715 ebenfalls im Besitz der Familie Schönborn-Puchheim, wurde wie durch ein Wunder nicht barockisiert. Ein Entwurf Hildebrandts wurde nicht realisiert.

Die große Anlage, die als mittelalterliche Hochburg auf das 16. Jahrhundert zurückgeht, diente als Refugium für den Zarewitsch Alexius, den Sohn des Zaren Peter des

Klein-Mariadreieichen: andächtige Idylle

Großen. 1716 überwarf sich der Zar mit seinem Sohn, der Sohn floh nach Wien, wurde nach Weyerburg und von hier nach Tirol gebracht, ehe er schließlich doch ausgeliefert wurde.

HOLLABRUNN

ANREISE AUTO Ab Wien auf der A22 (Stockerauer Autobahn) dort auf der Schnellstraße B303 nach Hollabrunn. **ANREISE ZUG** Ab Wien im Stundentakt mit der S-Bahnlinie S3. **ERSTE ANLAUFSTELLE** Touristeninformation im Rathaus am Hauptplatz, Tel. 02952/2102-0. **ESSEN UND TRINKEN** Restaurant «ZUR STADT HOLLABRUNN», Parkgasse 2, Tel. 02952/2226. Restaurant «ZU DEN DREI KRONEN», Hauptplatz 11, Tel. 02952/2162. Hotel «ZUM GOLDENEN STERN», Wiener Straße 32, Tel. 02952/2169. «HOPPAS» in der Sparkassagasse 5 gilt als Szenelokal mit guter Küche, Tel. 02952/20555. **SZENE** Rund um den Lothringerplatz: RICHARD'S BIERBEISL, Lothringerplatz 8, Tel.

02952/3985, «WILLI», Lothringerplatz 12, Tel. 02952/4866, «IRFAN'S BERMUDABAR», Mühlgasse 1, Tel. 02952/2691. **SCHLAFEN** In den Lokalen «ZUR STADT HOLLABRUNN» und «ZUM GOLDENEN STERN», s.o., sowie im Sporthotel DECHANT, Pfeiferstraße 3, Tel. 02952/3391. In Kleinstetteldorf: Gasthaus «ZUR WEINTRAUBE», Tel. 02953/8234. In Göllersdorf: Gasthaus «ZUR WEISSEN ROSE», Tel. 02954/2229. **KAFFEEHAUS** «CAFÉ SOBIESKI» bietet Kaffeehausflair unter einer schönen Stuckdecke, Sparkassagasse 31, Tel. 02952/3921. Das «CAFÉ DORIS» Sparkassagasse 7, hat im Sommer auch gutes Eis. Tel. 02952/4238. **MUSEUM** Städtisches Museum am Mühlenring 2, «Alte Hofmühle», hat Sa, So u. Fei 10–12 und 13–16.30 Uhr geöffnet (Tel. 02952/210217). **MÄRKTE** Gemüse- und Blumenmarkt täglich am Hauptplatz, zusätzlich am Freitagnachmittag und Samstagvormittag Bauernmarkt sowie vier Jahrmärkte (Information: Tel. 02952/2120-0). **MESSEN** Hollabrunner Landmaschinenmarkt Anfang März, Information: Tel. 02952/3333, Frühjahrsmesse (meist im April, Information: s.o.) bietet alles vom Haushalt bis zu Baustoffen, ebenso die Weinlandmesse (Mitte August, Information: s.o.). **CAMPING** Auskunft Herr Schneider, Tel. 02952/2102-0. **FAHRRADVERLEIH** Beim Bahnhof, Tel. 02952/2134. **REITEN** Reitzentrum Hollabrunn in der Sonnbergerstraße, Tel. 02952/3745. **MINIGOLF** In der Ehrenfriedstraße, Tel. 02952/3391. **SCHWIMMEN** Erlebnisbad Hollabrunn, Badhausgasse 17, Tel. 02952/210215. **TENNIS** TC Hollabrunn, Weisleinstraße 5, Tel. 02952/3222, Tennishalle Knapp, Wiener Straße 119, Tel. 02952/3166. **KEGELN** Kegelbahnstüberl in der Mühlgasse 1, Tel. 02952/2691. **BILLARD** Im Billard-Café (Pool und Karambol), Rapfstraße, Tel. 02952/4679. **FITNESS** Im Freizeittreffpunkt in der Weisleinstraße, Squash, Sauna, Solarium, Tel. 02952/20004. Im Hollabrunner Kirchenwald befindet sich ein Fitneßparcours. **KINO** Tel. 02952/2462.

DIE ROMANISCHEN RELIEFS
VON SCHÖNGRABERN

In dem kleinen Ort fünf Kilometer nördlich von Hollabrunn verbirgt sich ein wahrer kunstgeschichtlicher Schatz: Die romanischen Reliefs an der Apsis der Maria-Geburt-Kirche sind weit über die Landesgrenzen hinaus bekannt und berühmt.

Die aus der Hauskirchener Mutterpfarre abgetrennte Pfarre Schöngrabern befand sich bis zum Ende des 13. Jahrhunderts im Besitz der Kuenringer. Ob die Initiative zum spätromanischen Kirchenbau von den Kuenringern, von Passau oder von einem anderen Kloster ausging, ist bislang ungeklärt, klar ist nur, daß die Apsis mit den romanischen Sandsteinreliefs aus der Zeit um 1230 stammt. Und genau die Apsis, sprich die Sandsteinreliefs, beschäftigt die Wissenschaft seit Jahren. So schön auch die Figuren erhalten sind, so unklar ist deren Interpretation bis heute. Einige Klarheit kam durch ein internationales Kolloquium im September 1985 in die laufende Diskussion. Zunächst konnte ein absurder Datierungsvorschlag, wonach die Reliefs aus dem 16. Jahrhundert stammen sollten, mehrfach widerlegt werden. Eine umfangreiche Arbeit zum Thema Schöngrabern legte Martina Pippal 1991 vor, in der sie auf das Programm einer «Steinernen Bibel» hinwies. Demnach konnten selbst zur Entstehungszeit nur wenige Gebildete die Bedeutung der Reliefs wirklich erfassen.

Die Fassade der halbrunden Apsis läßt sich in ein südliches (links), ein mittleres und ein nördliches (rechts) Feld gliedern. Durch ein breites Steingesims getrennt, ist auf der unteren Ebene zunächst der Sündenfall, dann Kain und Abel und rechts ein Kampf mit einem Löwen dargestellt. Oberhalb des Simses sind die Reliefs deutlich vielfältiger. Seitlich und über den kleinen Fenstern finden sich Darstellungen aus dem Alten und Neuen Testament. Von links nach rechts sind – jeweils seitlich der Fenster – folgende Reliefs zu sehen: das Jüngste Gericht, Verdammnis und Hölle, Wolf und Kranich, Samson besiegt den Löwen, Versuchung des Mannes und ein Bärenkämpfer. Soweit der Bestand in groben Zügen. Zugeordnet werden laut Pippal all diese Szenen dem Themenkreis der Psychomachie. Dieses Epos des Prudentius, eines frühchristlichen Hymnendichters aus Spanien (348–405), war im Mittelalter weit verbreitet, in diesem Werk wird die Leib-Seele-Problematik als moralisches Kampfgeschehen geschildert. Aus dieser Sicht wird die Geschichte der Menschheit – zumindest an der Schöngraberner Apsis – als steter Kampf zwischen Gut und

Böse dargestellt. Wie genau Kunsthistoriker Details beobachten und was daraus geschlossen werden kann, wird beim «Sündenfall» deutlich: Bei diese Szene fehlt die Schlange am Baum der Erkenntnis, der Teufel tritt hingegen zweimal auf: einerseits als Drache, der Eva am Oberarm festhält, andererseits als menschenähnliche Gestalt, die Adam zum Baum hinstößt. Auffallend ist, daß Eva den Apfel, den sie gerade ißt, nicht an Adam weiterreicht. Adam greift selbst nach dem Baum, um einen Apfel zu pflücken. Dies bedeutet, daß nicht Eva die Verführerin ist, sondern Adam selbst die Schuld des Sündenfalls auf sich lädt.

Der Kunsthistoriker Rupert Feuchtmüller faßt das Mysterium von Schöngrabern wie folgt zusammen: «Wir stehen vor dem Altarraum einer Kirche. Außen an der Apsis erleben wir den Kampf des Menschen in dieser Welt. Im Inneren aber, vor dem Altar, befinden wir uns unter dem schützenden Baldachin, der von den Heiligen Schriften der vier Evangelien getragen wird. Hier können wir unseren Weg finden. (…) Kunst und Geschichte geben Rätsel auf. Die Fragen, die an uns gerichtet sind, könnten wir selber beantworten.»

Schöngrabern: Romanische Reliefs an der Maria-Geburt-Kirche

Horst Wächter, Schloßbesitzer in Hagenberg und Mitbetei-
ligter bei der Schöngraberndiskussion, sieht die Sache ganz
einfach: «Wenn es stimmt, daß die Plastiken aus einer Zeit
stammen, die Kunst höher einschätzte als Wissenschaft, Bilder
höher als Worte, dann bedeutet dies, daß sie auch Ungebilde-
ten zugänglich waren, Analphabeten diese Wahrheiten erfassen konnten.»

Im Inneren sehen wir an der Südseite einen riesigen Teufel
an die Wand gemalt (entstanden um 1330). Ihm gegenüber ist
der heilige Christophorus als Herzog dargestellt (1350). Im
Chorquadrat sind die vier Evangelisten an den Säulenkapitel-
len verewigt. An der südlichen Seite befindet sich ein Fresko
mit den Heiligen Wolfgang, Oswald, Katharina, Margarete
und der Schutzmantelmuttergottes.

Unter dem heutigen Pfarrhof ist im Lapidarium mit dem
schönen Gewölbe eine Dokumentation der Kirche zu sehen.

Vier Kilometer westlich von Schöngrabern befindet sich
Mittergrabern. Die Fassade des mächtigen, sehenswerten Schlosses stammt aus dem 17. Jahrhundert.

EIN THEATER IN GUNTERSDORF

Die Attraktion des Ortes Guntersdorf ist zweifelsfrei das
«TWW», das «Theater im westlichen Weinviertel». Auf zwei
Bühnen, der Studiobühne mit 60 Plätzen und der Stadlbühne
mit 99 Plätzen, werden österreichische Autoren und Kin-
dertheaterstücke aufgeführt. Seit 1986 leitet die «Mutter des
Theaters», Franziska Wohlmann, eine Gruppe beherzter Weinviertler Theater-Enthusiasten. Die begeisterte Theaterfrau,
Schauspielerin, Regisseuse, Mutter und Leiterin des TWW erklärt gerne, was man braucht, um hier in der Provinz ein Theater hochzuziehen: «Ein hohes Maß an Durchhaltevermögen,
Toleranz, Spontaneität, Besessenheit, unendlich viel Humor,
eine verständnisvolle Familie, ein Auto, das 30.000 Kilometer
im Jahr fährt und keine Wartung braucht, einen Polster zum

Guntersdorf: «Theater im westlichen Weinviertel» – mit zwei Bühnen

Hineinheulen, einen Zahnarzt, der bereit ist, nicht eingehalte-
ne Termine immer wieder zu verschieben, Spaß am Umgang
mit Menschen sowie Zeit, Zeit und nochmals Zeit.»
TWW, Guntersdorf Nr. 201, Tel. 02951/2909 oder 02952/2453. Spiel-
zeiten: Spielplan telefonisch erfragen.

Auch die dreischiffige gotische *Basilika* ist eine Besichtigung
durchaus wert. In diesem beeindruckenden Bau aus dem 14.
Jahrhundert scheint seit einer dezenten Barockisierung die Zeit
stehengeblieben zu sein. In der Reformationszeit war der Ort ein
Zentrum der lutherischen Lehre, 1585 gibt es neben einer katholischen Pfarre einen evangelischen Prädikant. Die Gegenreformation stößt hier auf heftigen Widerstand, ein Visitationsbericht
von 1654 spricht von besonderer «Renitenz» bei der Bevölkerung. Erst am Ende des 17. Jahrhunderts kommt es mit neuen
Grundherren zu einem Durchbruch der katholischen Lehre.

Schloß Guntersdorf, in Privatbesitz und daher nicht zu besichtigen, bietet einen nicht alltäglichen Anblick. Dieses Wasserschloß, erbaut 1556, hat einen wunderschönen Renaissance-
Arkadenhof. Die Decke der Einfahrtshalle wird von einem
spätgotischen Sternrippengewölbe getragen.

Ein kleiner Abstecher nach Osten führt nach *Kalladorf* zu einem Bauernmuseum. In einer Scheune sind einige alte Geräte ausgestellt.

WALLFAHRT NACH MARIA ROGGENDORF

Rein äußerlich wirkt Maria Roggendorf wie ein Bauernort wie jeder andere. Das Wirtshaus ist geschlossen, Greißler gibt's

auch keinen mehr. Immerhin: Die Kirche ist schön renoviert und – als positive Ausnahme – nicht versperrt. Leben kehrt hier zu jedem 13. des Monats ein: 1500 bis 2000 Pilger kommen zur allmonatlichen Wallfahrt in den kleinen Weinviertler Ort, dessen geistige Renaissance durch Kardinal Groër eingeleitet wurde. Ein richtiger Bus-Shuttledienst wurde organisiert, um auch Leuten ohne eigenes Auto das Erlebnis der Monatswallfahrt zu ermöglichen.

Maria Roggendorf: Wallfahrt am 13. jedes Monats

Ungewöhnlich ist, daß sich hier noch nicht die üblichen Wallfahrts-Märkte etabliert haben. Kein Standl, kein Häferl, keine Kerze, kein überlanger Rosenkranz mit nußgroßen Holzperlen und keine kitschige Plastikmadonna – schiere Verzweiflung macht sich beim Sammler billiger Andenken breit!

Gegründet wurde der Ort im 11. Jahrhundert und gemeinsam mit dem Nappersdorfer Pfarrsprengel ab 1133 durch das

Stift Göttweig betreut. Urkundlich erfolgt der erste Nachweis 1230, als ein «Pilgrimus de Ruchendorf» als Zeuge einer Schenkung auftritt. Ab 1291 ist auch bereits ein Gotteshaus als Filialkirche zu Nappersdorf nachgewiesen. «Unser Frauen Altar zu Ruchendorff» befand sich in der Schloßkapelle, die an der Stelle der heutigen Kirche stand. 1415 stiftet Jörg Ruckendorfer die Anstellung eines Kaplans, der in Roggendorf wohnen und hier fünfmal in der Woche die Messe lesen sollte.

Die eigentliche Wallfahrt begann im 15. Jahrhundert, als ein Kind mit schwarzer Hautfarbe geboren wurde. Man führte es vor das Gnadenbild, und es wurde weiß und wohlgestaltet, so vermeldet wenigstens der fromme Chronist.

Nach dieser wundersamen «Heilung» wurde in Roggendorf eine Kapelle errichtet und ein auf Leder gemaltes Gnadenbild der Muttergottes vom nahegelegenen Raffelhof hierher gebracht.

Nach einer Flaute während der Reformati-

Maria Roggendorf: Gnadenbild

onszeit gewann die Marienverehrung erst im 17. Jahrhundert wieder an Bedeutung. Der Nappersdorfer Pfarrer führte ab 1640 wieder Prozessionen nach Maria Roggendorf durch. Bald wurde die Kapelle zu klein, eine neue, größere Kirche wurde notwendig: Mit dem durchaus poppig wirkenden Aufruf «Wer uns hilft zu diesem Hauß, hat den Segen Gottes drauf» wurde schon anno 1651 um Spenden geworben.

Leider brannte diese neue Kirche 1695 ab, nur das Gnadenbild konnte gerettet werden. Mit dem Wiederaufbau wurde Carlo Antonio Carlone aus Como in Italien beauftragt. Die rote Färbelung des Turms geht noch auf ihn zurück.

In der Barockzeit kam die Wallfahrerei auf Hochtouren. Über 5000 Kommunionen wurden in Roggendorf an hohen Marienfesten gespendet. Kaum begann der Boom, kamen auch schon die ersten Restriktionen. 1772 wurden Wallfahrten außer Landes und solche, bei denen man über Nacht ausbleiben muß, untersagt. Weitere Einschränkungen kamen unter Josef II., bis 1785 alle Prozessionen verboten wurden. Im 19. Jahrhundert kam es zum völligen Erliegen der Wallfahrten, erst nach dem Ersten Weltkrieg begann der Pilgerstrom wieder zögernd zu fließen.

Erst als 1969 das frisch restaurierte Gnadenbild geweiht wurde, erlebte Maria Roggendorf seine große Wiedergeburt. Am 13. Oktober fand die erste Monatswallfahrt statt. In seiner Schlußansprache formulierte der Nuntius seine Bitte so: «Kommet wieder, kommet immer wieder zurück an diesen schönen Ort der Gnadenstätte, bleibet treu und fest in der Verehrung der lieben Gottesmutter!»

Neben der allgemeinen Monatswallfahrt haben sich speziell bei Jugendlichen das Kanafest (erstes Juliwochenende) und bei den Kindern das Nazarethfest (letzter Augustsamstag) zu fixen Treffpunkten entwickelt.

Zehn Mönche des Stiftes Melk leben in Maria Roggendorf nach den Ordensregeln des hl. Benedikt. Den ungeschriebenen Gesetzen der Kirche zufolge (nach welchen sich in der Nähe eines jeden Männerklosters auch ein Frauenkloster befindet) wurde nicht unweit von Roggendorf das Kloster Marienfeld gegründet. 1975 wurde mit dem Bau begonnen, 1982 wurde das Klosterleben von acht Nonnen des Zisterzienserinnenordens begonnen. Der kreisrunde Bau ist Symbol für Gottes Unendlichkeit ohne Ursprung und ohne Ende. Die

Kirche mit ihrer Apsis nach Osten erscheint wie ein Edelstein auf einem Ring.

DAS WULLERSDORFER LAND

Zwei riesige, weithin sichtbare Kirchtürme. Eine übergroße barocke Kirche, noch dazu auf einem Hügel. Dieser Bau «schreit» beinahe danach, auch eine berühmte Wallfahrtskirche zu sein. Falsch getippt. Wullersdorf war nie eine Wallfahrtsstätte. Auch wenn in den Prandtauer-Bau wesentlich mehr Leute passen würden als in die nur wenige Kilometer entfernte Kirche von Maria Roggendorf.

Immerhin hat die Kirche eine interessante Baugeschichte. 1715 von Jakob Prandtauer, dem Haus- und Hofbaumeister des Stiftes Melk, begonnen, wird sie von seinem Neffen Joseph Munggenast acht Jahre später vollendet. Aus dieser Zeit stammt ein eher kleiner Nordturm an der Rückseite der heutigen Kirche. Die beiden großen Türme an der Westfront, der weithin sichtbare Blickfang, sind bedeutend jünger und stammen aus 1864/65.

Wullersdorf: Barockkirche im Auftrag des Stiftes Melk

Bemerkenswert ist der romanische, im 18. Jahrhundert barockisierte *Karner* direkt neben der Kirche.

Der viereckige, von schönen Bürgerhäusern umstandene Marktplatz mit dem gotischen Pranger weist darauf hin, daß Wullersdorf einst ein bedeutender Ort und 1850 sogar als Sitz der. Bezirkshauptstadt im Gespräch war. Sehenswert: der *Pfarrhof*, einst mächtiger barocker Hof des Stiftes Melk. Bis vor wenigen Jahrzehnten befand sich hier noch ein Gutshof der Klosterbrüder, auf dem bis zu 150 Landarbeiter beschäftigt waren.

Knapp zwei Kilometer nordwestlich von Wullersdorf liegt *Immendorf*, ein langgezogenes Angerdorf. Der 7,5 Kilometer lange Rundwanderweg «Wullersdorfer Land» beginnt und endet in der kleinen, aber sehr schön gelegenen Kellergasse des Ortes. An der Südflanke des Buchberges führt der Pfad durch Weinberge zum sogenannten Galgenberg, der wegen seines Trockenrasens unter Naturschutz steht.

Für jene, die etwas kräftiger ausschreiten, ist Mailberg in erreichbare Nähe gerückt, die Fahrstraße führt durch die Eichenwälder des Buchberges.

Acht Kilometer östlich von Wullersdorf liegt *Nappersdorf*.

Die Kirche, ein Besitz des Stiftes Göttweig, geht auf das 14. Jahrhundert zurück und wurde um 1700 barockisiert. Beinahe wäre der Ort auch an einer Bahnlinie zu liegen gekommen. 1887 wurde ernsthaft der Bau einer «Dampftramway» von Hollabrunn bis hierher und weiter nach Stronsdorf diskutiert. Entlang von Weinkellern gehend, erreicht man das Ortsende; weitere Weinkeller künden bereits den Ort Kleinweikersdorf an.

Südlich von Nappersdorf, auf der Straße nach Haslach, ragt der *«Dernberg»* in die Höhe. Auf dieser künstlichen Anlage, die laut «Dehio» möglicherweise schon auf die Urzeit zurückgeht und im Mittelalter zu einem Hausberg umgebaut wurde, sind nicht nur seltene Pflanzen zu finden. Auch Eidechsen, das beinahe ausgerottete Ziesel sowie diverse Insekten wie etwa die

Gottesanbeterin (die das Männchen nach der Begattung kurzerhand auffrißt) sind hier heimisch.

ESSEN UND TRINKEN In Guntersdorf: Gasthaus HAUSGNOST Nr. 110, Tel. 02951/2229. In Wullersdorf: Gasthaus STIEGENWIRT am Hauptplatz, Tel. 02951/8438. **REITEN** In Guntersdorf: AM NEXENHOF (zwischen Grund und Schöngrabern), Tel. 02951/3640. In Aspernshof: Gasthaus «ZUM RÖSSLWIRT», Nr. 128, Tel. 02952/5343, mit Reithalle. **EINKAUFEN** In Guntersdorf: Biologische Produkte bei Fam. Gehringer, Nr. 52, Tel. 02951/2485. **WINZER IN OBERSTINKENBRUNN** Heinrich ZÖHRER, Oberstinkenbrunn 21, Tel. 02953/2343. Spezialitäten: Rheinriesling (Riede Hendling), Grüner Veltliner (Riede Hendling), Weißburgunder (Riede Untere Red).

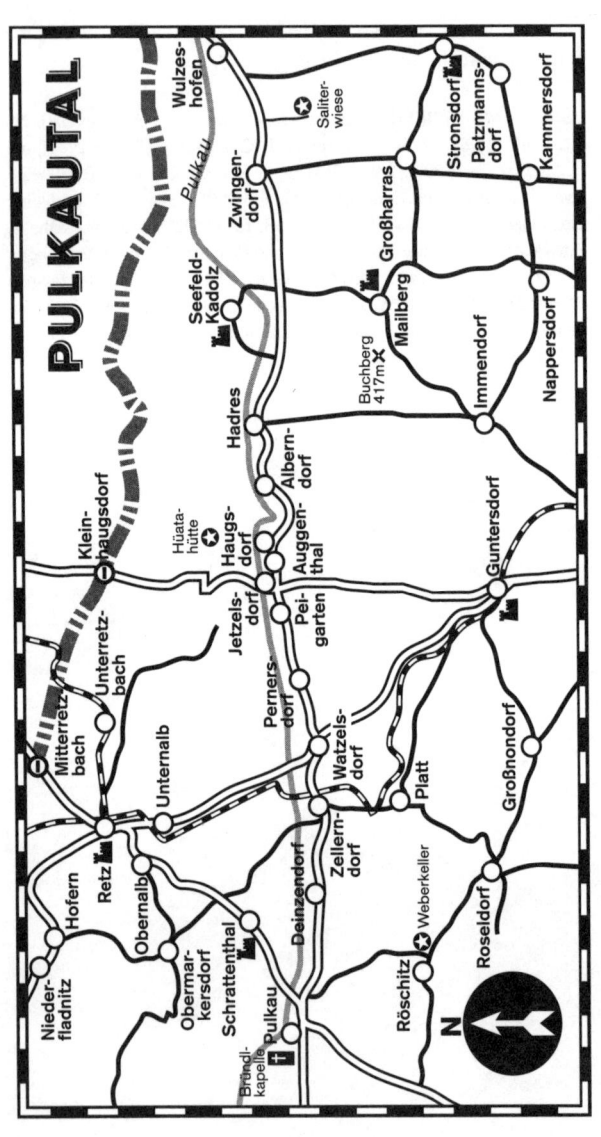

Pulkautal: Kürbisse und Rotwein

Die Pulkau entspringt im Waldviertel, in der Nähe des Prä-
monstratenserstiftes Pernegg, im Niemandsland zwischen
Horn und Geras. Mühevoll bahnt sie sich den Weg durch die
kristallinen Gesteine des Manhartsberges, bevor sie beim Städtchen Pulkau ins Weinviertel eintritt. Ab hier ist das Bächlein –
und mehr wird aus der Pulkau bis zu ihrer Einmündung in die
Thaya westlich von Laa auch nicht – namensgebend für eine
kleine Region, die vom Ort Pulkau bis nach Seefeld-Kadolz
reicht. Das letzte Stück der Pulkau von Zwingendorf über Wulzeshofen bis nach Laa wird bereits zur Laaer Ebene gerechnet.

Ein breites, flaches Tal. Orte wie auf einer Perlenschnur auf-
gefädelt, weitab vom Schuß. Die Erhebungen am Rand des Ta-
les tragen zwar durchwegs stolz den Namen «Berg», sind aber
bestenfalls flache Kuppen. Im Norden erreicht der sanfte
Höhenrücken des Schatzbergzuges nur mit Mühe 306 Meter,
im Süden ist der Buchberg bei Mailberg mit 417 Metern bereits eine Landmarke.

Als bodenbildende Materialien herrschen Löß sowie Sande
und Tone ehemaliger Meeresablagerungen vor, lediglich am
Gipfel des Buchberges findet sich Kalk. Kalksteinbrüche lieferten die Baugesteine für Kirchen und Schlösser der Umgebung.

Die Weinbauern finden beinahe optimale Standortbedingungen vor; das Kleinklima zahlreicher flacher Talkessel
wirkt sich qualitätsfördernd aus, was sich in den zahlreichen
Weinkellern jederzeit überprüfen läßt. Lediglich die Wasser-
armut wird zu einem immer größeren Problem. Als die Pulkau in den sechziger Jahren reguliert wurde, glaubten die
Bauern, die großen Gewinner zu sein. Endlich waren aus
sumpfigen sauren Wiesen (bezeichnender Name: Seefeld)
trockene Anbauflächen geschaffen worden. Der anfängliche
Segen zeigte bald seine Schattenseiten. Durch Eintiefung und
Drainagierungen sank der Wasserspiegel der Pulkau um vier

Meter – und mit ihm der Grundwasserpegel. Da das Gebiet mit 430 Millimeter Niederschlag pro Jahr (bei fallender Tendenz) zu den niederschlagsärmsten Gebieten Österreichs gehört, droht echte Versteppung. Rund 200 Millimeter Niederschlag zusätzlich wären für eine optimale Landwirtschaft nötig.

Auch die Wasserqualität ist, auch aufgrund der intensiven Düngung der Felder ringsum, erschreckend schlecht; das Wasser der Pulkau hat streckenweise Güteklasse III bis IV. Fische gibt es nur mehr oberhalb der Stadt Pulkau, ab Jetzelsdorf ist der Bach «fischlos». Das Trinkwasser muß längst fast zur Gänze aus Fernleitungen zugeliefert werden.

Die Region an der ehemals toten Grenze ist zusätzlich ein Gebiet mit extrem hoher Abwanderungsrate. Den absoluten Rekord in der negativen Bevölkerungsentwicklung stellt die Gemeinde Seefeld-Kadolz auf. Im Zeitraum 1951 bis 1991 nahm die Bevölkerung um 51 Prozent (!) ab.

Die dableiben, unternehmen derzeit einige Anstrengungen, sich am eigenen Schopf aus dem Sumpf zu ziehen: Sechs Gemeinden schlossen sich zur «Initiative Pulkautal» zusammen. In Arbeitsausschüssen wird über den Rückbau der regulierten Pulkau beraten, unzählige Pläne und Initiativen vom «Gästering Pulkautal» über die Gründung von Jugendgruppen bis hin zu Bauernstammtischen tauchen auf. Hier, wo Touristen vielfach noch als Exoten angesehen werden, setzt man auf persönliche Betreuung. Im Rahmen von «Pulkautal Intensiv – Wir suchen Freunde» werden Gruppen von acht bis zwölf Personen von einem Einheimischen persönlich betreut.

Der Charme dieses Landstriches liegt in den Kellergassen, die hier ungeahnte Längen erreichen. Alle paar Kilometer ziehen aus den Ortschaften wunderschöne Reihen von Weinkellern den Höhenzug des Schatzberges hinauf – jene von Hadres ist mit 1,6 Kilometern die längste Kellergasse Österreichs. Dazwischen erstrecken sich ausgedehnte Weingärten und weite Kürbisfelder.

PULKAU UND SEIN FLÜGELALTAR

Pulkau hat – für seine Größe durchaus unüblich – zwei Kirchen. Wenn noch dazu eine davon, die sogenannte «Blutkirche», einen kunsthistorisch einzigartigen, spätgotischen Flügelaltar aus der Donauschule des frühen 16. Jahrhunderts aufzuweisen hat, so ist das eine besondere Freude für den Ausflügler.

1040 wird Pulkau erstmals erwähnt. Damals war das Gebiet zwischen Pulkau und Thaya wegen der vorwiegend slawischen Bevölkerung zur «Böhmischen Mark» zusammengefaßt. 1135 erhielt Markgraf Leopold II. dreizehn Pfarren, unter ihnen auch Pulkau, die er seinem Sohn Heinrich II. Jasomirgott weitergab. Dieser wiederum schenkte sie dem von ihm 1155 gegründeten Schottenkloster in Wien. Seither sind der Ort und die Pfarre eng mit den Benediktinern verbunden, die hier große Obstplantagen besitzen.

1338 war es im Ort unter dem Vorwand der Hostienschändung zu einem schrecklichen Pogrom gekommen. Angeblich hatte eine von Nadeln durchstochene Hostie zu bluten begonnen. Die Zwettler Annalen des Jahres 1338 schildern die Ereignisse im nordwestlichen Weinviertel wie folgt: «... denn nach Ostern wurde in Pulkau im Haus eines gewissen Juden eine Hostie ganz blutig und durch viele Wunder bestätigt aufgefunden, und sie wird nicht nur durch die Einwohner, sondern auch durch alle Leute von Gegenden rundum ehrfürchtig besucht und devot verehrt. Deshalb geschah es, daß die Christen durch göttlichen Eifer bewegt, circa um das St.-Georgs-Fest alle Juden in Pulkau, Retz, Znaim, Horn, Neuburg, Zwettl umbrachten und verbrannten und zu Staub machten ...» Sichtbares Zeichen jener schweren Zeiten ist die «Kirche zum kostbaren Blut Christi», deren Bau am Ende des 14. Jahrhunderts begonnen wurde.

Bereits 1308 wird Pulkau zum Markt erhoben, zwei Weinkrüge als Wappen zeigen die Bedeutung des Weines. 1425 wurde der Markt von den Hussiten zerstört.

Ein Versuch, die in Bedeutungslosigkeit abgesunkene Ortschaft aufzuwerten, wurde 1985 unternommen: Unter großen Feierlichkeiten wurde die 1680 Einwohner zählende Ortschaft zur Stadt erhoben.

Ein Rundgang durch die Kleinstadt ist rasch absolviert und leicht organisiert. Die wichtigsten Gebäude sind mit einer weißen Tafel mit Nummer und Kurzbeschreibung versehen. Das *Rathaus* mit seiner Barockfassade und der Freitreppe geht in seinen Ursprüngen auf die Renaissancezeit zurück, zusammen mit den beiden Kirchentürmen und dem Karner wurde es zum Wahrzeichen der Stadt. Der Pranger stammt aus 1542. An der Ostseite des Rathausplatzes liegt der Schottenhof. In diesem mit einem Erker geschmückten Gebäude wurde einst der Zehent übernommen und eine Weinschenke betrieben.

Die «*Kirche zum kostbaren Blut Christi*» gehört mit ihrem 62 Meter hohen Turm aus dem Jahre 1703 zu den eigenwilligsten Bauten des Landstrichs. Sie blieb stets ein unvollendeter Torso. Durch drei Päpste 1375, 1379 und 1396 bewilligt, hatten zunächst die Minoriten auf einem Grundstück der Grafen von

Pulkau: Rathaus und Turm der «Kirche zum kostbaren Blut Christi»

Hardegg den ersten Kirchenbau errichtet. Anlaß war das oben beschriebene «Hostienwunder».

Die Kirche wurde 1430 den Schotten übertragen, 1561 durch Brand zerstört, dann wieder aufgebaut, 1571 schließlich protestantisch, 1645 durch die Schweden zerstört und 1660 wieder katholisch durch Erneuerung des Patronatsrechts der Schotten. 1944 wurden Dach und Turmhelm der «Blutkirche» ein Raub der Flammen.

Das Glanzstück der Kirche ist der bereits erwähnte spätgotische, um 1515 vollendete *«Pulkauer Flügelaltar»*. In der Mitte des Altars, der als eines der Hauptwerke der Donauschule gilt, steht Christus mit Dornenkrone, Königsmantel und Wundmalen, zur Linken der hl. Bartholomäus, zur Rechten der hl. Sebastian. Der linke Altarflügel zeigt oben «Veronica mit dem Schweißtuch», unten «Ecce homo». Am rechten Flügel oben «Die Verurteilung durch Pilatus» und unten «Die Kreuzigung». Im Anbetracht der abwechslungsreichen Geschichte scheint es wie ein Wunder, daß der Altar alle Wirren und Kämpfe überstanden hat. Bei der ehemaligen Pfarrschule, Kirchengasse Nr. 12, soll daran erinnert werden, daß im Ort bereits 1397 ein Schulmann genannt wird. Berühmtester Abkömmling der Pulkauer Pfarrschule war der dreimalige Rektor der Wiener Universität, Petrus Czesch de Pulka. Als deren Vertreter war er auch am Konzil von Trient (1414 bis 1418) dabei, wo die Verbrennung von Jan Hus beschlossen wurde.

Am Berg schließlich steht die zweite Kirche von Pulkau, die *Stadtpfarrkirche St. Michael*. Der mächtige romanische Turm belegt die Wehrfunktion. Den letzten Eingriff stellt die Barockisierung von 1674 dar. In friedvollen Zeiten diente das Gotteshaus als Pilgerquartier. Um 1250 wurde der imposante romanische Karner gestiftet, die gotischen Giebelspitzen sind rund 100 Jahre älter. Die kreisrunde Form geht auf Kreuzfahrer zurück, die die Grabkapelle in Jerusalem zum Vorbild nahmen. Durch den dreiflügeligen, barocken *Pfarrhof* geht's wieder hinunter, an der Vinothek vorbei, durch die Rathausgasse zum Hauptplatz.

Zunächst fällt der *Pöltinger Hof* in der Rathausgasse Nr. 4 auf. Die heutige Form geht auf Jakob Prandtauer zurück. Hier fand 1712 die Huldigung Karls VI. durch die Stände statt. Später diente das Gebäude als Lazarett, heute ist darin das Heimatmuseum sowie das Kulturzentrum untergebracht. Am *Hauptplatz* dominiert die Pestsäule (1778), die erst hundert Jahre nach der verheerenden Pest von 1679 bis 1681, die 600 Opfer forderte, errichtet wurde.

Die alte Post (Nr. 5) stammt aus jener Zeit, in der Pulkau eine wichtige Poststation war. Macht man einen kurzen Abstecher an der Hauptstraße stadtauswärts, so steht rechts die ehemalige, heute schön renovierte *Mayer-Mühle* mit Sgraffiti aus dem Ende des 16. Jahrhunderts. Über die Bahnstraße gelangt man zur *Mariensäule* aus 1695, weiter über die Eggenburger Straße zum *Roten Hof* aus dem 16. Jahrhundert; der Gehsteig ist noch mit der Originalpflasterung von damals versehen. Über die Pulkau zurück geht es zum Rathausplatz.

Das *Drechslermuseum* in der Bründlgasse ist einen kleinen «Sidestep» wert: Das Drechslerhandwerk ist seit 1750 in Pulkau nachweisbar; die Familie Polaschek, die das Museum einrichtete, erzeugt seit 1849 Nudelwalker, Stiegengeländer, Säulen, Kerzenleuchter, Pipen, Zapfen und Beile (Holzstoppel) für Weinfässer, Holzschüsseln und Spinnräder. Das schöne an diesem Betrieb ist, daß hier noch auf individuelle Kundenwünsche eingegangen wird, jede Idee wird umgesetzt, eine kleine Skizze genügt. Verwendet werden in der Drechslerei Hölzer von Linde, Ahorn und Nuß.

Hinter der Werkstatt, in der die Maschinen noch von einer Transmission an der Decke via Keilriemen angetrieben werden, im hinteren Gebäudekomplex, befindet sich der Schauraum. Im Vorraum hat Frau Polaschek liebevoll Aus «Großmutters Wäschetruhe» allerlei Spitzendecken und Geklöppeltes zusammengetragen.

Und dann sieht man eine Chronik der Drechslerei in Pulkau, eine Sammlung all dessen, was in Pulkau jemals gedrech-

selt wurde. Notenständer, Schüsseln, alte Meisterstücke sind
hier versammelt; daneben Urkunden, Fotos sowie die von
Herrn Polaschek 1953/54 selbst konstruierte Maschine zur Er-
zeugung von Mikadostäbchen, die noch heute funktioniert.
Besichtigung nach telefonischer Voranmeldung bei Fam. Polaschek,
Tel. 02946/2378.

Jeder, der Pulkau wirklich gesehen haben will, muß zur *Wall-
fahrtskapelle Bründl* gehen. Eilige gelangen direkt von der Um-
fahrungstraße dorthin, Liebhaber schöner Spaziergänge entdecken das Bründl zu Fuß vom Hauptplatz aus, zumal es am
Weg dorthin noch einige Kostbarkeiten zu sehen gibt. Rund
zwei Stunden braucht man für die Rundwanderung entlang
der gelben Markierung, die auch zur Ruine Neudegg führt. In
der Bründlgasse Nr. 31 sieht man noch die Apsis und den Re-
naissanceeingang der ehemaligen Margarethenkapelle des Ge-
raser Hofes. Vorbei an der Drechslerei bzw. dem Drechslermuseum geht man an der Straßengabelung links. In der Niederung der Pulkau geht's weiter flußaufwärts, entlang der Straße
bis zum Bad, über die Pulkau, am Campingplatz vorbei in den
Wald hinein zum Bründl. Zum «Bründlfest» am 2. Juli kommen Hunderte Menschen zur Wallfahrt her, sonst treffen sich
jeden 13. des Monats Leute zur Andacht. Die Wertschätzung
für diesen Ort geht auf die Pestjahre 1679/80 zurück. Viele
Leute, die hier Wasser tranken, wurden angeblich vom
Schwarzen Tod verschont.

Vom Bründl aus geht's über die Weinberge («Heide») zur
Ruine Neudegg aus dem 12./13. Jahrhundert und dann die Pulkau abwärts entlang einiger nicht mehr im Betrieb befindlicher
Mühlen im Pulkautal wieder zurück in den Ort. Wer schon immer in einer Mühle nächtigen wollte, kann dies bei der Pension
«Zur Mühle» tun (Senta Babion, Tel. 02946/237). Der besondere Reiz dieser Wanderung sind hohe Felswände, die bekannteste wird «Teufelswand» genannt. Es sind dies Ausläufer des
Waldviertels, die sich hier besonders weit ins Weinviertel vor-
schieben.

Beim Ortsende Richtung Schrattenthal befindet sich auf der Anhöhe eine alte Lehmgrube. Freunde moderner Kunst sollten kurz haltmachen: Seit einigen Jahren findet hier jeden Sommer ein Symposium mit dem Titel «Lehmspuren» statt. Die von Künstlern (oder solchen, die es werden wollen) geschaffenen Werke bleiben nach ihrer Fertigstellung ungeschützt in der Lehmgrube zurück und sind so dem Zerfall durch die Verwitterung ausgesetzt. Langsam werden sie wieder zu dem, woraus sie geschaffen wurden: purer Lehm.

Information: Martin Kitzler in Linz, Tel. 0732/2719524

PULKAU

ERSTE ANLAUFSTELLE Gemeindeamt, Rathausplatz 1, Tel. 02946/2276, oder Pulkauer Weinkeller, Vinothek, Tel. 02946/2957, geöffnet Ostern bis Weihnachten, Fr 16–19, Sa, So, Fei 10–19 Uhr. **ESSEN UND TRINKEN** Gasthaus «ZUM GOLDENEN STERN» mit Winzervinothek, Hauptplatz 10, Tel. 02946/2249. Gasthaus «ZUR WEINTRAUBE», Rathausplatz 9, Tel. 02946/2237. **SCHLAFEN** Senta Babion, «ZUR MÜHLE», Pulkau, Tel. 02946/2377. Fam. KELLER, Kirchengasse 12, Pulkau, Tel. 02946/2294. Helene KOBER, Pulkau, Brückenplatz 3, Tel. 02946/2364. Erich LUSTIG, Rohrendorf Nr. 60, Tel. 02946/2255. Herta REIKERSDORFER, Rafing 37, Tel. 02946/2342. Aloisia SCHALKHAS, Pulkau, Eggenburger Gasse 10, Tel. 02946/27165. Fam. SCHIEL, Berggasse 11, Tel. 02946/2483 oder 27683. Erwin WAGNER, Leodagger 7, Tel. 02946/2407. Johannes BRUNNER, Leodagger 28, Tel. 02946/2203. **HEURIGE** In Pulkau: Maria BARTA, Hauptstraße 43, Tel. 02946/2550. Franz WALLIG, Retzergasse 11, Tel. 02946/2496. Maria SCHIEL, Berggasse 11, Tel. 02946/2483. In Rafing: Josef PABLY, Nr. 36, Tel. 02946/27094. **FLEISCHHAUER** Fam. HÜTTL, Kirchengasse 3, hat die besten Würste in der ganzen Umgebung. Tel. 02946/2272. **KAFFEEHAUS** STADTCAFÉ, Kirchengasse 1, Tel. 02946/2251. **MUSEUM** Heimatmuseum im Pöltingerhof, Voranmeldung bei der Gemeinde. **VINOTHEKEN** PULKAUER WEINKELLER bei der Blutkirche (s.o.), WINZERVINOTHEK im Gasthaus «GOLDENER STERN» (s.o.). **SCHWIMMEN** Bademöglichkeit sowie **TENNIS UND MINIGOLF** im Waldbad, Tel. 02946/2472, mit Buffet (Tel. 02946/2836). **CAMPING** Auskunft unter Tel. 02946/2579 oder bei der Sparkasse St. Pölten, Tel. 02742/520310. **FAHRRADVERLEIH** Im Waldbad (s.o.) und bei Fam. Kober, Brückenplatz, Tel. 02946/2364. **STADTFÜHRUNGEN** Nach Voranmeldung bei Helene Kober, Tel. 02946/2354,

Franz Kreuter, Tel. 02946/2252, Alois Puschnik, Tel. 02946/27834.
HAUERKIRTAG Am ersten Augustsonntag.

SCHRATTENTHAL UND ZELLERNDORF

Nach Hardegg ist die von Kaiser Friedrich III. 1472 zur Stadt
ernannte, heute 265 Seelen zählende Gemeinde Schrattenthal
die zweitkleinste Stadtgemeinde in Österreich.

Die Geschichte des Ortes ist untrennbar mit dem Ritterge-
schlecht der Eiczinger verbunden. 1434 nach dem Ende der
Hussitenzeit kaufte Ulrich von Eiczing *Schretental*. Er war es
auch, der die befestigte Wasserburg baute und dem Ort zum
Aufschwung verhalf. 1438 wurde bereits das Marktrecht verliehen.

Daß Schrattenthal einst bedeutend war, sieht man schon,
wenn man durch das komplett erhaltene Stadttor fährt. Um die
wahre Stärke der Festung zu sehen, begibt man sich in Richtung des Schlosses. Der Graben vermittelt den Eindruck, daß
hier Feinde kaum eine Chance hatten einzudringen. Durch die
Meierhofanlage gelangt man zum runden Hungerturm. Der

Schrattenthal: Hungerturm und Burgenfestung der Eiczinger

Legende nach sollen hier Delinquenten ins Turminnere hinab-
gestoßen worden sein, wo sie verhungerten. In der Zwi-
schenzeit mehrmals umgebaut, befindet sich das Schloß in Privatbesitz der Familie Schubert.

Über die Hauptstraße am Weg zur Kirche ist am Haus Nr.
36 zu lesen, daß hier bereits unter Propst Nikolaus Viereckl
1501 die älteste Druckerei Niederösterreichs betrieben wurde.
Vom ältesten Druckwerk, eine lateinische Abhandlung über die
Sieben Schmerzen Mariens, existieren nur mehr zwei Exemplare,
die in den Stiften Klosterneuburg und Göttweig aufbewahrt
werden.

Die Pfarrkirche ist spätgotisch und wurde später barockisiert.
Etwas außerhalb des Ortes, Richtung Pillersdorf, fährt man an
einer schön gelegenen barocken Kalvarienberggruppe vorbei.

SCHRATTENTHAL
ESSEN UND TRINKEN, SCHLAFEN Gasthaus FROTZLER, Schrattenthal Nr. 10, Tel. 02942/2304. Privatzimmer: POINTNER, Nr. 39, Tel.
02946/2309 od. 8229. Werner ZULL, Nr. 9, Tel. 02946/8217.

Üblicherweise findet man Friedhöfe außerhalb der Gemeinden. In *Zellerndorf* liegen sowohl die Kirche als auch ein wunderschöner Karner samt Friedhof weit draußen vor dem Ort,
an einem leicht gegen Norden ansteigenden Hang. Der Grund
für die exponierte Lage: Das Pulkautal war einst eine ziemlich
versumpfte Gegend; die Kirche sollte auf dem trockenen Hang
auf sicherem Fundament gebaut werden. Heute erhebt sich die
dreischiffige gotische, aus dem 14. Jahrhundert stammende
Kirche über frühmittelalterlichen Fundamenten. Aus derselben
Zeit stammt der Karner, der im Gegensatz zur Kirche von der
Barockisierung verschont blieb. Im Ort selbst befindet sich ein
imposanter barocker *Pfarrhof,* der aus der Zeit stammt, als die
Schotten hier Pfarrherren waren.

Die Kellergasse beginnt direkt an der Hauptstraße und
führt gegen Südwesten, was im Pulkautal eher eine Seltenheit

ist. Von der Anhöhe am Ende der Gasse genießt man einen schönen Ausblick auf die Kirche samt Karner.

Eine Sehenswürdigkeit für Eisenbahnfreunde sei noch vermerkt: Der Bahnhof des Ortes steht in imposanter Größe auf freier Bahn-Flur, etwas außerhalb des Ortes. Früher einmal ein Eisenbahnknotenpunkt, hat er heute seine Bedeutung verloren. Der Personenverkehr von Sigmundsherberg über Zellerndorf durchs gesamte Pulkautal hinüber nach Laa ist eingestellt. Immerhin gelangt man auf den Gleisen der ehemaligen Nordwestbahn von Wien über Hollabrunn nach Zellerndorf und weiter nach Retz und von dort weiter nach Znaim.

Der für heutige Verhältnisse absolut überdimensionierte Bahnhof wurde schön restauriert und erinnert in seiner Mächtigkeit an die einstige Bedeutung der Bahn im allgemeinen und an die Wichtigkeit dieser Strecke im besonderen. Immerhin verkehrten bis in die Zwischenkriegszeit hier täglich Züge zwischen Wien und Prag und hielten selbstredend in Zellerndorf.

Auf der Reise durchs Pulkautal weiter nach Osten überquert man die regulierte und begradigte Pulkau nach Pernersdorf. Am nordseitigen Ufer geht's über Pfaffendorf nach *Peigarten*. Sehr zu empfehlen ist ein Abstecher zu der in der ersten Hälfte des 13. Jahrhunderts errichteten Kirche St. Radegund. Interessantes Detail ist ein romanischer Steinlöwe an der Nordostecke des Chores.

Ein paar Schritt weiter liegen rund um das Peregrinplatzl etliche Weinkeller. Auf diesem sehr idyllisch gelegenen Ort mit den im Halbkreis angeordneten Preßhäusern findet im Juli das Peregrinifest statt. Wegen seiner schönen Lage abseits des großen Trubels ein Geheimtip.
Information: Gemeinde, Tel. 0294/8569.

VOM WEIN- ZUM KÜRBISVIERTEL

Als 1980 den Steirern die Kürbisse für ihr Kernöl ausgingen und sie nach heimischen Alternativen suchten, horchte Leopold Bischinger, wohnhaft in Watzelsdorf Nr. 128, auf. Zusammen mit drei anderen baute der findige Bauer zunächst auf vier Hektar Feldfläche Kürbisse an. Die Saat ging auf: Mittlerweile werden alleine im Pulkautal auf 500 bis 600 Hektar Feldfläche Kürbisse angebaut. Anfang Mai wird gesät, die Frucht geht binnen zehn Tagen auf; die Früchte erreichen im Durchschnitt die Größe eines Fußballs, geerntet wird im Oktober. Mit eigenen Maschinen werden die Kürbisse «gedroschen», die Kerne gewaschen und getrocknet.

Anfangs wurden sämtliche Kerne in die Steiermark «exportiert», doch längst wird der Kürbis auch hier in der Region verarbeitet. In Neuruppersdorf nahe Falkenstein und in Eggendorf / Wald bei Maissau haben Ölpressen ihre Produktion aufgenommen. Aber auch geröstet und gesalzen finden die Kerne auf diversen Bauernmärkten ihre Käufer – schließlich sind sie eine hervorragend zum Wein passende Knabberei.

Es schaut so aus, als ob das Wein- zum Kürbisviertel werden könnte: In der Region «Retzer Land», zu der die Gemeinden Hardegg, Pulkau, Schrattenthal, Retz, Retzbach und Zellerndorf gehören, findet alljährlich am letzten Oktoberwochenende ein Kürbisfest statt; findige Gastronomen bieten Kürbisgerichte an; Rezepte zum richtigen Kochen der Frucht werden rege gehandelt.

Leopold Bischinger, der Weinviertler Kürbispionier, hat sich längst als erfolgreicher Biobauer etabliert. Er baut neben seinen geheiligten Kürbissen Artischocken, Zuckererbsen, Amaranth, Fisolen, Bohnen, Kümmel an, es gibt kaum etwas, was Herr Bischinger nicht schon probiert hätte. 1000 Quadratmeter Ackerland sind sein Experimentierfeld: Da baut er genau das Produkt an, wofür gerade eine Marktchance besteht. Das Schreckgespenst der Bauern, die EU, ist für Herrn Bischinger kein Problem. Er ist flexibel genug, um rasch auf neue Nachfragen zu reagieren. Geliefert wird nach Wien oder nach Retz auf den Bauernmarkt, oder es wird gleich ab Hof verkauft.

Die Klagen vieler seiner Standeskollegen versteht er nicht; sogar die allgemeine Wassernot sieht er als Tugend an. Regen und viel Feuchtigkeit, so erklärt er, bedeuten ohnedies nur ein optimales Milieu für Pilze, und diese müßten dann mit teuren Giften wieder bekämpft werden. Nein, er hat den Optimismus zu seinem Lebensprinzip gemacht und verkündet lautstark: «Wir sind ein gelobtes Land, wo alles wächst.»

ZELLERNDORF

ESSEN UND TRINKEN Gasthaus Willi GRAF, Hauptstraße 114, Tel. 02945/2245. **SCHLAFEN** Leopoldine RABL, Tel. 02945/2898, Elisabeth SCHIMPEL, Tel. 02945/2315 und Waltraude SCHIMPEL, Tel. 02945/2392. **FAHRRADVERLEIH** Hotel FREITAG (s.o.). **HEURIGE** In Pfaffendorf: Fam. HOFER, Tel. 02944/8371, Grean in Pernersdorf am Ostermontag. **KEGELN** Espresso SCHMID in Pfaffendorf Nr. 53, Tel. 02944/8274. **WINZER IM OBEREN PULKAUTAL** Hermann DVORZAK, Deinzendorf Nr. 115, Tel. 02945/2246. Spezialitäten: Rotburger (Riede Altenberg), Pinot Blanc (Riede Hintausige), Rheinriesling (Riede Feldsatz), Riesling x Sylvaner (Riede Landstraße). Gerhard FEGERL, Deinzendorf 54, Tel. 02945/2258. Spezialitäten: Grüner Veltliner (Riede Mitterberg), Rheinriesling (Riede Mitterberg), Zweigelt (Riede Steinfeld), Blauer (Spät-)Burgunder (Riede Postfeld). Franz FROTZLER, Schrattenthal Nr. 10, Tel. 02946/8224. Spezialitäten: Rheinriesling (Riede Steinbreiten), Zweigelt (Riede Steinbreiten), Chardonnay (Riede Äußere Bergen). Familie ZULL, Schrattenthal Nr. 9, Tel. 02946/8217. Spezialitäten: Rheinriesling (Riede Innere Bergen), Cuvée Exclusiv (Cabernet Sauvignon, Merlot, Zweigelt).

HAUGSDORF:
TRANSIT UND BLAUER PORTUGIESER

Haugsdorf, zentraler Ort des mittleren Pulkautales, ist mit Auggenthal zusammengewachsen und Auggenthal mit Jetzelsdorf. Durch letzteren Ortsteil zwängt sich sämtlicher Verkehr von und nach Znaim und Tschechien – täglich immerhin rund 6000 Autos. Vor der Öffnung der Grenzen waren es bloß um die 500 Fahrzeuge pro Tag, nun ist aus einem stillen Landstrich ein Transitkorridor geworden. Außer Verkehr ist in Haugsdorf nicht allzuviel los. Große Betriebe gibt es nicht, aber immerhin die Bezirkswinzergenossenschaft und die Bezirksbauernkammer. Der Richter hat auch nicht viel Arbeit hier: Das Bezirksgericht hat seine Pforten nur einen Tag pro Woche geöffnet.

Das dominierende Gebäude ist die 1910 errichtete, zweistöckige *«Kaiser-Jubiläums-Volks- und Bürgerschule»*. Seit 1544 existiert in Haugsdorf bereits eine Schule, 1787 wurde das Schulhaus neu gebaut und stand bis 1864 unter dem Patronat des Stiftes Melk. Deutlicher als sonst zeigt sich hier die starke Abwanderung der Bevölkerung.

Bemerkenswert ist eine Reihe von stattlichen Gründerzeithäusern in der zum Lagerhaus führenden Leopold-Leuthner-Straße. Hier haben sich einst Geschäftsleute niedergelassen.

Haugsdorfs Stärke und Zukunft liegt im Wein, der Ort gilt bereits als Weinviertler Rotweinmetropole. Auf mehr als zwei Dritteln der insgesamt 600 Hektar großen Rebfläche wächst Rotwein der Sorten Blauer Portugieser, Zweigelt und Blauburger, und eine Handvoll junger Winzer bemüht sich intensiv um die Weiterentwicklung der Rotweinkultur. Der Großteil des Weins wird allerdings immer noch als billiger Faßwein verkauft, was nicht sein müßte: Wenigstens der Blaue Portugieser findet hier optimale Bedingungen vor.

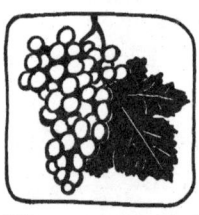

Weinmetropole Haugsdorf

Dieser in Österreich nicht eben gut beleumundete Wein hat in der Vergangenheit internationale Anerkennung erlangt. Als Rotwein des englischen Hofes wurde er einst als «Red Vöslauer» von Boston bis Indien verehrt. In Österreich wurde er lange Zeit als Massenwein angesehen und auch dementsprechend lieblos ausgebaut. Das ändert sich zur Zeit, der Wert der Sorte wird soeben landauf, landab neu entdeckt. Denn schließlich findet die Rebe in den kleinen Talkesseln rund um Haugsdorf genau das, was sie besonders dringend braucht: viel Sonne.

Der Ursprung des Anbaus von Blauem Portugieser in heimischen Gefilden geht auf das 18. Jahrhundert zurück. Ein gewisser Freiherr von Freis soll die Rebe bei einem Händler in Oporto in Portugal gekauft und nach Österreich gebracht haben. Daher kommt auch der Beiname «Oporto-Traube». Der legendäre Freiherr war wiederum der Schwiegervater von Robert Schlumberger, der jedem Sekttrinker ein Begriff ist.

Schlumberger wanderte als Papierhändler von Stuttgart nach Österreich ein und brachte es im vorigen Jahrhundert zum größten Weinhändler der Welt. In der Gegend um Bad Vöslau selektionierte er die Rebe nach Qualität und Resistenz. Und von Bad Vöslau war der Weg ins Weinviertel nicht mehr allzu weit.

In der Tat stellt die Rebe an den Boden wenige Ansprüche, sie kommt mit der extremen Trockenheit besser als andere Reben zurecht, sie ist lediglich frostanfällig. Durch die kleinklimatischen Bedingungen der Kessellagen speziell im Raum um Haugsdorf, über den die kühlen Nordwestströmungen unbehelligt hinwegstreichen, kommt es an den Südhängen zu einer höheren Bodenerwärmung. Mehr Wärme bedeutet höhere Gradation beim Zucker und in der Folge extraktreichere Weine. Werte zwischen 17 und 20 Klosterneuburger Mostgraden sind üblich, 21 nicht ungewöhnlich.

Die Trauben sind im Vollreifestadium tief dunkelblau und schwarz glänzend, der Wein wurde daher früher vielfach auch «Schwarzer Vöslauer» genannt.

Die Patentregel der Produktion von Blauem Portugieser heißt: in guten Lagen bei niedrigem Ertrag reifen lassen. Befolgt man dies, so ist der Wein, allen Vorurteilen zum Trotz, gut lagerbar und auch nach Jahren der Reife noch ein edler Tropfen. Der Wein ist farbtief und besitzt ein blumiges Aroma, das leicht an Himbeeren oder Johannisbeeren erinnert.

Das Brauchtum rund um den Wein wird im Pulkautal eifrig kultiviert. Am Ostermontag lädt der Weinhauer Freunde und Verwandte in seinen Keller ein, eine Tradition, die als «Grean» bekannt ist. Natürlich wird auch jeder Spaziergänger, der bei der Kellertür reinschaut, eingeladen, den Wein zu kosten, an eine kommerzielle, touristische Vermarktung des «Grean» im großen Stil ist jedoch nicht gedacht. Für Fremde, die die Pulkautaler Weine kennenlernen wollen, gibt es ohnedies die Aktion «Offene Kellertür». An jedem Wochenende ab 1. März hält einer der vielen Weinkeller ab 13 Uhr geöffnet.

Der «Hüatagang» an einem Septembersamstag ist ein großes Fest mit überregionalem Charakter. An ungeraden Jahren findet es in der Kellergasse von Jetzelsdorf, an geraden in der von Haugsdorf statt. Einheimische und Gäste marschieren vom Hauptplatz in die Kellergasse, mit dabei einige «Hüata» mit Originalgewand.

Bei dieser Veranstaltung wird einer noch gar nicht so fernen Zeit gedacht, in der Weingartenhüter, die sogenannten «Hiata» oder «Hüata», die Weinberge vor Weintraubendieben und gefräßigen Vögeln schützen mußten. Noch heute sind in vielen Weinbaugebieten «Hüatahüttn» zu sehen, so auch in Haugsdorf. Geht man in der Kellergasse nach dem letzten Preßhaus noch ein Stück bergauf und wendet sich dann nach links Richtung Hutberg (296 Meter), gelangt man über den «Haugsdorfer Hauerweg» zur Hüterhütte. Die 1887 errichtete Hütte diente bis 1947 den mit blauer Schürze, Wermutstrauß am Hut, Stock, Pfeiferl und Fernglas bewaffneten Hütern als Unterstand.

Der Haugsdorfer «Hüatagang» endet als riesiges Kellergassenfest mit Hauermarkt und einer Weinkost der 40 besten Wei-

Haugsdorfer Hüatahütte: Unterstand für die Beschützer der Trauben

ne. Als Attraktion können Wiener mit einer Dampflok an- und abreisen.

HAUGSDORF

ESSEN UND TRINKEN, SCHLAFEN SCHLOSSHOTEL, Laaer Straße 10, Tel. 02944/2218. Helga HOLY, Leopold-Leuthner-Straße 4, Tel. 02944/2959. Silvia SCHMID, Laaer Straße 10, Tel. 02944/2959. **SCHWIMMEN** Freibad in Haugsdorf, Am Mühlgraben 4. **MÄRKTE** Erster Di im April, 9. 9., 6. 11. **HEURIGE** Fam. GRUBER, Berggasse 6, Tel. 02944/2989. In Jetzelsdorf: Fam. TOIFL, Nr. 121, Tel. 02944/2414 od. 2846. Fam. WÜRRER, Nr. 109, Tel. 02944/2413. **MUSEUM** Jagdmuseum in Jetzelsdorf Nr. 12, Ausstellung heimischer Tiere, Führung nach Voranmeldung, Tel. 02944/2301. «Haugsdorfer Hüatagang», Gemeindeamt Haugsdorf, Tel. 2944/2218 oder 2972. **WINZER IN HAUGSDORF UND JETZELSDORF** Josef LUST, Haugsdorf, Hauptstraße 39, Tel. 02944/2287. Spezialitäten: Blauer Portugieser (Riede Aussatzen), Blauer Burgunder (Riede Aussatzen, Riede Grasn), Blauburger (Riede Sonnen), Cuvée Joseph (Blauer Portugieser, Blauburger, Zweigelt, Cabernet Sauvignon). Norbert BAUER, Jetzelsdorf Nr. 40, Tel. 02944/2317 oder 2565. Spezialitäten: Zweigelt (Riede Haidberg), Blaufränkisch (Riede Gerichtsberg), Cuvée (Cabernet und Merlot, beide aus der Riede Übeleisen), Cuvée (Zweigelt, Blauer Portugieser, Blaufränkisch).

ALBERNDORF

1974 bekam der Ort als erstes Dorf in Österreich die «Europafahne» vom Europarat verliehen.

In der Zeit der eifrigen Gemeindezusammenlegungen wurde das Dorf der Großgemeinde Haugsdorf zugeschlagen, aber die Alberndorfer, allen voran ihr kämpferischer Ortsvorsteher, waren die ersten, die sich gegen ihre «Eingemeindung» zur Wehr setzten. Sie gingen bis zum Verfassungsgerichtshof und hatten letztendlich Erfolg. Ab 1. Juli 1977 waren sie wieder autonom.

Wenn es um sparsamsten Spritzmitteleinsatz in der Landwirtschaft geht, so ist Alberndorf das regionale Zentrum. Das hier stationierte landwirtschaftliche Frühwarnsystem «Agro-

Expert» sagt den Bauern im ganzen Pulkautal bis hinauf
nach Retz und Waschbach im Waldviertel, wann genau gegen welche Schädlinge gespritzt werden muß. Bislang wurde
im Weinbau stets prophylaktisch gegen Mehltau und Pero-
nospora gespritzt, die Bauern fuhren bis zu zehn Mal pro Saison aus. Dank der modernen Technologie werden jetzt 50
Prozent der Spritzmittel eingespart. 46 Meßstellen funken
alle 15 Minuten aktuelle Daten wie Temperatur, Blattnässe,
Luftfeuchtigkeit, Niederschlagsmenge nach Alberndorf zu
Herrn Müllner, einem innovativen Bauern, bei dem alle Fäden zusammenlaufen. Ein Softwarepaket rechnet aus, ob es
unter den gegebenen Bedingungen überhaupt zu einem
Krankheitsbefall kommen kann. Muß tatsächlich gespritzt
werden, geht per Fax eine Botschaft an ausgewählte Bauern
in den einzelnen Ortschaften. Die hängen eine bunte Fahne
heraus, und alle anderen wissen dann, daß sie jetzt spritzen
müssen.

Alberndorf lebt also eindeutig in der Jetztzeit, hier siedelten aber auch schon in grauer Vorzeit Menschen. Urge-

Alberndorf: schon seit 1974 «Europadorf»

schichtler fanden unweit der Ortschaft, an den Hängen des
Buchberges, Kratzer, Klingen und eine Menge von Feuer-
steinabschlägen, schließlich bearbeitete Mammutzahnreste,
weitere Reste von Wollnashörnern, Rentieren, Wildpferden,
Wölfen, Bisons und Hirschen. Der Schluß der Forscher: Hier
befand sich vor runden 20.000 Jahren eine Station altstein-
zeitlicher Mammutjäger. Von der erhöhten Lage aus bot sich
den Jägern ein guter Einblick ins Tal; die zur Jagd beziehungsweise zum Zerteilen der Beute notwendigen Steinklin-
gen wurden an Ort und Stelle angefertigt. Die Mammutkno-
chen sind heute im Eggenbuger Krahuletz-Museum zu besichtigen.

ALBERNDORF

ESSEN UND TRINKEN Gasthaus Karl WEINWURM, Nr. 14, Tel.
02944/2346. **TENNIS** Erich BRUNNER, Tel. 02944/26012. **BAUERN-
MARKT** Zweiter So im September. **GREAN** In der Kellergasse am Ostermontag.

HADRES UND SEEFELD-KADOLZ

Mit 1,6 Kilometer Länge hat der Weinbauernort die längste
geschlossene Kellergasse in Österreich. Hier, wo die Hügel im
Norden wieder flacher werden und das Tal nach Norden zu
noch weiter wird, erhebt sich im Süden der bewaldete Höhenrücken des Buchberges.

Gemeinsam mit Untermarkersdorf und Obritz ist Hadres
hinter Haugsdorf die zweitgrößte Rotweingemeinde im Weinviertel. Im Gebiet sind 320 Hektar mit Blauem Portugieser,
Zweigelt und anderen Rotweinsorten bepflanzt.

In der zweiten Hälfte des 18. Jahrhunderts war Hadres eines der größten Dörfer des Landes, 1795 gab es eine eigene
Grenzmautstation nach Mähren, ein Tabaklager, zwölf Gewerbebetriebe und einen Wundarzt. Der Maria-Theresien-
Gasthof mit dem Wappen erinnert noch an diese glanzvollen

Zeiten. Die Gemeinde erhielt von Kaiser Josef II. das Recht, zwei Märkte abzuhalten, was zu einem großen Aufschwung führte. Die Erhebung zur Marktgemeinde wurde auf Betreiben der Nachbargemeinden allerdings hinausgezögert und fand erst 1962 statt. Der Ort zählte in der Mitte des vorigen Jahrhunderts 1758 Einwohner, erreichte 1890 den Bevölkerungshöchststand mit 2016 und beherbergt heute nur noch rund 700 Menschen.

In Hadres ist das Keller- und Freilichtmuseum sehenswert.

Öffnungszeiten: Mai bis Oktober, Sa, So, Fei 14–18 Uhr, sonst gegen Voranmeldung: Tel. 02943/3103 oder 2839.

In *Untermarkersdorf,* einen Kilometer westlich von Hadres, gibt es ebenfalls ein kleines Weinbaumuseum, in dem Gerätschaften aus früheren Weinbau-Zeiten zusammengetragen sind.

Schlüssel bei Herrn Himmelbauer, Tel. 02943/2839.

Vier Kilometer östlich von Hadres liegt *Seefeld-Kadolz.* Nomen est omen: Vor der Regulierung der Pulkau gab es in der Umgebung Sümpfe, viel Morast und zahlreiche Teiche. Das an den Ufern wachsende Schilf wurde gewinnbringend als Brennma-

Hadres: die längste geschlossene Kellergasse Österreichs

terial, als Dachdeckung und als Stukkaturmaterial bis nach Wien verkauft.

Seit 1662 befindet sich die Herrschaft im Besitz der Familie Hardegg. Das *Schloß* Seefeld-Kadolz, auf einer Anhöhe über dem Ort gelegen, wurde in seiner heutigen Form in den Jahren 1710 bis 1720 nach Entwürfen von Domenico Mattielli von Julius und Johann Grafen zu Hardegg als Sommersitz erbaut. Es steht auf mittelalterlichen Resten der ehemaligen Burg, deren Besitzer von 1292 bis 1594 die Kuenringer waren. Der letzte dieses Geschlechts, Johann Ladislaus, starb am 9. Dezember in Seefeld. Er ist in der Kirche des Ortes begraben.

Wenn heute riesige Beregnungsanlagen die Landschaft zieren, Raupenschlepper überbreite Eggen ziehen und gewaltige Traktoren auf der Landstraße unterwegs sind, so ist der Besitzer all dieser Maschinen rasch ausgemacht. Im Ort, genauer gesagt: im Schloß residiert einer der größten Landwirte der Republik, Maximilian «Graf» Hardegg.

SEEFELD-KADOLZ

SCHLAFEN Brigitta SCHWABL, Seefeld Nr. 207, Tel. 02943/2530, Franziska BERGERMAYER, Seefeld Nr.227, Tel. 02943/2548. **GREAN** In der Kellergasse am Ostermontag. **SCHWIMMEN** Freibad mit langer Rutsche, Tel. 02943/2540. **MINIGOLF** Tel. 02943/2846. **FAHRRADVERLEIH** Freizeitzentrum, Tel. 02943/2540 od. 2201. **TENNIS** Tel. 02943/2846. **EINKAUFEN** Daniel SAINT-GEORGE, sehr empfehlenswerter Ziegenkäse am Hardeggschen Maierhof, Nr. 63, Tel. 02943/2390. Dort gibt es auch Reitmöglichkeit. **WINZER IN SEE-FELD-KADOLZ** Schloßweingut, GRAF HARDEGG, Tel. 02943/2203 oder 02943/2155. Spezialitäten: Cuvée (Merlot mit Sauvignon), Weißburgunder (Riede Zeiselberg), Grüner Veltliner (Riede Dreikreuzen). **WINZER IN OBER- UND UNTERMARKERSDORF** Herbert STU-DENY, Obermarkersdorf Nr. 174, Tel. 02942/8252. Spezialitäten: Rheinriesling (Riede Obere Bergen), Weißburgunder (Riede Viereck), Welschriesling (Riede Unterer Nußberg). Elisabeth und Josef HIM-MELBAUER, Untermarkersdorf Nr. 56, Tel. 02943/ 2350. Spezialitäten: Roter Veltliner (Riede Alte Heide), Weißer Burgunder (Riede Talberg), Cabernet Sauvignon.

DIE RITTER VON MAILBERG

Mit dem Malteserschloß, der ältesten noch bestehenden Kommende des Souveränen Malteser Ritterordens, ist der Ort Mailberg weit über alle Grenzen bekannt. Um 1145 schenkte das Geschlecht der Chadolte dem damals jungen Ritterorden Mailberg. Das Schloß selbst ist ein mächtiger Bau aus der Spätrenaissance, der von Carl Tettauer von Tettau an der Wende vom 16. zum 17. Jahrhundert zu einer Festung mit Wall und Graben ausgebaut wurde. Die große Erweiterung erfolgte nach einem Großbrand unter Anton Graf Colloredo in der Mitte des 18. Jahrhunderts, dabei wurde auch die gotische, den Mailbergern als Kirche dienende Schloßkapelle barockisiert.

Im 11. Jahrhundert kam es hier im Gebiet der Böhmischen Mark zur berühmten Schlacht um Mailberg. Während des Investiturstreits standen die Babenberger auf der Seite des Papstes. König Heinrich IV. belehnte den böhmischen Herzog Wratislaw II. mit der Mark Österreich, um die Babenberger zu

Mailberg: Malteserschloß, die älteste Kommende des Malteser Ritterordens

verjagen. Am 12. Mai 1082 prallten Böhmen und Österreicher in einer Reiterschlacht zusammen. Die Böhmen waren siegreich, dennoch war die Herrschaft der Babenberger durch diese für die Bewohner des Pulkautales deutlich spürbare Niederlage nicht gefährdet.

Um das Schloß einmal in ganzer Größe und von oben zu sehen, ist kein Hubschrauberflug nötig. Man geht nur zum Friedhof. Von der Kapelle genießt man einen schönen Tief- und Rundblick.

Noch ein paar Worte zu den Maltesern: Bereits vor 1099 wurde der katholische Laienorden, genau gesagt der «Souveräne Malteser Ritterorden, genannt von Rhodos, genannt von Malta», in Jerusalem gegründet. Oberstes Ziel der weltweit tätigen Vereinigung mit Ordenssitz in Rom ist die Verteidigung des Glaubens und die Obsorge für Kranke und Arme sowie der Kampf gegen die acht Elende, die da wären: Krankheit, Hunger, Schuld, Unglaube, Heimatlosigkeit, Verlassenheit, Gleichgültigkeit und Lieblosigkeit. Dementsprechend hat das Malteserkreuz auch acht Enden. Müssen die Profeßritter und die Obedienzritter religiöse Versprechen ablegen, genügt es für die Aufnahmen zu den «Herren und Damen», gläubiger Katholik zu sein und eine Berufsausbildung begonnen oder abgeschlossen zu haben. Aristokrat muß man/frau nicht mehr sein, um als Malteser einen Kindheitstraum verwirklichen zu dürfen: einmal mit dem Rettungsauto mit Blaulicht fahren. Das Verhältnis von Aristokraten und Nichtaristokraten ist etwa 50 zu 50.

Im Zuge der Reformationszeit spalteten sich die Johanniter ab, die seither ebenfalls unter demselben Zeichen, dem achtendigen Kreuz, Kranke betreuen. Die Johanniter nehmen auch Nicht-Katholiken in ihre Reihen auf.

Als Weinbauort hat Mailberg eine lange Tradition. Seit dem 13. Jahrhundert wird hier vom Weinbau berichtet, das traditionelle Malteser Weingut wurde ursprünglich an Lenz Moser verpachtet. Er war es auch, der einen Wachturm von der burgenländisch-ungarischen Grenze hier in den Weinbergen aufstellen ließ. Mehrere Kellergassen, eine davon denkmalgeschützt, zeugen von der Bedeutung des Marktes am Fuße des Buchberges.

SCHLOSS MAILBERG

MUSEUM Im Schloß, mit einer Dokumentation der Geschichte der Malteser, 1. 5. bis 30. 9., Sa, So, Fei 10–12 und 14–17 Uhr geöffnet, Information: Robert Hofferer, Tel. 02943/3516. **SCHLAFEN** Im Schloß befindet sich eine Frühstückspension, Tel. 02943/2251 oder 2694. **WINZER IN MAILBERG** Leopold HAGN, Nr. 154, Tel. 02943/ 2256 od. 2836. Spezialitäten: Blauer Burgunder (Riede Hochlüssen), Grüner Veltliner (Riede Hundschupfen), Chardonnay (Riede Alte Point). MALTESER RITTERORDEN, Weinverkauf unter Tel. 02943/3516 (Herr Robert Hofferer). Spezialitäten: Cuvée «Kommende Mailberg» (Cabernet Sauvignon, Merlot), Grüner Veltliner (Riede Hundschupfen), Zweigelt (Riede Antlasberg), Sauvignon Blanc (Riede Hofbreste). Josef ZENS (sen., Nr. 33, Tel. 02943/2377; jun., Nr. 66, Tel. 02943/2803). Spezialitäten: Grüner Veltliner (Riede Antlasberg, auch: Riede Alten Point), Rheinriesling (Riede Hundschupfen, auch: Riede Antlasberg), Weißburgunder (Riede Klein Antlasberg), Chardonnay (Riede Klein Antlasberg).

ZWINGENDORF UND DIE SALITERWIESE

Noch ein Stück weiter Richtung Osten dem Pulkautal folgend, kommt man nach Zwingendorf. Von der Anhöhe des Schatzberges, weit nördlich des Ortes, schon hart an der tschechischen Grenze, genießt man eine schöne Aussicht. Im Süden sieht man die Hügellandschft des Ernstbrunner Waldes, die Leiser Berge (Radarkuppeln), die Staatzer Klippe, im Nordosten die Pollauer Berge. Fährt man noch ein Stück weiter, so kommt man an einer Südmährergedenkstätte vorbei und stößt direkt an die Staatsgrenze. Imposant erhebt sich «drüben» das vierflügelige Renaissanceschloß von Jaroslavice, das allerdings (bei näherer Betrachtung bemerkbar) auch schon bessere Zeiten erlebt hat.

Die Kellergasse lädt zu einem Spaziergang ein, denn sowohl die Lage mit der Aussicht nach Süden als auch die Individualität der in den letzten Jahrzehnten veränderten Preßhäuser ist schier unübertreffbar.

An Feldwegen entlang Richtung Pernhofen, dem Fabriksgelände der Firma Jungbunzlauer, taucht man in eine andere Welt ein. Zunächst sind links noch Reste der alten Spiritusfabrik aus dem vorigen Jahrhundert zu sehen, rechts als Kontrast der Fabrikseingang mit den penibel geflegten Rasenflächen und den Kühlaggregaten. Hier erzeugen rund 250 Mitarbeiter Zitronensäure und Xanthan. Die Fabrik ist einer der größten Zitronensäureproduzenten der Welt mit einer Jahreskapazität von 110.000 Tonnen. Dieser Vorsprung gelang durch eine hausinterne Entdeckung, derzufolge man für die Zitronensäureherstellung nicht bloß Zucker, sondern auch Melasse verwenden kann.

Am Weg zurück nach Zwingendorf kommt man an einem kleinen Naturwunder vorbei. Schon an der Straße sieht man eine Wiese, die anders ist als ein «normale». Aufgrund der «anormalen» Bodenverhältnisse wächst hier eine hochspezialisierte Salzflora. Kommt man Ende Mai bis Anfang Juli, so

Ein Blick hinüber nach Tschechien: Renaissanceschloß Jaroslavice

Zwingendorfer Saliterwiese: Salzkrusten – fast wie am Toten Meer

blüht hier das Meeresmilchkraut und der Schotenklee, Mitte September die Salzaster. Beim Windschutzstreifen befindet sich ein Feuchtbiotop. Am Ufer blühen beinahe wie am Toten Meer weiße «Salz»-Krusten aus – und das im Weinviertel! Eine chemische Analyse ergibt: Natriumsulfat. Im Volksmund spricht man von der «Saliterwiese».

Dokumentation: im Naturschutzschauraum in Zwingendorf, Schlüssel kann ausgeborgt werden, siehe Anschlag.

ESSEN UND TRINKEN Gasthaus RICHTER, Hauptstraße 43, Tel. 02527/264.

STRONSDORF

Interessant ist der Ort sechs Kilomter südöstlich von Zwingendorf wegen seiner wuchtigen, leicht erhöht stehenden einstigen *Wehrkirche*. Die Kirche geht in der massiven Bauweise bis in die Zeit der Romanik zurück, die Kalksteine für deren Erbauung wurden aus der Gegend um Mailberg hergeschafft. An der Südseite des Gotteshauses wurde eine barocke oktogonale Kapelle mit Kuppel und Laterne angebaut. Der Altarraum ist gotisch, das romanische Kirchenschiff wurde in der Barockzeit verändert, der Hochaltar ist klassizistisch. Interessant ist die barocke Orgel, die mit großem Engagement renoviert wird.

Schlüssel zur Kirche beim Pfarrhof, Tel. 02526/327.

Die erste Erwähnung des Ortes findet sich bereits 1091 als Straneisdorf. Zu Beginn des 14. Jahrhunderts wird von einem Markt berichtet. Im 19. Jahrhundert war Stronsdorf sogar als Bahnknotenpunkt vorgesehen. Eine Linie hätte von Stockerau quer durch den Ernstbrunner Wald über Stronsdorf nach Joslowitz (Jaroslavice) in Südmähren führen sol-

Stronsdorf: stolze Wehrkirche

len – wie so viele andere Bahnprojekte wurde auch dieses nicht verwirklicht.

Das *Schloß* in seiner jetzigen Form stammt aus dem 17. Jahrhundert und war einst im Besitz der Sinzendorfer. Das vierte Geschoß wurde im 18. Jahrhundert aufgesetzt, im 19. Jahrhundert wurde das zwiebelförmige Türmchen aufs Dach gepflanzt. – Das Schloß befindet sich in Privatbesitz und ist nicht zu besichtigen.

STRONSDORF

ESSEN UND TRINKEN Gasthaus JENISCH, Tel. 02526/316, und Gasthaus PFUNDNER, am Hauptplatz, Tel. 02526/223, beide mit Tankstelle,

auch an Wochenden geöffnet. **SCHLAFEN** Gasthaus JENISCH, s.o.
HEURIGE «JAGDSCHLÖSSL STRONSDORF», Fam. Hardegger-Mül-
ler, Öffnungszeiten unter Tel. 02526/ 347. **MÄRKTE** Vier Jahrmärkte (Mo
nach 25. Jän., Mo nach Christi Himmelfahrt, Mo nach 15. Aug., 1. Do im
Okt.). **JAGD** Bei Fam. Hardegger-Müller kann gegen Voranmeldung
Schwarz-, Dam- u. Muffelwild erlegt werden. Tel. 02526/347.

DIE LETZTEN KRIEGSTAGE
IN PATZMANNSDORF

Zu finden (und zu erreichen) ist Patzmannsdorf nicht wirklich
leicht.

Von Zwingendorf im Pulkautal fährt man über Großharras
hierher; ein anderer Weg führt von Laa über Unterstinkenbrunn, von da über Stronsdorf nach Patzmannsdorf.

Im Ort angelangt, geht man zunächst zur Kirche. Als mittelalterliche Anlage ist sie sogar noch von einer Steinmauer
und teilweise von einem Graben umgeben. Der Kirchenbau
stammt aus dem 17. Jahrhundert und wurde im 18. Jahrhundert barockisiert. Ein sehr schönes Beispiel eines großangeleg-
ten Pfarrhofes, noch dazu wunderschön erhalten, liegt an der
anderen Straßenseite.

Beim Anblick einer Gräberreihe dicht neben dem Gotteshaus fällt auf, daß alle, Männer und Frauen, Kinder und Greise,
Opfer der letzten Kriegstage des Zweiten Weltkrieges wurden.

Die Schilderung eben dieser Tage aus den Aufzeichnungen
des Ortspfarrers, Dechant Schäfer, läßt bei der älteren Genera-
tion viele, vorwiegend schreckliche Erinnerungen wach werden.

Das Schriftstück illustriert, daß im Weinviertel der Zweite
Weltkrieg besonders spät zu Ende ging:

«Donnerstag, den 19. April 1945: (…) Aus dem Oberort
wurden 72 Stück (Vieh) zu Abtrieb. Die Rinder mußten nach
Kammersdorf getrieben und dort abgegeben werden. (…)
Manches wird aus den Bauernhäusern mitgenommen; besonders Zivilkleider und Fahrräder. Heute übersiedelt die Familie
des Oberlehrers in den benachbarten Keller des Pfarrhofes.

(...) Das Kellerleben stellt an alle große körperliche und seelische Anforderungen.

Freitag, den 20. April 1945: Patzmannsdorf ist voll von Militär. Ein Offizier verlangt von der Ortsfrauenschaftsleiterin und ihrem Stab 120 weiße Armbinden zu nähen. (...) Die Armbinden finden bei den Feldgendarmen Verwendung. Die Front rückt stündlich näher. In der Wohnung des Oberlehrers nisten sich einige Landser ein und hausen, als ob sie in Feindesland wären.

Samstag, den 21. April 1945: Neue Truppen kommen. Der kleinere Keller im Pfarrhof wird aufgesprengt und darin ein Gefechtsstand errichtet. (...) Es kommt zu einer unheimlichen Schreckensnacht. (...) ‹Wenn nur keine Flieger kommen›, ist unser einziger Gedanke. – Man hört das Donnerrollen der Geschütze. In den heutigen Morgenstunden verlassen die letzten Einwohner das Dorf und ziehen in die Keller. (...) In der Trift herrscht zigeunerhaftes Leben. Die Kinder haben ihre ‹Hetz›. Mancherorts wird aufgekocht wie bei einem Kirtag. Jedoch viele angstverzerrte Gesichter. In den verlassenen Häusern treiben

Patzmannsdorf: traurige Erinnerungen an das Ende des Zweiten Weltkriegs

die Soldaten ein wüstes Leben. Es wird sinnlos gekocht, gebraten und zerstört. (…) Neue Truppen, diesmal Alpenländler – Steirer und Kärntner – tauchen auf.

Sonntag, den 22. April 1945: ging die Hölle los. Starker Beschuß; Patzenthal fällt bereits in den Mittagsstunden in russische Hand. (…) Um viertelvier Uhr (Sommerzeit) wurde zum ersten Mal (…) die Pfarrkirche getroffen und schwer beschädigt. Die Turmtür wurde von der SS aufgesprengt und auf dem Kirchturm ein Beobachtungsposten aufgestellt. Durch die Kampfhandlungen wird die Ortsnetzleitung fast gänzlich zerstört, so daß das Dorf seit diesem Tag ohne Licht und Radioberichte ist.

Montag, den 23. IV. 1945: Ein banger Tag; – Starker Beschuß! Immer mehr Häuser gehen in Trümmer (…), die Soldaten schlachten Schweine, Rinder, Gänse, Hühner, Kaninchen, auch Lämmer und Zicklein. (…) Im Keller des Pfarrhofes sind bereits 50 Personen einquartiert.

Dienstag, den 24. IV. 1945: Schule arg beschädigt. (…) Durch Artilleriebeschuß wird um ca. 11 Uhr Reidinger Franz 106 tödlich getroffen.

Patzmannsdorf: barocker Pfarrhof

Mittwoch, den 25. April 1945: Markustag im Keller. (…) Es werden jeden Tag 40 und mehr Kommunionen ausgeteilt. Nachmittags um 2 Uhr wird Reidinger Franz 106 am Kirchenplatz still eingesegnet und begraben. (…) Die Kirche wird zweimal getroffen. (…) Es folgt eine wahre Schreckensnacht. (…) Meldungen über 9 Häuserschäden und sinnlose Verwüstungen der deutschen Soldaten.

Donnerstag, den 26. April 1945: Ein verhältnismäßig ruhiger Tag. (…) Viele Tiere gehen zugrunde. (…) Bei Nacht wurde Frau Reidinger Theresia 54 auf dem Wege zum Brotbacken in den Kirchenlissenäckern erschossen. (…) In dieser Nacht wurden die Brücken über den Ortsbach von SS-Reservetruppen zum Sprengen vorbereitet.

Freitag, den 27. 4. 1945: Untertags ziemlich ruhig. (…) Nach Berichten der Soldaten musizieren und tanzen die Russen in Hackelziegelofen. Abends fahren unsere Panzer auf; tagsüber halten sie sich in den Häusereinfahrten versteckt.»

(An diesem Tag wurde in Wien die provisorische Staatsregierung unter Bundeskanzler Renner gebildet. Im Weinviertel wußte man davon nichts, es wurde weitergekämpft.)

«Sonntag, den 29. 4. 1945: In der Früh um sieben Uhr wird am Schloßberg der Bauernbursch Rudolf Riener 104 beim Reisigsammeln von einer Granate tötlich getroffen. Ein trauriger Sonntag. Wilde Gerüchte gehen um (Russe bricht durch). In der Trift wird Frau Küstner tötlich verletzt. (…) Granatfeuer von früh bis spät. (…) Der Aufenthalt im Keller wird für die Kinder besonders für die Kleinen unerträglich.

Montag, den 30. 4. 1945: (…) Die SS rüstet zum Abmarsch. Der Tag ist ziemlich ruhig verlaufen. In der Nacht ca. halbdrei Uhr ‹hauen› sie ab. Sie werden von einem Jägerbataillon abgelöst. (…) Im Keller erste Maiandacht. (…) Eingerückte Volksstürmer haben sich von ihren Einheiten entfernt und kehren zu den Familien zurück.

Dienstag, den 1. Mai 1945: 7 h Einsegnung der Frau Küstner nach der hl. Messe. Verstärktes Atilleriefeuer. (...) Es folgte eine furchtbare Nacht. In der Trift: Die Kinder Strohschneider Hermine und Schuster Teresia tot (...). Das Füttern des Viehes in der Früh und in der Abenddämmerung und weites Holen von Nahrungsmitteln wird zu gefährlich (...). Das Vieh reißt sich los. (...) Frl. Marie Kugler war so mutig und half in den Häusern, wo das Militär gekocht hatte, mit, dabei konnte sie nämlich manche Fleischreste für die Kellerbewohner ergattern. Manchmal wurde sie, da sie keine Mühe scheute, das ‹Heldenmädchen von Patzmannsdorf› genannt. Zivilisten tauschen von den Soldaten Brot gegen Milch oder Wein ein. (...) Jede Nacht wird der Einbruch der Russen erwartet.

Donnerstag, den 3. Mai 1945: (...) Die beiden Kinder (Strohschneider und Schuster) werden beerdigt. Es geht rasch zu Ende. In Wien wird eine österreichische Regierung gebildet.

Freitag, den 4. Mai 1945: Im Pfarrkeller immer mehr Leute. Ungefähr siebzig. Furchtbare Drängerei. Sehr stickige Luft.

Samstag, den 5. Mai 1945: Der Abschnittskommandant will die Leute im Pfarrkeller zur Flucht überreden. Nur zwei Lehrerinnen aus Wien (...) ließen sich überreden und fuhren schwer bepackt mit ihren Rädern Richtung Westen (Amerikanern). Halbzwei Uhr Nachmittag starker Beschuß. Herr Alois Gehring 91 tödlich getroffen. Die nationalsozialistische Gemeindevertretung versagte vollständig. Alles kam zum Pfarrer. Verzagtheit und Kleinmut erfaßt alle. Die Kampftätigkeit hat wesentlich nachgelassen.

Sonntag, den 6. Mai 1945: verläuft ziemlich ruhig. Bäckermeister Josef Führing wagte es in der Nacht, für die hungernden Leute Brot zu backen. (...) In den Häusern ist es in den letzten Tagen vor Kriegsende schon wüst zugegangen. Die Leute getrauten sich schon nicht mehr nach Hause, das Vieh auch nur notdürftig zu füttern. Die Pferde waren bereits alle durch das deutsche Militär weggenommen worden.

Montag, den 7. Mai 1945: Dieser Tag bringt nichts Neues. Man sieht Vorbereitungen zum Aufgeben der Front. An den Brücken (…) werden Sprengladungen angebracht. Noch am selben Tag um sechs Uhr abends forderte ein Offizier die Frauen mit den Kindern auf, um 10 h nachts ihr Heil in der Flucht zu suchen. Dieser Aufforderung folgten keine der ansäßigen Frauen.»

Hier enden die Berichte des Pfarrers.

Am Dienstag, den 8. Mai, kapituliert Hitlerdeutschland endgültig. Auch im Weinviertel schweigen nun die Waffen.

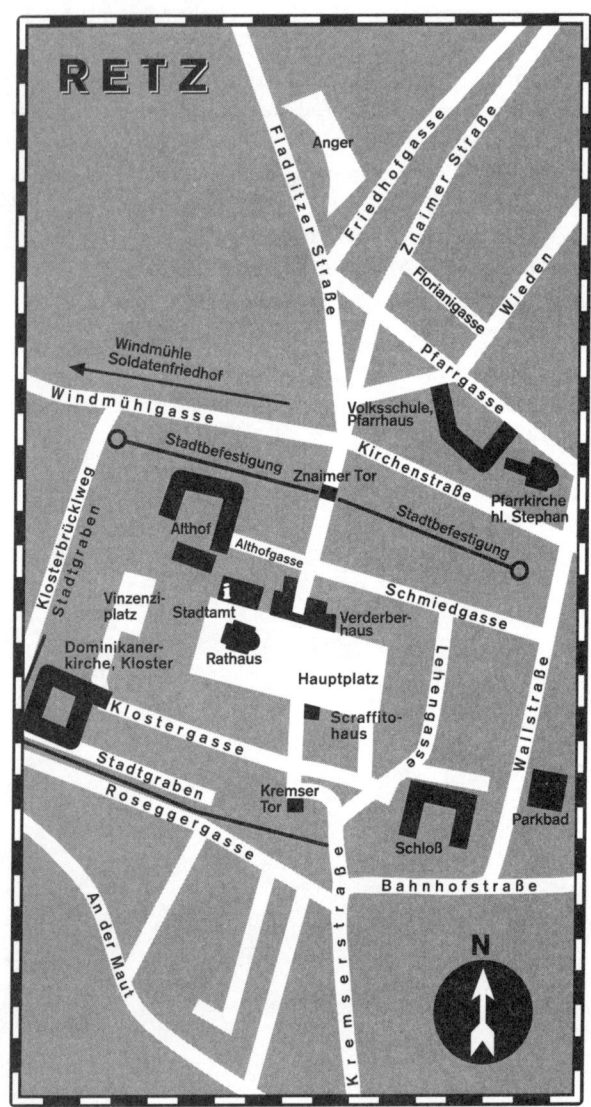

RETZ

Fladnitzer Straße

Anger

Friedhofgasse

Znaimer Straße

Florianigasse

Wieden

Windmühle
Soldatenfriedhof

Windmühlgasse

Pfarrgasse

Volksschule,
Pfarrhaus

Stadtbefestigung

Kirchenstraße

Znaimer Tor

Pfarrkirche
hl. Stephan

Klosterbrücklweg

Stadtgraben

Althof

Althofgasse

Stadtbefestigung

Schmiedgasse

Vinzenzi-
platz

Stadtamt

Verderber-
haus

Dominikaner-
kirche, Kloster

Rathaus

Hauptplatz

Lehengasse

Wallstraße

Klostergasse

Scraffito-
haus

Stadtgraben

Kremser
Tor

Roseggergasse

Schloß

Parkbad

An der Maut

Kremserstraße

Bahnhofstraße

N

Retz

Wie keine andere Stadt im Weinviertel hat Retz ein weithin sichtbares, unverwechselbares und allgemein bekanntes Wahrzeichen: die Windmühle. Seit 1927 steht sie still, könnte aber – so versichern Prospekte und Fremdenführer – jederzeit wieder in Betrieb genommen werden.

Dabei ist Retz keineswegs eine Stadt der Mühlen, sondern eine Stadt der Weinkeller. Der seit 1974 öffentlich zugängliche größte Weinkeller Österreichs befindet sich hier, am äußersten Rand des Weinviertels, und zwar unter dem Hauptplatz der hübschen Kleinstadt. Die verzweigten Kellerröhren beherbergen zwar heute keine gefüllten Fässer mehr, sind aber dennoch ein Anziehungspunkt ersten Ranges.

Retz: im Zeichen der Windmühle

Die Stadt gibt sich überhaupt alle Mühe, als Weinstadt Anerkennung zu finden: Zahlreiche Veranstaltungen rund um den Wein sind die Höhepunkte des Veranstaltungskalenders; beim Bezirksweinlesefest fließt der Wein sogar aus dem Stadtbrunnen!

Noch ein Naturprodukt verschaffte dem Namen Retz Bekanntheit über die engste Umgebung hinaus, hinunter bis ins ferne Wien: die «Retzer Salzgurken». Tatsächlich werden auf den Feldern rund um die Stadt Gurken angebaut und im Ort noch immer «eingelegt.»

Neben Windmühle, Gurken und Wein hat Retz noch einiges mehr zu bieten: die herrliche Altstadt mit dem schönen Hauptplatz will entdeckt werden, die Weinberge rundherum laden zum Wandern und Radfahren ein. Retz bietet sich außerdem als Stützpunkt für Ausflüge ins benachbarte Tschechien an – Besucher sollten also auf keinen Fall den Reisepaß vergessen.

1989, als der Eiserne Vorhang wieder geöffnet wurde, fuhr sofort eine hochrangige Delegation nach Znaim, um alte Kontakte aufzufrischen. Denn Znaim lag den Retzern stets näher als die eigentliche Bezirkshauptstadt Hollabrunn. Seither blüht die Kommunikation zwischen hüben und drüben fast wie in alten Zeiten; auf Retzer Schulbänken sowohl der Handelsakademie, der dreijährigen Hotelfachschule als auch der fünfjährigen Tourismusschule sitzen auch tschechische Schüler. Selbstverständlich kann als Fremdsprache auch Tschechisch gewählt werden.

Die Bemühungen um Gäste zeigen Erfolg. 1989 waren 3000 Nächtigungen, 1994 bereits 26.000 Nächtigungen zu verzeichnen.

Für den Ausflügler ist das Klima, sprich die extreme Regenarmut der Region Retz-Pulkautal ein zusätzlicher Anreiz, hierher zu kommen. Von 1901 bis 1990 fielen im Jahresmittel lediglich 481 Millimeter Niederschlag. Nimmt man die letzten zwanzig Jahre als Meßzeitraum, so fällt ein zusätzlicher eklatanter Rückgang auf 434 Millimeter pro Jahr auf.

Die Wasserknappheit rund um Retz bereitet der Landwirtschaft ernste Sorgen. Um ein Reservoir für Bewässerungsanlagen zu erhalten und das Kleinklima zu verbessern, will man nun einen schon seit längerer Zeit trockengefallenen See zwischen Retz, Unternalb und Kleinhöflein wieder mit Wasser füllen. Es existieren Pläne, Wasser aus der rund acht Kilometer entfernten Thaya abzuzapfen. Das Problem dieser technisch einfach zu realisierenden Lösung: Die Thaya fließt hier schon auf tschechischem Boden. Man müßte den Nachbarn also das Wasser abkaufen, bevor man es nach Österreich pumpen könnte.

Die zweite Möglichkeit wäre, die Thaya schon auf österreichischer Seite in Hardegg abzuleiten. Dafür müßten mindestens dreizehn Kilometer lange Gräben und Stollen vom Waldviertel zum Weinviertel gegraben werden, was die Wasserbeschaffung ebenfalls unverhältnismäßig verteuern würde. Den Retzern bleibt vorderhand also nur die Hoffnung auf Regen – entweder auf den echten Landregen oder den sprichwörtlichen Geldregen.

GESCHICHTE UND GEGENWART

Noch bis 1941 bestand Retz aus zwei Gemeinden, aus der befestigten Stadt Retz mit Stadtplatz und dem großen Angerdorf
Altretz. Dieses Dorf im Norden der Stadt wird bereits 1180 als
«Rezze» genannt. Die Stadt Retz selbst wurde als planmäßige
Anlage von Graf Berthold von Rabenswalde (1278–1312) gegründet. Rudolf von Habsburg verlieh ihm die Grafschaft Hardegg und die Herrschaft als Lehen. Bald zog der stolze Graf
von Hardegg nach Retz, stiftete das Dominikanerkloster und
ließ anschließend auch die Stadt erbauen, deren Anlage auf die
Zeit um 1300 zurückgeht.

1425 zerstörten die Hussiten die Stadt. Retz wurde eingenommen und viele Einwohner getötet. Die Hussiten eroberten
den Ort übrigens auf besonders trickreiche Art: Sie gruben sich
von außen zu den Kellern der Stadt durch und gelangten so ins
Innere der Mauern.

Kaum war Retz wieder aufgebaut, besetzte es der Ungarnkönig Matthias Corvinus. Nach nur viertägiger Belagerung war die Stadt am 12. Oktober 1486 in seinen Händen.
Bis 1492 blieb Retz ungarisch – was sich letztendlich bis zum
heutigen Tag als vorteilhaft erweisen sollte. Corvinus bestätigt
der Stadt mehrere Privilegien, das wichtigste besagt: «In die
Stadt selbst darf nach Martini kein Kaufwein eingeführt werden, gegen Verfall desselben an die Stadt. Fremde, die Weingärten um Retz haben, müssen den Most vor Martini wegführen; nach Martini müssen sie für jeden Eimer an die Stadt
selbst 3 Haller zahlen und den Wein doch wegführen.» So de-
finierte der Ungarnkönig die rechtlichen Voraussetzungen für
den Reichtum der innerhalb der Stadtmauern ansässigen
Bürger, die durch den Weinhandel reich wurden. Heute sichern ihm Weinetiketten der Qualitätswinzervereinigung
«Matthias Corvinus» ein bleibendes Andenken. Nach abermaligen schweren Zerstörungen im Dreißigjährigen Krieg
und später durch die Schweden kommt es zu einem barocken

Bauboom. Unter anderem wird auch die Kirche samt Nebengebäude «modernisiert».

EIN STADTRUNDGANG

Der Spaziergang durch die Stadt beginnt beim Touristeninformationsschalter am Hauptplatz. Das gelbe *Rathaus* mit dem Turm war einst eine Kirche. Unter den Hussiten wurde sie arg beschädigt, später in den Jahren 1568/69 umgestaltet. Man zog eine Zwischendecke ein. Unten blieb die Marienkapelle als Sakralraum, oben richtete man das Rathaus mit dem Ratssaal und dem Heimatmuseum ein (Sonntag von 10 bis 12 Uhr geöffnet). In der Barockzeit wurde neu und prächtig dekoriert. An den mit zahlreichen Schnörkeln versehenen Kirchenbänken arbeitete der Retzer Kunsttischler Jakob Barth mehr als 30 Jahre lang. Im Bürgersaal trafen sich früher Innungen und Zünfte.

Das Geschoß in einer Nische der Rathausmauer ist eine «Dicke Berta» und stammt aus dem Ersten Weltkrieg.

Der *Pranger* stammt aus dem Jahr 1561 und steht erst wieder seit 1962 am Hauptplatz. Die barocke *Dreifaltigkeitssäule* zeigt

Retz: Verderberhaus – aus drei Häusern im Stil der Renaissance errichtet

die hl. Maria, den hl. Johannes Nepomuk, den hl. Florian sowie den hl. Placidus, der auch Retzer Stadtpatron ist. Die sogenannte «Mariensäule» ist als Andenken an den «Schwarzen Tod» (1680) eine Pestsäule.

Der Retzer *Hauptplatz* wird nun im Uhrzeigersinn umrundet: Das Haus mit dem Erker, rechts neben dem Rathaus, stammt aus dem Jahr 1556. Nr. 32 mit der historistischen Fassade geht auf das 19. Jahrhundert zurück. Das vorspringende etwas kleinere Haus, um 1840 erbaut (heute Sitz der Raiffeisenkasse), gehörte einst der Familie Mössmer, einer sehr wohlhabenden Weinhändlerfamilie. 1752 wanderten die Ahnen der Familie aus Bayern ein und erwirtschafteten im Laufe der Jahre einen großen Teil der unterirdischen Kelleranlagen. Das unübersehbare und bekannte rosarote *Verderberhaus»* (1583) geht auf Hans Ferenz von Görz, einem italienischen Dolmetsch, der sich in Retz niederließ, zurück. Aus drei Häusern ließ er von italienischen Baumeistern ein Bürgerhaus im venezianischen Stil erbauen. Die «Verderberbrüder», nach denen das Haus benannt ist, kamen als Kaufleute 1809 aus dem Gebiet des jetzigen Slowenien. Später waren sie auch Weinhändler, das «Verderberhaus» erwarben sie erst 1848.

Haus Nr. 4/5 der Firma König hat ein schönes Steinportal aus dem 16. Jahrhundert, das zweite Haus der Firma König (Nr. 11) stammt ebenfalls aus jener Zeit. 1896 wurde hier ein jüdisches Bethaus eingerichtet, das heute freilich nicht mehr existiert. Das Gebäude der Post wurde erst 1897 erbaut. Im Nachbarhaus weilte einst Beethoven bei Familie Lamatsch.

Das *Sgraffitohaus*, 1576 erbaut, ist neben dem «Verderberhaus» das zweite Schmuckstück des Hauptplatzes. In zehn Bildern wird der Lebenslauf eines Menschen dargestellt. Allegorien zeigen – mit dem Alter von zehn Jahren beginnend – die einzelnen Lebenszyklen bis hinauf zum hundertjährigen Greis. 1620 wurde das Haus teilweise zerstört, nach dem Wiederaufbau legte man 1928 die Bilder wieder frei.

Haus Nr. 16 besitzt einen gotischen Kern, daneben steht wieder ein Biedermeierbau, dann ein Empirebau aus dem spä-

ten 18. Jahrhundert. Das Nachbarhaus hat einen Schwalben-
schwanzgiebel, wie er auch am «Verderberhaus» zu finden ist.
Haus Nr. 21 geht auf 1616 zurück. Das stattliche Haus, schon
halb in der Vinzenzigasse, gehörte einst der Weinfirma Liebl,
die den Kaiserhof belieferte. An der Querfront seien die Nr. 25,
wo Franz Liszt konzertierte, Nr. 26 mit neoklassizistischer Fassade, Nr. 27 mit den beiden Steinvasen aus MDCCCXV
(1815), das Haus Nr. 28 mit der Marienstatue aus dem 18.
Jahrhundert und die schlichte Apotheke, die 1733 umgebaut
wurde, erwähnt.

Durch die enge Vinzenzigasse geht man über den Vinzenziplatz zur *Dominikanerkirche.* Bereits 1295 vollendet, ist sie eine
der ersten dreischiffigen Hallenkirchen der Gotik. Innen wurde
sie in der Barockzeit mit Kanzel, Orgelempore und Seitenaltären üppigst ausgestattet. Der Hauptaltar hingegen ist neugotisch. In einem Glasschrein beim linken Seitenaltar ruht der hl.
Placidus. Das Bild des hl. Johannes Nepomuk befindet sich
links vom Windfang und stammt vom «Kremser Schmidt».

Hinter der Kirche liegt der mit Obstbäumen bestandene
Stadtgraben und die weitgehend erhaltene Stadtmauer aus der

Retz: Sgraffitohaus mit Allegorien der Lebensalter

Zeit um 1300. Über den Graben nach links, am runden Haberfelderturm aus dem 15./16. Jahrhundert vorbei, sieht man schon die imposante Rückseite des *Dominikanerklosters*.

Das Gebäude wurde im frühen 17. Jahrhundert zweigeschoßig erbaut. Als 1696 die Erlaubnis kam, höher als die Stadtmauern bauen zu dürfen, wurde der dritte Stock draufgesetzt.

Durch die Roseggerstraße hinunter, an einer schönen Jugendstilfassade (Nr. 6) vorbei, kommt man zur Kremser Straße und sieht bereits das mächtige, 1660 bis 1670 erbaute *Schloß* der Familie Suttner-Gatterburg. Die Fassade wurde noch zu Beginn des 18. Jahrhunderts umgestaltet und dem Türmchen ein Zwiebelhelm aufgesetzt.

Von der Kremser Straße zweigt man beim Nalber oder Kremser Tor, das aus dem 13. Jahrhundert stammt und eine Verbindung zum Znaimer Tor herstellte, in die Klostergasse ab, wo die Hauptplatzhäuser ihr «Hintaus» haben, und geht bergan zum Dominikanerkloster. Am letzten Haus an der rechten Seite bemerkt man einen Sgraffitorest aus dem Jahr 1611.

Wieder über den Vinzenziplatz, diesmal Richtung Norden, geht man durch einen Torbogen aus 1576, der aber erst 1931 hierher versetzt wurde, und quert abermals den Stadtgraben. Diesmal hält man sich nach rechts, geht an der Stadtmauer entlang und wendet sich bei der Holzbrücke zum *«Althof»*. An der Stelle dieses Gebäudes befand sich im 12. und 13. Jahrhundert die Burg des mittelalterlichen «Rezze». Durch die Hussiten zerstört, wurde sie später nur teilweise erneuert und 1490 erstmals als Althof genannt. Der vom 17. bis ins 19. Jahrhundert als Meierhof mit Wohn- und Wirtschaftsgebäuden genutzte Althof wurde 1985 von der Stadt erworben und ist nunmehr die erste Adresse für kulinarische Gaumenfreuden in Retz und Umgebung. Im Dreistern-Lehrhotel «Gutshof» stehen 120 Betten zur Verfügung, im Viersternhotel «Burghof» 40.

Bevor man durch das *Znaimer Tor* (im Kern aus der Zeit um 1300) geht, sollte man noch einen Abstecher nach links zum *Heimatmuseum* machen. Es wurde als ältestes in Niederösterreich bereits 1833 gegründet, ist 1995 aber bis auf weiteres geschlossen. So kann man das Museumsgebäude, die ehemalige Bürgerspitalskapelle, die im Jahre 1467 geweiht und 1783 säkularisiert wurde, nur von außen bewundern.

Nach dem Znaimer Tor führt die Windmühlgasse links ab zur Windmühle und zum Soldatenfriedhof (siehe unten). Rechts weiter erreicht man die *Pfarrkirche*.

Der barocke Prachtbau wurde aus einem gotischen Vorgängerbau auf romanischen Fundamenten errichtet.

Nach der Zerstörung durch die Schweden anno 1645 wurden zu Beginn des 17. Jahrhunderts alle Retzer Pfarrbauten barockisiert. Zunächst der Pfarrhof, in dem heute die Volksschule untergebracht ist, und der Schüttkasten durch Jakob Prandtauer, dann in mehreren Etappen (1701 bis 1713) der Kirchturm.

Schließlich wurde 1721–1728 auch das Presbyterium der Kirche nach Osten verlängert, die gesamte Kirche neu gewölbt, zwei Sakristeien angebaut und neben diversen anderen Um- und Zubauten auch das Heilige Grab errichtet.

Das Innere der Kirche: Das Altarbild des hl. Stephan stammt von Leopold Kupelwieser aus dem Jahr 1852. Im Kup-

Retz: der renovierte Althof – erste Adresse für Feinspitze

pelgewölbe der Vierung, dem Schnittpunkt der beiden Kirchenschiffe, befinden sich Reliefs von vier lateinischen Kirchenvätern: links vorn zum Altar hin der hl. Hieronymus; rechts von ihm der hl. Ambrosius; hinter dem Heiligen, zum Ausgang hin, der hl. Gregor der Große und daneben der hl. Augustinus.

Zwischen Kirche und Kriegerdenkmal befand sich einst eine barocke Michaelskapelle, die unter Josef II. geschlossen und abgebrochen wurde. Als man deren Fundamente suchte, fand man Reste eines Karners aus der Zeit um 1200.

Durch die Pfarrgasse gelangt man hinunter in die Wieden, das dem bäuerlichen Retz vor den Mauern entspricht. Hier befindet sich der bereits 1561 erwähnte Florianibrunnen, dessen heutige Form aus dem Jahr 1768 stammt.

Geht man von der Kirche in der Pfarrgasse geradeaus über die Znaimer Straße weiter, gelangt man zum Anger, einem schönen, vom Altbach durchflossenen, mit Nußbäumen bestandenen Dorfplatz. Hier im Norden, außerhalb der Mauern, liegt das bäuerliche Retz, die Altstadt.

Um schließlich doch noch zur Windmühle zu kommen, geht man am Kinderspielplatz vorbei auf die Fladnitzer Straße, biegt bei der Keilberggasse ein und folgt dem Wiegnensteig zur Windmühlgasse.

DAS WAHRZEICHEN: DIE WINDMÜHLE

Der Grund dafür, daß in Retz einst drei Windmühlen in Betrieb standen, ist die Wasserknappheit der Region. So schien auch schon vor über zweihundert Jahren der Betrieb einer Wassermühle unmöglich. Gegen Ende des 18. Jahrhunderts wurde deshalb der Bau von Windmühlen sogar gefördert und privilegiert. Zu Beginnn des technischen Zeitalters gab es im Weinviertel noch mehr als 40 Windmühlen, die allmählich durch die Einführung der Dampfkraft an Bedeutung verloren.

In Retz begann das Windmühlenzeitalter 1772, als der Windmüller Ferdinand Zimmer eine hölzerne Mühle errichtete, sie war drehbar auf einem Holzpflock montiert.

Bald danach wurde in unmittelbarer Nähe eine zweite Windmühle, diesmal ein zylindrischer Steinbau, errichtet. Diese Mühle hatte ein drehbares Holzdach, das sich – nach dem holländischen System – mitsamt den Flügeln mittels eines Schlittens stets nach dem Wind ausrichten ließ. Aller Merkmale einer Windmühle beraubt, ist heute lediglich der runde Steinbau erhalten geblieben, der schon seit dem vorigen Jahrhundert bis in unsere Tage als Wohnhaus dient.

Im Jahre 1830 kaufte der aus Sachsen stammende Müller Johann Bergmann die alte Holzmühle und errichtete an deren Stelle – mit eigenen Händen, so weiß die Überlieferung zu berichten – ebenfalls eine Mühle aus Stein, und zwar in Form eines Kegelstumpfes. Die heutige Windmühle, das Retzer Wahrzeichen, war entstanden. Dieses Gebäude hatte einen massigen, sich konisch verjüngenden Rundturm, ein stumpfkegeliges Holzdach, vier große Mühlenflügel und ein Mahlwerk, das bis heute erhalten blieb. Der holzverkleidete Mühlstein, drei Mahl-

Retz: die beiden Windmühlen und der Kalvarienberg

gänge, Paternoster und eine acht Meter lange Königswelle aus Fichtenholz sind interessante Details des imposanten Mahlwerks. Das Triebwerk der konischen Mühle besteht aus einer Anzahl von Flügeln, die eine Welle zum Drehen bringen. Diese Drehbewegung wird durch ein Kammrad auf die Mahlsteine übertragen.

Die Haube der Mühle ist nach einem Prinzip von Lenardo da Vinci auf einem Eisenrollen-Schlittensystem gelagert und wurde durch einen am Satteldach befestigten Drehbalken von zwei Pferden gegen den Wind gedreht.

1927, als die Zeiten allgemein schlechter wurden, sah sich der Müller durch hohe Steuern gezwungen, den Betrieb einzustellen. Er wollte sich sein Brot mit Weinbau verdienen und nur mehr für den eigenen Bedarf Futterschrot mahlen. Das Finanzamt glaubte ihm diese ehrlichen Absichten aber nicht. So baute er das Mahlwerk aus der Mühle aus und deponierte es bei der Gemeinde. 1928 wurde die Mühle unter Denkmalschutz gestellt und überlebte sogar den Zweiten Weltkrieg.

Unter den Bewunderern der Mühle finden sich so historisch bedeutende Namen wie der Thronfolger Erzherzog Ferdinand, der Wiener Bürgermeister Dr. Karl Lueger, der steirische Heimatdichter Peter Rosegger, der, als er die Mühle sah, sogar eine Eisenbahnfahrt unterbrach. Auch der Publikumsliebling Heinz Conrads zeigte 1972 die Windmühle im Fernsehen, ebenso wurden Szenen für den Film «Kurier der Kaiserin» hier gedreht.
Innenbesichtigung nach vorheriger Anmeldung beim Fremdenverkehrsverein, Tel. 2942/2700.

Auf der Anhöhe befindet sich auch unübersehbar die Kalvarienberggruppe – ein in Zogelsdorfer Kalksandstein gemeißeltes barockes Meisterwerk, das aus der Werkstatt von Jakob Seer stammt und 1727 bis 1737 entstand.

Nicht unweit davon, ebenfalls auf den hügeligen Granitkuppen, befindet sich der Soldatenfriedhof, wo über 800 im Zweiten Weltkrieg gefallene Männer aus dem ganzen Weinviertel eine letzte Ruhestätte fanden.

DIE RETZER GURKEN

*Wo Wein wächst, da wächst Mais, und wo Wein und Mais wachsen, da
gedeiht auch die Gurke – soweit eine «Bauernregel». In der zweiten Hälfte
des 19. Jahrhunderts wurde begonnen, die «Gurkeneinlegerei» professionell
und in großem Stil zu betreiben.*

*Die Erbauung der Nordwestbahn machte es möglich, die Gurkengläser
waggonweise zu verfrachten. Zahlreiche Kleinbetriebe konnten vom Gur-
kengeschäft leben, die «Retzer Salzgurken» waren längst zum Markenzeichen geworden. Selbst in den zwanziger Jahren gab es im Retzer Raum
noch rund 20 Gurkeneinleger. Heute existiert nur mehr ein Betrieb: der des
Franz Neubauer in Retz.*

*Die Gurken waren bis vor wenigen Jahren noch eine der wenigen Hoff-
nungen für das konjunkturschwache Grenzland entlang des Eisernen Vorhangs. Unter dem Markennamen «Bauernland» wurde in Haugsdorf ein
eigener Betrieb aus dem Boden gestampft, der vor allem Gurken von Klein-
betrieben einlegen sollte. Die Rechnung ging nicht auf, der Betrieb ist mittlerweile wieder geschlossen. Statt der Kleinbetriebe spezialisierten sich nämlich eine Handvoll Großbauern auf den Gurkenanbau. Rund 60 bis 70
Hektar mit einem durchschnittlichen Ertrag von 25 bis 30 Tonnen pro
Hektar werden heute im Raum Göllersdorf und im Pulkautal angebaut.*

Retzer Land: «Gurkenflieger» in Warteposition

Die Bauern haben fixe Verträge mit Großfirmen, die sich verpflichten, die Gurken in allen Größenklassen abzunehmen. Verarbeitet werden sie in Oberösterreich, der Steiermark und im Burgenland.

Eine kleine Renaissance des Gurkenbaus im nördlichen Weinviertel fiel mit der Öffnung der Grenzen zusammen. Billige tschechische und polnische Arbeitskräfte ließen für manche Bauern das Geschäft wieder lukrativ erscheinen. Seit dem EU-Beitritt ist die Lust aufs Gurkenanbauen allerdings auf Null gesunken.

Anfang Mai werden mit einer speziellen Sämaschine im Abstand von 30 Zentimetern je zwei Körner in den Boden gelegt. Zwischen den einzelnen Reihen liegt ein Abstand von 1,5 Metern, damit man auch mit dem Traktor und dem Erntegerät, dem sogenannten «Gurkenflieger», durchs Feld fahren kann. Geerntet wird in den Sommermonaten Juli und August. Jeden zweiten Tag fährt der Bauer mit seinem «Gurkenflieger» über die Felder – ein spektakuläres Bild bietet sich dem uneingeweihten Städter dar. Diese überaus breit ausladenden Gurkenerntemaschinen sind selbstkonstruierte Gefährte. Auf den Auslegern des «Fliegers» liegen, je nach Bauart, 12, 14 oder 16 Personen am Bauch, nehmen die Gurken ab und legen sie auf ein Förderband, das sie zu einem Sammelbehälter in der Mitte des «Fliegers» befördert. Mit dieser hilfreichen Erfindung können 16 Leute an einem Tag eineinhalb bis zwei Hektar Gurken «abnehmen».

Die Ware wird nun in die Fabrik geliefert – oder zum Retzer Gurkeneinleger, Herrn Neubauer: «In die Gläser kommen nur Gurken aus dem Retzer Raum, keine tschechische Ware. Zuerst werden sie sortiert, dann gewaschen, an der Oberfläche mit kleinen Nadeln gestochen, damit die Marinade besser eindringt, und dann eingelegt. Alles, was größer als zwölf Zentimeter ist, wird zu Senfgurken verarbeitet. Die Marinade besteht aus Essig, Zucker, Salz und Gewürzen, der Rest ist Betriebsgeheimnis. Die verschlossenen und mit Marinade gefüllten Gläser werden im Wasserbad pasteurisiert, einige Wochen gelagert und gelangen dann in den Verkauf.»

Wer's selber probieren will, kann bei Herrn Neubauer auch die fertige Marinade kaufen.

Gurkenverkauf: Fam. Franz Neubauer, Josef-Misson-Weg 3, Tel. 02942/2387.

WEIN, VINOTHEKEN,
WEINKELLER UND WEINLEHRPFAD

Schon Friedrich III. und Matthias Corvinus bestätigten den Retzer Bürgern das Recht, mit Wein zu handeln.

Ausgehend von den Privilegien von Matthias Corvinus erlebte der Weinbau um Retz im 15. und 16. Jahrhundert eine wahre Hochblüte, die Handelsbeziehungen reichten bis weit nach Deutschland.

Zu Beginn des 17. Jahrhunderts wird von Käfern berichtet, die dem Weinstock schaden, weitere Tiefschläge für die Retzer Händler sind die Einfuhr ungarischen Weines (1612), der Dreißigjährige Krieg und die Zunahme des Biergenusses.

Im 18. Jahrhundert erholt sich die Weinwirtschaft wieder, es beginnt eine Weinrenaissance. 1791 befanden sich 91.000 Eimer Wein in den Kellern der Stadt (ein Eimer entspricht 56 Litern). In jener Zeit exportierte die Familie Mössmer, deren Vorfahren 1752 als Faßbinder aus Bayern eingewandert waren, Retzer Weine mit dem Pferdefuhrwerk bis Prag, Krakau und St. Petersburg. Erst 1952 stellten die Nachfahren als letzte städtische Kellerbesitzer den Weinhandel ein.

Retz: Beginn des Weinlehrpfades bei der Weinpresse

Voraussetzung für einen erfolgreichen Handel war stets eine gute Lagermöglichkeit: In Retz befindet sich eine riesige Kelleranlage innerhalb der Stadtmauern. Die Weinbauern selber wohnten immer außerhalb der Stadt, in der «Altstadt» und in der Wieden. Ihren Wein durften sie nur den Retzer Bürgern verkaufen. Erst Maria Theresia gestattete den Bauern, ihren Wein auch selbst zu verkaufen. Damals entstanden die ersten Weinkeller außerhalb der Stadtmauern.

In der Gemeinde Retz, bestehend aus der Stadt selbst sowie den Orten Hofern, Obernalb, Unternalb, Kleinhöflein und Kleinriedenthal, werden heute knapp 60.000 Hektoliter Wein pro Jahr produziert, in Poysdorf, der größten Weinbaugemeinde des Weinviertels, knapp mehr als 90.000.

418 Betriebe bewirtschaften zusammen 1100 Hektar Weingärten, davon entfallen 750 Hektar auf Weißwein (480 Hektar Grüner Veltliner, 59 Hektar Müller-Thurgau, 39 Hektar Rheinriesling, 88 Hektar Welschriesling und andere) und 350 Hektar auf Rotwein (241 Hektar Blauer Portugieser, 36 Hektar Blauburger, 63 Hektar Zweigelt und andere).

Im «Althof» befindet sich eine gut ausgestattete Vinothek; 136 Weine aus der Großlage «Retzer Weinberge», die im Süden bis Hohenwarth und im Osten bis Mailberg reicht, werden angeboten. Im sogenannten «Zeremonienkeller» können private Weinfreunde für 5000 Schilling pro Jahr eine Box für 60 Weinflaschen mieten; im Preis inbegriffen ist die Benützung eines Raumes für private Feiern sowie die Mitgliedschaft in der «Althof Weinbruderschaft».

Die Hauervinothek befindet sich als zweites «Weingeschäft» im «Retzer Weinschlößl», einem guten, neben dem Bad gelegenen Gastronomiebetrieb. Das Gebäude selbst wurde 1898 bis 1901 als Kaiser-Franz-Joseph-Jubiläumsbad erbaut. Der Wirt, Otto Axenkopf, präsentiert hier 17 Weinbaubetriebe, die mit rund 100 Sorten vertreten sind.

Wer Volksfeststimmung bevorzugt, kommt in Retz ebenfalls auf seine Rechnung. Bei den Retzer Weintagen (ab Fronleichnam zehn Tage lang) gelangen 400 bis 500 der besten Weine des westlichen Weinviertels zur Ausschank.

Absoluter Höhepunkt der Saison ist das Retzer Weinlesefest, das am letzten Septemberwochenende gefeiert wird.

Absolutes Muß für jeden Retzbesucher ist der Besuch der *historischen Kelleranlage*. Die Besichtigung ist nur im Rahmen von Führungen möglich, somit ist jede Menge an Information garantiert.

Treffpunkt für die Kellertour ist die Tourismusinformationsstelle am Hauptplatz. Täglich um 14 Uhr findet eine Führung statt. Nach einem kurzen Rundgang, bei dem auch die Pforten der sonst verschlossenen Rathauskapelle geöffnet werden, gelangt man über den 12.000 Quadratmeter großen Hauptplatz durch das Znaimer Tor zum Einstieg in die «Unterwelt», dem rund 20 Kilometer langen System unterirdischer Kellerröhren. Die Fläche des unterirdischen Retz ist größer als die Verkehrsfläche des oberirdischen Retz. Bei der einstündigen Tour, die jährlich 30.000 bis 40.000 Besucher mitmachen, wird allerdings nur ein Kilometer durchwandert. Die Wanderung beginnt im Mössmerkeller, führt durch einen 130 Meter langen Gang in den Stadtkeller, der wieder mit einem 125 Meter langen Gang mit dem Althofkeller verbunden ist. Eine schützende Lehmschicht verhindert, daß Wasser eindringt, die Luftfeuchtigkeit von 88 Prozent und die konstante Temperatur von acht bis zehn Grad sind ideale Lagerbedingungen für den Wein.

In der Althof-Vinothek gelangt man wieder an die Oberfläche. Ein Weinglas darf man als Andenken mitnehmen.

Zum Retzer *Weinlehrpfad* gelangt man vom Hauptplatz aus durch das Znaimer Tor, an der Kirche vorbei, in die Wieden gehend, dann vorbei am Florianibrunnen, den Freudentalweg nach links, an der Znaimer Straße Richtung Friedhof. Beim Eingang muß man links abbiegen. Hier beginnen die Weingärten von Retz. Weiter geht es den Bach entlang am Feldweg, dann wieder rechts – also Richtung Norden – an einigen Weinkellern vorbei, ganz leicht bergan. Dann wendet man sich wie-

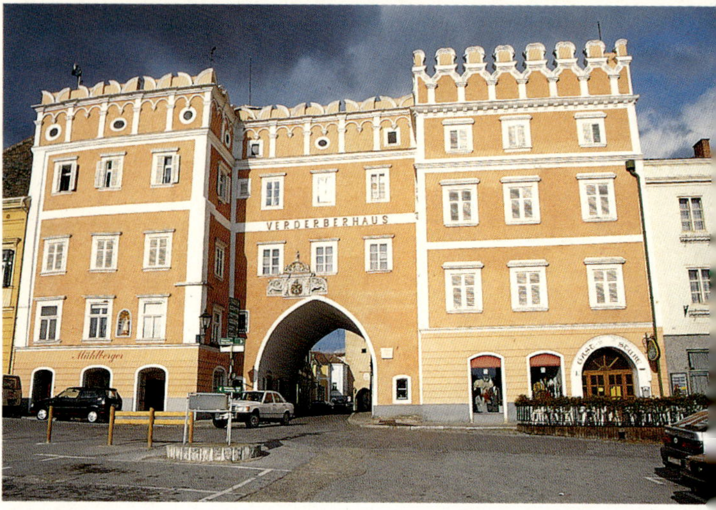
VERDERBERHAUS
Mühlberger

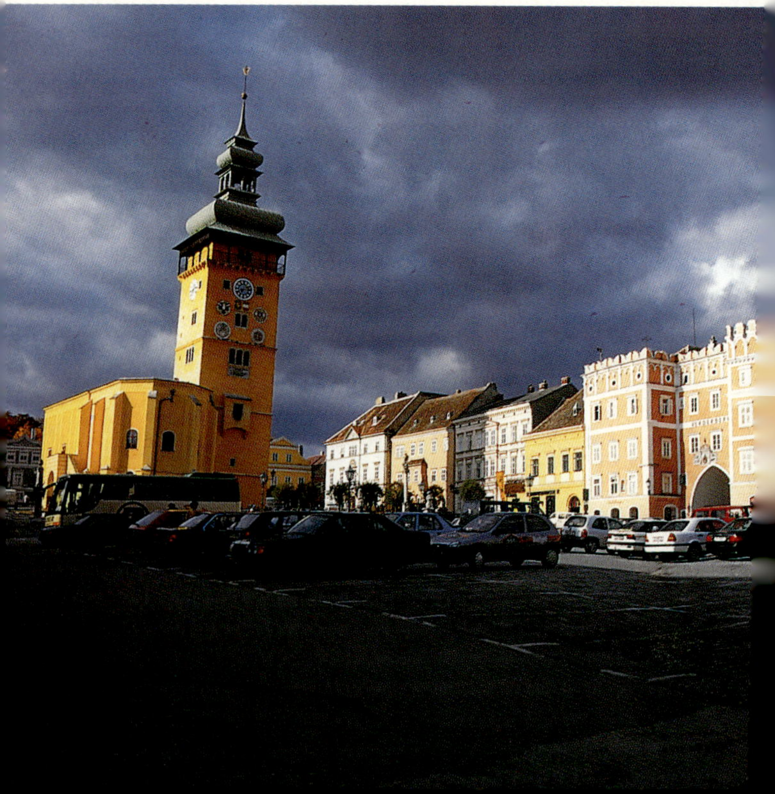

Vorhergehende Seite: «Halloween» im Retzer Land

Verderberhaus in Retz (li. oben)
Retzer Hauptplatz (li. unten)
Kürbisfest im Retzer Land (re. oben)
Rathaus mit Marienkapelle in Retz (re. unten)

Radarkuppel am
Buschberg (li.)
Schloß Niederleis (re. oben)
«projekt o.m. theater von
Hermann Nitsch» – ein
Bildgedicht von Heinz
Cibulka (re. unten)

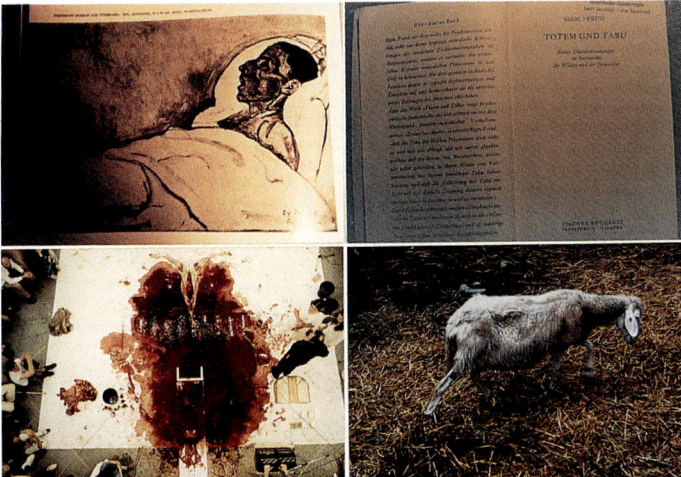

RENOV
IM
JAHRE
1924

Fotos oben von links
nach rechts:
Zinnfiguren in
Schloß Loosdorf
Im Schloß Loosdorf
Im Laaer Biermuseum
Turm der Laaer Burg
Großes Foto:
Bauernhaus in Oberschoderlee

Folgende Seite:
Rathausturm in
Laa an der Thaya

der nach links und geht den Weg weiter. Am linken Hang zeigt die Verwitterung ihre Künste, im Granit sind runde Wackelsteine (eigentlich ein Markenzeichen des Waldviertels!) herausmodelliert. Rechts führt eine scharfe Kurve leicht bergan. Eine mächtige alte Baumpresse, quer über den Weg gestellt, markiert den Beginn des «Weinlehrpfades». Im Verlauf des Weges hat man schöne Ausblicke auf die Stadt. Ein Blick nach Osten zeigt an der Hügelkuppe den Grenzübergang Mitterretzbach, etwas nördlich davon den tschechischen Ort Hnanice und südlich im Tal Mitterretzbach. Geht man weiter, so überquert man die von Retz nach Drosendorf führende Bahnlinie. Wendet man sich nach links, gelangt man entlang der Keller zurück nach Retz.

RADTOUR INS WALDVIERTEL

Perfekt ausgeschilderte, grenzüberschreitende Radwege, eine gute Karte dazu (bei der Tourismusstelle erhältlich) und für Interessierte auch noch ein Buch zum Nachlesen machen Lust auf diese «sanfte» Art des Reisens. Insgesamt werden 416 Rad-Kilometer im Wein- und Waldviertel sowie in Südmähren vorgeschlagen.

Seit 1993 existiert in und um Retz das erste internationale Radnetz für das Retzer Land und das Znaimer Land. Von fünf Radwegen führen vier hinüber nach Tschechien. Die fünf Wege sind allesamt mit bunten, leicht sichtbaren Piktogrammen beschildert. Gelb steht für den «Familienradweg», Braun für den «Sechs-Städte-Radweg», rot ist der «Weinkulturradweg», grün der «Nationalpark-Thayatal-Radweg» und blau der «Märchen-Sagen-Mythen-Radweg». Eine Karte mit einer Kurzbeschreibung der Routen und zahlreichen Serviceadressen über das gesamte Gebiet hilft bei der Orientierung, man erwirbt sie beim Fremdenverkehrsverein.

Weiterführende Rad-Literatur bietet Winfried Steiningers Buch «Grenzenloses Raderlebnis Retzer Land, Znaimer Land», erhältlich in der Retzer Buchhandlung am Hauptplatz.

Besonders empfehlenswert ist folgende 35 Kilometer lange Kostproben-Radtour, zusammengestellt aus einigen der oben genannten Touren.

Zunächst von Retz nach Süden, dort führt der Weg zuerst entlang der braunen, dann an der roten Markierung, noch im Weinviertler Gebiet, durch unzählige Weinberge leicht bergan nach Obernalb, weiter nach Obermarkersdorf und nach Waitzendorf, wo sich der Kirchturm einen Meter aus dem Lot neigt. Ab hier (braune Markierung) wird's zum ersten und auch zum einzigen Mal wirklich anstrengend – das Granithochplateau des Waldviertels will erklommen werden. Die Route führt durch selten gewordene Eichenwälder hinauf auf den flachen Manhartsbergzug.

Bei der ganzjährig geöffneten Europawarte (etwa 100 Meter nach links in den Wald hinein) am 490 Meter hohen Kohlberg hat man einen sehr schönen Überblick über das Viertel unter und einen Einblick in das Viertel ober dem Manhartsberg.

Nach dem Wald ist plötzlich alles ganz anders. Es fehlen die Weinberge, es gibt keine flachen Hügelketten mehr, statt dessen fährt man über ein weitgehend ebenes, von einzelnen Föhrenwaldinseln aufgelockertes Hochplateau. Gemächlich rollt man nach Untermixnitz und am dortigen Schloß aus dem 16. Jahrhundert vorbei.

Richtung Oberfladnitz muß man wieder kräftiger in die Pedale treten. Beim Ortsbeginn biegt man scharf nach rechts nach Hofern ab und quert die Bahnlinie. Nach links abbiegend, gelangt man nach Niederfladnitz. Das Schloß im Besitz der Familie Waldstein aus dem 17. Jahrhundert bietet mit den ziegelbedeckten, runden Ecktürmen einen netten Anblick, es ist das Zentrum des Ortes. Hier empfiehlt sich eine Einkehr beim Gasthaus Furtner gleich neben dem Schloß: Den Bauernschmaus mit Waldviertler Erdäpfelknödeln vergißt man so schnell nicht, schon gar nicht, wenn man wieder aufs Rad steigt.

Niederfladnitz hat übrigens einen sehr berühmten Sohn hervorgebracht: Manfred Nidl-Petz erblickte hier 1931 das

Licht der Welt. Sie kennen den Burschen nicht? Oh doch. Er brachte es nämlich unter dem Namen Freddy Quinn zu Rang und Ansehen.

Von Niederfladnitz folgt man der Straße (grüne Markierung) nach Osten, Richtung Staatsgrenze. Vorerst noch durch Felder radelnd, gelangt man bald in dichten Wald. Das im Wald versteckte Schloß Karlslust braucht man erst gar nicht zu besuchen: Privatbesitz, keine Besichtigungsmöglichkeit! Leicht bergauf, am Kerndlkreuzmarterl vorbei, führt der Weg nun einen knappen Kilometer weit direkt an der Staatsgrenze entlang.

Man hat an dieser kurzen Strecke Einblick in das südöstliche Eck des 6300 Hektar großen «Narodni park Podyji», des 1991 eingerichteten tschechischen Thayatal-Nationalparks.

Gleich nach dem Wald stellt sich das Weinviertel mit den Weinbergen wieder ein. Ein paar hundert Meter nach der «Waldgrenze» sollte man unbedingt nach links zum «Heiligen Stein» abbiegen. Der Ort bietet sich als Rastplatz in idealer Weise an, man sieht den Grenzübergang und drüben in Tschechien im Vordergrund den alten Kirchturm von Hnanice, etwas weiter im Hintergrund die Orte Satov und am Höhenrücken Havraniky. Der «Heilige Stein» neben der kleinen Kapelle ist nichts anderes als ein Granitblock mit schüsselförmigen Vertiefungen. Zugleich ist er einer der Fixpunkte des ersten internationalen «Wünschelruten-Radwanderweges» (20 Kilometer), der nach Satov in Tschechien führt. Geomantikfreaks und solche, die es noch werden wollen, borgen sich bei der Gemeinde in Unterretzbach (Tel. 02942/2513) Pendel, Wünschelroute und Wegbeschreibung aus. Bei diesem «Schalenstein» befand sich einst eine Quelle, deren Wasser 1647 einen bettlägrigen Mann heilte. Seit mehr als 100 Jahren ist die Quelle versiegt.

Den Berg hinunter radelnd, hält man sich rechts und rollt nach Oberretzbach. Bei der Brücke rechts liegt der Campingplatz der Familie Molterer. Im «Alten Preßhaus» gibt es gegen Voranmeldung Weinverkostungen für Gruppen (Tel. 02942/3238).

In Mitterretzbach kann man noch rasch zur nahegelegenen Grenze fahren – entweder um den alten Grenzstein zu sehen oder um gleich nach Znaim weiterzufahren.

Von hier zurück nach Retz hält man sich an die blaue Markierung (»Märchen-Sagen-Mythen«). Wer indes die Gegend lieber mit dem Motorrad erkundet, ist in Unterretzbach richtig, wo alljährlich ein großes Motorradfestival über die Bühne geht.

ESSEN UND TRINKEN Gasthaus FURTNER, Niederfladnitz 57, Tel. 02949/2203.

AUSFLUG NACH HARDEGG

Bloß 15 Kilometer trennen die Weinstadt Retz von Hardegg, der kleinsten Stadt Österreichs. Ruhe, Wandern, Forellenfischen und Kultur sind die Gründe, warum sich Leute ganz absichtlich hierher ins Waldviertel «verirren».

Schon 1290 zu Stadt erhoben, war der Ort stets von strategischer Bedeutung, zumal die Thaya bereits 1041 als Grenze der Ostmark definiert wurde. Zeitweise gehörte Hardegg zu Ungarn, zu Mähren, Polen und zu Böhmen. Eindrucksvoll läßt sich die Geschichte an der großen Burganlage, die Teil einer grenznahen Burgenkette entlang der Thaya ist, ablesen: Ins beginnende 12. Jahrhundert fällt der erste Steinbau, Erweiterungen folgten im 13. und 14. Jahrhundert, der größte Ausbau geschah vom 14. bis zum 16. Jahrhundert. Aus dem 14. Jahrhundert stammt auch der große, alles überragende Bergfried. 1526, als Böhmen zu Österreich kam, wurde der Bau mit den sieben Toren und den fünf Türmen strategisch bedeutungslos.

Im Inneren der Burg kann heute eine reichhaltige Waffensammlung besichtigt werden. Gezeigt wird auch ein eisenbeschlagener Seekoffer und die Totenmaske von Kaiser Maximilian von Mexiko.

Führungen 9–17 Uhr, Auskünfte: Tel. 02948/8450 oder 02949/8225.

Ein ganz anderes Symbol der Grenzsituation ist jene eiserne Brücke über die Thaya, die bis 1989 auf österreichischer Seite grün gestrichen war, während sie auf tschechischer Seite dahinrostete. Seit dem 15. April 1990, einem Ostersonntag, dürfen Fußgänger und Radfahrer hier wieder über die Thaya.

Grenze von 15. 4. bis 2. 11. täglich von 8–20 Uhr geöffnet, Tel. 02949/ 8294 oder 8212.

Drüben, in Tschechien, erwartet einen nicht nur der Nationalpark, sondern in greifbarer Nähe ein Barockjuwel ersten Ranges: Schloß Vranov/Frain. Das dreiflügelige Schloß mitsamt der Kapelle wird einem Entwurf Johann Bernhard Fischer von Erlachs zugeschrieben. Vollendet hat die Anlage sein Sohn, Joseph Emanuel. Im Städtchen, zu Füßen des erhabenen Schlosses, wurde die Kirche Maria Himmelfahrt ebenfalls von Johann Bernhard barockisiert.

Das Schloß ist im Sommer täglich außer Montag geöffnet, April und Oktober nur an Wochenenden.

Wer statt üppigem Barock lieber unberührte Natur bevorzugt, kommt hier voll auf seine Rechnung. Entlang der Thaya, die auf 20 Kilometern Länge die Staatsgrenze bildet, wurde im Mai 1991 der 6300 Hektar große Nationalpark Podyji eröffnet.

Hardegg: die Fußgängerbrücke über den Grenzfluß Thaya

Nachdem die Natur sich nicht an Staatsgrenzen hält, lag es nahe, den Nationalpark auch auf österreichisches Gebiet auszudehnen. Prompt wurden Experten eingesetzt und eine Machbarkeitsstudie erstellt. Das Resultat: Das Gebiet ist eindeutig nationalparkwürdig. Gleichzeitig legten die Planer zwei Varianten vor, die im Vergleich zur tschechischen Seite eher klein sind: eine Minimalvariante, die 850 Hektar erfassen würde, und eine Maximalvariante mit 1300 Hektar. Erste Ergebnisse der Arbeit in Richtung des österreichisch-tschechischen «Inter-Nationalparks Thayatal/Podyji» sind eine grenzüberschreitende Wanderkarte (1:33.000), ein Video und jede Menge bilaterale Gespräche.

Informationen und Video: Betriebsgesellschaft Marchfeldkanal, Franz-Mair-Straße 47, 2232 Deutsch-Wagram, Tel. 02247/4570-2411.

Um das nationalparkwürdige Gebiet kennenzulernen, empfiehlt sich eine drei- bis vierstündige Wanderung, die von Merkersdorf über die Ruine Kaja (800 Jahre alt) zur Thaya, zum Umlaufberg bis nach Hardegg führt. Die Gemeinde Hardegg hält dafür extra eine Wanderkarte samt Wegbeschreibung bereit.

Die Thaya lädt auch zum Forellenfischen ein. Voraussetzung ist freilich eine amtliche Fischerkarte des Landes Niederösterreich.

HARDEGG

ANREISE AUTO Von Wien über Hollabrunn, Guntersdorf, Retz nach Hardegg. **ERSTE ANLAUFSTELLE** Stadtgemeinde Hardegg, Tel. 02948/8450 **ESSEN UND TRINKEN** Gasthaus HAMMERSCHMIEDE, Tel. 02949/8263. **SCHLAFEN** Gasthaus HAMMERSCHMIEDE (s.o.) oder in Privatpensionen. Prospekt bei der Gemeinde oder beim Fremdenverkehrsverein, Tel. 02949/8218. **BAUERNMARKT** In Merkersdorf an Sa, So, Fei 11–17 Uhr, Tel. 02949/8253. **SCHWIMMEN** Ab Juni im Waldbad Hardegg, Tel. 02949/8367. **FISCHEN** Thaya: Revier Hardegg, Fischereikarten in Hardegg bei Fam. Kraus, Vorstadt 6, Tel. 02949/8218, oder bei Brigitta Nikolovsky, Nr. 16, Tel. 02949/8235. Revier Merkersdorf, Fischereikarten in Merkersdorf im Gasthaus Weber Nr. 32, Tel. 02949/8253 oder bei Johann Marschick, Nr. 24, Tel. 02949/83042. **WANDERKARTEN** Bei der Gemeinde (s.o.).

DIE SCHWESTERSTADT ZNAIM (ZNOJMO)

Wenn man schon in Retz ist, sollte man unbedingt einen Sprung «hinüber» in die alte Schwesterstadt machen. Voraussetzung ist ein Reisepaß, aber der ist in der Grenzlandregion sowieso ein notwendiges Utensil.

Die beiden Städte harmonieren offensichtlich: Schon bei der Informationsstelle am Retzer Hauptplatz erhält man einen Znaimer Stadtplan. Znaim ist per Rad oder Auto über den Grenzübergang Mitterretzbach leicht zu erreichen. Die Entfernung beträgt 16 Kilometer, Wartezeiten für Autos sind speziell freitags und samstags einzuplanen.

Eine Möglichkeit, dem Grenzstau zu entkommen, bietet die Bahn, die exakt 25 Minuten für die Strecke Retz–Znaim benötigt. Der erste Zug fährt um 9.11 Uhr von Retz ab, der letzte an Sonn- und Feiertagen um 18.50 Uhr von Znaim wieder retour.

Natürlich fahren viele nur «hinüber», um billig zu essen, um billig einzukaufen, um billig Bier zu trinken. Aber neben diesen weltlichen Genüssen ist die Stadt auch für den kulturbeflissenen Reisenden

*Znaimer
Rathausturm*

empfehlenswert: Die Metropole des westlichen Teils von Südmähren wurde schon 1971 wegen der zahlreichen historischen Sehenswürdigkeiten zur geschützten Stadt erklärt. Bereits 1226 wurde sie von Przemysl Ottokar II. zur Königsstadt erhoben. Der historische Stadtkern ist ohne größere Änderungen bis heute erhalten geblieben; die schönsten Häuser befinden sich an den zwei Hauptplätzen der Stadt, dem Oberen und dem Unteren Platz.

An der Verbindungsstraße zwischen beiden steht heute das Wahrzeichen der Stadt, das 1445 bis 1448 errichtete gotische Rathaus mit dem alles überragenden 70 Meter hohen Turm.

An bedeutenden Sehenswürdigkeiten bietet die Stadt unter anderem noch die mächtige, dreischiffige gotische Pfarrkirche

St. Nikolaus mit einem neugotischen Turm. Daneben steht die wesentlich kleinere, dem hl. Wenzel geweihte Kapelle. Sie stammt aus dem beginnenden 16. Jahrhundert.

Ebenso wie Retz hat Znaim unterirdische Keller, die auch besichtigt werden können, und ebenso wie Retz ist Znaim für die hier angebauten Gurken bekannt und berühmt. In einem Punkt freilich sind Retz und Znaim grundlegend verschieden: in der Größe. Znaim hat mit Vororten rund 40.000 Einwohner, Retz nicht einmal ein Zwanzigstel davon.

Information in Znaim: Informcni sluzba Znojemske besedy, nam. TGM 22 (Masaryk-Platz 22). Telefon von Österreich: Tel. 0042/624/4369.

RETZ

ERSTE ANLAUFSTELLE Infostelle des Fremdenverkehrsvereins am Hauptplatz 30, Tel. 02942/2700, oder an Wochentagen «Retzer Land», Althofgasse 14, Tel. 02942/20010. **ESSEN UND TRINKEN** Die erste Adresse ist der «ALTHOF», Althofgasse 14, Tel. 02942/3711-0. «RETZER WEINSCHLÖSSL» und Hauervinothek mit 100 Weinen und monatlichen Weinkulinarien, Otto Axenkopf, beim Parkbad, Wallstraße 13, Tel. 02942/3224. SCHLOSSGASTHOF, Fam. Brand, Schloßplatz 5, Tel. 02942/2494. **SCHLAFEN** Dreistern- und Vierstern-Zimmer im ALTHOF (s.o.), Frühstückspension «ZUM WEISSEN LÖWEN», Am Hauptplatz 16, Tel. 02942/2418. Beim Fremdenverkehrsverein umfangreiche Liste von kleinen Privatzimmervermietern und Ferienhäusern in und um Retz, Tel. 02942/2379 oder 2700. **KAFFEEHAUS** CAFÉ WIKLICKY, Znaimer Straße 2, erste Adresse in der Stadt, Tel. 02942/2348. **HEURIGE** Informationstafel vor der Raiffeisenkassa am Hauptplatz. Heurigenführer bei der Tourismusinformation erhältlich. **KELLERFÜHRUNGEN** täglich ab 14 Uhr. Treffpunkt Informationsstelle Hauptplatz 30 (Wintersperre). Zusätzliche Führungen: Voranmeldungen bei der Informationsstelle, Tel. 02942/2700, oder bei Herrn Mrvka, Tel. 02942/2379. **SZENE** WEIN-KOST-BAR In der Klostergasse Nr. 3, Tel. 02942/20289. Nur Fr und Sa abends geöffnet. **STADTFÜHRUNGEN** Gegen Voranmeldung, Tel. 02942/2700 oder 2379 (Herr Mrvka). Fahrten durch Retz mit dem «Ponyexpreß» bietet Eduard Donn, Lange Zeile 64, Tel. 02942/28434. **SCHWIMMEN** Retzer Freibad mit langer Rutsche, Tel. 02942/2476. **EISLAUFEN** Kunsteisbahn am Areal des Schwimmbades. Geöffnet: Mo–Fr von 14–19 Uhr, Sa, So, Fei 14–19 Uhr. **REITEN** Haflingerhof Haidgraben 5, Tel. 02942/2926. **FAHRRADVERLEIH** Beim Bahnhof, Tel.

02942/2415-66. Beim Althof (s.o.). Beim Erlebnisparkbad Wallstraße, Tel. 02942/2700 od. 2476, bei der Firma Strobl, Tel. 02942/2195 od. 2320. **KINO** Stadtkino, Tel. 02942/2418. **EINKAUFEN** «Retzer Land», Kremser Straße Nr. 2, Tel. 02942/20093. Hier können Produkte der Bauern um Retz, zum Teil auch biologisch, gekauft werden.

OBER-, MITTER- UND UNTERRETZBACH

ERSTE ANLAUFSTELLE Gemeindeamt Unterretzbach, Tel. 02942/2513. **SCHLAFEN** In diversen Privatpensionen. Karl HAAS, Mitterretzbach 90, Tel. 02942/2120. Karola LANDSTEINER, Oberrretzbach 52, Tel. 02942/31752. Christine NIGL, Unterretzbach Siedlung 3, Tel. 02942/2138. Hilda NIGL, Unterretzbach 71, Tel. 02942/2548. Anna RAAB, Unterretzbach 323, Tel. 02942/20862. Edmund RÜCKER, Unterretzbach 208, Tel. 02942/20802. Ferienwohnung bei Fam. LANG, Mitterretzbach 112, Tel. 02942/2629 oder Apartments in Mitterretzbach 103, Tel. 02942/3238. **HEURIGE** In Unterretzbach haben die Fam. FAUTSCHEK (Nr. 118), SCHLEINZER (Nr. 103) und WINTER (Nr. 332) saisonal geöffnet. **MUSEUM** Kleines Eisenbahnmuseum in Unterretzbach, am Bahnhof (Information: Tel. 02942/2415-34). **CAMPING** Fam. MOLTERER in Oberretzbach, Tel. 02942/3238. **FAHRRADVERLEIH** Campingplatz (s.o.) oder Fam. EDER, Unterretzbach 254, Tel. (02942/2555). **EINKAUFEN** Selbstgemachte Keramiken bei Renate Slama in Mitterretzbach 52, Tel. 02942/3262. **WINZER IN RETZBACH** Brigitta und Josef HUMPEL, Oberretzbach 76, Tel. 02942/2734. Spezialitäten: Rheinriesling (Riede Bergen), Grüner Veltliner (Riede Bergen), Cuvée (Rheinriesling und Pinot Blanc aus der Riede Stadtweingarten, Rheinriesling und Welschriesling aus der Riede Bergen). Erich NEBENFÜHR, Mitterretzbach 64, Tel. 02942/2186. Spezialitäten: Sauvignon Blanc (Riede Merkviertel), Merlot (Riede Merkviertel), Zweigelt (Riede Bergen). Walter POLLAK, Unterretzbach 125, Tel. 02942/3237 od. 2557. Spezialitäten: Grüner Veltliner (Riede Sandgrube), Weißburgunder (Riede Sandgrube), Rheinriesling (Riede Halblehen), Cuvée Creation (Blauer Burgunder, Merlot, Cabernet).

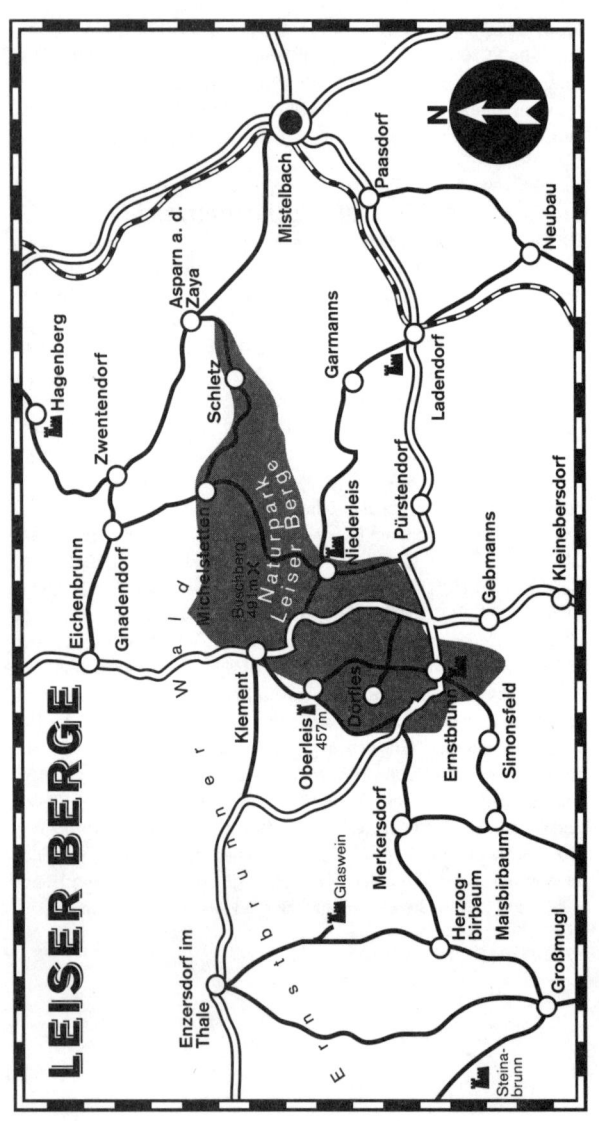

Leiser Berge

EIN HAUCH VON HOCHGEBIRGE: DER BUSCHBERG

Der Buschberg ist mit knapp 500 Metern Seehöhe (exakt 491 Meter) die höchste Erhebung des Weinviertels. Im Schatten einer weithin sichtbaren Radarstation vermittelt die hölzerne Alpenvereinshütte mit dem Edelweißlogo einen Hauch von alpinem Flair. Unterstrichen wird die Pseudohochgebirgsromantik durch Föhren, die das Ambiente umrahmen. Kurzfristig mag der Eindruck entstehen, daß man sich hier auf einer richtigen Gebirgshütte befindet. Der Schein trügt aber zu offensichtlich. Ein paar Schritte von der Hütte entfernt sieht man im Süden schon die Bucht von Niederleis, die beiden Fertigputzmischanlagen des Ernstbrunner Kalkwerks, den Schlot des Kraftwerks Korneuburg, den Kahlenbergsender und an klaren Tagen sogar die Gipfel der Nördlichen Kalkalpen – eben nur beinahe ein Hochgebirgspanorama.

Kurz ein Blick zur Kuppel am Gipfel: Mit einem Durchmesser von 21 Metern und einer Höhe von 23 Metern stellt die 1966 bis 1968 erbaute, der zivilen Luftfahrt dienende Radarstation zwar keine Verschönerung der Landschaft dar, bietet aber Wanderern immerhin eine Orientierungshilfe. Die Kugel ist von fast überall im weiteren Umkreis zu sehen und somit eine Art Wahrzeichen für die Leiser Berge geworden. Die zweite, etwas kleinere Radarkuppel mitten im unzugänglichen Wald gehört dem Bundesheer und ist Teil der streng geheimen «Goldhauben»-Luftraumüberwachung. Das Gipfelkreuz des Buschberges steht, bedingt durch die Radarkuppel, nicht auf der Bergspitze, sondern am «Kahlen Berg» oder der «Schwedenschanze», von den Niederleisern auch «Simperlberg» genannt. Diese künstliche Aufschüttung besteht seit dem 12. Jahrhundert, als sich hier eine befestigte mittelalterliche Warte befand.

Die Vegetation ist hier völlig anders als im übrigen Teil des Buschberges. Hier erstreckt sich das größte Kalktrockenrasengebiet Niederösterreichs. Charakteristikum der kargen Wiesen sind Wacholderbüsche, die man sonst nicht in der Gegend findet.

Nach Norden hin schweift der Blick über die Laaer Ebene und die Klippen von Staatz. Die letzten Ausläufer dieser Klippenzone sind die Pollauer Berge mit Nikolsburg am Horizont.

Eine große Tafel am Rande des Parkplatzes erinnert Besucher, daß sie sich im «Naturpark Leiser Berge» befinden. Der 1970 eröffnete Naturpark mit der hölzernen Aussichtswarte auf dem Oberleiser Berg bietet mit seinen zahlreichen Sehenswürdigkeiten einen Einblick in die Geschichte der Region. Das Naturparkgebiet reicht von Ernstbrunn über Dörfles, Oberleis und den Buschberg bis nach Michelstetten und Asparn, dazwischen bilden 43 Kilometer gut markierte Wanderwege Verbindungen zu allen Sehenswürdigkeiten. Die Palette der «Attraktionen» beginnt in Simonsfeld, wo in einem revitalisierten Bauernhof aus dem Jahre 1809 Schweine grunzen, im Ernstbrunner Fossilienschauraum taucht man in die Welt vor 140 Millionen Jahren, als sich hier ein tropisches Meer befand, in Dörfles lädt der Wildpark zum Füttern der Tiere ein, in Oberleis klettert man auf einen hölzernen Aussichtsturm. In Michelstetten kann man sich im Schulmuseum an Lausbubenstreiche erinnern, im Museum für Urgeschichte in Asparn haben die nachgebauten Rekonstruktionen urgeschichtlicher Häuser täglich außer Montag Tag der offenen Tür, und in Falkenstein, dem nördlichen Ableger des Naturparks, ist es vom Weinwanderweg zur Weinkost in der Kellergasse nicht mehr weit.

Entlang vieler Serpentinen gelangt man vom Gipfel ins Tal nach Niederleis zum Schloß hinunter.

Die ÖAV-Hütte am Buschberg ist ganzjährig Sa, So, Fei 10–19 Uhr geöffnet, Tel. 02525/6569, wochentags Tel. 02572/5171.

OBERLEIS:
PRÄHISTORISCHE BERGBEFESTIGUNGEN

»6000 Jahre Wohnberg Oberleis« verkünden Broschüren und eine große Aufschrift am hölzernen Aussichtsturm. In der Tat ist seit 1976, als neue Grabungen des Instituts für Ur- und Frühgeschichte begannen, Licht ins Dunkel der Jahrtausende gekommen.

Die Funde beginnen mit einfacher Keramik und Feuersteinwerkzeugen aus der Mittleren Jungsteinzeit um etwa 4000 v. Chr. Die erste Befestigungsanlage, ein bis zu 4 Meter breiter und 1,5 Meter tiefer Graben, ist bereits in der Frühen Bronzezeit um 2000 v. Chr. nachweisbar. Von einer richtigen Wallanlage mit Verteidigungscharakter kann erst während der Urnenfelderzeit (1200 bis 800 v. Chr.) gesprochen werden. Dieser Wall läuft um den gesamten Berg und ist noch heute als solcher zu erkennen, ganze 7,35 Hektar umgrenzt diese Erdaufschüttung. In der späten Keltenzeit (La-Tene-Zeit), die bis Christi Geburt gerechnet wird, wurde der Erdwall weiter ausgebaut und verstärkt. Der spektakulärste Fund ist eine Spatelsonde aus dem italienischen Raum, die weitreichende Handelsbeziehungen der frühen Oberleiser belegt. Eine mit 114 v. Chr. datierte Kupfermünze aus Nordafrika unterstreicht diese internationalen Kontakte.

Oberleis: Aussichtsturm auf historischem Boden

In den nächsten Jahrhunderten erreichte die Geschichte der Oberleiser Siedlung einen neuen Höhepunkt. Im Zeitraum

4./5. Jahrhundert n. Chr. hatte Oberleis als «Hauptstadt der Markomannen» eine zentrale Bedeutung im Weinviertel erlangt. Die ansässigen Germanen waren mit den im Süden ansässigen Römern verbündet, sie trieben Handel und bildeten eine Pufferzone zwischen den Germanenstämmen im Norden und dem «Großen Bruder» (also den Römern) im Süden. Sichtbare Reste aus dieser Zeit sind die Grundmauern zweier Steinbauten, Grundrisse von fünf Holzhütten und Handelsware aus dem römischen Einzugsbereich.

Nach einer Fundlücke in der Zeit der Völkerwanderung wird die Fundsituation erst wieder für das 10. Jahrhundert bedeutend. Ausgehend von einem quadratischen (8 mal 8 Meter), spätantiken Steinbau wurde im späten Frühmittelalter, der Zeit der Slawen, ein Gotteshaus errichtet. Rundherum fand man 72 Gräber bereits christianisierter Slawen. Im Mittelalter wurden an dieser Stelle zwei steinerne Kirchen errichtet: Zunächst 1200 ein romanischer Bau und später, 1400, entstand durch Erweiterung ein gotischer Bau. Alle Grundrisse sind bei der kleinen Kapelle am Plateau zu sehen. In den nächsten Jahrhunderten läßt sich aus den reichen Münzfunden eine rege Wallfahrtstätigkeit mit Einzugsgebiet aus dem süddeutschen Raum nachweisen. Die alte Kirche fiel den Kirchenschließungen von Josef II. zum Opfer: Zwei Wallfahrtskirchen – eine weitere Kirche, dem hl. Mauritius geweiht, war inzwischen am Hang entstanden und ist heute noch ein beliebter Wallfahrtsort – nebeneinander, das war dem Sohn Maria Theresias eindeutig zuviel.

Grabungsdokumentation im Aussichtsturm, Öffnungszeiten: 15. 3. bis 31. 10. Sa 13–17, So, Fei 10–12 und 13.30–17 Uhr.

DAS M.G.W.-SCHLOSS NIEDERLEIS

Schon an der Schloßmauer fallen Steine mit den Buchstaben «M.G.W.» auf. «Max Graf Wallis» hat sich hier verewigt, genauer gesagt verewigen lassen. Für den Volksmund ist «M.G.W.» ein Synonym für: «Mein-Geld-Weg».

Eine große Umbauphase erlebte das Schloß im 19. Jahrhundert, nachdem es am 5. September 1867 schon erwähnter «M.G.W.» erworben hatte. Sein Sohn, Joseph Wallis, ein enger Freund jenes Grafen Wilczek, der die Burg Kreuzenstein erbauen ließ, gestaltete das Schloß völlig um. Ausgedehnte Reisen führten ihn wiederholt nach Italien, wo er für seine Frau, einer in Baden bei Wien geborenen Dogentochter, Kunstschätze sammelte, um ihr italienisches Flair zu bieten. Sukzessive wurde das gesamte Haus mit allerlei wertvollen

Möbeln, Gobelins und Teppichen vollgestopft. Das Prunkstück dieser Melange-Sammlung, ein Kreuz aus der Schule Giottos (14. Jahrhundert) aus der Nähe von Florenz, hängt heute in der Schloßkapelle von Niederleis.

Auch in Niederleis hat der Zweite Weltkrieg seine Spuren hinterlassen. Lediglich ein Fünftel der Kunstgegenstände ist bis heute erhalten geblieben, und dies auch nur durch die Sprachkenntnisse des hier lebenden Tolstoi-Übersetzers Xa-

Schloß Niederleis: Kreuz aus der Schule Giottos

ver Schaffgotsch. Er verstand es, mit den Russen, die von 1948 bis 1955 das Schloß bewohnten, in ihrer Sprache zu reden. So existieren trotz großer Verluste im Zweiten Weltkrieg unter anderem immer noch ein spanischer Reiseschreibtisch aus dem 15. Jahrhundert, eine venezianische Ledertapete aus dem 17. Jahrhundert, zahlreiche spanische und deutsche Fayencearbeiten sowie flämische Gobelins aus dem 16. und 17. Jahrhundert.

Alljährlich finden im Festsaal des Schlosses Konzerte mit Werken der Klassik bis hin zur Moderne statt.

Besichtigungen: Gegen Voranmeldung bei der Gutsverwaltung Schaffgotsch, Tel. 02526/2366 (hier können auch Konzerttermine erfragt werden).

Die schlichte Kirche im Süden des Ortes wurde an Stelle der alten gotischen Kirche «Maria im Felde», die außerhalb des Ortes lag und 1808 abbrannte, von 1811 bis 1814 erbaut. Die gotische Monstranz aus dem Jahre 1506, der Stolz des Niederleiser Pfarrers, hat ein Bauer 1821 beim Ackern gefunden.

BUSCHBERG UND NIEDERLEIS

ANREISE AUTO Von Wien über die A22, Abfahrt Korneuburg dann auf der B6 über Ernstbrunn, im Nodendorf rechts nach Niederleis abzweigen. **ERSTE ANLAUFSTELLE** Gemeindeamt, Tel. 02576/2305. **ESSEN UND TRINKEN** Restaurant «ZUM GOLDENEN ADLER», Otto Haselbauer, einer der Geheimtips rund um den Buschberg, Tel. 02576/2550. Gasthaus SCHLADER, Tel. 02576/3636. **SCHLAFEN** In Phyra bei Fam. MÜLLNER, Nr. 133, Tel. 02525/220. **HEURIGE** FF-Heuriger zu Fronleichnam in Niederleis. **REITEN** Im Schloß, Voranmeldung unter Tel. 02576/2359. **TENNIS** Informationen im Gemeindeamt, Tel. 02576/2305. **MUSEUM** Heimatmuseum in der Volksschule, Nr. 153. Telefonische Voranmeldung, Tel. 02476/3370.

MICHELSTETTEN

Schulmuseum, uralte Wehrkirche mit romanischen Fresken in der Apsis und die Lage abseits jeder Verkehrsströme mitten im «Naturpark Leiser Berge» machen Michelstetten zu einem beliebten Ausflugsziel. Die Zeit scheint in diesem Mehrstraßendorf mit haufendorfartigem Charakter an den Nordhängen des Buschbergs keine Rolle zu spielen, es gibt kaum Verkehr, nur ein paar Einheimische, einige wenige Ausflügler und Ruhe.

Sofort fällt die Kirche mit ihrem Turmdach aus Stein, auf einer kleinen Anhöhe mitten am Hang gelegen, auf.

Der älteste Teil der Kirche ist das Langhaus, das auch als «alter Turm» bezeichnet wird. Um sich den karolingischen Turm besser vorstellen zu können, muß man gedanklich die Mauern des Langhauses bis zum Giebel hochziehen. Das Resultat ist eine Turmburg, als Einstieg diente eine Luke über den beiden Kragsteinen an der Westseite, über dem heutigen Eingang gelegen. Erst später wurde der Turm als eigenständiges Bauwerk an das bestehende Langhaus angebaut. Stilistisch fällt dieser Bauteil in den Übergang von der Romanik zur Gotik.

Die Fresken an den Wänden der Apsis sind mit 1288 datiert, eine Zeit, in der sich die Pfarre im Besitz der Johanniter von Mailberg befand. Erst 1710 bis 1720 werden die beiden seitlichen Kapellen angefügt.

Die große historische Bedeutung ist auf die verkehrspolitische Lage von Michelstetten zurückzuführen. Im frühen Mittelalter lag der Ort am Kreuzungspunkt zweier strategisch wichtiger Straßen: der Klippenzugstraße, die als kürzeste Verbindung vom Sitz des fränkisch-bayerischen Ostlandes an der

Michelstetten: Wehrkirche am Kreuzungspunkt mittelalterlicher Wege

Donau zum mährischen Reich führte, und der nördlichen Hochstraße, die von der March über die Zayafurche, die Leiser Berge bis nach Altenmarkt führte. Die Entfernung von Klosterneuburg nach Michelstetten entsprach einer mittelalterlichen Tagesreise, eine weitere Etappe führte von hier weiter nach Staatz.

Das *Schulmuseum* in der ehemaligen Volksschule befindet sich gleich vis-à-vis der Kirche. Zwei Klassenzimmer einer Lateinschule aus dem 18. Jahrhundert und ein Klassenzimmer des 19. Jahrhunderts sind zu sehen. Ergänzt wird die Ausstellung von einer Dokumentation der historischen Entwicklung des Schulwesens, beginnend im Altertum über die maria-theresianische Schulordnung bis in die Jetztzeit. Jede Menge an verschiedensten Präparaten wie Pilze, Tiere und Übersichtsschautafeln aus den reichen Lehrmittelsammlungen von Schulen machen einen Besuch zum Erlebnis.

Öffnungszeiten: 1. 5. bis 31. 10. Sa 13–17, So, Fei 10–17 Uhr. Gegen Voranmeldung für Gruppen jederzeit, Tel. 02577/(8)240.

ASPARN AN DER ZAYA

Als Sitz des Museums für Urgeschichte hat Asparn überregionale Berühmtheit erlangt. Daß neben dem Museum, das im Schloß untergebracht ist, noch eine alte Kirche und wenige Schritte weiter im Erdgeschoß des Minoritenklosters das Weinlandmuseum mit seinen reichen Sammlungen existiert, wird weitgehend vergessen. Dieses Grätzel – Museum, Kirche und Kloster – wird als Ensemble «Stättl» genannt. Das Asparner Gebiet ist, wie die ganze Region, schon seit der Steinzeit bewohnt. In historischer Zeit wird der Ort 1045 erstmalig genannt.

Der berühmteste Asparner war ein Zeitgenosse Maria Theresias beziehungsweise Josef II.: Joseph Hardmuth, 1758 im Haus Nr. 11 geboren (Gedenktafel), erfand den Graphitstift, unseren heutigen, heißgeliebten «Bleistift». Hardmuth war im

Zivilberuf Architekt im Dienst des Fürsten Johann von Liechtenstein.

Der ehemals vierflügelige Bau der *Wasserburg* geht in seiner Grundform auf die Herren von Sunnberg im 13. Jahrhundert zurück, Umbauten erfolgten im 15., 17. und zu Beginnn des 18. Jahrhunderts. Das heute darin untergebrachte *Museum für Urgeschichte* besteht aus zwei großen Teilen, dem eigentlichen Museum in den Räumen des Schlosses und dem Freilichtmuseum im Park. Wer nur ein wenig Urgeschichte schnuppern will und noch dazu mit Kindern unterwegs ist, dem empfiehlt sich zuerst ein Spaziergang durch das Freigelände. Rekonstruktionen prähistorischer Wohnhäuser, Zelte der Mammutjäger, ein 25 Meter langer jungsteinzeitlicher Wohnbau, eine Backhütte der Hallstattkultur und eine Eisenschmiede der La-Tene-Kultur finden sich hier. Die Häuser sind alle zu begehen und meist noch mit nachgebildetem Inventar ausgestattet. Wen wundert es, wenn so mancher von der Abenteuerromantik gepackt wird? Um einen echten Eindruck vom Leben der Jäger, Sammler und frühen Ackerbauern zu bekommen, bietet das Museum Schülergruppen die Möglichkeit, selbst nach ur-

Asparn an der Zaya: prähistorische Hütten im Museum für Urgeschichte

zeitlichem Vorbild zu spinnen, zu weben und zu töpfern. Während der Schulzeit wird wochentags am Vormittag Brot gebacken.

Für Fortgeschrittene, Wißbegierige und nicht bloß als Schlechtwetterprogramm sind die Museumsräume gedacht. Vom Urknall über die Entstehung des Menschen bis knapp vor Christi Geburt zeigen Tafeln, Rekonstruktionen, unzählige Funde und nachgebaute Gräber die Entwicklung früher Kulturen. Die Sammlung geht weit über das Weinviertel hinaus, alle wesentlichen Funde mit Verbindungen zur ganzen Welt werden behandelt.

Öffnungszeiten: 1. 4 bis 15. 11. 9–17 Uhr, Tel. 02577/(8)239.

Die *Kirche* neben dem Schloß ist ein gotischer Saalbau aus dem 14. Jahrhundert. Aus der Phase der späteren Umbauten sind ein schmiedeeisernes Altargitter aus 1666 und der Hochaltar aus 1765 erwähnenswert. Vor der Kirche steht eine kunstvolle Nepomukstatue aus der Barockzeit.

Neben der Kirche befindet sich der große, rosarote Bau des *Minoritenklosters*. Das Kloster wurde 1662 gegründet, für das heutige Bauwerk wurde nach einem Brand im Jahr 1745 der Grundstein gelegt. Im ersten Stock wird es von Patres bewohnt, im Erdgeschoß befinden sich die reichen Sammlungen des Weinlandmuseums. In diesem Museum werden die Themen Kunst, Geschichte und Volkskultur abgedeckt, besonders interessant ist eine alte Buchbinderwerkstatt.

Öffnungszeiten: 1. 4. bis 31. 10. Sa 13–17, So, Fei 9–17 Uhr, Tel. 02577/(8)615.

MICHELSTETTEN, ASPARN

ESSEN UND TRINKEN, HEURIGE In Michelstetten: Gasthaus und Fleischerei ACHTER, Tel. 02525/236. Wochenendheuriger Fam. HOFER, Tel. 02525/235. In Asparn: Gasthaus LADINIG, beim Bahnhof, Tel. 02577/(8)289. Heuriger der Fam. HANS, Nr. 123, Tel. 02577/(8)330 oder (8)259 mit Fremdenzimmer, und Manfred MEIXNER, Nr. 332, Tel. 02577/(8)209.

ERNSTBRUNN

Die Marktgemeinde im Zentrum der Leiser Berge besitzt ein großes Kalkwerk, ein schönes Schloß, eine interessante Kirche und drei gute Gasthäuser. Der erste Eindruck und das Erkennungsmerkmal von Ernstbrunn ist der große, weithin sichtbare Steinbruch, der als einziger nördlich der Donau Kalk für die Bauindustrie liefert. Bei näherer Betrachtung des Bruches (Achtung! Betreten ausnahmslos verboten!) sieht man eine 80 Meter hohe, in mehrere Terrassen gegliederte Wand. Das Gestein, der – wie könnte es anders sein – Ernstbrunner Kalk, ist ident mit jenem der Staatzer Klippe, der Falkensteiner und der Pollauer Berge. Berühmt ist der Kalk wegen seines Fossilreichtums. Wer Fossilien sehen will, geht zum «Fossilienschauraum» beim Bahnhof. Entstanden ist der Kalk vor 140 Milllionen Jahren im Mesozoikum, genauer gesagt im Oberen Jura. Seit über hundert Jahren wird der Kalk abgebaut. Seit 1990 läuft im Steinbruchgelände eine große Rekultivierungsaktion unter landschaftsökologischer Aufsicht. Nach einer gründlichen botanischen Analyse der Vegetation des Trockenrasengebietes erfolgte eine Bepflan-

Schloß Ernstbrunn, im Tal der kleine Ort Dörfles

zung mit 32 verschiedenen Baum- und Straucharten; das Steinbruchareal soll so «der Natur zurückgegeben» werden.

Die *Kirche* am Hauptplatz entstand aus einer kleinen gotischen Kapelle, an die man eine große barocke Kiche anbaute. Gerade frisch renoviert, lädt die Kirche als eines der wenigen nicht versperrten Gotteshäuser im Weinviertel zum Hineingehen ein. Die Altäre stammen aus der Mitte des 18. Jahrhunderts, als Maler der Altarbilder wird Kaspar Franz Sambach angenommen. Der Kreuzweg wird der Schule vom «Kremser Schmidt» zugeschrieben.

Das *Schloß* von Ernstbrunn liegt an einer Felskante Richtung Dörfles. Dort ragt der älteste Teil – bereits im 11. Jahrhundert wird eine «Feste» genannt –, mit seinen dicken Mauern einem Schiffsbug nicht unähnlich, nach Norden. In weiteren Bauphasen wurden insgesamt vier Höfe hintereinander aufgereiht. Das heutige Aussehen erhielt das Schloß durch die Herrschaft der Sinzendorfer. Die Fassade geht auf den bedeutenden Sinzendorfer Fürst Prosper zurück, der wahrscheinlich neben dem existierenden Westflügel auch noch einen Ostflügel an den turmartigen Torbau mit den Steinvasen anbauen lassen wollte. Das Schloß ist leider nicht zu besichtigen!

Der *Wildpark Ernstbrunn* befindet sich in Dörfles, dort wurden vier stillgelegte Steinbrüche von einem Zaun umgeben und zum «Wildpark Ernstbrunn» umgestaltet.

Hier sind jede Menge Wildschweine, Steinböcke, Muffel- und Sikawild zu sehen. Für Kinder wurde ein Spielplatz eingerichtet. Hängebauchschweine, Ziegen, Hasen und Hühner erobern schnell die Herzen der Kleinen, zumal man die Tiere füttern darf. Das geeignete Wildfutter wird an der Kassa zusammen mit Erfrischungen für die Besucher verkauft.

Wildpark Ernstbrunn, Palmsonntag bis Allerseelen, täglich ab 9 Uhr.

ERNSTBRUNN

ESSEN UND TRINKEN Gasthaus FLANDORFER, am Hauptplatz, auch vegetarische Küche, Gästezimmer, Tel. 02576/2217. Gasthaus SCHIRM-

BÖCK, beim Bahnhof, mit Wildspezialitäten, Tel. 02576/2219. Gasthaus
«ZUM SCHWARZEN ADLER», am Marktplatz, mit Salatbar, Tel.
02576/2209. **KAFFEEHAUS** Konditorei GEPP, Tel. 02576/2330.

EINE RADTOUR DURCH
DEN ERNSTBRUNNER WALD

Neben viel Pedalarbeit in einer sehr abwechslungsreichen,
hügeligen Landschaft bietet diese Tour lange Strecken mit fri-
scher Waldluft, ein verträumtes Schloß mitten im Wald – fast
wie im Märchen – und einen Blick auf den Mugl von
Großmugl. Die Fotoausrüstung mit Teleobjektiv sollte man
bei dieser 45 Kilometer langen Rundreise unbedingt mitnehmen.

Die erste kleine Etappe führt von Ernstbrunn nach *Simonsfeld*. Dort wurden zwei alte Bauernhöfe vor dem Verfall gerettet. Genutzt werden sie als Bauernmarkt und als revitalisierter
Bauernhof mit Tieren zum Streicheln. Der Bauernhof, Simonsfeld Nr. 41, wurde 1809 für die Bedürfnisse einer Großfa-
milie gebaut und besteht aus Wohngebäude, Ställen, Geräte-
schuppen, Schüttkasten, Geflügelhof, Scheune und Garten.
Das Wohnhaus zeigt ein Ausgedinge für das Altbauernpaar,
Sommerküche, Winterküche, Selche, Backofen und Schlafzimmer. Ziel der Initiatoren rund um den Naturpark Leiser Berge
war es, nicht bloß ein «totes» Museum zu schaffen, sondern
Leben in die alten Mauern zu bringen. So grunzen heute dort
Schweine und gackern Hühner, schnattern Enten und wiehert
ein Pferd. Im Nachbarhaus, Nr. 42, wurde ein Bauernmarkt
eingerichtet. Zu kaufen gibt's alles vom Schmalz bis zum
Wein.

Von Simonsfeld geht's über Maisbirbaum auf einer landschaftlich reizvollen, hügeligen Strecke nach *Merkersdorf*. Ein
blitzgelbes Haus mit den großen, goldenen Lettern «Elfi Alt-
hoff-Jacobi» an der Fassade verrät, daß sich hierher einst die
Altmeisterin der Zirkuswelt zurückgezogen hatte.

Während man an der Straße gemächlich nach Herzogbirbaum rollt, hat man Zeit, den wunderbar weiten Horizont zu genießen.

Nach dem Ortsende von Herzogbirbaum steht mitten im Feld vis-à-vis vom Friedhof ein schönes Marterl aus 1679 mit einem gotischen Kreuzigungsrelief. Bei der barocken Kapelle an der Straßenkreuzung nach Ottendorf sieht man den eigentlichen fotografischen Höhepunkt der Tour: den Mugl von Großmugl.

In *Großmugl* biegt man bei der Ortstafel gleich scharf nach rechts ab und macht sich auf eine zwölf Kilometer lange Strecke durch den Ernstbrunner Wald nach Enzersdorf im Thale gefaßt. Links unten im Tal sieht man die vier Ecktürme des kastellartigen, aus dem 17. Jahrhundert stammenden Schlosses *Steinabrunn*.

Eine kulturhistorisch interessante Variante führt von Herzogbirbaum durch den Wald: Nachdem man rund zwei Drittel des Weges absolviert hat, steigt man mitten im Wald in einer Linkskurve ab. Ein Schranken unweit des rechten Straßenrandes verbietet das Befahren des «Privatweges», also

Simonsfeld: revitalisierter Bauernhof mit Tieren zum Streicheln

wird das Rad versperrt, und man folgt der rund 1,5 Kilometer langen Strecke durch den Wald zu Fuß. Bald sieht man das im Privatbesitz befindliche barocke *Schloß Glaswein* idyllisch auf einer Lichtung liegen.

Nach dem Exkurs in die Barockzeit steigt man wieder auf und radelt nach *Enzersdorf im Thale* weiter. Am dreieckigen Hauptplatz steht ein schöner Pranger, die Hand mit dem Richterschwert wirkt wahrlich bedrohend. Versteckt hinter Häusern, befindet sich an der rechten Straßenseite die barocke Toreinfahrt eines nur mehr in Resten vorhandenen, großteils im Zweiten Weltkrieg zerstörten Schönbornschen Wasserschlosses.

Klement: Schüttkasten

Die übrige Strecke zurück nach Ernstbrunn führt lange durch den Ernstbrunner Wald. Bei der Straßengabelung fährt man links Richtung *Klement*. Bevor man, an der Hochfläche angekommen, endgültig nach Ernstbrunn (rechts) zurückfährt, schaut man noch einen Sprung nach Klement (links) zum revitalisierten Schüttkasten.

ERNSTBRUNNER WALD

ESSEN UND TRINKEN In Klement: Gasthaus WITTMANN, Klement Nr. 29, Tel. 02576/80247. **EINKAUFEN** In Simonsfeld: Bauernhof, geöffnet Mitte März bis November, Sa, So, Fei 9–12 und 13–18 Uhr, gegen Voranmeldung auch wochentags, Tel. 02576/2965 oder 2936. Bauernmarkt, geöffnet Sa 9–12 Uhr und 14–18 Uhr, im Winter Sa 9–15 Uhr.

EINE WANDERUNG DURCH DIE LEISER BERGE

Diese etwa 15 Kilometer lange Wanderung kann sowohl von Ernstbrunn als auch von Asparn aus begonnen werden. Man benötigt nicht einmal ein Auto, um zu den Ausgangspunkten zu gelangen. Beide Orte sind durch öffentliche Busse gut erreichbar.

Von Ernstbrunn aus geht man zunächst bei der Kirche vorbei Richtung Norden, nach dem Ortsende sieht man wunder-

schön den großen Steinbruch, zur Linken ragt der Semmel-
berg, eine schon verwitterte Kalkklippe, zwischen den Feldern
hervor. Wie man bei näherer Betrachtung sieht, wurde die kleine Klippe zur Kalksteingewinnung herangezogen.

Als nächstes Wanderziel peilt man *Oberleis* mit der Aussichtswarte an. Hier muß man unbedingt auf den Berg mit der Warte und den Ausgrabungen
steigen.

Vom Berg hinunter
geht man an der Kirche
vorbei, nach rechts Rich-
tung B6. Links unten im
Tal entspringt die Zaya,
die in einem kleinen Gra-
ben nach Klement fließt.
Man überquert die Bun-
desstraße und geht Rich-
tung Gipfelkreuz Busch-
berg, von dort durch den
Reußschen Eichenwald
in Richtung Michelstet-
ten. Die gelben Misteln
an den Eichenkronen fal-
len sogar Laien auf. Mi-
steln sind zwar in der
Wohnung um die Weih-

Buschberg: Alpenvereinshütte fast wie im Gebirge

nachtszeit sehr dekorativ, aber auf Bäumen von Forstleuten
und Waldbesitzern nicht gerne gesehen, zumal sie ein Zeichen
für kranke Bäume sind. Die Eichenmistel (*Loranthus europäus*)
entzieht dem Baum Wasser und Nährstoffe. Dies hat gerade in
dieser Gegend mit einer jährlichen Niederschlagsmenge, die in
trockenen Jahren nicht eimal 400 Millimeter erreicht, fatale
Folgen. Die Eichenmistel gab es schon immer, aber die zuneh-
mende Luftverschmutzung zusammen mit steigender Wasserknappheit ist der Eiche als typisch autochthonem Baum des

Weinviertels einfach zuviel. Faktum ist, daß rund die Hälfte der alten und mittelalten Eichen krank beziehungsweise schütter belaubt ist. Nur mehr ein Drittel der Eichen ist voll belaubt. Wenn der Baum von der Mistel befallen ist, bedeutet das «Alarmstufe Rot»: Der Baum ist geschwächt und krank. Erste Therapiemaßnahmen sind vorerst einmal das Abschneiden der Misteln, was nicht lange hilft, denn die Misteldrossel bringt nach einigen Jahren den gelben Schmarotzer wieder auf den Baum.

Das Eichensterben zieht einen ganzen Rattenschwanz an ökonomischen Folgen nach sich. Nachdem Eichen für die Furnierindustrie einen astreinen Stamm mit 50 Zentimetern Durchmesser haben müssen, den sie erst nach 150 bis 200 Jahren erreichen, wird in Hinkunft wohl weniger Furnierholz auf den Markt kommen können. Frühzeitig abgestorbene Eichen können maximal als Brennholz verwendet werden. Aber das wird aus Tschechien billiger geliefert.

Von Michelstetten geht's in der Niederung weiter nach *Schletz*. Von diesem Ort führt die Straße nach Asparn. Das Dreieck zwischen Schletz, Asparn und Olgersdorf mit der Flurbezeichnung *Am Wald* ist uraltes Siedlungsgebiet. Seit Jahren wird hier gegraben und jedes Jahr eine Menge an prähistorisch interessantem Material gefunden. Letzter spektakulärer Fund ist ein jungsteinzeitlicher Brunnen.

Autobusse bringen müde Wanderer von Asparn nach Mistelbach zum Schnellbahnhof.

DIE BILDGEDICHTE HEINZ CIBULKAS

»Von Anfang an, seit meinem Aufenthalt als Schüler in der Graphischen Lehr- und Versuchsanstalt, träumte ich davon, und später strebte ich danach, mein Leben durch künstlerische Tätigkeiten zu bestimmen.» Heute, mehr als 30 Jahre nach der Schulzeit, gehört Heinz Cibulka zu den bedeutendsten Künstlern des Landes.

1943 in Wien geboren, verbrachte er seine Kindheit in der Gegend von Loimersdorf im Marchfeld. Bald zog es ihn nach Wien, dort besuchte er die

«Graphische». Sein Klassenkollege und Freund war der Aktionist Rudolf Schwarzkogler, sein um einige Jahre älterer Mentor Hermann Nitsch. Bald entwickelte sich zwischen Cibulka und Nitsch ein enges Lehrer-Schüler-Verhältnis. Als die Aktionisten in den sechziger Jahren noch eine kleine Gruppe verfemter Künstler waren, spielte Cibulka die Rolle des passiven Akteurs. Er war Modell für die Aktionen von Nitsch, er ließ sich mit Blut und Farbe begießen. Relativ spät, erst 1975, trat er aus dieser Position heraus. Lange hat-

te er gewartet, lange hatte er Vorarbeiten geleistet, lange schon war Cibulka selbst Bestandteil der Kunst gewesen, als er schließlich den Schritt zum eigenen Künstlerdasein vollzog. Der Anfang dieser Selbstfindung vollzog sich an der Stadtgrenze von Wien zum Weinviertel. Mit «der unverbrauchten Neugierde eines Städters» saugte der begeisterte Hobbygärtner Cibulka, der am liebsten zu den Speisen der österreichischen Küche einen naturbelassenen Brünnerstraßler trinkt, wie ein Schwamm die ländlichen Qualitäten auf. Schritt für Schritt vollzog sich auch im künstleri-

Heinz Cibulka: lyrischer Fotokünstler

schen Bereich die Ablösung von den Aktionisten im engeren Sinn. In vielen frühen Arbeiten spielt das Material, im Sinne von echten Dingen aus dem Alltag, noch eine große Rolle.

Im Gegensatz zu Nitsch, dem es um das direkte Erleben geht, spricht Cibulka die Leute über Assoziationen an. Aus der Sicht des Fotografen begann er aus Eindrücken, die er in Farbfotos festhielt, zusammen mit philosophischem Gespür seine Welt, die «Bildgedichte» zu montieren.

Ein «Bildgedicht» besteht aus vier Farbfotos, die, wie bei einem Fensterkreuz, allerdings im Querformat montiert sind. Jedes Foto ist ein Ausschnitt der realen Welt ohne jegliche künstliche oder künstlerische Verfremdung, montiert werden sie nach der kompositorischen Ja-nein-Abfrage. Erst nach einer Rastzeit, nach mehrmaligem Prüfen auf Haltbarkeit, wird eine Viererkomposition als «Bildgedicht» freigegeben. Völlig kompromißlos, einer Logik im Sinne eines Handlungsablaufes folgend, reihen sich Fotos aus dem Alltag über- und nebeneinander: ein Regal mit Gläsern in einem Wirtshaus, ein Aschenbecher mit Tschikstummeln, eine Stelze, eine präparierter Wildschweinkopf als Trophäe an der Wand. Oder: eine Häuserfront mit einem offenen Fenster, Landschaft mit Wald im Hintergrund, Bauern bei der Feldarbeit, Fleischer, die ein Rind zur Schlachtung abholen. Solche und ähnliche Bilder sind Momente aus dem Alltag, die kaum jemandem bewußt auffallen. Durch den «synästhetischen Effekt» aller vier Bilder entsteht beim Betrachter ein Eindruck, der zwar subjektiv ist und sein soll, dessen Richtung durch Cibulka aber vorgegeben wird.

Heute wohnt der Fotokünstler wieder im Weinviertel. Von Ladendorf aus, wo er mit seiner Familie ein Haus besitzt, kümmert er sich als treibende Kraft um die Weinviertler Fotowochen, die jeden Sommer in Schloß Wolkersdorf einen fixen Bestandteil in der Kulturszene bilden. Statisches Stehenbleiben, das Verharren an einem Ort sind ihm fremd. Im Sommer zieht der begeisterte Wanderer eine Woche mit Frau, Kindern und Campingkocher durch das Weinviertel, scheut aber auch nicht vor großen Wanderungen in Südmähren zurück, um dann all seine Eindrücke in die Arbeit einfließen zu lassen. Die Anerkennung der Arbeit als Künstler im Dorf bereitet ihm keine Probleme mehr. «Seitdem ich im Fernsehen zu sehen war, habe ich im Dorf keine Schwierigkeiten, die Leute haben mich akzeptiert.»

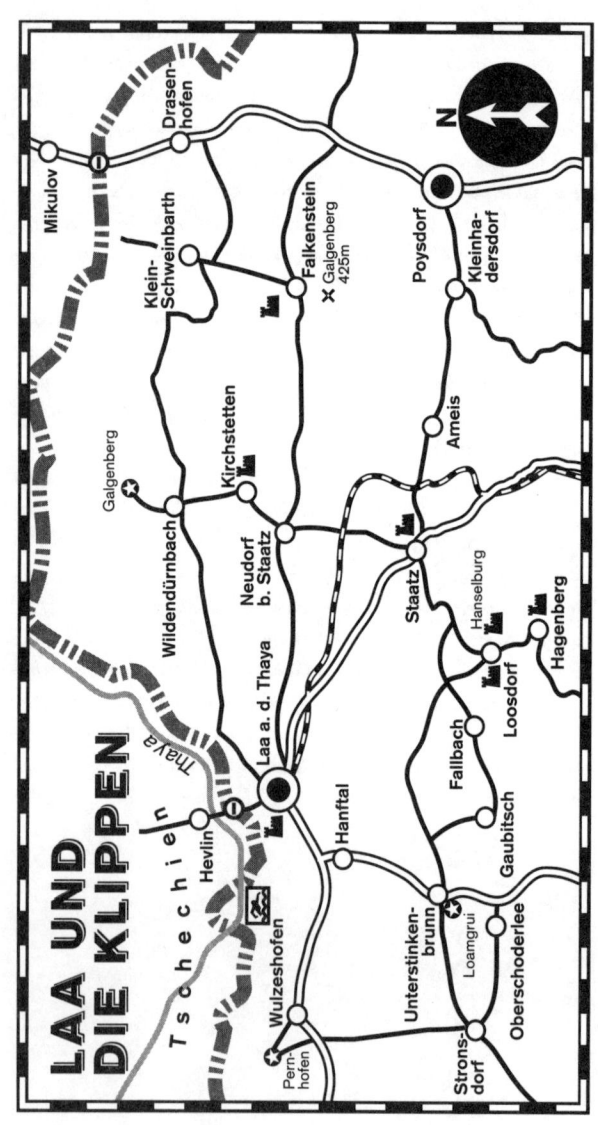

LAA UND
DIE KLIPPEN

Tschechien

Thaya

Mikulov
Drasen-hofen
Klein-Schweinbarth
Falkenstein
Galgenberg
425m
Poysdorf
Kleinha-dersdorf
Ameis
Galgenberg
Kirchstetten
Wildendürnbach
Neudorf
b. Staatz
Staatz
Hanselburg
Hagenberg
Loosdorf
Laa a. d. Thaya
Hevlin
Wulzeshofen
Hanftal
Fallbach
Gaubitsch
Unterstinken-brunn
Loamgrui
Oberschoderlee
Pern-hofen
Strons-dorf

Die Laaer Ebene und Staatzer Klippe

DIE EBENE UND DIE ZWIEBEL

Laa liegt mitten in einer brettlebenen Landschaft, umgeben von fruchtbaren, lediglich von Windschutzstreifen gegliederten Feldern. Die im Ortsnamen enthaltene Thaya fließt – zum Erstaunen mancher Erstankömmlinge – nicht durch den Ort, sondern drei Kilometer nördlich, auf tschechischem Staatsgebiet, vorbei. Nur auf einem kleinen Korridor taucht sie nach Österreich ein – der Weg zu diesem beliebten Badeplatz wird weiter unten beschrieben. Orientierungspunkt und Naturdenkmal gleichermaßen ist die im Südosten aufragende Staatzer Klippe. Weiter Richtung Osten setzt sich die Landschaft in sanften Hügeln fort. Im Süden geht die Ebene bei Unterstinkenbrunn in flaches Hügelland über, um sich noch weiter südlich zu den Leiser Bergen zu erheben. Im

Laaer Zwiebel: auch ein Wahrzeichen

Westen, die Talung der Pulkau aufwärts, bleibt das Land völlig flach; erst wieder der Buchberg bei Mailberg ist eine markante Erhebung.

Fast logischerweise ist rund um Laa die Landwirtschaft bestimmender Wirtschaftsfaktor. Vor allem eine Sonderkultur – Zwiebelanbau – ist hier vorzufinden.

Schon seit dem vorigen Jahrhundert ist Zwiebel in der Gegend heimisch, seit kurzem bemühen sich einige Bauern vermehrt um die «Laaer Zwiebel».

Es ist die Trockenheit, die der Zwiebel zugute kommt. Da in der Laaer Ebene nicht bewässert werden kann und Trockenheit langsames, gesundes Wachstum bedeutet, ist die Qualität hoch. Die rund 200 Hektar, die alljährlich mit einem Ertrag von 40.000 Kilogramm pro Hektar in der Region bebaut werden, reichen für den jährlichen Bedarf von 1,1 Millionen Menschen.

Wichtig für den Erfolg der Bauern ist die richtige Fruchtfolge. Nur jedes fünfte Jahr darf auf einem Acker Zwiebel angebaut werden. Die optimale Fruchtfolge lautet Zwiebel, Weizen, Rüben, Raps, Braugerste und erst dann wieder Zwiebel. Angebaut werden bodenständige Sorten wie etwa die «Wiener Bronzkugel», geerntet wird, weitgehend maschinell, im September.

Das bekannteste aller Zwiebelrezepte ist wohl die «Zwiebelsuppe». Hier aber wird ein echtes, altes Weinviertler Rezept aus der Küche von Herrn Franz Bsteh, Gastwirt in Wulzeshofen, nämlich das einer Zwiebelsauce, wiedergegeben:

Zutaten für 1/2 Liter: 200 Gramm Zwiebeln, 50 Gramm Schmalz, 20 Gramm Mehl, 5 Deziliter Rindsuppe, Salz, Pfeffer, Wein, eine Prise Zucker.

Schmalz erhitzen, nudelig geschnittene Zwiebeln darin braun anrösten. Zwiebeln aus dem Schmalz heben. Im Restfett Zucker bräunen, Mehl beigeben, rösten, mit Suppe aufgießen und sehr gut verrühren. Zwiebeln wieder dazugeben, würzen, 20 Minuten kochen. Passieren, mit Weißwein pikant abschmecken. Dauer ca. 25 Minuten.

Der Wirt empfiehlt dazu gekochte Schweinsschulter und Erdäpfelschmarren.

DIE GRENZSTADT LAA

Nach Jahrzehnten im Abseits ist der uralten Grenzstadt, die durch eine Textpassage in Helmut Qualtingers «Bundesbahn-Blues» (»Oberlaa, Unterlaa, Laa an der Thaya – do schrei i Feia») zu Ehren kam, wieder Zukunft beschert. Diese hat hier offiziellerseits mit dem Durchschneiden des lange Jahre trennenden Stacheldrahtes durch die Minister Alois Mock und Jiri Dienstbir am 17. Dezember 1989 begonnen.

Heute werden große Zukunftspläne geschmiedet: Ein grenzüberschreitender Golfplatz soll zwischen Laa und Höflein (Hevlín) entstehen, die Wiederbelebung der im Grenzbereich unterbrochenen Bahnstrecke von Laa nach Brünn ist ein weiterer Wunschtraum, zu dessen Realisierung lediglich 1,5 Kilometer Gleis (und eine Neuorientierung heimischer Verkehrspolitik) fehlen.

Etwas realistischer scheint die Elektrifizierung der Bahnstrecke von Mistelbach nach Laa zu sein – die Schnellbahngarnituren könnten dann von Wien bis Laa durchfahren, lästiges und zeitraubendes Umsteigen für die Pendler fiele weg.

Laa will auch Kurstadt werden. Die Basis für derartige Pläne bildet eine Thermalwasserbohrung am Gelände hinter dem Hallenbad. In 2640 Metern Tiefe wurde man fündig: 64 Grad warmes eisen- und jodhältiges Natriumchlorid-Thermalmineralwasser bietet Möglichkeiten für Herz-Kreislauf-Therapien, bei Durchblutungsstörungen, Frauenleiden und vielen anderen Beschwerden.

Angewendet soll das Thermalwasser in einem «Fit & Fun»-Center in Laa selbst und in einem Luxushotel im nahegelegenen Kirchstetten werden. Dorthin wird das warme Wasser in einer eigenen Pipeline fließen. Von Schloß Kirchstetten aus, jenem Ort, in dem 1998 die Niederösterreichische Landesaus-

Laa an der Thaya: seit alters her an der Grenze

stellung stattfinden wird, soll überhaupt die ganze Region an-
gekurbelt werden.

Laa liegt in der Mitte zwischen Wien und Brünn und will
die Nähe zu beiden Städten nützen. Drei Museen zu den Themen Bier, Kutschen und Südmährer, ein Hallenbad und die
Möglichkeit, ausgedehnte Radpartien mehr oder weniger ohne
Steigung zu absolvieren, sind Anreize, mit denen die Laaer Region um Gäste wirbt.

Wie jede Stadt hat auch Laa gegen Klischees und vorgefaß-
te Meinungen zu kämpfen. Eine davon wird Aeneas Piccolomi-
ni, dem Sekretär Friedrichs III., zugeschrieben. «Laa, die uralte Stadt, ist die Nebenbuhlerin Venedigs; so wie diese am Meer,
liegt jene im Kot», soll er, etwas boshaft, gesagt haben.

Der spätere Papst Pius II. hatte in den vierziger Jahren des
15. Jahrhunderts die Stadtpfarre inne und mit seinem Wort
durchaus recht: Bis zur Thayaregulierung in den dreißiger Jahren des 19. Jahrhunderts hatte Laa tatsächlich stets unter Überschwemmungen, Sumpf und Morast zu leiden. Zeitweise war
die Stadt gar nicht zu erreichen. Im Laufe der Jahrhunderte
wurde der Boden der Stadt aber sukzessive aufgeschüttet. Gut

Laa an der Thaya: altes Rathaus mit Weinmarkt und Touristeninformation

sichtbar ist dies beim alten Rathaus am Hauptplatz, zu dem man eineinhalb Meter weit auf die Ebene der mittelalterlichen Stadt hinuntersteigt.

Trotz morastiger «Lagunen-Situation» ist Laa aufgrund der Lage zu Mähren hin schon seit dem frühen Mittelalter eine bedeutende Grenzfeste gewesen. Die Burg mit dem zinnenbekrönten Turm, dem Wahrzeichen der Stadt, ist letzter Zeuge aus diesen ereignisreichen Zeiten.

Erste schriftliche Hinweise auf die Existenz dieser Siedlung datieren aus dem Jahre 1150. Die damalige Siedlung lag im Bereich des heutigen Markt- und Kirchenplatzes. Hundert Jahre später wird dank der Initiative der Babenberger bereits von einem «oppidum», einer befestigten Stadt berichtet. Laa wurde in weiterer Folge sogar landesfürstliche Pfründe.

Ladislaus Posthumus: Vater der Bierausschank

Wie viele andere Heerführer schätzte auch Przemysl Ottokar II. Laa als Sammelplatz für seinen Mannen. Als er jedoch 1278 gegen Rudolf zog, waren die Laaer auf die Seite seines Gegners gewechselt. Zwölf Tage lang belagerte er die Stadt, ehe er nach Dürnkrut und Jedenspeigen gegen Rudolf – in seine letzte Schlacht – ging.

Zu Beginn des 15. Jahrhunderts, der Zeit der Hussitenkriege, war Laa wieder einmal Sammelplatz der Truppen. Aus diesen schweren Jahren stammt das Recht der freien Bierausschank, das Ladislaus Posthumus der Stadt 1454 verlieh. Das Datum ist auf jeder Flasche Hubertusbier, das hier gebraut wird, stolz vermerkt.

In den Schwedenkriegen versank die einst wichtige mittelalterliche Stadt in die Bedeutungslosigkeit. Erst im 19. Jahrhundert kam es wieder zu einem großen Aufschwung. Entscheidend dafür war die Trockenlegung des Gebietes 1830/31 sowie die Wiederbelebung des Wochenmarktes 1832 und der Bau der Eisenbahnlinien in den sechziger und siebziger Jahren.

Ein für Biertrinker entscheidendes Jahr ist 1847. Damals verkaufte die Stadt das Braurecht an Anton Kühtreiber. Seit damals befindet sich die einzige Brauerei des Weinviertels in der Hand dieser Familie. Der 1810 geborene Anton Kühtreiber wurde, als er die Brauerei erwarb, angeblich über Nacht vom Wein- zum Biertrinker und starb erst 1908, natürlich gestärkt durch Hubertusbräu.

1893 ließ er den 237 Meter tiefen «Vitusbrunnen» in der Bräuhausgasse bohren, der artesisches Mineral-, aber kein Brauwasser brachte. Da es zu sonst nichts taugte, verwendete man es zum Mälzen. 1899 bis 1902 wurde außerhalb der Stadt

Biermuseum: Holzfaß aus vergangenen Tagen

mit dem Neubau der Brauerei begonnen. Nach dem Ersten Weltkrieg stellte man hier kurzfristig sogar Malzkaffee her und deckte damit immerhin ein Viertel des gesamtösterreichischen Verbrauchs ab.

Mit dem Jahr 1956 begann eine neue Ära. Als Franz Kühtreiber, der damalige Junior und nunmehrige Chef des Brauhauses, die alten Wasseranalysen des «Vitusbrunnens» entdeckte, schickte er Proben nach Berlin, Wien und München und erhielt die dreifache Bestätigung, daß es sich um gutes Mineralwasser handle. Sein Vater, ein gestandener Brauherr, war über den Gedanken an Mineralwasserabfüllung allerdings derart erbost, daß er mit seinem Sohn eine Woche lang nicht redete. Von der Richtigkeit seiner Idee überzeugt, ließ der ehrgeizige promovierte Gärungstechniker drei Meter neben dem ursprünglichen Bohrloch eine zweite, 255 Meter tiefe Bohrung durchführen. Diese sprudelte ebenfalls von selber Heil- und Mineralwasser heraus. 1963 wurden schließlich die ersten «Vitus Orange»- und «Vitus Zitron»-Flaschen abgefüllt. Und am 2. April 1976 wurde das Wasser aus der Vitusquelle schließlich offiziell als Heil- und Mineralwasser anerkannt.

Franz Kühtreiber, höchstpersönlich Braumeister des Betriebes, ist aber ein echter Bierbrauer geblieben. Nicht ohne Recht ist er stolz auf sein «Herrenpils» – ein Bier, das er ganz nach seinem eigenen Geschmack kreiert hat.

Exkursionen nach telefonischer Voranmeldung, Tel. 02522/246.

LAAER SEHENSWÜRDIGKEITEN

Am Hauptplatz dominiert das mächtige *Rathaus* mit den bunten Dachziegeln, ein Bau zu Ehren des fünfzigjährigen Regierungsjubiläums des Kaisers aus dem Jahr 1898/99. Die Pläne stammen vom Wiener Architekten Peter Paul Prang. Die Mariensäule wurde 1680 als Pestsäule errichtet. Der Pranger stammt aus dem Jahr 1567 und erinnert an die Gerichtsbarkeit. Das alte Rathaus am Rand des Hauptplatzes stammt aus dem

13. Jahrhundert und beherbergt die Touristeninformationsstelle und den Weinmarkt.

Am Kirchenplatz steht die barocke *Dreifaltigkeitssäule,* sie wurde 1709/10 von Rochus Michael Mayerhofer in Form eines damals üblichen Wolkenobelisken geschaffen. Die *Pfarrkirche,* dem hl. Veit geweiht, ist in ihrer Gestalt eine große, dreischiffige spätromanische Pfeilerbasilika aus dem 13. Jahrhundert. 1720 bis 1745 erfolgte die barocke Umgestaltung der Kirche. Interessant ist der barocke Hochaltar, der in einer drastischen Szene des Nikolsburger Bildhauers Ignaz Lengelacher das Martyrium des hl. Vitus darstellt. Der Heilige wird soeben in heißem Öl gesotten, sein Blick richtet sich bereits gen

Die Laaer Stadtpfarrkirche

Himmel, von dem auch schon ein Engel mit dem Siegeskranz des Märtyrers herabschwebt.

Der *Pfarrhof* hinter der Kirche ist eine mächtige, auf das Mittelalter zurückgehende Anlage und zeigt ebenfalls noch romanische Reste.

Die *Burg* stellt gemeinsam mit dem Turm und seinen aus dem 15. Jahrhundert stammenden Wehreinrichtungen einen eindrucksvollen Beweis der befestigten Stadt dar.

Ein weiterer Rest der Befestigung ist der *Reckturm* aus dem 13. Jahrhundert im nordwestlichen Eck der Stadt.

Die *Bürgerspitalskirche* in der Nähe des Thayamühlbaches ist ein mehrmals umgestalteter Komplex, der aus Bauteilen aus dem 13. bis zum 17. Jahrhundert stammt. Das Langhaus der Kirche stammt aus dem frühen 14., der Chor aus dem 15. Jahrhundert. Ein Spital ist in Laa erstmals 1303 erwähnt. Die Räumlichkeiten werden derzeit, nachdem die Kirche nicht mehr als solche verwendet wird, für kulturelle Veranstaltungen genutzt.

BADEAUSFLUG ZUR THAYA

Die Thaya, die – drei Kilometer von der Stadtmitte entfernt – auf einer Länge von 1,5 Kilometern auf österreichischem Gebiet fließt, bietet eine nette Wildbademöglichkeit. Gleichzeitig bietet der Ausflug noch Gelegenheit, den Thayamühlbach mittels Aquädukt über die Pulkau geführt zu sehen.

Die Strecke von der Stadt zum Bad ist sowohl mit dem Rad als auch zu Fuß gut zu bewältigen; per pedes ist man in einer knappen Stunde am Ziel. Von der Stadt aus geht man am Mühlbach entlang, am Bundesgymnasium und an der Mühlbachsauna vorbei und kommt zum «Hanfthaler Frauenbild», einer kleinen Kapelle aus dem Jahr 1847. Wobei man hier, vor allem nach ein paar verregneten Tagen, noch einen Eindruck davon bekommen kann, wie Laa in früheren Jahrhunderten ausgesehen haben muß. Der Mühlbach scheint gern über die Ufer zu treten und sich über den Weg zu ergießen – das spürt der Wanderer. Sind die Felder schon längst staubtrocken, so ist der Weg immer noch matschig.

Rasch Ermüdete gehen über die Brücke nach links über den Thayamühlbach und kehren im Lindenhof (Tel. 02522/8040) ein. Badehungrige folgen jedoch der den Waldrand entlangführenden Schotterstraße, queren den Pfaffengraben, passieren das «Mechtlerkreuz» und folgen der Fahrstraße auf freiem Feld bis zu einer T-Kreuzung. Dort geht man nach rechts bis zur Staatsgrenze. Bei der Holzbrücke links stößt man auf die Pulkau. Geht man den kleinen Fluß, der unweit dieser Stelle in die Thaya mündet, noch etwas entlang, kommt man zu jener Stelle, an der der Thayamühlbach (welcher bereits in Tschechien aus einem Thaya-nahen Teich abgeleitet wird) über die Pulkau fließt. Geht man jedoch über die Holzbrücke, trifft man nach kurzem Weg auf die Thaya. Am Damm entlang ist ab Höhe der Telefonleitung der Fluß mehr als zehn Meter breit und so tief, daß man darin schwimmen kann. Mehrere Abgänge zu Sandstränden laden zum romantischen Wildbaden ein.

Ein anderer, kurzer Abstecher führt nach Hanfthal, eine Art «Vorstadt» von Laa, nur zwei Kilometer entfernt. Bemerkenswert ist hier vor allem der klassische Rundanger, der große freie Platz in der Mitte des Dorfes.

Der Ursprung der Siedlungsform liegt in einem ehemals vorhandenen flachen Teich, um den herum die Häuser gebaut wurden. Diesen schüttete man 1862 zu und verwandelte ihn in den «Seegarten». In die Mitte stellte man eine Statue des hl. Florian, die, 1968 entfernt, nun an der B6 steht. Aus dem Anger entstand der Fußballplatz des Union FC Hanfthal.

HANS BRANTNER –
EINE AMERIKANISCHE KARRIERE

Welcher Autofahrer hat nicht schon über einen vor ihm langsam fahrenden Traktor geflucht? In vielen Fällen sieht er allerdings nicht den Traktor, sondern nur einen grünen Kipper oder Anhänger aus der Werkstatt von Hans Brantner vor sich. Hinter diesem Namen verbirgt sich eine Erfolgsgeschichte, die ansonsten nur in Amerika möglich scheint.

Als Sohn eines Schmieds 1921 geboren, absolvierte der nunmehrige Kommerzialrat Hans Brantner zunächst eine Ausbildung als Industriekaufmann, dann folgten fünf Jahre bei der Kriegsmarine. Als Heimkehrer findet er in seinem erlernten Beruf keine Arbeit, beginnt in der Werkstatt seines Vaters eine Schmiedelehre und fast gleichzeitig, Anhänger zu bauen. Vorerst verwendet er Hartgummireifen alter Kriegspanzer, bis er 1948 mit einem Elektroschweißgerät den ersten luftbereiften Anhänger «erfindet». Die Bau-

ern nennen diese Gefährte «Gummiwagen», im Gegensatz zu den damals üblichen hölzernen Pferdeanhängern mit eisenbeschlagenen Holzrädern.

Mit Beginn der fünfziger Jahre stellte Brantner dann den ersten Kipper her.

Damals gab es in Österreich rund 600 Fahrzeugbauer, heute sind es sieben; die Firma Hans Brantner und Sohn ist die größte auf dem Gebiet, exportiert mehr als 60 Prozent ihrer Produktion, ist in Österreich und der Schweiz führend und in Deutschland ebenfalls mit vorne an der Spitze der Traktorenanhänger-Händler dabei. Unlängst konnte Brantner 800 Anhänger nach Uganda verkaufen, mehr als 4000 Stück setzte er bereits in Südafrika ab.

Mehr als 85.000 Anhänger und Kipper hat der Unternehmer bis heute hergestellt; täglich werden es 20 bis 25 mehr. Insgesamt 295 Leute stellen im Zweischichtbetrieb jeden Anhänger genau nach Kundenwunsch her – und diese Wünsche sind denkbar variantenreich.

Das Erfolgsrezept des heute Vierundsiebzigjährigen Selfmademannes ist schlicht: «Mein Beruf und mein Hobby ist das Geschäft», sagt er, durchwandert jeden Tag seine 400 Meter langen Hallen, regelt Blecheinkauf und Finanzbereich nach wie vor selbst und spielt, sicher ist sicher, auch noch ab und zu den hauseigenen Nachtportier.

LAA AN DER THAYA

ANREISE AUTO Von Wien über Korneuburg entlang der B6 (70 km). **ANREISE ZUG** Entweder direkt von Wien Nord oder Wien Süd oder bis Mistelbach mit der S-Bahn und dann mit dem Regionalzug. **ERSTE ANLAUFSTELLE** Touristeninformation im Alten Rathaus, Stadtplatz Nr. 17, Tel. 02522/501-29. **ESSEN UND TRINKEN** Gasthaus WEILER, die erste Adresse in Laa, an der Staatsbahnstraße 60, Tel. 02522/2379. Gasthaus MADER, Hauptstraße 5, Tel. 2522/8360, mit schönem Gastgarten. Restaurant KOFFLER, am Stadtplatz, Tel. 2522/2386. **SCHLAFEN** «HOTEL ZUM BRÜDERTOR», erste Adresse, Raiffeisenplatz 5, Tel. 02522/8286. Restaurant KOFFLER (s.o.). Gasthaus FRANZ BSTEH in Wulzeshofen, Tel. 02527/203. Pension SEIDL in Hanfthal, Tel. 02522/7754. **KAFFEEHAUS** Café WEILER, am Stadtplatz 2, Tel. 02522/8373. Erich LACHMAYER, Stadtplatz 32, Tel. 02522/2389. **HEURIGE** Infotafel am Hauptplatz. Heurige am «Kellerhügel», an der Straße Richtung Neudorf; Fam DIEM, Tel. 02522/8232 od. 85685. **SZENE** Café und Bierlokal «SCHWARZER

PETER», mit mehr als 20 Biersorten, Hubertusgasse 4, Tel. 02522/8016. Discothek «PADDOCK», ein Klassiker, Stadtfeldgasse 5, Tel. 02522/7713. **MUSEUM** Biermuseum in der alten Wasserburg, bietet als einziges seiner Art einen Überblick über die Geschichte des Bieres. Öffnungszeiten: Mai bis September Sa, So, Fei 14–16 Uhr (oder gegen Voranmeldung, Tel. 025227/2501-29 oder 85142). Süd-mährer-Museum im Alten Rathaus, Ausstellung über die aus ihrer Heimat vertriebenen Südmährer. Öffnungszeiten: April bis 31. Oktober So und Fei von 9–12 Uhr (oder gegen Voranmeldung, Tel. 025227/2501-29, 2454 und 84964). Kutschenmuseum an der Straße nach Hanfthal, auf 1000 Quadratmetern 140 Kutschen und Schlitten aus dem 18. und 19. Jahrhundert. Öffnungszeiten: April bis 31. Oktober So und Fei von 14–17 Uhr (Information: Tel. 02522/2501-29). **FAHRRADVERLEIH** Beim Bahnhof, Tel. 02522/8057. **CAMPING** Gasthaus ZAHNT, Staatsbahnstraße 28, besitzt einen Campingplatz, Tel. 02522/2341. **FISCHEN** In der Thaya und in zwei Fischteichen hinter der Brauerei, Information: Franz Kmosko, Kellerweg 1a, Tel. 02522/86102, oder im Gasthaus MADER, Tel. 02522/8360. **SCHWIMMEN** Hallenbad, Neue Badgasse, Tel. 02522/2666, mit Minigolf- und Tennisanlage oder in der Thaya oder im Mühlbach (s. S. 239 f.). **FITNESS** Fitnesscenter in der Eichamtsstraße 35, Tel. 02522/7175. **REITEN** Gegen Voranmeldung bei Gitti Trischak, Tel. 02522/8265. **KEGELN** Gasthaus ZAHNT (s.o.). **EISLAUFEN** Kunsteisbahn, Tel. 02522/2638. **KINO** Stadtkino, Tel. 02522/8223. **EINKAUFEN** Bauernmarkt jeden 2. und 4. Freitag im Monat im Hof des Alten Rathauses. Weinmarkt im Kellergewölbe des alten Rathauses (täglich 15–19 Uhr, Sa 10–13 Uhr), auf Wunsch Degustationen (Voranmeldung: Tel. 02522/501-29).

UNTERSTINKENBRUNN

Der Ortsname ist in der Tat Realität, zwischen Nappersdorf und Wullersdorf gibt es sogar noch ein Oberstinkenbrunn.

In der Mitte des Ortes befindet sich der sogenannte Trinkbrunnen, der ein stark eisenschüssiges Wasser hat. Schon in der ersten nachweislichen Nennung des Ortes, 1150 als «Stichundenprunne», wird ein Brunnen angesprochen.

Wenn heute Leute in die Bauerngemeinde Unterstinkenbrunn kommen, das an der B6 zwischen Ernstbrunn und Laa liegt, dann wohl nicht wegen des Brunnens, sondern wegen der

«Loamgrui». Die hochdeutsche Version des Wortes in der «ui»-
Mundart heißt Lehmgrube, was aber nicht Ziegelgrube bedeu-
tet, sondern in diesem Fall «Kellergasse». Ein paar hundert
Meter außerhalb des Ortes befindet sich zwischen Weinbergen
eingebettet eine dorfartige Ansammlung
von schön renovierten Preßhäusern und
Weinkellern. Aufgrund der Größe der
Anlage könnte man meinen, mitten im
Weinbaugebiet zu sein. In Unterstinken-
brunn lebt aber keiner der Bauern vom
Weinbau, der seit jeher bloß ein kleiner

Vordächer in Unterstinkenbrunn

Teil der Landwirtschaft war. Hier am Rande der Laaer Ebene
werden Zwiebel, Zuckerrübe und Getreide angebaut. So ist es
auch nicht verwunderlich, daß die Lehmgrube nach Jahrzehnten des Dornröschenschlafs erst in den letzten Jahren von den
Unterstinkenbrunnern wiederentdeckt wurde. Seither boomt
das Leben in der Lehmgrube. Der Kirtag, früher Mitte August
im Dorf abgehalten, wurde kurzerhand in die «Loamgrui»
transferiert. Sogar die Jugend hat sich in den Kellern eingefun-
den.

Der Weg nach Hause kann notfalls sogar durch einen der
beiden jetzt auch schon ausgeholzten Hohlwege genommen
werden. Mit den Hohlwegen ist auch Ignaz Kienast, seines
Zeichens heimischer Bildhauer, verbunden. Seit Jahren
bemüht er sich, zwei schon zugeackerte Hohlwege von der
Lehmgrube bis zum Blauen Kreuz an der B6 durch Bepflan-
zung von Bäumen wiederzubeleben. Bei der heimischen Bevölkerung stößt er auf weniger Akzeptanz als bei Auswärti-
gen, die dem Beispiel von Altlandeshauptmann Siegfried
Ludwig und Casino-Austria-Chef Leo Wallner folgten und
eine Baumpatenschaft übernommen haben. Die künstlerische Arbeit des Bertoni-Schülers konzentriert sich seit einigen Jahren auf die Verwendung von Faßdauben als Aus-
gangsprodukt für Skulpturen, von denen in vielen Fällen eine
naiv bis archaische Ausstrahlung mit stark religiös-meditati-

Unterstinkenbrunn: nach der Weinlese in der «Loamgrui»

ven Anklängen ausgeht. Der Künstler lebt und arbeitet in Wien und Unterstinkenbrunn, wo in seinem Preßhaus die Werke entstehen.

UNTERSTINKENBRUNN

ESSEN UND TRINKEN Gasthaus MAY, Tel. 02526/(7)251, Gasthaus MÜLLNER, Tel. 02526/(7)243, mit Schlafgelegenheit. **HEURIGER** In der Loamgrui: Fritz GASS, Tel. 02526/6326.

SCHLOSS LOOSDORF UND HAGENBERG

Versteckt in einer kleinen Senke am Südrand der Laaer Ebene liegt Loosdorf. Vielen durch seine Zinnfigurensammlung (12.000 Stück) bekannt, bietet der Ort etliche Kuriositäten. Eine davon ist der «Schutzraumweinkeller», ein echter, mit Luftfilter, Toilettenanlagen und Notstromaggregat atomunfallsicher ausgebauter Weinkeller. Im Ernstfall (Dukovany, das tschechische Atomkraftwerk, ist nah) bietet der Weinkeller 50 Personen Platz, 25 dürfen auf Betten schlafen, die restlichen versorgen die Schlafenden durch Kurbeln mit gefilterter Luft.

Daß dieser Fall nie eintrete, dafür sorgt die «Weinviertler Umweltmadonna» beim Bauhof der Gemeinde. Diese 1989 errichtete tönerne Schutzmantelmadonna von Klaus Kogelnik soll die Loosdorfer vor dem Super-GAU schützen. Am östlichen Dorfhang breitet die «Rio-Christusstatue» von Karl Rosenmaier als verkleinerte Kopie der Statue vom Corcovado in Rio de Janeiro schützend die Arme über das Dorf. Aufmerksam gemacht durch etliche grüne Tafeln in der Umgebung, sucht man das «Kulturhaus Winkelau». Das Kulturhaus ist eine ehemalige, heute zu einem beheizbaren Saal umfunktionierte Scheune, die im Konnex mit dem ehemaligen Pferdestall aus dem 18. Jahrhundert stammt. Angeschlossen sind die «Loosdorfer Stub'n». Dieser Treffpunkt für Feinschmecker befindet sich im ehemaligen Pferdestall mit einem

Loosdorf: Schutz vor dem Super-Gau im Weinkeller

wunderschönen Tonnengewölbe. Am Hügel dahinter entsteht ein Skulpturengarten, in dem Ankäufe moderner Kunstwerke der Niederösterreichischen Landesregierung aufgestellt sind.

Das *Schloß* ist heute im Besitz der Familie Piatti, die 1836 aus dem Veneto kam. Ende des 18. Jahrhunderts ließ Johann von Liechtenstein die nach ihm benannte «Hanselburg», eine romantischen Ruine im Wald, sowie einen Obelisken errichten.

Weitere Schwerpunkte waren die Gartengestaltung und der Umbau der westlichen Gartenfassade des Schlosses um 1820.

Die Anwesenheit der Russen von 1945 schließlich war die letzte «prägende» Phase im Schloß. Wenngleich der Zweite Weltkrieg wie überall sonst auch Spuren der Zerstörung hinterließ, so wird hier das Grauen des Krieges ästhetisiert. Im ehemaligen Schlafzimmer wurde mit viel Gefühl für die zerbrochenen Porzellangefäße das «Scherbenzimmer» eingerichtet. In Reihen und kleinen Häufchen liegen, getrennt nach Manufakturen, die bunten Reste von Meissen, Alt Wien, Wedgewood, Bauernkeramik, Royal Kopenhagen … Man hat erst gar nicht versucht, all das wieder zusammenzusetzen, zu kleben und zu rekonstruieren. Zerstört ist zerstört. Ganz bewußt unterstreicht Verena Piatti, daß hier kein Mahnmal gegen die Russenzeit nachgebaut wurde – mit an Sicherheit grenzender Wahrscheinlichkeit hätten alle anderen Soldaten auch bis in die heutige Zeit genauso gehandelt. Immerhin ließen die Russen die Bemalung und Tapeten der Wände aus der Empirezeit völlig unversehrt.

Die Philosophie der Schloßbesitzer lautet «Nicht überrenovieren». So wird das Haus stets die Atmosphäre der scheinbar stillstehenden Zeit bewahren können.

Loosdorf: Der Krieg hinterließ – heute geordnete – Scherben

Auch die Zinnfigurensammlung mit ihren zahlreichen Dioramen und Schlachtszenen unterstreicht die wechselvolle Geschichte des Grenzgebietes. Die Schlacht bei Staatz, als 1246 die eindringenden Böhmen von Herzog Friedrich geschlagen werden konnten, ist mit Sicherheit jenes Diorama mit dem größten Lokalbezug.

Im Sommer werden seit Jahren die «Internationalen Meisterkurse für Klavier» abgehalten. Ausstellungen und Konzerte tragen dazu bei, das Schloß wiederzubeleben. Besichtigung nach Voranmeldung, Tel. 02524/822217. Bei dieser Gelegenheit können auch Produkte aus der biologisch-dynamisch geführten Landwirtschaft erworben werden.

Zur «romantischen Ruine» Hanselburg gelangt man vom Kulturhaus

Hanselburg: romantische Ruine im Wald

Winkelau an der Straße am Waldrand entlang. Im Wald weist ein Schild gleich links zur Hanselburg. Man quert Gräben und Wälle der Hausberganlage, und schon steht man vor der künstlichen Ruine, die Johann von Liechtenstein errichten ließ.

Als kleiner, aber sehr empfehlenswerter Abstecher von Loosdorf bietet sich zunächst die Nachbarortschaft Fallbach an. Die dem hl. Lambert geweihte Kirche ist ein einzigartig schönes spätgotisches Bauwerk, das von der Lage an einem ehemaligen Hausberg, etwas erhöht am Rande der Laaer Ebene, einen schönen Blick nach Norden bietet.

In Gaubitsch, drei Kilometer westlich von Fallbach, ist das Innere der St.-Stephans-Kirche (romanisches Langhaus, gotischer Chor) sehenswert: Der Volksaltar geht auf einen Entwurf von Kardinal Groër zurück.

Der nette Pfarrer im Pfarrhof ist gerne bereit, die Kirche aufzusperren.

LOOSDORF

ANREISE AUTO Ab Wien auf der Brünner B7, nach Mistelbach (B46) Richtung Siebenhirten, Hörersdorf. In Frättingsdorf durch den Wald nach Loosdorf. **ESSEN, TRINKEN UND SCHLAFEN** LOOSDORFER STUB'N, Tel. 02524/84803. **FAHRRADVERLEIH** Fam. Rak, LOOSDORFER STUB'N (s.o.). **EINKAUFEN** Ausgezeichneten Hagebuttenwein und Schnaps bei Fam. Egle, Loosdorf Nr. 73, Tel. 02524/8473. «Himbeerserie» (Wein, Schnaps, Likör und Marmelade) bei Fam. Hummel, Loosdorf Nr. 26, Tel. 02524/8502.

HAGENBERG

»Suchen wir das Schloß als Standort innerer Größe, als Kristallisationspunkt der über Jahrhunderte in sie geströmten künstlerischen Energie. In diesem Sinn ist Hakenberg ein Geheimtip für Kenner, die sich inspirieren lassen und selbst inspirieren können. Schloß Hakenberg steht heute jedem offen. Es wird jeden Wanderer willkommen heißen. Erschließen wird es sich nur jenem, der sich – wenn auch nur vom Hörensagen – angezogen fühlt.« In einem «Plädoyer zur Neuorientierung» beschreibt Horst von Wächter, seines Zeichens Schloßherr von *Hagenberg*, das früher auch Hakenberg genannt wurde, seine Einstellung zu Schlössern. Seit 1986 bemüht sich der aus Wien stammende ehemalige Sekretär von Friedensreich Hundertwasser, das Schloß zu beleben.

In der Tat hat das Haus einst bessere Zeiten gesehen. Über dem Eingangstor des ehemaligen Wasserschlosses befindet sich ein Wappen mit drei Würfeln, was Sinzendorf und somit Reichtum bedeutet. Die Sinzendorfer erwarben das Schloß

1650, das in seinen Ursprüngen auf das 13. Jahrhundert zurückgeht, stockten es auf und bauten es zu einem Palazzo mit Lagune aus. Tatsächlich befand sich in der Ebene Richtung Friebritz und Zwentendorf einst ein Teich. Der Flurname «Teichbreite» ist der letzte Beweis, daß in der Barockzeit Dämme aufgeschüttet wurden und der Brandbach zu einem ein Kilometer langen künstlichen See aufgestaut wurde. Um dem See das entsprechende Flair zu geben, stellten die Sinzendorfer Gondolieri aus Venedig an. Rasch fanden damals die Italiener im Weinviertel Anschluß, was sich an Hand der geschlossenen Ehen ablesen läßt. Francesco Olivi heiratete 1688 eine Kleinbaumgartnerin, der «gundilirer» Daniele Poncira eine Zwentendorferin, und Joseph Centon, «herrschaftlicher Guntlier zu Hagenberg, sonsten aus der Stadt Venedig gebürtig», ehelichte eine Mistelbacherin.

Besichtigung gegen Voranmeldung: Horst von Wächter, Tel. 02524/ 8506.

Die Ortskirche von Hagenberg besteht wie so oft im Weinviertel aus einem romanischen Teil aus dem 12. Jahrhundert, an diesen wurde im 14. Jahrhundert ein gotischer Chor angebaut. Beides wurde 1760 nach einem Brand von der barocken Umgestaltung erfaßt, im Zuge derer auch der schöne Pfarrhof erbaut wurde. Höhepunkt der Innenraumgestaltung ist ein Altarbild von Franz Anton Maulpertsch, das den hl. Ägydius darstellt.

Nördlich der Kirche, auf der anderen Straßenseite, befindet sich ein von Föhren bewachsener kleiner Hausberg mit einer barocken Kreuzigungsgruppe.

Obwohl der Ort mit seinem schönen grünen Anger, auf dem ein Pranger aus 1717 steht, am Schnittpunkt von vier Straßen liegt, ist es sehr ruhig. Beinahe vergessen wirken auch die Orte rund um Hagenberg. Nach Norden geht's über die Wasserscheide von Thaya und Zaya nach Loosdorf. Im Süden führt die Straße nach Altmanns, einem idyllischen, verträumten Bauerndorf. Nach Westen geht's entlang der ehemaligen

Staatzer Klippe: aus dem Untergrund vor 17 Millionen Jahren «aufgetaucht»

Lagune nach Friebritz, das durch seine neolithische Kreisgra-
benanlage bekannt ist. Im Osten liegt Frättingsdorf, außerhalb
dieses Orts begeistern die Gebäude der aufgelassenen Ziegelei
Liebhaber schöner Industriearchitektur des ausgehenden 19.
Jahrhunderts.

DIE STAATZER KLIPPE

Die 100 Meter hoch über das Umland ragende Kalkklippe von
Staatz ist schon von weitem unübersehbar; so sieht, so könnte
man denken, also ein Vulkankegel aus. Falsch getippt: Der
Staatzer Berg ist eine sogenannte «Durchspießungsklippe» und
besteht aus hellem Ernstbrunner Kalk, einem Material, das im
Weinviertel nur in den verschiedenen Klippen vorkommt und
sonst nicht an der Erdoberfläche zu finden ist.

Dieser weiße Kalk entstand zur Zeit des Oberen Jura vor
140 Millionen Jahren. Damals war das Weinviertel von einem
seichten Meer mit Korallen bedeckt, vergleichbar mit den Ma-
lediven oder dem Barriereriff vor Australien. Am Beginn der
darauffolgenden Kreidezeit fiel dieser ausgedehnte Flachwas-

Staatz: Im Sommer kämpfen hier Winnetou und Old Shatterhand

serbereich trocken, wurde später neuerlich überflutet und im Laufe der Jahrmillionen von kilometerdicken Sedimentschichten überlagert. Im Zuge der alpinen Gebirgsbildung wölbten sich vor 17 Millionen Jahren unter Druck große Teile des Gesteinsuntergrunds auf. Waschberg, Michelberg, Leiser Berge, Staatz, Falkenstein und die Pollauer Berge wurden durch kilometerdicke Gesteinsschichten langsam nach oben gedrückt. Die Erosion legte später die Klippen endgültig frei. Die Klippe ist als wurzelloser «Schürfling» nicht mehr mit dem Untergrund verbunden.

Die Besteigung der Klippe ist touristische Pflicht. Eine Ruine krönt den Kegel, und die Besteigung ist gar nicht so anstrengend, wie man meinen könnte. Oben angekommen, spürt man den Wind viel stärker als unten und versteht plötzlich die Anlage der vielen Windschutzstreifen in der Laaer Ebene.

Die isolierte Lage des Kalkfelsens inmitten der Ebene forderte den Bau einer Befestigungsanlage geradezu heraus. Das genaue Alter der ehemals stolzen Burg ist unklar, wahrscheinlich fällt sie ins 12. Jahrhundert. 1176 war Herzog Heinrich II. Jasomirgott in Staatz zu Besuch. Bis 1250 war die Burg im Besitz der Herren von Staatz, dann besaßen sie bis 1430 die Maissauer, die auch die Blutgerichtsbarkeit erhielten.

Später wechselte die Burg noch mehrmals die Besitzer, bis sie 1645 von den Schweden zerstört und seitdem nicht wieder aufgebaut wurde.

An Sommerwochenenden wird Staatz mit der, so wird behauptet, größten Freiluftbühne Österreichs zur Festspielstadt.

Jedes Jahr schreibt der Initiator und Regisseur Paul Roberts, der bereits 1972/73 bei den Karl-May-Spielen in Bad Segeberg mitspielte, einen Karl-May-Roman speziell für die Staatzer Bühne um. Winnetou, Old Shatterhand und seine Mannen bevölkern das aufgelassene Steinbruchgelände an der Staatzer Klippe und kämpfen natürlich gegen das Böse. Berufsschauspieler vom Theater in der Josefstadt, vom Volkstheater und von anderen Bühnen sowie 80 Statisten sorgen – unter anderem mit Pferdestunts – für volle Zuschauerränge.

**Gespielt wird jeden Samstag und Sonntag von Juli bis September.
Festspielinformation: Gemeindeamt Staatz, Tel. 02524/2212.**

Bevor man Staatz endgültig verläßt, wirft man noch schnell einen Blick auf den Kalvarienberg, der gleich neben der Straße Richtung Mistelbach hinter Bäumen versteckt liegt.

Sucht man eine idyllisch gelegene Kellergasse in der Umgebung, so fährt man am besten nach Ameis. In Ameis befindet sich auch eine wegen ihrer Schlichtheit beeindruckende, alte Kirche aus der Gotik mit barocker Inneneinrichtung.

HOFFNUNG IN KIRCHSTETTEN

Sieben Kilometer nördlich von Staatz (und rund zehn Kilometer östlich von Laa) liegt, ziemlich abseits aller befahrenen Wege, der Ort Kirchstetten.

1998 soll die Landesausstellung «Heimat bist du großer Töchter – Bedeutende Frauengestalten der österreichischen Geschichte» hier stattfinden – und damit auch der Aufbruch ins touristische Zeitalter eingeläutet werden. Der Countdown

läuft, die Umbauarbeiten im dafür vorgesehenen Schloß
Kirchstetten erlauben bis zur Eröffnung der Landesausstellung
keinen Besuch der Innenräume.

Seit 1723 befindet sich das Anwesen im Besitz der Familie
Suttner. Das ursprüngliche Wasserschloß wurde im 18. Jahrhundert, nachdem es Matthias Suttner erworben hatte, nach
Plänen von Johann Bernhard Fischer von Erlach gründlich
umgestaltet und ausgebaut. Der kunsthistorische Höhepunkt
des Baus befindet sich im Festsaal, wo ein Deckenbild (Öl auf
Leinwand) von Franz Anton Maulpertsch aus 1752, «Der Tri-
umph der Wahrheit über die Zeit», zu sehen ist.

Bertha von Suttner, Österreichs Friedensnobelpreisträgerin,
soll hier – zumindest zeitweise – gelebt haben. Zwar ist dies bis
heute nicht bewiesen, doch schon jetzt stehen im hinteren Teil
des Schloßparks drei große Glastafeln mit dem überdimensio-
nalen Bildnis und mit Textstellen aus Schriften der großen
Tochter Österreichs.

An der rückwärtigen Front des Schlosses soll bis zur Landesausstellung ein modernes Luxushotel mit Kurmöglichkeiten
entstehen – ein Kontrapunkt zum barocken Ensemble. Die

Schloß Kirchstetten: große Pläne mit dem alten Haus

Versorgung mit Thermalwasser wird über eine eigene Leitung von der Laaer Bohrung erfolgen.

Im Haus Nr. 35, bei Herrn Müllner, wird alles vom Schaf, beginnend beim Fell über Fleisch bis hin zum Käse, angeboten. Die Spezialität des Hauses ist der «Schiegenkäse», für den Schaf- und Ziegenmilch zu einem gemeinsamen Produkt verarbeitet werden. Neuerdings werden auch Wachteleier angeboten.

Drei Kilometer nördlich von Kirchstetten liegt Wildendürnbach; wiederum nördlich des Ortes gibt es eine kleine Erhebung, um die zahlreiche Preßhäuser in mehreren Reihen angeordnet sind. Mit Recht wird diese Anlage rings um den Galgenberg als eine der schönsten Kellergassen Niederösterreichs gepriesen. Weingärten überziehen den ganzen Berg wie eine grüne Decke.

ESSEN UND TRINKEN In Neudorf/Staatz: Fam. KASTNER, Tel. 02523/470, mit Übernachtungsmöglichkeit.

FALKENSTEIN

Falkenstein ist wegen seiner Weine, seiner Kellergasse und der Ruine berühmt. Die Ruine ist weithin sichtbar am Gipfel einer Kalkklippe gelegen. Der Initiative des pensionierten Poysdorfer Autohändlers Friedrich Parisch ist es zu verdanken, daß hier alljährlich ein wenig von den Geheimnissen der Vergangenheit gelüftet wird. Parisch, im Nebenberuf «ordentlicher Student der Ur- und Frühgeschichte», entdeckte zunächst 1975 am Schanzboden eine riesige neolithische Anlage, bevor er sich auf die Ruine konzentrierte.

Wie bei vielen alten Burgen liegt auch hier die Geschichte, besonders die ersten Anfänge des Gebäudes, im Dunkel. Wenige Daten sind gesichert: Die erste Nennung der Burg ist mit 1308 datiert. Aber zu diesem Zeitpunkt hat die Burg schon bestanden. Der Ort wird 1118 erstmals genannt, die Pfarre ist seit 1122 in den Urkunden vertreten.

Falkenstein ist ein Glied einer Verteidigungskette – das nächste befindet sich in Staatz –, die um die Mitte des 11. Jahrhunderts als Grenzschutz entlang der Thaya und der March errichtet wurde.

Für die Burg lassen sich aufgrund der Grabungsergebnisse drei Bauphasen rekonstruieren:

– die romanische Burg vom Ende des 11. Jahrhunderts

– die Burg mit der wehrtechnischen Erweiterung im 14. Jahrhundert

– das Renaissanceschloß aus dem 16. Jahrhundert.

Wie ein Baum wuchs die Burg von innen nach außen. Beim Betreten durchschreitet man das Tor, das in die 3,6 Meter dicke Wehrmauer aus der Renaissancezeit eingelassen ist. Noch 1690 soll sich an dieser Stelle eine Zugbrücke mit einem Graben befunden haben, von beiden ist heute nichts mehr übrig.

Nach dem ersten gelangt man in den zweiten Burghof aus dem 14. Jahrhundert. Von dort geht man bergauf in den ältesten Teil der Burg. Fahrspuren der Wagenräder im anstehenden Fels sind deutlich herausgearbeitet.

Ruine Falkenstein: von Weingärten umgeben

Die alte Burg war von einer zinnenbewehrten Ringmauer umgeben. Interessant ist, daß die romanischen Burgen nicht aus Kalk-, sondern aus Sandstein gefertigt wurden. Ersteren hätte man hier direkt vor Ort abbauen können, da er aber schlecht zu bearbeiten ist, scheute man keine Mühe, den leichter zu bearbeitenden Sandstein aus weiter entfernten Brüchen herbeizuschaffen.

Neben den Mauerresten stammt noch das Gewölbe, unter dem die Ausgräber ihr Lager aufgeschlagen haben, aus dem 12. Jahrhundert. Ein nicht alltägliches Erlebnis ist ein Blick in den Felsenkeller, der im 12. Jahrhundert entlang von Störungszonen im Gestein ausgebrochen wurde.

Über dem Kellergewölbe befindet sich der Pallas aus einer zweiten romanischen Ausbaustufe. Der Boden ist mit einer zwei Meter dicken Schuttschicht bedeckt, um den Keller vor Feuchtigkeit zu schützen. Gleich daneben befindet sich der höchste Punkt der Ruine, der 1602 errichtete Kapellenturm. Im Osten befindet sich der der erhöhten Burg vorgelagerte 3200 Quadratmeter große Burghof, der im 16. Jahrhundert angelegt wurde.

Im Zuge der Schwedenkriege von 1645/46 wurde Burg Falkenstein arg beschädigt, aber nicht vollkommen zerstört. Zur Instandsetzung mußten 251 Tagwerke geleistet werden. Später hatte die Burg als Fluchtort noch eine große Bedeutung. In den nächsten Jahrzehnten litten die Mauern zusehends, die Bewohner der Umgebung nutzten die verfallenden Gemäuer als Steinbruch.

Besichtigungsmöglichkeit Sa, So, Fei 15 Uhr (Treffpunkt: Burgtor; Information: Tel. 02554/340, 02552/2668).

Im Weinhauerort Falkenstein selbst dominiert die Kirche die «Skyline». Auffällig sind die nicht aufeinander abgestimmten Proportionen des Turmes und der Fassade.

Die Pfarre gehört zu den dreizehn Babenberger Mutterpfarren des Weinviertels. Der untere Teil des Turms ist spätromanisch (13. Jahrhundert), darüber wurde nach dem Brand

von 1744 der obere Teil achteckig ausgeführt. Die dreigeschoßige Giebelfassade mit den Figuren der zwölf Apostel, an
deren Spitze Christus steht, stammt aus der zweiten Hälfte des
16. Jahrhunderts.

Außer der Kirche fällt noch an der Hauptstraße das Rathaus mit der schönen Barockfassade auf, fertiggestellt wurde es
1688. Am östlichen Ortsende befindet sich das ehemalige Spital der Marktgemeinde, das aus dem 13. und 14. Jahrhundert
stammt.

WANDERUNGEN RUND UM FALKENSTEIN

Nachdem man sich hier in einer der klassischen Weingegen-
den befindet, ist ein Besuch des Weinlehrpfades anzuraten.
Den Ausgangspunkt bildet das stilecht renovierte alte Rathaus. Durch die Schmiedgasse und die Herrengasse, zur Linken an der sehenswerten Pfarrkirche und zur Rechten am al-
tertümlichen Pfarrhof vorbei, gelangt man zur Lourdesgrotte,
wobei man unterwegs einen Ausblick auf den Kreuzberg mit
dem Südmährerdenkmal hat. Man geht durch einen Torbogen, und schon befindet man sich am Weinlehrpfad. Die
überdimensionale Reblaus und eine alten Spindelpresse sowie
der hl. Urban sind die Pflichtpunkte eines jeden Weinlehrpfades, die auch in Falkenstein nicht fehlen. Ein Abstecher
zum großen Höhlenstein mit dem Steinmanderl, einer bizar-
ren Felsnadel, lohnt sich. Weiter geht's zur Ruine Falkenstein,
die man nach einer kurzen, stark ansteigenden Wegstrecke erreicht. Durch eine romantische Heidelandschaft am Hang des
Burgberges gelangt man wieder zur Kirche und zum Rathaus
zurück.

Eine größere Runde bietet eine Kombination aus «Sender-
weg» und «Landmannweg». Ersterer führt durch die schöne
Kellergasse vorbei am Weinmuseum (Sonntag geöffnet von 13
bis 17 Uhr) und auf einem die «Saubergtrift» durchqueren-
den Karrenweg zu einem Aussichtspunkt mit Tisch und Ru-

hebänken. Zuerst entlang des Waldrands, dann durch den Wald gelangt man, am Sender Galgenberg vorbei, zu einer Wegkreuzung. Hier geht man gerade weiter und erreicht im Wald die markanten Punkte Galgenberg (425 Meter), Jungfrauföhren (402 Meter), Am Landmann (408 Meter), Grübelkreuz (406 Meter) und Ruine Falkenstein (415 Meter). Kurz vor der Ruine Falkenstein, deren Anblick von vielen Stellen aus beeindruckend ist, schwenkt der Landmannweg in den Weinwanderweg ein, und man folgt diesem zurück bis zum Rathaus.

FALKENSTEIN

ANREISE AUTO Von Wien ca. 60 Kilometer über die B7 (Brünner Straße), 5 Kilometer nach Poysdorf, links abbiegen Richtung Poysbrunn und Falkenstein. **ERSTE ANLAUFSTELLE** Gemeindeamt, Tel. 02554/340. **ESSEN UND TRINKEN** Gasthaus HURTER, Tel. 02554/326. **KAFFEEHAUS** «FALKENNEST», mit Disco, Tel. 02554/333. **SCHLAFEN** Privatzimmer vermieten Stefanie CZERMAK, Nr. 25, Tel. 02554/329, Sabina KRAMER, Nr. 258, Tel. 02554/8464, Fam. PISCHINGER, Nr. 195, Tel. 02554/333, Valerie STECHER, Nr. 48, Tel. 02554/535 und Tomas WEISS, Nr. 38, Tel. 02554/455. **HEURIGE** «GMOAKELLER», mit Kellermuseum, Weinverkauf und -verkostung, Tel. 02554/539, ganzjährig geöffnet. L. JAUK, Nr. 54, Tel. 02554/216, Fam. WEBER, Tel. 02554/314 und Fam. CZERMAK, Tel. 02554/329, alle in der Kellergasse. Interessensgemeinschaft «Falkensteiner Berggericht» (12 Spitzenwinzer), Leo JAUK, Nr. 54, Tel. 02554/217. **TENNIS** Information bei Herrn PISCHINGER, Tel. 02554/333. **EINKAUFEN** In der Kellergasse Anfang Dezember dreitägiger Adventmarkt, Termin bei der Gemeinde, Tel. 02554/340. **JAGD** Auskünfte bei J. Czermak, Tel. 02554/7329, und A. Reichart, Tel. 02554/7672. **WINZER IN FALKENSTEIN** Heinrich und Josef SALOMON, Nr. 24, Tel. 02554/437. Spezialitäten: Grüner Veltliner (Riede Sonnleiten), Chardonnay (Riede Eckartsberg), Grüner Sylvaner (Riede Pfarrgärten). Richard LUCKNER, Nr. 80, Tel. 02554/539. Spezialitäten: Welschriesling (Riede Rosenberg), Chardonnay (Riede Pfarrgarten), Rheinriesling (Riede Rosenberg). Leo JAUK, Nr. 54, Tel. 02554/216 od. 217. Spezialitäten: Grüner Veltliner (Riede Eckhartsberg), Frühroter Veltliner (Riede Ebersleiten), Weißburgunder (Riede Ebersleiten), Zweigelt (Riede Rosenberg).

KLEIN-SCHWEINBARTH, DRASENHOFEN UND NIKOLSBURG

Einige Kilometer nördlich der Falkensteiner Klippe liegt jene von Klein-Schweinbarth. Der Ort selbst liegt in einer Senke zwischen zwei Hügeln, die man aus der Sicht des Geologen ebenfalls als Klippen zu sehen hat. An der östlichen Klippe, dem 308 Meter hohen Wachterberg, sieht man in die Klippe «hinein», dort tritt der Ernstbrunner Kalk in einem kleinen Steinbruch zutage. Auf der nächsten, nördlichen Klippe, dem 337 Meter hohen Kreuzberg, haben die Südmährer eine Gedenkstätte errichtet. Jedes Jahr am Sonntag nach Fronleichnam treffen sich hier die Südmährer zu einer Feier mit Festmesse. Geselliger Höhepunkt nach dem Gottesdienst ist der anschließende Südmährerkirtag in Klein-Schweinbarth.

Diese Gedenkstätte von Klein-Schweinbarth ist nur eine von vielen an der Grenze zu Tschechien. Allein im Weinviertel erinnern an 14 Orten Tafeln, Museen und Gedenksteine an die Vertreibung der deutschsprachigen Bevölkerung. Viele dieser

Klein-Schweinbarth: Südmährergedenkstätte am Kreuzberg

Mahnmale sind so gelegen, daß man von Österreich nach Tschechien schauen kann.

Drasenhofen, vier Kilometer östlich von Klein-Schweinbarth, ist der letzte Ort vor der Grenze zu Tschechien und einer jener wenigen Grenzübergänge, die schon vor dem Ende der kommunistischen Ära offen waren. Schon seit der Monarchie hatte der 1190 erstmals erwähnte Ort eine wichtige Bedeutung, die Drasenhofener Bauern leisteten den Fuhrwerken Vorspann, was Mauteinnahmen bedeutete. Heute ziehen die Drasenhofener aus dem ständigen, über die Brünner Straße rollenden Transitverkehr keine Vorteile mehr.

Beim Friedhof steht ein wuchtiger, schöner Tabernakelbildstock aus dem 15. Jahrhundert. Im Süden des Ortes befindet sich das 1602 errichtete Schloß Fünfkirchen.

Das Zollhaus mit dem Grenzbalken liegt vier Kilometer nördlich der Ortschaft. Der erste Eindruck von Tschechien ist die schon von weitem sichtbare, idyllisch an den Hängen der Pollauer Berge (Pavlovské vrchy) gelegene Stadt Nikolsburg, ein Blick hinüber ist sicherlich empfehlenswert.

Das Wahrzeichen *Nikolsburgs (Mikulov)* ist die barocke Sebastianskapelle auf dem Heiligen Berg. Eine zweite Attraktion ist das Barockschloß, das 1729 vom Wiener Architekten Gustav Oedtl erbaut wurde, am Fuße des Berges liegt und mit seinen Türmen die Stadt überragt.

Eine weitere Sehenswürdigkeit ist die St.-Anna-Kirche. Bei diesem barock umgestalteten Bau handelt es sich um die Grabkirche der Dietrichsteins, die 1575 in die Stadt kamen und die Rekatholisierung stark forcierten. Von der Ausstattung sind Statuen von Antonio Riga, Giovanni Mangoldi und Ignaz Lengelacher zu nennen. Letzterer schuf auch die Figuren am Altar der Laaer Stadtpfarrkirche. In der St.-Johannes-Kirche (oder Piaristenkirche) sind Deckenfresken von Franz Anton Maulpertsch aus den sechziger Jahren des 18. Jahrhunderts zu bewundern.

Nikolsburg hatte bis in die Mitte des 19. Jahrhunderts nach Prag die zweitgrößte jüdische Gemeinde in den böhmischen Ländern; zwölf Synagogen befanden sich hier. Ein lohnender Abstecher ist in diesem Zusammenhang der jüdische Friedhof, der 300 Meter nördlich vom Hauptplatz liegt. Da er versperrt ist, bleibt einem nur ein Blick über die Mauer. Von den mehr als 2500 Grabsteinen stammt der älteste lesbare Stein aus dem Jahr 1605.

In der bedeutenden Weinbaugemeinde, wo man im Schloß ein Faß aus dem Jahre 1643 mit 101.000 Litern Fassungsvermögen bewundern kann, wurde übrigens der österreichische Bundespräsident Adolf Schärf geboren.

Nikolsburg: barocke Dreifaltigkeitssäule

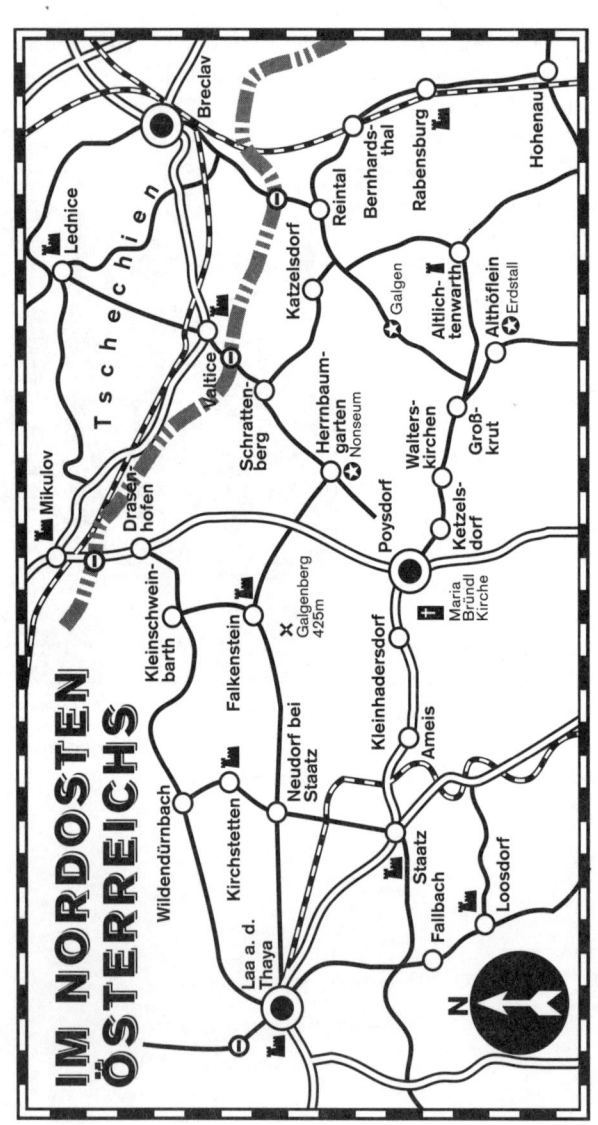

IM NORDOSTEN ÖSTERREICHS

Breclav
Lednice
Mikulov
Tschechien
Drasen-hofen
Valtice
Katzelsdorf
Reintal
Bernhards-thal
Rabensburg
Hohenau
Galgen
Alttlich-tenwarth
Althöflein
Erdstall
Schratten-berg
Herrnbaum-garten
Nonseum
Walters-kirchen
Groß-krut
Poysdorf
Ketzels-dorf
Kleinschwein-barth
Falkenstein
Galgenberg
425m
Neudorf bei
Staatz
Kleinhadersdorf
Maria
Bründl
Kirche
Ameis
Wildendürnbach
Kirchstetten
Staatz
Loosdorf
Laa a. d.
Thaya
Fallbach

N

278

Im Nordosteck Österreichs

POYSDORF: WEIN UND NICHTS ALS WEIN

Fährt man mit dem Auto auf der Brünner Straße Richtung Norden, so prangt bald nach der Wiener Stadtgrenze eine große Tafel: «Poysdorf – Die Weinstadt Österreichs 44 km». Nach einer knappen Stunde Autofahrt hat man die Weinstadt erreicht.

Das bekannteste Produkt des Ortes ist zweifelsfrei der «Poysdorfer Saurüssel» . Besagter Wein ist ein geschützter Markenname für einen Grünen Veltliner der Winzergenossenschaft Poysdorf. Zusätzlich gibt es aber noch eine Riede «Saurüsseln». Östlich von Poysdorf Richtung Walterskirchen wachsen auf der rund 15 Hektar großen Fläche Weine, deren Geschmack angeblich an Mangos erinnert. Zurückzuführen soll dies auf den hier vorzufindenden eher lehmigen Boden sein.

Der Weinbau in und um Poysdorf hat eine lange Tradition. Die Riede Hermannschachern in Poysdorf wird bereits 1338 urkundlich erwähnt. Auch das Falkensteiner Berggericht, das

Poysdorfer Weinbauern: Handarbeit kann durch nichts ersetzt werden

vom 13. bis zum 18. Jahrhundert Entscheidungen in Sachen Weinbau zu fällen hatte, ist ein Beweis für die lange Tradition der Rebkultur.

Heute ist die Stadt eines der Zentren des Weinviertler Weinbaus; rund 90.000 Hektoliter pro Jahr werden hier produziert. Trotz riesiger Quantitäten, die als Sektgrundwein gar nie in Weinflaschen gelangen, gibt es hier auch Winzer, die beachtliche Spitzenweine keltern.

Alles dreht sich um den vergorenen Rebensaft, sogar ein Verein «Veltliner Land» wurde gegründet und eine «Weinviertler Erlebnisstraße» ausgeschildert. Wer ihr folgt, gelangt von Weinkeller zu Weinkeller – das Erlebnis ist also vorprogrammiert.

Urgeschichtler wurden hier genau so wie in vielen anderen Weinviertler Ortschaften fündig: Das Hockergräberfeld von Kleinhadersdorf aus der Zeit der frühen Jungsteinzeit (Bandkeramik) war zwar schon seit 1931 grundsätzlich bekannt, wurde aber beim Roden eines Weingartens 1987 «wiederentdeckt». Im Zuge einer Grabungskampagne ließen sich einige bislang unbekannte Tatsachen feststellen: Der 7000 Jahre alte Friedhof

Poysdorf: Stadtmuseum im ehemaligen Bürgerspital

ist der bedeutendste Bestattungsplatz früher Bauern in Mitteleuropa.

Eine ausführliche Dokumentation der sehr reichen Urgeschichte der Region befindet sich im Stadtmuseum Poysdorf, das sich im ehemaligen Bürgerspital befindet. Das Bürgerspital selbst wurde 1663 gegründet, sechs Jahre später kam die Barbarakapelle hinzu, dann wurde hier das Kapuzinerkloster eingerichtet, das von Josef II. wiederum 1788 säkularisiert wurde. 1865 wurde das Gebäude aufgestockt.

Öffnungszeiten: Ostern bis Allerheiligen So, Fei 10–12 und 14–16 Uhr.

Die *Gstetten* ist die bedeutendste und wichtigste Kellergasse des Ortes; das berühmte Poysdorfer Bezirkswinzerfest im September spielt sich hier ab. In dieser Zeit werden alle Keller zu einem riesigen Großheurigen. Nicht unweit davon erhebt sich die Poysdorfer Kirche. Durch ihre Lage auf der Anhöhe ist sie schon von weitem sichtbar. Der frühbarocke Bau wurde 1629 bis 1635 errichtet.

Kaum war das Gotteshaus geweiht, kam auch schon das Jahr 1645 und der Einfall der Schweden im Weinviertel. Diese erkannten sofort die strategisch günstige Lage der erhöhten Kirche und bauten sie zu einer Festung um. Im Gotteshaus stationierten sie eine Militärgarnison.

Als die Schweden abgezogen waren, erkannten die Poysdorfer den Wert der Anlage, die eine Festungsmauer, eine Zugbrücke und ein Festungshaus mit einem Brunnen besaß. Bei der drohenden Türkengefahr von 1677 hätten sie in den ihnen zugewiesenen Fluchtort Wilfersdorf ziehen sollen, bevorzugten aber lieber die eigene Anlage der Kirche, in der sich heute übrigens auch die älteste Gesamtansicht des Ortes aus dem Jahre 1681 befindet. Besagtes Bild erinnert an das Pestjahr 1679, von dem die Poysdorfer verschont blieben.

Aus dieser Zeit, dem Spätbarock, stammt auch die Einrichtung der Kirche: Bänke, Altar und Kanzel.

Am Josefsplatz steht ein gußeisernes Denkmal des Monarchen, das ihm die Poysdorfer 1881 zur hundertsten Wiederkehr seines Regierungsantritts setzten. Ein bedeutender, aber kaum bekannter Zeitgenosse des großen Reformers ist der 1742 in Poysdorf geborene Franz Josef Müller. Als Thesauriatsrat oblag ihm die Aufsicht über das siebenbürgische Bergwesen. 1782 entdeckte er das Element Tellur, 1788 wurde er geadelt, 1820 wurde er zum «Freiherrn von Reichenstein» erhoben, und seit einigen Jahren wird ein Welschriesling nach ihm benannt. Der *Pranger*, der vorher am Platz des Josefsdenkmals stand, wurde abgetragen und ist heute als Eckstein in der Pfarrhofmauer zu sehen. An sonstigen Sehenswürdigkeiten fällt noch die Dreifaltigkeitssäule (1715) sowie das «Eisenhuthaus» auf, ein Renaissancebau aus dem Beginn des 16. Jahrhunderts (in der Brunngasse, mit einem Verkaufsladen an der Gassenseite). In der Laaer Straße Nr. 100 befindet sich die *Vogelsangmühle*, ein stattlicher Bau, der in seinem Kern auf das Jahr 1589 zurückgeht.

DIE «WEINHEILIGEN»

Beim Weingenuß, beim Feiern, beim Fröhlichsein fällt, speziell wenn es intensive Formen annimmt, oft das Wort «dionysisch».

Poysdorfer Weinparade: Weinexperten unter sich

Auch das römische Pendant zum griechischen Gott des Weines
Dionysos, Bacchus, wird oft zitiert. Und auch im christlichen
Glauben hat Wein bekanntlich eine zentrale Bedeutung. Schon
eine Stelle im Alten Testament bringt ein klares Bekenntnis
zum Wein:

»Wie ein Lebenswasser ist der Wein für den Menschen,
wenn er ihn mäßig trinkt. Was ist das für ein Leben, wenn man
keinen Wein hat, der doch von Anfang an zur Freude geschaffen wurde! Frohsinn, Wonne und Lust bringt Wein,
zur rechten Zeit und genügsam getrunken. Kopfweh,
Hohn und Schimpf bringt Wein, getrunken in Erre-
gung und Zorn. Zuviel Wein ist eine Falle für den Toren, er schwächt die Kraft und schlägt viele Wunden.
Beim Weingelage nörgle nicht am Nachbarn herum,
verspotte ihn nicht, wenn er heiter ist. Sag ihm kein
schmähendes Wort, und streite mit ihm nicht vor Leuten!» (Sir 31,27–31).

Hl. Urban

Der wohl am häufigsten genannte Patron des Weinbaus ist der «Weinheilige» Urban. Als Papst Urban I.
regierte er von 220 bis 230, alle anderen Daten über sein Leben
sind nicht sicher. Da der Urbanstag nach den Eisheiligen von 12.
bis 15. Mai in den Beginn der Rebblüte fällt, wurde der hl. Urban zum Patron der Weinberge und Winzer ernannt. Ein bäuerliches Sprichwort knüpft an diesen Tag an: «Hat Urbanstag
schön Sonnenschein, verspricht er viel und guten Wein.»

In vielen Weinbergen findet man Denkmäler mit einer Statue des hl. Urban. Als das Brauchtum noch intensiver gepflegt
wurde, stellte man bei guter Weinernte eine Statue des Heiligen ins Wirtshaus.

Von all diesen Bräuchen hat sich heute nur mehr die Weintaufe am Fest des hl. Martin am 11. November erhalten. Dieses
Datum ist schon seit alters das Ende des Wirtschaftsjahres. Der
Tag, an dem auch die Pacht und sonstige Steuern fällig waren,
gilt im Bauernkalender auch als Beginn des Winters. Bei diesem Anlaß konsumierte man den jungen, frischen Wein.

Ein anderer «Weinheiliger» ist der Apostel Johannes. Seit dem 12. Jahrhundert wird in der Weingegend am 27. Dezember der Johanneswein gesegnet und bei besonderen Anlässen mit dem Spruch «Trinke die Minne des heiligen Johannes» getrunken. Das geht darauf zurück, daß der Apostel einen Becher vergifteten Weines ohne irgendeinen Schaden überlebt haben soll.

Dieser Brauch der Segnung des Johannesweins, andernorts vergessen, wird in Poysdorf heute noch gepflegt. Die Weinbauern bringen ein paar Flaschen guten Weins in die Kirche, und der Pfarrer spricht folgende Worte: «Segne den Wein, den wir zu Ehren des heiligen Apostels Johannes trinken. Laß uns erfahren, daß du der Gott bist, der die Herzen der Menschen froh macht und Gemeinschaft stiftet. Darum bitten wir durch Christus unseren Herrn.»

Um die Bedeutung des Weins zu unterstreichen, sei noch das Lexikon der Namen und Heiligen mit einer Liste der Patrone rund um den Weinbau genannt. Für die Weinberge und Weinstöcke sind zuständig: Johannes der Täufer, Laurentius, Mauritius, Medardus, Severin von Norikum, Sixtus II., Urban I. Für Weinbergwächter: Vinzenz von Saragossa. Für Winzer: der Apostel Bartholomäus, Genoveva, Goar, der Apostel und Evangelist Johannes, Johannes der Täufer, Maria Magdalena, Medardus von Noyon, Morandus, Severin von Norikum, Theodor von Octodurum, Tychon, Urban I., Vinzenz von Saragossa, Vitus, Walter von Pontoise, Werner von Oberwesel. Für die Trinkerfürsorge: Johannes der Täufer.

Poysdorf lebt mit und durch den Wein, und so wird hier nicht nur die Tradition hochgehalten, sondern es werden auch im Jahreslauf eine Vielzahl von Weinfesten und Veranstaltungen rund um den Wein abgehalten.

Den Beginn im Reigen der Veranstaltungen macht die *Poysdorfer Weinparade* zu Pfingsten. 700 Qualitätsweine des östlichen Weinviertels werden hier angeboten. Das Riesenfest findet in der Festhalle gegenüber vom Stadtmuseum statt. Für das Eintrittsgeld bekommt man ein Kostglas sowie einen Katalog mit allen angebotenen Weinen. Dann kann gekostet werden – frei nach Belieben, soviel man will und soviel man verträgt.

Die größte Veranstaltung, das *Bezirkswinzerfest* mit der Weinviertler Messe, findet im September statt und dauert vier Tage.

Die «*Poysdorfer Weintaufe*» ist weniger spektakulär, aber nicht minder wichtig. Im Reichensteinhof treffen einander der Pfarrer, der Weinbauvereinsobmann, die Winzerkönigin und der Bürgermeister, um den bereits vergorenen Traubensaft endgültig und offiziell zum Wein zu erklären. Ein 56 Liter fassendes Eimerfäßchen wird gesegnet, anschließend wird der junge Wein verkostet, erst dann darf «Prost» gesagt werden.

POYSDORF

ANREISE AUTO Von Wien auf der B7. **ERSTE ANLAUFSTELLE** Information im Weinmarkt, Tel. 02552/2200-17. **ESSEN UND TRINKEN** Restaurant SCHREIBER, Bahnstraße 2, Tel. 02552/2348. Restaurant «ZUM SCHWARZEN RÖSSL», Fam. Gangl, Dreifaltigkeitsplatz 11, Tel. 02552/2340 im Sommer verschienste Eisspezialitäten. Restaurant «WEINLANDHOF», Fam. Sauberer in Kleinhadersdorf, Tel. 02552/2625. **SCHLAFEN** Im «SCHWARZEN RÖSSL», im «WEINLANDHOF» (s.o.). Franz THIEM, Brünner Straße 42, Tel. 02552/3671. Erich WISSMANN, Bahnstraße 4, Tel. 02552/2171. **KAFFEEHAUS** Café-Konditorei STOIBER, Unterer Markt 1, Tel. 02552/2408. Café-Konditorei KORSCHAN, Josefsplatz 8. **SZENE** Stadtcafé-Pub HOLIDAY DANCING, Josefsplatz 6, Tel. 02552/2566. **HEURIGE** Ganzjährig: «FEUCHTER STOCK», Fam. Rieder-Schreder, Dreifaltigkeitsplatz 14, Tel. 02552/2193. «STADTKELLER», Johann Daurer, Brünner Straße 4, Tel. 02552/3692, 2346. Fam. EHMAYER, Hötzendorfstraße 6, Tel. 02552/3106 oder 2754. Heurigeninformation beim Weinmarkt, Tel. 02552/2200-17, mit Degustations- und Kaufmöglichkeiten. Aktion «offene Kellertür», Information beim Weinmarkt, Vinothek beim Weinmarkt. **FAHRRADVERLEIH** Fa. Parisch, Wiener Straße 21, Tel. 02552/2668. **SPANFERKELESSEN** Poysdorfer Spezialität, gegen Vorbestellung für 25 bis 35 Personen bei Erich SCHINHAN, Körnergasse 31, Tel. 02552/2458, und Fam. Daurer-Schodl, «ZUR ALTEN STEINPRESSE», Brunngasse 12, Tel. 02552/2346, 2402. **SCHWIMMEN** Im Freizeit- und Erholungszentrum Laaer Straße 38, Tel. 02552/3401, Badeteich, dort auch Möglichkeiten für Minigolf und Tennis. **REITEN** In der «Reitermühle», Kleinhadersdorfer Straße 6, Tel. 02552/3662. **WANDERN** Waldlehrpfad und Weinpanoramaweg, Information beim Weinmarkt, Tel. 02552/2200-17. **TAXI** Fa. Schiefer in Drasenhofen Nr. 223, Tel. 02554/246 oder 6304. **EINKAUFEN** Markt jeden Fr ab 6 Uhr früh, Obere Marktgasse. Fünf Jahrmärkte, Termin unter Tel. 02552/2200-24 erfragen. Bauernmarkt beim Weinmarkt im «Reichensteinhof» Sa 8–12 und 14–18 und So 10–12 und 14–18 Uhr. **WINZER IN KLEINHADERS-DORF** Fritz RIEDER (Weinrieder), Kleinhadersdorf, Untere Ortsstraße 44, Tel. 02552/2241. Spezialitäten: Grüner Veltliner (Riede Birthal), Riesling (Riede Schneiderberg), Weißburgunder (Riede Kugler), Chardonnay (Riede Hohenleiten). **WINZER IN POYSDORF** Emmerich und Herta HAIMER, Brunngasse 42, Tel. 02552/2642. Spezialitäten: Grüner Veltliner (Riede Weißer Berg), Welschriesling (Riede Ausser), Chardonnay (Riede Alte Freibergen), Roter Traminer (Riede Maxendorf). Manfred EBENAUER, Laaer Straße 5, Tel. 02552/2653. Spezialitäten: Rheinriesling (Riede Hofäcker), Weißburgunder (Riede Alte Geringen), Grüner Veltliner (Riede Pürsting), Zweigelt 8 (Riede Junge Geringen). Josef SCHUCKERT, Wilhelmsdorfer Straße 40, Tel. 02552/2389. Spezialitäten: Rheinriesling (Riede Steinberg), Weißburgunder (Riede Reißhübeln), Grüner Veltliner (Riede Saurüsseln). Karl NEU-STIFTER, Laaer Straße 10, Tel. 02552/3435. Spezialitäten: Grüner Veltliner (Riede Hermannschachern), Weißburgunder (Riede Gaißberg), Blaufränkisch (Riede Hermannschachern). Helmut und Monika TAUBENSCHUSS, Körnergasse 2, Tel. 02552/2589. Spezialitäten: Grüner Veltliner (Riede Weißer Berg, Riede Tenn), Weißer Burgunder (Riede Steinbergen, Riede Weißer Berg).

HERRNBAUMGARTEN

Fünf Kilometer nordöstlich von Poysdorf und nur 3,5 Kilometer Luftlinie von der tschechischen Grenze entfernt liegt eine der größten selbständigen Weinbaugemeinden des östlichen Weinviertels, Herrnbaumgarten. Auf einer Fläche von 630 Hektar bauen 241 Betriebe Wein, mehr als 40.000 Hektoliter im Jahr werden hier produziert. Der Großteil geht davon als Sektgrundwein in die großen Sektkellereien nach Wien.

Seit 2. Juli 1994 hat der Ort außer Wein noch eine Attraktion mehr, das «Nonseum». Dieses Haus stellt Objekte aus, die vom «Verein zur Verwertung von Gedankenüberschüssen» kommen. Der 1991 konstituierte Verein hat unter anderen zum Ziel, «auch dem letzten Österreicher irgendwann, irgendwo und irgendwie ein Lächeln zu entlocken (…), das Gedankenpotential kreativer Menschen zu sammeln, zu bewerten und es anschließend über kulturelle Veranstaltungen wiederum zu anderen Menschen impulsgebend zurückzuführen».

Der Sitz des Vereins ist in der Galerie «'s Preßhaus» bei Gottfried Umschaid, dem kreativen Kopf der «Nonsensianer». Wer will, kann durch einen jährlichen Beitrag von öS 10,10 (in Worten: zehn Schilling und zehn Groschen) die Mitgliedschaft im Verein erlangen.

Ausgestellt sind etwa ein tragbarer Zebrastreifen zum Ausrollen oder ein Honigmesser, das dank gebogener Klinge eine Mulde in die Brotschnitte macht und somit verhindert, daß der Honig vom Brot rinnt.

Öffnungszeiten: Palmsonntag bis Allerheiligen. Sa, So, Fei 13–18 Uhr (sonst gegen Anfrage: Tel. 02555/2737 oder 2787).

Noch eine kleine Sensation hat die kleine Ortschaft aufzuweisen: Hier gibt es, gegenüber vom «Nonseum», tatsächlich ein echtes Kino, das trotz landesweiten Kinosterbens seit 50 Jahren

Herrnbaumgarten: «Nonseum» – Treffpunkt für alle, die Sinn für Unsinn haben

täglich aktuelle Filme spielt, auch wenn nur drei oder vier Leute zu Besuch kommen.

Information: Tel. 02535/2835.

Als kleiner Spaziergang empfiehlt sich ein Abstecher in die Kellergasse. Am südwestlichen Ortsende folgt man dem Schild «Mariengrotte», wandert eine Kellergasse bergan und kehrt über die andere Kellergasse in den Ort zurück.

GOTTFRIED UMSCHAID:
NICHTS ALS UNSINN IM KOPF

Der Weinbauer und Heurigenwirt Gottfried Umschaid ist ein Positivdenker; nicht einer von den Nörglern, von den Neinsagern, den Verweigerern. Die mag er überhaupt nicht.

Er ist aber auch keiner, der zu allem ja und amen sagt, sondern einer, der sich ständig und ununterbrochen etwas einfallen läßt, ein allseits und umfassend kreativ denkender Mensch, dem sein kindliches Vergnügen an «Unsinn», ein wunderbarer Spieltrieb, noch nie abhanden gekommen ist.

Schon früh begann der Mittvierziger, sich für Kunst zu interessieren, zu malen und Holzskulpturen zu schnitzen. Etiketten für seine Weine und selbstgebrannten Schnäpse entwirft er damals wie heute selber, denn «das gehört zur Winterarbeit.»

Das Haus wurde ihm bald zu klein für seine Aktivitäten. 1980 schon entstand im ehemaligen Kuhstall seines Hauses die Galerie «'s Preßhaus» – in der nicht nur echte Umschaids, sondern auch Werke anderer Weinviertler Künstler ausgestellt werden. Die Galerie wurde zu einem Veranstaltungszentrum: Lesungen und Kabarettabende finden hier ebenso statt wie Musikveranstaltungen.

Umschaid, der Liebhaber von Rieslingweinen und Folkmusik, ist natürlich der «Erfinder» des «Nonseums», des fröhlichen, weiter vorne beschriebenen Skurrilitätenkabinetts, und Veranstalter von diversen Festivals und «Gaudis», die freilich bei seinen Herrnbaumgartner Mitbewohnern nicht immer mit allzugroßem Verständnis beurteilt wurden. Dem Vernehmen nach soll die heimische Resonanz auf sein legendäres «Vierundzwanzig-Stunden-Weinbergschneckenrennen» eher lau gewesen sein.

Viel eher kam da schon seine Schau der «Klangmaschinen» und das «Festival der Gerüche» an – damit erregte der Autodidakt bereits überregionales Aufsehen.

Die Veranstaltung «Dodamauna» anno 1991 brachte ihm dann schließlich sowohl im Ort als auch im ganzen Land einen echten Durchbruch. Dieses Festival der Vogelscheuchen löste ein gewaltiges Medienecho aus. Künstler, Kinder, Familien, Bauern, Behindertenheime und Begeisterte bastelten ihre eigenen Vogelscheuchen; bis in die Weingärten hinaus standen in und um Herrnbaumgarten die «Dodamauna». Den Selbstdarstellungen waren keine Grenzen gesetzt. Der karikierte Großvater mit dem unvermeidlichen Doppler, schaurige Monster, mechanische Magier und freundliche Herbeiwinker wurden beim abschließenden «Heimscheuchen» in den Ort geholt und versteigert.

Im selben Jahr wurde auch der «Verein zur Verwertung von Gedankenüberschüssen» gegründet – der Obmann heißt selbstverständlich «Friedl».

»Man muß realistisch sein, um zu überleben, und gleichzeitig seine Gedanken frei spielen lassen», umreißt Umschaid seine Lebensphilosophie und setzt auf sein G'spür für das, was gut ist. Er ist einer, der vielen ein Vorbild

Gottfried Umschaid: Positivdenker, Nonseaner und exzellenter Weinbauer

sein kann: Hurra, die Welt lebt und lacht noch, zumindest in Herrnbaum-
garten beim Umschaid!

WINZER IN HERRNBAUMGARTEN Josef KÖRBER, Große Zeile 54,
Tel. 02555/2248. Spezialitäten: Grüner Veltliner (Riede Johannesberg),
Weißburgunder (Riede Kirchhof), Welschriesling (Riede Johannes-
berg), Müller Thurgau (Riede Ackerweingarten). Adolf FRANK, Kleine
Zeile 37, Tel. 02555/2300. Spezialitäten: Chardonnay (Riede Altenber-
gen), Rheinriesling (Riede Johannesberg), Zweigelt (Riede Altenber-
gen), Welschriesling (Riede Greinhölzer). Gottfried UMSCHAID,
Hauptstraße 49, Tel. 02555/2787. Spezialitäten: Grüner Veltliner (Rie-
de Reschen), Weißburgunder (Riede Johannesberg), Rheinriesling
(Riede Johannesberg), Chardonnay (Riede Ackerweingarten).

IM NORDÖSTLICHSTEN ECK ÖSTERREICHS

Schrattenberg, Katzelsdorf, Reintal, Bernhardsthal, Rabensburg. In dieser tatsächlich äußersten nordöstlichen Ecke des
Weinviertels und somit Österreichs ist das Land weit, sehr weit
sogar. Ebene Getreidefelder, wie man sie sonst nur aus dem
Marchfeld kennt, bestimmen die Szenerie. Weingärten gibt es
nur dort, wo die Gegend ein wenig hügeliger wird.

Große Teile des Landes gehörten und gehören hier den
Liechtensteins. Kaum ein Schloß, kaum eine Kirche ist nicht
in irgendeiner Form mit dem alten Adelsgeschlecht verbunden.

Schrattenberg besitzt seit kurzem einen eigenen Grenzübergang nach Tschechien. Aus der Barockzeit hat sich in der Ortsmitte noch eine Dreifaltigkeitssäule erhalten. Wer Barock im
großen Stil sehen will, muß allerdings – am besten gleich von
Schrattenberg aus – über die Grenze ins nur vier Kilometer
entfernte *Valtice (Feldsberg)* fahren.

Grenzübergang in Schrattenberg (nur für Österreicher und Tschechen),
8–20 Uhr, Tel. 02555/2333.

Dieses kleine Landstädtchen hat einen ausgesprochen österreichischen Charakter. Dies ist nicht verwunderlich, denn

erst 1919 kam der Ort zur Tschechoslowakei. Die Reihe der Besitzer beginnt bei den Herren von Seefeld und geht über die Kuenringer zu den Liechtensteins. Karl Eusebius Liechtenstein erhob schließlich die Stadt im 17. Jahrhundert zur Familienresidenz. Das Schloß, einer der prächtigsten Profanbauten Südmährens, entstand in den Jahren 1643 bis 1730. Namhafter Baumeister war Johann Bernhard Fischer von Erlach.

Eine sechseinhalb Kilometer lange, schnurgerade Allee führt von Feldsberg zum nächsten Juwel, zum Schloß nach *Lednice (Eisgrub)*. Auch hier sind wieder die Namen Liechtenstein und Fischer von Erlach zu nennen. Neben dem Schloß im Stil der Neugotik, das vorerst an Grafenegg erinnert, ist vor allem der riesige Schloßpark, der im 17. Jahrhundert als barocke Anlage geschaffen wurde, sehenswert. Ein besonderes Juwel ist auch das Glashaus neben dem Schloß, das für Besichtigungen offensteht. Man schuf hier eine Reihe künstlicher Brücken und Inseln. Bewässert wird die Anlage von der unmittelbar am Ort vorbeifließenden Thaya, deren Wasser

Eisgrub: neugotisches Märchenschloß im weitläufigen Park

291

man hierher umleitete. Ein Obelisk und ein Minarett entstanden als Zierde.

Im Wald zwischen den beiden genannten Schlössern wurden mehrere romantische Bauten errichtet. Die Johannesburg als künstliche Ruine, der Apollotempel und mehrere kleinen Schlösser vermitteln das Bild einer geschlossenen «Kunstlandschaft». Das Toplokal in Lednice heißt «Mario», hier werden auch gerne Schillinge als Zahlungsmittel genommen.

Wer jedoch in Schrattenberg bleiben will, der kann hier auf drei Rundwanderwegen seinen Sonntagnachmittagsspaziergang absolvieren. Zur Verfügung stehen der sechs Kilometer lange Kellergassenweg (blaue Markierung), der Kapellenweg (acht Kilometer, rote Markierung) und der Weg zum Tennauwald beziehungsweise zur Bründlkapelle (acht Kilometer, gelbe Markierung).

SCHRATTENBERG

ESSEN UND TRINKEN Gasthaus KARNER, Wiener Straße 11, Tel. 02555/2309. **SCHLAFEN** Gasthaus ZESCH, Kirchenplatz 6, Tel. 02555/2334. **MUSEUM** Das Ortsmuseum, Tel. 02555/24774, und die Schaumühle, Tel. 02555/2345 od. 2235, sind nur auf Anfrage zu besichtigen. **WINZER IN SCHRATTENBERG** Hans IPSMILLER, Radschin 13, Tel. 02555/2666. Spezialitäten: Sauvignon Blanc (Riede Veiglbergen), Weißburgunder (Riede Ganseln), Zweigelt (Riede Satzen).

In *Katzelsdorf* steht eine große neoromanisch-neugotische Kirche auf der Anhöhe. Die Errichtung geht auf die Familie Liechtenstein zurück. Der Backsteinbau stammt aus dem Beginn des 20. Jahrhunderts und ist rundum von Weinkellern umgeben. Der dazugehörige Pfarrhof (Nr. 73) steht unten im Ort und ist gute hundert Jahre älter als die Kirche.

Die beiden Teiche von *Bernhardsthal*, bereits 1458 erwähnt, waren lange Zeit im Besitz der Liechtensteiner. 1970 wurden sie von der Gemeinde übernommen und ab diesem Zeitpunkt Schritt für Schritt wiederbelebt. Wo im Sommer gefischt wird (Information: Gemeinde, Tel. 0557/200), darf im Winter – falls das Wetter mitspielt – eisgelaufen werden. Die massive, dreibogige Eisenbahnziegelbrücke über die Teiche stammt übrigens noch aus dem Jahr 1839, sie ist ein Teil der ersten österreichischen Eisenbahnlinie, die von Wien über Deutsch-Wagram nach Norden führte. Die Brücke ist das älteste erhaltene Bahnbauwerk Österreichs. – Bernhardsthal ist auch die letzte Haltestelle der Nordbahn vor der Grenze und Endstelle für Regionalzüge. Seit einiger Zeit wird jedoch auch auf dieser Strecke zwischen Hohenau und Břecla (Lundenburg) ein «kleiner Grenzverkehr» per Schiene angeboten.

Břeclav – bis 1918 zu Österreich gehörig – besitzt einen großen Bahnhof; internationale Züge nach Prag und Warschau werden hier abgefertigt.

Ein Spezialtip für Eisenbahn-Entdeckungsreisende: Von Břeclav führt eine (ehemals zu Österreich gehörige) Nebenstrecke über Valtice, Mikulov und Hrusovany nach Znaim. Von dort hat man wieder Anschluß nach Österreich.

Bernhardsthal: Eisenbahnbrücke aus den Pioniertagen der Bahn

Das große Schloß in *Rabensburg*, vier Kilometer südlich von Bernhardsthal, geht auf einen Gründung der Kuenringer zurück. Die mächtige Anlage kam 1385 an die Liechtensteiner, die es sukzessive ausbauten. Heute ist das Schloß zwar von einzelnen Parteien bewohnt, bietet aber insgesamt einen eher trostlosen Anblick.

Die Kirche des Ortes ist ein spätbarocker Saalbau, in den Nischen an der Fassade stehen Statuen des hl. Johannes des Täufers und des hl. Leopold, die Pfarre wurde 1276 dem Malteserorden inkorporiert.

Ideenreich präsentiert sich das Gasthaus Horak an der Hauptstraße. Um Radfahrer anzulocken, haben die Wirtsleute gleich ein Fahrrad auf einem Masten an der Straße befestigt.

An der Straße von Bernhardsthal nach Rabensburg sind an der linken Straßenseite drei Hügel sichtbar. Diese stammen ebenso wie jene in Großmugl aus der Hallstattzeit. Bei Grabungen im 19. Jahrhundert förderte man jede Menge an Fundmaterial zutage. Von besonderer Bedeutung ist ein 30 Zentimeter hohes Stiergefäß. Zweifellos steht es mit kultischen Handlungen in Verbindung, ob man dabei Parallelen zum Apisstier der Griechen ziehen kann, muß offenbleiben.

Zu besichtigen sind die Funde im Heimatmuseum in Bernhardsthal (Herr Berger, Tel. 02575/302).

KIRCHEN UND KELLER

Begibt man sich von Poysdorf in das neun Kilometer weiter westlich gelegene Großkrut, fährt man zunächst durch *Walterskirchen* mit seiner wunderschönen, dreischiffigen gotischen Kirche. Aus ursprünglich romanischen Resten wurde im 14. Jahrhundert der Chor und das südliche Seitenschiff errichtet, im 15. Jahrhundert folgten dann das nördliche Seitenschiff und der Turm.

In *Großkrut* verrät die leicht erhöhte Lage des Gotteshauses den wehrhaften Charakter, das Ölbergrelief an der Chor-

Großkrut: Der Galgen – ein Relikt aus grausamen Zeiten

außenseite entstand um 1500. Im östlichen Ortsteil befindet sich eines der schönsten Kellerviertel des Weinviertels.

In der Nachbarortschaft *Althöflein* verbergen die Keller rund um die Kirche den längsten «Erdstall» Österreichs (300 Meter). Diese sehr engen Stollensysteme stammen aus der Jahrtausendwende und boten der Bevölkerung Schutz und Zuflucht bei Kriegen.

Führungen bei Herrn Martin Bauer, Nr. 90, Tel. 02556/5383.

Sucht man nach den engen Gängen einen weiten Ausblick, so bietet sich die Warte am Hutsaulberg (275 Meter) in *Altlichtenwarth* an. Die frisch renovierte Kirche geht auf das 12. Jahrhundert zurück und hat einen wunderbaren Freskenzyklus aus dem Jahre 1310.

Schlüssel bei Josef Schimkowitsch, Nr. 108, Tel. 02533/801839.

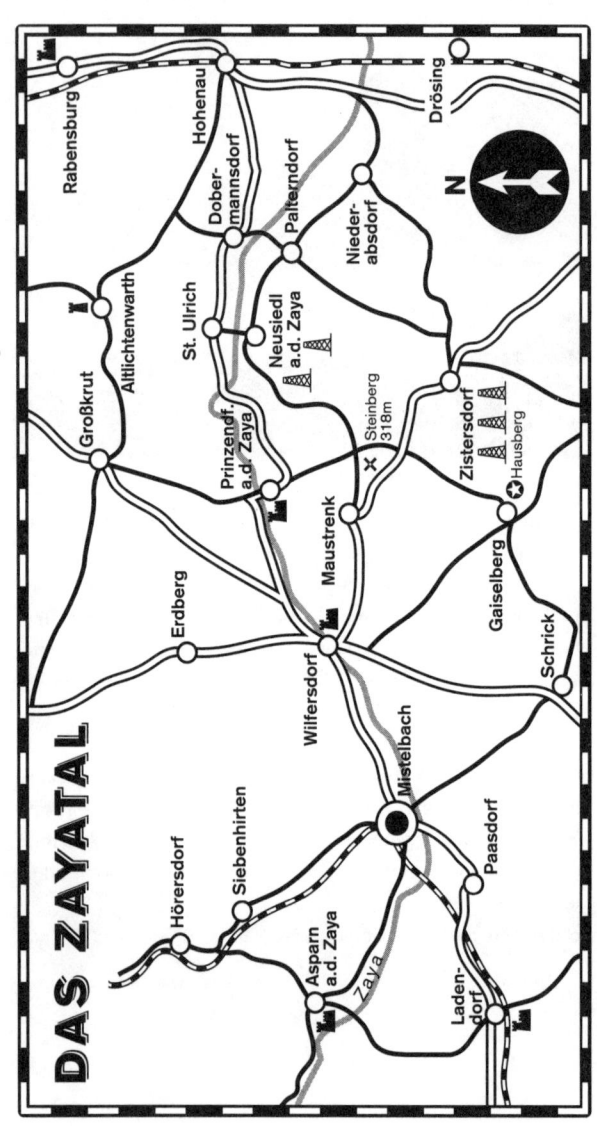

DAS ZAYATAL

N

Rabensburg
Hohenau
Drösing
Dober-mannsdorf
Palterndorf
Nieder-absdorf
Altlichtenwarth
St. Ulrich
Neusiedl a.d. Zaya
Großkrut
Steinberg 318m
Zistersdorf
Hausberg
Prinzendf. a.d. Zaya
Maustrenk
Gaiselberg
Erdberg
Schrick
Wilfersdorf
Mistelbach
Hörersdorf
Siebenhirten
Paasdorf
Asparn a.d. Zaya
Zaya
Laden-dorf

Mistelbach, Zayatal, Zistersdorf

Die Zaya entspringt in den Leiser Bergen südlich von Klement. Der kleine Bach fließt zunächst durch Klement nach Norden und biegt bei Eichenbrunn in einem Knick nach rechts, Richtung Osten ab. Und genau ab diesem Knick fühlen sich die Leute als Zayataler – und zwar bis hin zur Mündung in die March zwischen Hohenau und Drösing.

Bekanntester Ort im kleinen Tal ist wohl Asparn an der Zaya. Diese Gemeinde und vor allem das dort heimische Urgeschichtemuseum wird im Kapitel «Leiser Berge» auf S. 218 ff. vorgestellt.

Zentraler Ort des Zayatales und gleichzeitig des östlichen Weinviertels ist Mistelbach.

MISTELBACH

Es haben zwar auch Korneuburg, Stockerau, Eggenburg und Hollabrunn Spitäler, das einzige Schwerpunktkrankenhaus des Weinviertels mit knapp 500 Betten befindet sich in Mistelbach. Der Ausbau des Krankenhauses in den siebziger Jahren sowie die Ansiedlung von mehreren Schulen war Auslöser für den Aufschwung der Kleinstadt. Zusätzlicher Motor für die Entwicklung war noch der Ausbau der Schnellbahnlinie 1984. So wurde die Bezirkshauptstadt ein Verkehrsknotenpunkt: Jede Menge Bundesbusse, die Schnellbahn und eine Bahnlinie Richtung Laa an der Thaya treffen hier zusammen. Nur die wichtigste Verkehrsader des östlichen Weinviertels, die Brünner Straße, führt in einigen Kilometern Entfernung an der Stadt vorbei. Heute leben, dank der Aufwärtsentwicklung der letzten Jahre, in der Gemeinde Mistelbach, das im Süden schon mit *Lanzendorf* und *Ebendorf* zusammengewachsen ist, über 10.000 Menschen. In Ebendorf befindet sich das Schloß der Familie Mitscha-Mährheim, deren Name untrennbar mit der Urgeschichtsforschung verbunden ist.

Mistelbach: Verkehrsknotenpunkt im östlichen Weinviertel

Mistelbach ist vielen auch als abschätziger Begriff für Wiener Polizisten bekannt. Der Grund dafür: In den zwanziger Jahren nahm die Stadt viele Flüchtlinge aus Südtirol auf und quartierte die Leute in einer eigenen Südtirolersiedlung ein. Als die Südtiroler auszogen, stand die Siedlung leer, auf der Suche nach neuen Untermietern wurden die Häuser als Erholungsheim für Wiener Polizisten genutzt.

Auf dem Kultursektor sind es die «Internationalen Puppentage», die seit 16 Jahren hier ein fixes Standbein haben. Eine ganze Woche lang wird dabei mit Stab- und Tischpuppen, Masken, Marionetten und Handpuppen für Kinder und Erwachsene gespielt. Das Angebot an Stücken ist vielfältig und reicht von Märchen wie «Schneewittchen» bis hin zu anspruchsvolleren Stücken wie «Die Abenteuer des Simplicius Simplicissimus».

Historisch betrachtet besteht Mistelbach aus zwei Teilen: einer landesfürstlichen Pfarrholdengemeinde, die bereits 1048 in einer Urkunde Kaiser Heinrichs als Mutterpfarre genannt wird, und einem Besitz der Herren von Mistelbach, die um 1130 erstmals erwähnt werden. 1372 wird von einem Markt

Mistelbach: romanischer Karner neben der Pfarrkirche

berichtet, 1383/85 kommt die Gemeinde in den Besitz der Liechtensteiner. Beide Teile waren stets autark, hatten ihre eigenen Richter und Räte und mußten bei öffentlichen Anliegen ihren Teil beitragen: die Pfarrgemeinde ein Fünftel, die Marktgemeinde vier Fünftel, was natürlich zu Streitigkeiten führte. Erst 1850 wurden beide Teile vereint.

Von den Böhmen unter Podibrad (1458) und den Ungarn unter Matthias Corvinus (1486) zerstört, schlugen im Dreißigjährigen Krieg die Schweden im Jahr 1645 hier ihr Hauptquartier auf und verwüsteten die Umgebung.

1868 wurde die Bezirkshauptmannschaft in Mistelbach eingerichtet, 1870 war die Bahnlinie Wien–Mistelbach–Laa fertig, 1872 erfolgte die Stadterhebung.

Bei einem Stadtrundgang stößt man auf den *romanischen Karner* aus dem 12./13. Jahrhundert, das älteste bauliche Zeugnis der Stadt. Das Dach allerdings stammt aus barocker Zeit.

Die große *Pfarrkirche* mit ihrem weithin sichtbaren Turm ist ein spätgotischer Hallenbau aus dem 15. Jahrhundert. Die Steine für ihre Mauern stammen vom Schloß, das durch ein schweres Erdbeben 1443 arg in Mitleidenschaft gezogen wurde.

Der Hochaltar stammt aus der Barockzeit. Interessant ist noch eine gotische Madonna aus Sandstein an der linken Seite beim Übergang vom Chor zum Langhaus.

Die Kirche, «Maria in der Gruft», befand sich zwischen der heutigen Kirche und dem Karner – auf alten Ansichten ist sie noch zu sehen. Josef II. fand, daß zwei Kirchen zuviel seien, und ließ die eine abreißen.

Die Klosterstiege führt zum *Barnabitenkloster.* Diese vierflügelige Anlage wurde 1687 bis 1700 für die Barnabiten erbaut und diente bis 1783 als Ordensschule. Gleich links neben der Eingangstür ist die schöne Barockkapelle mit reicher Stuckverzierung und einem Fresko von Balthasar Rosaforte zu sehen. Hinter dem ehemaligen Barnabitenkolleg steht das älteste Haus Mistelbachs. Das Benefiziatenhaus geht auf eine Liechtensteinische Stiftung von 1419 zurück.

Am rechteckigen Hauptplatz dominiert das *Rathaus,* ein Bau nach Plänen von Eugen Sehnal und Josef Dunkel aus dem Jahre 1901. Links am Rathaus vorbei geht's in einer kleinen Seitengasse zum *Barockschlößl.* Dieser barocke Bau wurde 1724 bis 1742 von Max Ferdinand Davenna erbaut und dient heute als Ort für diverse kulturelle Veranstaltungen. Im Preßhaus neben dem Schlößl steht eine sehr schöne barocke Weinpresse. Im Keller wurde eine Vinothek der «Weinviertler Weinbruderschaft» eingerichtet.

MISTELBACH

ANREISE AUTO Ab Wien über die B7 (Brünner Bundesstraße), Abfahrt in Schrick Richtung Mistelbach. **ANREISE ZUG** Mit der S-Bahn ab Wien Mitte jeweils stündlich. **ANREISE BUS** Ab Wien Mitte ab 6.40 Uhr stündlich bis 22.50 Uhr. **ERSTE ANLAUFSTELLE** Tourismusverband östliches Weinviertel, Hauptplatz 6, Tel. 02572/2515-248. **ESSEN UND TRINKEN** «ZUR LINDE» (vis-à-vis vom Bahnhof), Fam. Polak, das beste Restaurant in der Stadt mit eigener Vinothek. «WEISSES RÖSSEL», Fam. Frohner, Hafnerstraße 8, Tel. 02572/2431. Fam. DIESNER, Landesbahnstraße 2, Tel. 02572/2404 mit Kegelbahn und Billardraum. WEINLANDSTÜBERL, Mitschastraße, Tel. 02572/4736. **KAFFEEHAUS** Konditorei Fam. HYNEK, Hafnerstraße 7, Tel. 02572/

2371. Fam. HEINDL, Hauptplatz 38, Tel. 02572/2132. **SZENE** Café «HARLEKIN», Bahnstraße 5, Tel. 02572/2712. Discothek «TOUCH ME», Mitschastraße 3, Tel. 02572/4906. Discothek «POINT», Bahnstraße 35, Tel. 02572/2750. **SCHLAFEN** «WEISSES RÖSSL» (s.o.). Gasthaus «MARTINSKLAUSE», etwas außerhalb Siedlung, Totenhauerweg, Parz. 1234, Tel. 02572/3923. **HEURIGE** Infotafel direkt vor dem Rathaus und bei der ampelgeregelten Kreuzung Mitschastraße/Bahnstraße. **VINOTHEK** Im Keller neben dem Barockschlößl, Präsentation der «Weinviertler Weinbruderschaft», Fr 15–18, Sa 10–12 und 14–18, So, Fei 14–18 Uhr. Information: Franz-Josef-Straße 41, Tel. 02572/5868, oder Gasthaus POLLAK (s.o.). Vinothek in Siebenhirten, Sa, So 15–20 Uhr, Tel. 02572/5474. **FAHRRADVERLEIH** Beim S-Bahnhof Tel. 02572/2526. **SCHWIMMEN** «Weinlandbad» mit Rutschen, Sprungbecken und Liegewiese in der Mitschastraße , Tel. 02572/2515-236 oder im Sportzentrum (Tel. 02572/2515), ebenfalls in der Mitschastraße. **SQUASH** In der Pizzeria «AL CAPONE», Mitschastraße 3a, Tel. 02572/2927. **SCHIESSEN** Beim Mistelbacher Schützenverein, Tel. 02572/3355. **KINO** Tel. 02572/4590. **EINKAUFEN** Wochenmarkt jeden Montagvormittag am Hauptplatz. Bauernmarkt jeden 1. und 3. Freitag in der Marktgasse.

WILFERSDORF UND DIE LIECHTENSTEINS

Der Name des Ortes Wilfersdorf, sechs Kilometer östlich von Mistelbach, ist eng mit dem Namen Liechtenstein verbunden. Seit dem 13. Jahrhundert ist das alte Adelsgeschlecht tonangebend im Weinviertel, seit 1436 sitzen die Liechtensteiner in Wilfersdorf. In dieser Gemeinde, die zunächst gar nicht fürstlich wirkt, laufen tatsächlich die Fäden der Stiftung des Fürstentums Liechtenstein zusammen. Vom Schloß aus wird der Weinviertler Besitz von Hans Adam II., dem Liechtensteinischen Monarchen, verwaltet. Der Liechtensteinische Besitz ist trotz großer Grundabtretungen immer noch ganz beachtlich. 3300 Hektar Landwirtschaft werden von vier Gutsbetrieben verwaltet, 3500 Hektar Wald werden vom Forstamt Hohenau aus betreut, und der Ertrag von 41 Hektar Weinbaufläche geht zu 70 Prozent in den Export – in erster Linie nach Liechtenstein, wo am Fürstenhof der Weinviertler Wein getrunken wird.

Details über die Genealogie der Familie, die 1719 in den Fürstenstamm erhoben wurde, sind in einem Teil des Heimatmuseums ausgestellt. Ein riesiger Stammbaum zeigt, beginnend mit Hugo von Liechtenstein, all seine Nachfolger bis hin zum jetzigen regierenden Fürsten, Hans Adam II., auf.

Weinverkauf in der Hofkellerei: Mo–Fr 7–15.30 Uhr, Tel. 02573/2219-27. Spezialitäten: Rheinriesling (Riede Karlsberg), Grüner Veltliner (Riede Karlsberg), Merlot (Riede Karlsberg).

1436 waren die Liechtensteiner in den Besitz der Herrschaft in Wilfersdorf gekommen, und sie «regieren» hier bis zum heutigen Tag. Sichtbarer Ausdruck der weltlichen Macht ist das Schloß, von dem heute allerdings nur mehr die Vorderfront steht. Auf den Grundmauern einer gotischen Burg bauten die Liechtensteiner ein mächtiges vierflügeliges Wasserschloß mit Bastionen, 1713 bis 1721 erfolgte dann der Umbau. 1802 mußte ein Teil des Schlosses wegen Baufälligkeit abgerissen werden.

In Nebengebäuden des Schlosses befindet sich ein Museum. Interessant sind neben der Dokumentation über das Adelsgeschlecht einige paläontologische Funde wie zum Beispiel ein

Wilfersdorf: Schloß Liechtenstein – Schaltstelle des Fürstentums

Nashorn- und ein Dinotheriumknochen aus den Schottergruben rund um Wilfersdorf. Die vollständig eingerichtete Sattlerwerkstatt und der Kaufmannsladen gehören zu den sehenswerten Objekten der Sammlung. Sonst sind noch diverse Bauerngeräte und Erinnerungen aus der Zeit des Zweiten Weltkriegs zu sehen.

Öffnungszeiten: Ostern bis Allerheiligen So und Fei 14–16 Uhr (Tel. 02573/2453 oder 2366).

Die Kirche hat eine barocke Vorderfront aus den Jahren 1742 bis 1744, der Entwürfe des Architekten Martinelli zugrundeliegen, und gotische Bauteile aus der ersten Hälfte des 15. Jahrhunderts. Nach Beschädigungen im Zweiten Weltkrieg wurde der gotische Chor der Marienkapelle 1954/55 wiederaufgebaut. Den Weg zum Friedhof zieren fünf barocke Kreuzwegstationen, die auf eine Stiftung von Hartmann und Elisabeth Sidonia Liechtenstein zurückgehen, die beiden hatten nicht weniger als 24 Kinder.

PRINZENDORF: NITSCH UND
DER ERDÄPFELKIRTAG

Prinzendorf, am südlichen Ufer der Zaya gelegen und längst mit Rannersdorf im Norden zusammengewachsen, ist vielen ein Begriff. Gleich zwei Namen machen den Ort am südlichen Zayaufer bekannt. Hermann Nitsch, seines Zeichens international anerkannter Aktionskünstler, sorgte mit seinem hier abgehaltenen Orgien-Mysterien-Theater immer wieder für Schlagzeilen.

Der Ortspfarrer, Dechant Franz Engel, sorgt sich im Gegensatz zu Nitsch um profanere Dinge – nämlich um eine Aufwertung der «ganz gewöhnlichen» Erdäpfel.

Hermann Nitsch wohnt im Schloß des Ortes, über das im Band «Schlösser und Burgen» der Schriftenreihe des Kulturbundes Weinviertel folgendes zu lesen ist: «Urk. 1319. Heutiger dreigeschoßiger Bau 1751 durch die Camadulenser. Dreiachsiger Mittelrisalit mit übergiebelten Fenstern, im Giebel alte Uhr.

Prinzendorf: Lokomobil-Schuppen neben der Kirche

Widmung: Privatbesitz. In jüngster Zeit ins Gerede gekommen durch exhibitionistische Saturnalien einer Kommune.»

Als diese Zeilen verfaßt wurden, war Nitsch, dessen Frau Beate im Jahr 1971 das Schloß erwerben konnte, noch vielen unbekannt. Inzwischen hängen seine Werke in den großen Museen der Welt. Nitsch, der im Ausland Anerkennung fand, lange bevor ihn die Österreicher würdigten, ist heute einer der berühmtesten zeitgenössischen Künstler Österreichs. Die Prinzendorfer finden zu seiner Kunst schwer Zugang, honorierten aber seine Leistung bei der Schloßrenovierung. Er wird auch als Werbeträger für den Ort akzeptiert, denn wo immer er genannt wird, fällt der Name von Prinzendorf. In der Kunstszene von New York bis Tokio ist Prinzendorf ein fest eingebürgerter Begriff – für ein kleines Weinviertler Bauerndorf eine beachtliche Leistung.

DAS ORGIEN-MYSTERIEN-THEATER
VON HERMANN NITSCH

Der Aktionist Hermann Nitsch ist mit einem wichtigen Teil seines Schaffens ans Weinviertel gebunden. Eines sein Hauptwerke, die Realisierung des «Orgien-Mysterien-Theaters» (o.m.theater), ist für die Landschaft um

Hermann Nitsch: Aktionist, der «das Leben verherrlichen will»

das Schloß in Prinzendorf konzipiert. Blut, Priestergewänder und tote Lämmer erregten immer wieder die Gemüter – Nitsch wurde oftmals mit dem Vorwurf der Gotteslästerung konfrontiert.

Peter Weiermaier definiert im Ausstellungskatalog zur EXPO 1992 in Sevilla die Arbeit des Aktionisten wie folgt: «Hermann Nitsch (ist), ein Künstler, dessen Gesamtkunstwerksidee eines synästhetischen Theaters aller Sinne, eben das Orgien Mysterien Theater, mit Ideen des späten 19. Jahrhunderts und beginnenden 20. Jahrhunderts sympathisiert, jener Periode eines radikalen Umbruchs der Künste, er will in seinem intermediären Programm den Durchbruch der Kunst zum Leben verwirklichen.»

Nitsch, der 1995 für das Bühnenbild der «Herodiade» an der Wiener Staatsoper viel Lob erhielt, beschreibt in «das orgien-mysterien-theater» selbst die Genese seiner Theateridee.

(…) liebe freunde, was will ich wirklich mit meiner arbeit?

ich will, daß das drama zum fest erweitert wird. ich will das schönste fest der menschheit entwerfen, das keinen anderen vorwand als das leben selbst hat, ich will, daß wir wissen, daß wir sind, und daß der umstand, daß wir sind, verherrlicht wird und daß unser sein zum fest wird, zum heiter herzlichen fest (…). der begriff bewußtsein wird auf diese art aus seiner positivistischen isolation gebracht und seinem sein nähergerückt. ich will *das leben verherrlichen, zum bewußtsein des festes bringen, zum festlichen bewußtsein seiner selbst bringen, das miterleben der spielteilnehmer, essen und trinken sind bestandteil des spieles. der ablauf des festes ist spielgeschehen und wird als ästhetisierung und verdichtung des lebenslaufes angesehen.*

das dasein wird vom meditativen erleben bis zur ekstase erfaßt. das o.m. theater kennt keine bühne, sie wird höchstens als relikt des darstellungstheaters verwendet. das spielgeschehen hat sich zum tatsächlichen erleben erweitert (…).

DER ERDÄPFELKULT RUND UM PFARRER JUNGBLUT

Mit Schüttbildern und blutig-kultischem Theater hat diese Art von Kult nichts zu tun:

»Der beste aller Ausflugstips: Museum mit Potatoe-Chips!« Mit diesem Slogan wirbt der pfiffige und ideenreiche Pfarrer von Prinzendorf um Besucher für seinen Ort. Er sammelt alles, was es zum Thema Erdäpfel überhaupt nur geben kann. Im alten

Pfarrhof, in dem einst der 1761 aus den österreichischen Niederlanden eingewanderte Johann Jungblut wohnte, sind Stiche, Bilder und Zeitungsartikel ausgestellt. Jungblut brachte in der zweiten Hälfte des 18. Jahrhunderts die Bauern auf die Idee, in der Region Erdäpfel anzubauen. Und dafür wurde ihm 39 Jahre nach seinem Tod hinter der Kirche das Denkmal gesetzt.

Alljährlicher Höhepunkt in Prinzendorf ist der Erdäpfelkirtag, der jedes erste Septemberwochende stattfin-

Erdäpfeldenkmal   det. Mit dabei ist natürlich auch die Erdäpfelkönigin mit ihren beiden Prinzessinnen. Jener Bauer, der den größten Erdapfel nach Prinzendorf bringt, wird der Erdäpfelbaron – die Siegerknollen werden im Schnitt über ein Kilogramm schwer.

Der zweitägige Volksfestrummel kommt gerade bei Kindern sehr gut an, denn die Veranstalter locken nicht nur mit Chips, sondern auch mit «richtigem» Erdäpfellegen, Erdäpfelgraben und am Lagerfeuer gebratenen Erdäpfeln.

Als Attraktion für Technikfreunde sind unter einem Schuppen vis-à-vis der Kirche noch eine Reihe von Lokomobilen – dampfgetriebenen Traktoren – zu sehen.

Das Kuriose am Tanz um die heiße Kartoffel: Prinzendorf ist heute gar keine «Erdäpfelgegend» mehr – nur mehr wenige, kleine Erdäpfeläcker liegen beim Ort.

Im Weinviertel werden Erdäpfel in der Stockerauer und Hollabrunner Region angebaut, kleinere Gebiete sind zum Beispiel bei Eichenbrunn zu finden.

Erdäpfel sind reich an Inhaltsstoffen, enthalten Kohlehydrate, Eiweiß, Ballaststoffe, Mineralstoffe wie Kalium, Magnesium, Kalzium, Spurenelemente, die Vitamine C, B1, B2, H, K und das Provitamin A. Mit einem Nährwert von 68 Kilokalorien oder 285 Kilojoule pro 100 Gramm Erdäpfeln sind die Knollen für Diäten geeignet. Wer Erdäpfel lagert, soll folgendes beachten: Erdäpfel gehören in den Keller, lieben Dunkelheit und sind sehr frostempfindlich. Lagert man Erdäpfel zu trocken, schrumpeln sie. Blaue Flecken sind Druckstellen, ein Zeichen, daß Erdäpfel bei zu tiefen Temperaturen unsanft behandelt wurden. Wer gute Qualität bevorzugt, füllt den Erdäpfelkeller noch vor der kalten Jahreszeit.

Besonders stolz sind die Pinzendorfer auf ihr «Jungblut-Erdäpfeltorte».

Ob dieses Rezept von Herrn Jungblut persönlich stammt, läßt sich nicht verifizieren. Es wurde eher zu seinem Gedenken nach ihm benannt:

Zutaten: 40 Dekagramm rohe Erdäpfel, 10 Dekagramm geriebene Schokolade, 25 Dekagramm Butter, 20 Dekagramm Staubzucker, 2 Prisen Vanillezucker, 1 Prise Salz, 1 Teelöffel Zimt, 4 Eier, 15 Dekagramm geriebene Haselnüsse, 30 Dekagramm Mehl, 2 Teelöffel Backpulver, 8 Eßlöffel Milch.

Zubereitung: Erdäpfel schälen, reiben, soviel Wasser wie möglich ausdrücken und dann beiseitestellen. Butter, Zucker, Vanillezucker und Salz schaumig rühren, die übrigen Gewürze dazugeben und nacheinander die Eier unterrühren. Haselnüsse, Schokolade, Mehl und Backpulver mischen und mit der Milch und den Erdäpfeln einrühren. Die Masse in eine Tortenform geben und auf der unteren Schiene ca. eine Stunde bei 200 Grad backen, im Heißluftrohr bei 175 Grad. Mit Rumglasur überziehen.

Erdäfelmuseum und Landwirtschaftliches Museum: Besichtigung gegen Voranmeldung jederzeit, Tel. 02533/476 oder 205.

ERDÖLPIONIERE IN NEUSIEDL AN DER ZAYA

Erdölfördereinrichtungen sind an und für sich nichts Besonderes. Die sich stetig auf und ab neigenden «Pferdekopfpumpen» gehören in vielen Teilen des Weinviertels zum Landschaftsbild. Auch in Neusiedl wird Erdöl gefördert, allerdings nicht mit üblichen Pumpen, sondern mit Türmen. Die 49 Türme sind das Wahrzeichen von Neusiedl und zugleich auch der Firma van Sickle. Erdölförderung liegt in Österreich nämlich nicht nur in Händen der ÖMV und der RAG, sondern auch – zu rund zwei Prozent – bei erwähnter Firma. Die Firma geht auf Keith van Sickle zurück, der 1935 im Gebiet Neusiedl-Hauskirchen 48 Schürfrechte erwarb. 1956 wurde außerhalb des Ortes eine Roheildestillationsanlage errichtet, die immer noch Heizöl aus dem hiesigen Erdöl produziert und auf den Markt liefert.

Van Sickle, Bahnstraße 40, Neusiedl/Zaya. Exkursionen nach Voranmeldung Tel. 02533/401.

Die gesamte Neusiedler/Zistersdorfer Region gehört bis heute zu den Pioniergebieten der österreichischen Erdölindustrie. In den dreißiger Jahren gelangen erste spektakuläre Funde und bildeten mehr als ein Jahrzehnt die Stütze der österreichischen Erdölversorgung. Das große Ölfeld von Matzen wurde, zum Vergleich, erst 1949 entdeckt. Die erste Bohrung mit einer wirtschaftlichen Fördermenge von 30 Tonnen Rohöl pro Tag war «Gösting II», wo am 23. August 1934 das heißersehnte Schwarze Gold erbohrt werden konnte. In der Hochkonjunktur standen allein im Neusiedler Raum mehr als zwei Dutzend

Bohranlagen in Betrieb. Die höchste Jahresförderrate von 470 (!) Bohrungen rund um Neusiedl betrug 1944 mehr als 800.000 Tonnen. In den letzten Jahren betrug die gesamtösterreichische Fördermenge im Schnitt nur 1,2 Millionen Tonnen.

Auch für technologische Pionierleistungen war das Gebiet immer schon gut: Sei es die Bohrung «Zistersdorf ÜT 2a» (übertief), die mit 8853 Metern einen europäischen Tiefbohrrekord bei der Suche nach Kohlenwasserstoffen aufstellte, oder die Bohrung Steinberg 20, die seit drei Jahren als erste Horizontalbohrung aus über 700 Metern Tiefe sehr erfolgreich Öl fördert.

Ein riesiger Gedenkstein am Hauptplatz von Neusiedl hält die wichtigsten Eckdaten des Erdölzeitalters fest, das laut Inschrift 1929 begann. Hinter dem Hallenbad in Neusiedl, das ebenso wie das in Zistersdorf zu den Errungenschaften des Ölbooms gehört, sind entlang eines Nostalgieweges einige Relikte der Erdölsuche und -förderung ausgestellt, das Ende der Freiluftschau bilden alte Bauerngeräte.

Erdölmuseum in Neusiedl: Besichtigung nur nach Voranmeldung bei der Gemeinde, Tel. 02533/255.

Neusiedl an der Zaya: funktionierende Erdölfördertürme

Sucht man den Überblick über all die Fördertürme, so muß man auf den Hausberg von *St. Ulrich*. Eine asphaltierte Straße führt bis hinauf, oben erinnert ein Gedenkstein an den freiwilligen Zusammenschluß der Orte St. Ulrich und Neusiedl an der Zaya. Ein paar Fahnenmasten und ein Bankerl markieren den «Gipfel». Folgt man einem weiteren Schild, kommt man zur Schwefelquelle am Graben nordöstlich des Ortes. Diese ist in der Gegend nichts Besonderes, auch in *Hauskirchen* gibt's eine, beide werden von manchen Einheimischen gerne besucht, die das nach faulen Eiern riechende Wasser für Therapiezwecke mit nach Hause nehmen. Auf alle Fälle sollte man sich genauer erkundigen, bevor man dieses Wasser, in welcher Form auch immer, anwendet.

DIE STADT ZISTERSDORF

Zistersdorf liegt an den Ausläufern der Hügel des Steinberges. Mit der auf großen Strecken noch erhaltenen Stadtmauer und dem großen Schloß läßt sich die einstige Bedeutung der Stadt unschwer erahnen. Im 12. Jahrhundert waren die Kuenringer Herren der umliegenden Orte. In Zistersdorf errichteten sie ihren Hauptort und den Marktplatz. Auf die Kuenringer geht auch die Stiftung der Kirche «Maria am Moos» zurück.

Bereits 1284 ist Zistersdorf von Mauern umgeben. Um sie zu sehen, geht man über den Kirchenplatz durch die Kaiserstraße, die Stadtgrabengasse entlang zur *Wallfahrtskirche «Maria am Moos»*. Dieser Bau, außerhalb der schützenden Mauern, vereint an der Fassade romanische, gotische und barocke Fenster und Türen nebeneinander. 650 Jahre lang war die Kirche, die 1160 durch den Bischof von Passau zur Mutterpfarre erhoben wurde, Pfarrkirche. Gewallfahrtet wird zu Maria Himmelfahrt (15. August) und zu Maria Geburt (8. September).

Die jetzige Pfarrkirche wurde im Zuge der Gegenreformation unter Rudolf Freiherr von Teuffenbach zusammen mit dem Franziskanerkloster in den Jahren 1627 bis 1640 erbaut. Bis 1811 war die Kirche auch gleichzeitig Klosterkirche der Franziskaner, die dann nach Maria Lanzendorf übersiedelten. Der Turm der Kirche, der auch gar nicht zum übrigen Bau zu passen scheint, wurde tatsächlich erst 1880 errichtet. Im Inneren ist eine reiche Barockausstattung zu sehen. Ein weiteres barockes Meisterstück ist die Dreifaltigkeitssäule am Hauptplatz zwischen dem alten und dem neuen Rathaus.

Das *Schloß*, nunmehr Sitz einer Landesberufsschule für Installateure, war schon unter Rudolf von Teuffenbach der k.u.k. maria-theresianischen Militärakademie zugeeignet worden, ursprünglich stand hier die

Zistersdorf: Wallfahrtskirche Maria am Moos

Festung der Kuenringer, die im 17. Jahrhundert zu der großen Festungsanlage umgestaltet wurde.

Die auf dem Areal des ehemaligen Ziegelofens geplante Müllverbrennungsanlage teilt die Bevölkerung in zwei Lager. Auf einem umfangreichen Prospekt wirbt die Stadtgemeinde bei der Bevölkerung mit Zahlen: Zwischen 100.000 und 120.000 Tonnen Müll, das entspricht einem Drittel des gesamten niederösterreichischen Mülls, könnten hier verwertet werden. Durch den dabei erzeugten Strom könnte der Bedarf von 10.000 Haushalten gedeckt werden. Weiters locke ein wirtschaftlicher und sozialer Aufschwung, gekoppelt mit 50 neuen Arbeitsplätzen. Der Protest jener, die ökologische Schad-

Gaiselberger Hausberg: der schönste und größte des Landes

wirkungen befürchten, kann durch solche Argumente freilich nicht entkräftet werden.

Sucht man den allerbesten Rundblick über das ganze nordöstliche Weinviertel, so gilt es auf der Straße von Zistersdorf nach Maustrenk nach dem Denkmal der historischen Erdölbohrung von 1930 rechts Richtung Prinzendorf abzubiegen. Beim Wasserreservoir gibt's ein einfach überwältigendes Panorama: In der Tiefebene im Südosten Zistersdorf, im Westen die Stadt Mistelbach mit Kirche, Krankenhaus und Lagerhaussilo, im Nordwesten Poysdorf mit der Kirche, im Norden die Bergrücken der Pollauer Berge und im Osten, in der Slowakei, die Kleinen Karpaten.

Nur fünf Kilometer westlich der Stadt Zistersdorf (also sehr leicht mit dem Fahrrad erreichbar) liegt in einer Talsenke der Ort Gaiselberg. Die Hinweistafel «Hausberg» ist in der Region nichts Außergewöhnliches, der Gaiselberger Hausberg hingegen schon, er ist der größte und schönste des Weinviertels. Wer dem Weg durchs schön gelegene Kellerviertel folgt, kann den imposanten Mugel mit drei Wällen und den dazwischen liegenden Gräben besteigen.

Der Gaiselberger Hausberg wurde um 1060 erbaut. Zunächst wurde nur ein zentrales, kegelstumpfförmiges Kernwerk mit Graben und Wall errichtet. Auf dem Kernwerk stand ein hölzernes Haus, umgeben von Palisaden. Damals befand sich der Hausberg in der Hand der Kuenringer.

In einer großen Ausbauphase, beginnend 1240, wurde die Anlage umgebaut und ein zweiter und dritter Graben und Wall, jeweils mit Palisadenzäunen, angelegt. Am Kernwerk wurde das «Feste Haus», die «Veste», ein Steinbau, errichtet. Im Inneren des Kernwerks wurden Erdställe gegraben, in denen wohl Vorräte bewahrt wurden. Spätestens 1550 galt die Anlage als bedeutungslos. Das steinerne Haus wurde abgebrochen und die Steine beim Hausbau im Ort verwendet. Wissenschaftliche Grabungen förderten Unmengen an Scherben verschiedenster Siedlungsepochen zutage.

Hausberge sind vom 11. bis zum 15. Jahrhundert nachweisbar. Die Größe der Hausberge ist auch Statussymbol und Gradmesser für die Bedeutung der jeweiligen Adeligen. Im Hochmittelalter wurden diese Anlagen von Vertretern des höheren Adels bewohnt. Als die herrschende Schicht die nötigen Mittel hatte, Steinburgen zu bauen, blieben Hausberge bis in die Renaissancezeit eine Domäne des niederen Adels.

ZISTERSDORF

ESSEN UND TRINKEN Das Restaurant «AM STEINBERG» liegt außerhalb der Stadt, es lohnt sich aber hinzufahren, Tel. 02532/2703. Gasthaus «ZUM GRÜNEN BAUM», Fam. Krammer, Tel. 02532/2263. **SCHLAFEN** «AM STEINBERG» (s.o.). Pension SCHRAMM, Tel. 02532/2312. Frühstückspension Ferdinand GOLDMANN, Tel. 02532/82745. Gasthaus KRAFT, Tel. 02532/88545. **KAFFEEHAUS** Konditorei Fam. BAUMHACKL, Kirchenplatz 15, Tel. 02532/2315. **HEURIGE** Informationstafel vor der Bezirksbauernkammer am Hauptplatz. **SCHWIMMEN** Am Schloßplatz 6, Tel. 02532/2939. Freibad an der Hauptstraße 12, Tel. 02532/2401. **REITEN** Reitstall Zistersdorf, Am Sportplatz 5, Tel. 02532/8484. **KINO** Stadtkino, Tel. 02532/2418.

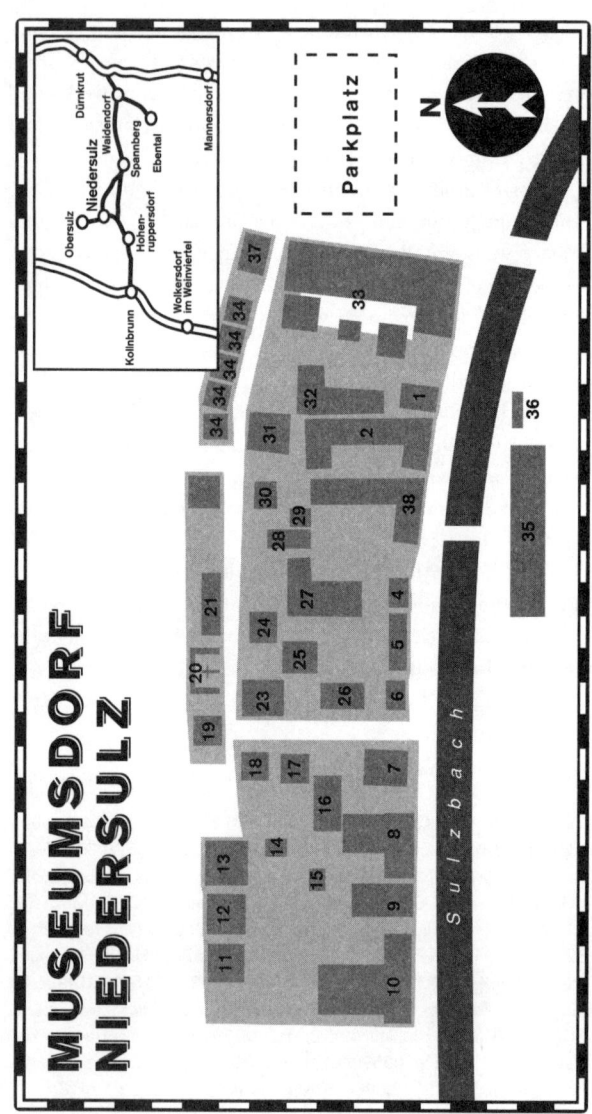

MUSEUMSDORF
NIEDERSULZ

Parkplatz

N

Oberstz
Niedersulz
Dürnkrut
Waidendorf
Spannberg
Ebental
Mannersdorf
Hohen-
ruppersdorf
Kollnbrunn
Wolkersdorf
im Weinviertel

Sulzbach

37
33
34 34 34 34
34 34
32
31
1
2
30
29
38
28
27
4
24
25
5
23
26
6
19
20
21
18
17
7
16
14
8
15
9
12 13
11
10
35
36

Das Museumsdorf Niedersulz

DAS MUSEUMSDORF: SPAZIERGANG IM VORIGEN JAHRHUNDERT

1. Georgskapelle aus Obersteinabrunn, frühes 19. Jahrhundert
2. Doppelhakenhof aus Wildendürnbach mit Bürgermeisteramt aus dem Jahre 1837 sowie der Dokumentation «Zimmern»
3. Zwerchhof aus Drösing (frühes 19. Jahrhundert) mit einer Sammlung bemalter Möbel (I)
4. Kleinhäuslerhaus aus Kleinhadersdorf aus dem 18. Jahrhundert
5. Handwerkerhaus aus Niedersulz (1887) mit einer Sattlerei
6. Schmiede aus Patzenthal (19. Jahrhundert)
7. Wirtshaus aus Poysdorf, datiert mit 1812 (im Stock: bemalte Möbel II)
8. Zwerchhof aus Waidendorf (19. Jahrhundert) mit Stallungen
9. Streckhof aus Bad Pirawarth (1770) mit einer Perlmuttdrechslerei aus Dürnkrut
10. Wassermühle aus Walterskirchen (frühes 19. Jahrhundert) mit einer Sammlung von Barock- und Biedermeiermöbeln im Nebentrakt
11. Längsstadel aus Obersulz (1851)
12. Längsstadel aus Großinzersdorf (1856)
13. Längsstadel aus Waidendorf
14. Ausnahm (= Ausgedinge) aus Niedersulz (19. Jahrhundert)
15. Querschuppen nach einem Niederkreuzstettener Vorbild mit bäuerlichen Wagen und Geräten
16. Einkehr- oder Tanzschuppen aus Hohenruppersdorf (1841)
17. Schüttkasten aus Seitzersdorf-Wolfpassing (ca. 1850) mit einer Sammlung sakraler Gegenstände
18. Preßhaus mit Schüttkasten aus Herzogbirbaum um 1800 mit einer Sammlung sakraler Gegenstände
19. Marienkapelle aus Lanzendorf (1753)
20. Friedhof
21. Handwerkerhaus aus Mistelbach (1704)
22. Preßhaus aus Niedersulz (18. Jahrhundert)
23. Kellerstöckl aus Erdpreß mit einer Sammlung sakraler Kunst
24. Schüttkasten aus Patzmannsdorf
25. Längsstadel aus Niedersulz (1849)
26. Jägerhaus aus Hohenau (19. Jahrhundert). Hier wurde der Heurige eingerichtet. (Hier befindet sich auch das WC)
27. Hakenhof aus Kettlasbrunn (19. Jahrhundert)
28. Längsstadel aus Hörersdorf (1818)

29. Preßhaus und Schüttkasten aus Ottenthal (19. Jahrhundert)
30. Gemauerter Längsstadel aus Bernhardsthal mit einer Wagen- und Schlittensammlung
31. Längsstadel aus Gaubitsch (1792) mit einer Wagen- und Schlittensammlung
32. Hakenhof aus Hörersdorf (1740)
33. Südmährischer Hof
34. Preßhäuser aus: Eibesthal, Großinzersdorf, Ladendorf, Klein-Schweinbarth und Hüttendorf
35. Streckhof aus Unterstinkenbrunn (1830)
36. Bienenhaus aus Oberfellabrunn
37. Kleinhäuslerhaus aus Wetzelsdorf mit Obstbau- u. Imkermuseum.

Wer kennt Niedersulz? Wer kennt diesen unscheinbaren Flecken, irgendwo im Bermudadreieck zwischen Wolkersdorf, Mistelbach und Zistersdorf gelegen? Wer, Hand aufs Herz, würde jemals darauf kommen, daß sich hier, in einem blinden Fleck des Weinviertels, eines der bemerkenswertesten Museen von Österreich befindet?

Die Anreise in den kleinen Ort ist einfach. Man fährt die Brünner Straße so lange Richtung Norden, bis man von einem grünen Wegweiser nach rechts geleitet wird. Auf verschlungenen Pfaden dringt man nach Niedersulz vor. Und kommt in ei-

Niedersulz: Der Zwerchhof aus Waidendorf lädt ein

nen Ort, dem gleichsam der Spiegel vorgehalten wird: neben dem «richtigen» Niedersulz wuchs in den vergangenen Jahren ein zweites Dorf empor. Getrennt sind die beiden durch den kleinen Sulzbach – und noch ein paar andere Kleinigkeiten. Im neu entstandenen Dorf sind die Häuser irgendwie kleiner ausgefallen, sie sind aber auch schöner, romantischer, ja geradezu pittoresk anzusehen. Es leben dort keine Menschen bis auf einen, allerdings einen ganz besonderen. Im neuen Dorf gibt es auch, im Gegensatz zum alten, ein Wirtshaus – sehr zur Freude der Bewohner von Alt-Niedersulz.

Neu-Niedersulz, das ist längst kein Geheimnis mehr, ist ein klassisches Museumsdorf, ein Freilichtmuseum der besonderen Art, eine Freude für jeden Hobby-Volkskundler. Der spezifische Reiz dieses Museumsdorfes entsteht dadurch, daß die hier aufgebauten Objekte alle aus der gleichen Region stammen, insgesamt also ein harmonisches Ensemble, eben ein richtiges Dorf aus zweiter Hand ergeben. In anderen, ähnlich angelegten Freilichtmuseen sind Objekte aus ganz Österreich zusammengewürfelt – was zwar auch interessant sein mag, aber einen völlig anderen Charakter ergibt.

Die Intention ist überall spürbar: Es sollten voll eingerichtete Häuser in einem Dorfverband gezeigt werden; nicht nur die Häuser werden dokumentiert, sondern auch das Handwerk, Kommunikationszentren, Sakralbauten oder das Bürgermeisteramt. Es ensteht nicht ein kitschig-verklärtes Bild des bäuerlichen Lebens, sondern es wird auch dessen Härte und Kargheit vor Augen geführt. «Es muß so aussehen, als seien die Bewohner gerade aufs Feld gegangen» ist die Maxime des Wiederaufbauprogramms – zum Nutzen aller Interessenten und Besucher.

Schon am diesseitigen Ufer des Sulzbaches steht, quasi zur Begrüßung, ein Streckhof aus Unterstinkenbrunn. Am südlichen Ufer bildet der mächtige Südmährerhof den Beginn des Dorfes; er wurde zu einem Zentrum der aus ihrer Heimat vertriebenen Südmährer ausgestaltet. Im Hof mitsamt den Stallungen und dem Stadl ist eine Dokumentation der Bezirke Nikolsburg, Znaim, Zlabings und Neubistritz untergebracht.

Alle übrigen Gebäude des Museumsdorfes sind – und das ist die wirkliche Sensation – von einem einzigen Mann hierher verpflanzt worden. Josef Geissler, ein Autodidakt und wahrhaft von seiner Arbeit besessener Mensch, ist der Erbauer des gesamten Dorfes – das allein macht ihn längst zu einem der bemerkenswertesten Männer des Landes.

Begonnen hat er seine Bautätigkeit an der Dorfzeile am Bach. Als eines der ersten Objekte ist die Georgskapelle aus Obersteinabrunn zu sehen. Dann folgt der Doppelhakenhof aus Wildendürnbach mit der Bürgermeisterstube von 1837. Hier ist eine Dokumentation des Zimmer- und Maurerhandwerks untergebracht. Weitere Gebäude am Sulzbach sind: ein Zwerchhof aus Drösing, ein Kleinhäuslerhaus aus Kleinhadersdorf, ein Handwerkerhaus aus Niedersulz, eine Schmiede aus Patzenthal, ein Wirtshaus mit Schankstube und Schankgatter aus Poysdorf, ein Zwerchhof aus Waidendorf mit einer Kegelbahn aus Friebritz, ein Streckhof aus Bad Pirawarth und eine Wassermühle aus Walterskirchen.

Niedersulz: bäuerliches Schlafzimmer aus dem vorigen Jahrhundert

Im Laufe der Jahre und Jahrzehnte hat Josef Geissler besondere Techniken der Übertragung von Häusern gefunden.
Wenn er ein geeignetes Objekt ausfindig gemacht hat, wird das
Haus an Ort und Stelle fotografiert und genau vermessen,
dann beginnt der Abbau. Das Dach wird – mit einigen Helfern
– vorsichtig abgedeckt, der Dachstuhl Stück für Stück abgetragen, die einzelnen Trümmer genau numeriert. Das Mauerwerk
wird nicht übertragen – die im Weinviertel üblichen Lehmzie-
gel sind nicht wiederverwendbar, deshalb werden die Häuser
mit neuen Ziegeln wiedererrichtet. Auf das Mauerwerk wird
der alte Dachstuhl gesetzt und mit den Original-Dachziegeln
gedeckt. Die Wände werden in alterprobter Handarbeit ver-
putzt – und nach wenigen Wochen bis Monaten ist das Museumsdorf um ein Objekt reicher.

Auch die Volkskundler sind voll des Lobes für die geleistete
Konservierungsarbeit. Der Niederösterreich-Experte Helmut
Fielhauer: «Das Projekt Weinviertler Museumsdorf Niedersulz
ist volksbildnerisch bestens zu befürworten. Seitens unseres Instituts nehmen wir immer wieder die Gelegenheit wahr, auf
Exkursionen dort Station zu machen, weil gerade in diesem
Landesviertel die historisch gewordene Bausubstanz als Teil
eines bewährten Lebenszusammenhangs besonders bedroht
ist.»

Besonders schön ist im Frühling, zur Zeit der Obstbaumblü-
te, ein Spaziergang durch den «Weinviertler Obstpfad». Der
Wanderweg beginnt gleich bei der Georgskapelle aus Obersteinabrunn, führt über die Brücke des Sulzbaches zum Bienenhaus aus Oberfellabrunn, wo eine Gruppe von Pflaumen-
bäumen (Zwetschke, Pflaume, Ringlotte und Mirabelle) wachsen. Für diese Pflanzen gilt: Je edler die Sorte, desto mehr sind
ein warmer Standort und ein guter, fester Boden gefragt.

Der Weg geht wieder über die Brücke und im Zickzackkurs
durchs Museumsdorf, wo er beim Obstbaummuseum, untergebracht im Kleinhäuslerhaus aus Wetzelsdorf, hinter dem Südmährerhof endet.

Neben den wunderschönen Objekten des Museumsdorfes ist der «Sortengarten» eine weitere Bereicherung des weitläufigen Areals. Hier werden in Vergessenheit geratene Obstbäume kultiviert und deren Standortbedingungen beschrieben. Auch Grundkenntnisse über Veredeln, Baumschnitt und Erziehungsformen bis hin zum biologischen Pflanzenschutz werden vermittelt. Obstbäume und Edelreiser können hier erworben werden.

Information: Tel. 02534/333-143, rechtzeitig bestellen.

JOSEF GEISSLER

1966: Die Beatles feiern ihren großen Erfolge, Niederösterreich bekommt einen neuen Landeshauptmann, Andreas Maurer. Und irgendwo in einer kleinen Ortschaft im Weinviertel, in Niedersulz, beginnt der 17jährige Josef Geissler just das zu sammeln, was andere nicht mehr brauchen: Hausrat, alte bäuerliche Geräte, Devotionalien, bemalte Bauernmöbel und Werkzeuge.

Damals, Mitte der sechziger Jahre, setzte man allseits auf Aufbau. Flachdächer, Tiroler Putz, Aluminiumfenster, abwaschbare Resopalmöbel und Welleternitdächer galten als fortschrittlich. Vom «Barock zur Barack'», meint Josef Geissler, habe sich das Weinviertel damals entwickelt – und ihn störte das von allem Anfang an.

Als Sohn eines Bauern, dem «die Landwirtschaft zuwenig romantisch» war, wurde er auch in der eigenen Familie als Sonderling, als komischer Außenseiter angesehen. Also zog er nach Wien und erlernte bei der Erzdiözese Wien den Beruf des Restaurators, Spezialgebiet sakrale Kunst.

Heute steht er nicht im Auftrag der Diözese, sondern für das Museum in Niedersulz in der Werkstatt, die er im Hakenhof aus Kettlasbrunn eingerichtet hat. Zwölf bis dreizehn Stunden dauert sein Arbeitstag, und wenn er nicht gerade ein Haus abträgt oder aufmauert, so restauriert er hier Möbelstücke und Statuen. Voll Begeisterung vergoldet er gerade einen Strahlenkranz eines Barockengerls. Sein Optimismus, seine Ausdauer sind unglaublich und vorbildlich, seine positive Ausstrahlung ungemein groß: Wer in Österreich kann schon von sich sagen, ein ganzes Dorf allein aufgebaut zu haben? Und wer kann schon von sich behaupten, daß er seit fast 30 Jahren das macht, was er für richtig hält, nämlich all das zu retten, «was schön isb»?

Wie alles begann auch das Museumsdorf im kleinen: Zunächst trug Geissler die gesammelten Gegenstände im Pfarrpreßhaus zusammen. Dort baute der Autodidakt, trotz großer Widerstände der eigenen Familie, das «Niedersulzer Heimatmuseum» auf. Wenn er, der «mißratene Sohn», auch nur am Wochenende und im Urlaub Zeit für sein Hobby hatte, so wuchs die Sammlung doch sehr rasch.

Bald zog er mit seinem «Glumperb» in die nicht mehr benötigte Volksschule, die ihm 1976 von der Gemeinde zur Verfügung gestellt wurde. Kaum war das «Weinviertler Dorfmuseum» eröffnet, gab es auch schon Pläne zur Erweiterung: Es sollte ein Freilichtmuseum entstehen.

Am 10. November 1979 legte Landeshauptmann Andreas Maurer den Grundstein.

Josef Geissler: nimmermüder Dorferbauer

Noch im selben Jahr wurden zwei Stadeln aus der näheren Umgebung hierher transferiert und aufgestellt.

Alle Arbeit geschah in der Freizeit und an Wochenenden mit freiwilligen Helfern. Und viele Niedersulzer wollten ihren Augen kaum trauen: Am anderen Ufer des unscheinbaren Sulzbaches begann ein Dorf, ein richtiges Dorf zu wachsen, das «Weinviertler Museumsdorf Niedersulz». Rastlos, Jahr für Jahr, erweitert Geissler seinen Ort um einige Gebäude. Inzwischen sind es 51 Objekte, die sich zu einem idyllischen und in Wahrheit einmaligen Ensemble zusammenfügen.

Seit 1989 ist Josef Geissler hauptberuflicher Angestellter des «Weinviertler Museumsdorf»-Vereins. Er arbeitet nicht nur den ganzen Tag hier, er wohnt auch mit Rexi, dem Schäferhund, quasi als Eremit und bescheiden wie ein Franziskanermönch «in seinem Dorf». Das Wohnzimmer ist gar nicht geheizt – tagsüber arbeitet der Rastlose ohnehin in der Werkstatt. Seine persönlichen Bedürfnisse hält Geissler ganz bewußt gering. Auf äußere Dinge wie Kleidung legt er keinen Wert, aber in seinem Hirn, da schwelgen wahrlich große Gedanken. Wie ein «barocker Abt» möchte er stets in einem fort bauen und schaffen. Das heißt eigentlich «konservieren», erhalten und dauerhafte Objekte übertragen, denn Kopien aufzustellen lehnt er entschieden ab. Getreu seinem Glaubenssatz «Todeskandidaten zur Auferstehung verhelfen, daß sie einen Ostermorgen erleben» nimmt er nur verfallende Weinviertler Bauten in seine ganz private Sammlung auf.

»Hier darf die Natur noch Natur sein» ist eines der Leitbilder von Geissler. Brennesseln dürfen neben Holunderstauden blühen. Bienen und Tauben sind die Dauermieter im Ort. Als Freund der «wilden Natur» ist ihm jeder Rasenmäher ein Dorn im Auge. Denn den gab es im 18. und 19. Jahrhundert, in jener Zeit, aus der die Objekte des Ensembles stammen, noch nicht.

Zu seiner Lieblingsjahreszeit, Mai und Juni, jener Zeit, in der die Natur mit Farben und Düften nicht geizt, die Luft voller schwerer Gerüche, Bienengesurre und Schmetterlingsgeflatter ist, fällt dem gläubigen Josef Geissler, der auch ganz gern ein Gläschen Wein trinkt, der Psalm «Die Fluren träufeln vom Fette» ein. Da hält er, der die Ruhe liebt und volksfestähnliche Aufläufe in seinem Dorf eigentlich fürchtet, für einige Minuten inne. Denkt darüber nach, ob es gut sein könnte. Ob er genug gebaut haben könnte. Ob das Dorf nicht schon groß genug sei. Lang hält er sich bei diesen Gedanken aber nicht auf.

Denn da fehlt schon wieder ein Dachziegel. Hier ist ein Taubenkobel aufzustellen. Und dort drüben gäbe es einen idealen Bauplatz für ein neues Haus – sein Lebenswerk wird weiterwachsen. Josef Geissler muß weiterbauen. Und alle Besucher sollten beim Besuch von Niedersulz wenigstens kurz daran denken, daß dieser Mann schon jetzt ein Lebenswerk geschaffen hat, das unbezahlbar wertvoll ist.

Einmal in Niedersulz, kann man auch einen Sprung zur – richtigen – Kirche machen. Das Gotteshaus ist ein schlichter romanischer, 1623 barockisierter Steinbau aus dem 13. Jahrhundert. Rundherum befand sich einst der Friedhof, von diesem sind einige schöne barocke Grabkreuze geblieben. Ein Blick nach Norden zeigt die Anlage eines typischen Straßendorfes mit einer kleinen Kapelle am Ende der Straße.

Hohenruppersdorf liegt vier Kilometer südlich von Niedersulz. Sehenswert ist die Anlage des alten Marktplatzes mit einigen schönen barocken Häusern. Völlig dem Stil der Barockzeit entsprechend, fügt sich die Dreifaltigkeitssäule in das Ensemble. Die Kirche selbst stammt aus dem Ende des 18. Jahrhunderts.

Neben der Kirche befindet sich der Karner, der ursprünglich der hl. Radegundis geweiht war.

Museumsdorf: barocker Holzaltar

Der Schlüssel zum Karner ist beim Pfarrhof Nr. 2, Tel. 02574/8311, erhältlich.

Am Weg in den Ort fährt man an einem renovierungsbedürftigen, aber trotzdem sehenswerten Haus mit einem Jugendstilrelief vorbei. Ein Mädchen mit einer Äskulapnatter steht hier als Zeichen, daß im Haus Nr. 6 einst ein Arzt wohnte. Interessant ist noch das Rathaus mit Türmchen, in dem sich auch gleich das Gemeindegasthaus befindet.

Der beinahe 1000 Seelen zählende Ort gehört zu den größten Weinbaugemeinden im Bezirk Gänserndorf. Ein Rundgang durch die Kellergassen ist auf alle Fälle lohnend, besonders am Leopolditag, dem Tag der «Offenen Kellertür».

RUNDWANDERUNG ZUM MUSCHELBERG

Eine etwa zweieinhalbstündige Wanderung führt über Obersulz mit einem schönen barocken Pfarrhof nach Nexing, zu einer weltweit einzigartigen Anhäufung von Muschelschalen, zu Karpfenteichen und der Miniaturausgabe eines verfallenden Tudorschlößls.

Vom Museumsdorf geht man zur Kirche, dort entlang der Hauptstraße des Straßendorfes nach Norden. Auf dem Feldweg geht es kurz bergauf, man quert die Bahngleise und geht bei der Wegkapelle nach *Obersulz*. Der vom Salzburger Benediktinerstift Michaelbeuern 1732 erbaute Pfarrhof stellt mit seiner schönen Bandlwerkfassade ein prächtiges Beispiel hochbarocker Baukunst dar. Dieses repräsentative Gebäude war nicht bloß Pfarrhof, vielmehr diente das Haus auch visitierenden Prälaten und durchreisenden Kirchenfürsten als Aufenthaltsort.

Durch die Kellergasse geht's auf die Felder der Ried Zieglergstettn. Über sanfte Hügel kommt man zum «*Muschelwerk*». Weil der Steinbruch in Betrieb ist, prangt hier das Schild «Eintritt verboten». Schon der Anblick der hohen Mahlanlage wirkt

Nexing: Mahlanlage des «Muschelwerks»

geisterhaft, vor allem, wenn weißer Staub auf den Dächern liegt. Aus elf Millionen Jahre alten Muschelschalen eines brackischen Meeres wird hier der «Österreichische fossile Muschelgrit» abgebaut. Verwendung findet das gemahlene Gemisch, das zu drei Vierteln aus Kalk und einem Viertel aus Kieselsäure (Quarz) besteht, als Hühnerbeifutter.

Nach dem Steinbruch geht man den Wald entlang zur Straße nach *Nexing*. Die Teiche waren schon im 17. Jahrhundert als «Sulzer See» bekannt und dienen heute der Karpfenzucht. Nexing verläßt man Richtung Süden. Man überquert den Bach und biegt dann nach links Richtung Mühle ab. Nach der Mühle gelangt man über die Bahn am Bachufer entlang zurück zum Museumsdorf.

VOM MUSEUMSDORF ÜBER
SPANNBERG NACH WAIDENDORF

Wieder dient das Museumsdorf in Niedersulz als Ausgangspunkt für eine kleine Entdeckungsreise Richtung Osten. Entlang des Sulzbaches zur March fährt man durch *Erdpreß*, das eine sehenswerte Kellergasse zu bieten hat. Der nächste Ort ist *Spannberg*. Daß es sich in der sumpfigen Niederung nicht gut bauen läßt, erkannte man schon im 12. Jahrhundert. Um einen Überblick über das Tal und die Baugeschichte der Kirche zu bekommen, begibt man sich zu selbiger auf die Anhöhe. An der Apsis und am Turm sieht man noch Reste der romanischen Kirche aus dem 12. Jahrhundert. Daß auf der ehemals befestigten Burganlage wahrscheinlich schon vorher eine Kapelle stand, ist wohl anzunehmen, zumal der Hausberg bei der Kirche sicher älter ist. Bei einem kleinen Rundgang überzeugt man sich nicht nur von der Wehrhaftigkeit der Hausberganlage, sondern genießt das Nebeneinander von Weinkellern und Kirche. In der Kirche steht ein historistischer Hochaltar von Wilhelm Seib. Dieser wichtige Bildhauer der Ringstraßenära, aus dessen Hand das Denkmal des Philosophen Sallust an der

Spannberg: Das Bauernmuseum zeigt alte Geräte

Auffahrtsrampe zum Wiener Parlament stammt, wurde 1854 in Stockerau geboren und studierte an der Akademie bei Prof. Kundmann. Er erhielt zahlreiche Aufträge aus der ganzen Monarchie, wurde durch zahlreiche Preise geehrt, bekam 1911 vom Kaiser den Titel «Professor» verliehen und starb 1924, infolge der Geldentwertung völlig verarmt, in Spannberg.

An der Hauptstraße sieht man an einem Haus viele alte Grenzsteine angelehnt. Hier hat Herr Müllner sein Bauernmuseum eingerichtet.

In *Velm-Götzendorf* sind wieder zwei Orte zusammengewachsen. Götzendorf an der nördlichen Talseite besitzt eine barocke Pfarrkirche. Im südlich gelegenen Velm sind die Sandsteinbrüche von historischer Bedeutung, denn schon in der Romanik verwendete man die Steine für den Bau der Spannberger Kirche.

In *Waidendorf* ist wieder ein romanischer Kirchenbau zu sehen. Der Chor stammt allerdings aus der Gotik. Sehenswert sind auch Teile gotischer Wandmalereien um 1320. Zu sehen sind fünf Szenen eines Passionszyklus: Christus am Ölberg, Judaskuß, Christus vor Herodes, Entkleidung und Kreuzigung.

Schlüssel beim Pfarrhof, Kirchenplatz Nr. 3, Tel. 02538/440.
Im südlichen Ortsteil ist mit einer Allee und einer großen Zahl schöner Bauernhäuser ein schönes Beispiel eines typischen Bauerndorfes gegeben. Am Ortsende befindet sich eine kleine Ansammlung von Preßhäusern, im «Kellerstöckl» kann man auch einkehren.

Wählt man den Weg nach Süden, geht's über Ebenthal durch den Matzner Wald nach Prottes.

Ebenthal besitzt ein großes Schloß, dessen Umbau in der Barockzeit (1747) mit der Weihe der Kapelle abgeschlossen wurde. Die Kirche gegenüber liegt auf einem ehemaligen Hausberg und wurde 1830 bis 1840 nochmals erweitert.

MUSEUMSDORF NIEDERSULZ

ANREISE AUTO Von Wien an der Brünner Straße knapp vor Kollnbrunn rechts abbiegen, dem Wegweiser Richtung Hohenruppersdorf nach Niedersulz folgen. **ÖFFNUNGSZEITEN** Palmsonntag bis Allerheiligen wochentags 11–16, Sa, So, Fei 10–18 Uhr. Für Gruppen jederzeit gegen Voranmeldung, Tel. 02534/333, Fax: DW 20. Kinderprogramm jeden ersten Sonntag im Monat um 15 Uhr. Museumspädagogik: Gegen Voranmeldung werden je nach Alter Programme zusammengestellt. Voranmeldung unter Tel. 02534/333. **ESSEN UND TRINKEN** Im Dorf ist im Jägerhaus aus Hohenau ein Buschenschankbetrieb von Weinviertler Weinbauern integriert. **WINZER IN NIEDERSULZ** Wilhelm EMINGER, Nr. 90–91, Tel. 02534/242. Spezialitäten: Grüner Veltliner (Riede Steinbergen), Weißburgunder (Riede Obersulzer Breiten), Blauburger (Riede Niedersulzer Gossendorf). **WINZER IN VELM-GÖTZENDORF** Johann und Theresia SCHRAMMEL, Hauptstraße 209, Tel. 02538/ 87733. Spezialitäten: Grüner Veltliner (Riede Obere Lissen), Welschriesling (Riede Mitterberger), Zweigelt (Riede Goldberg), Blauburger (Riede Schmal Lissen).

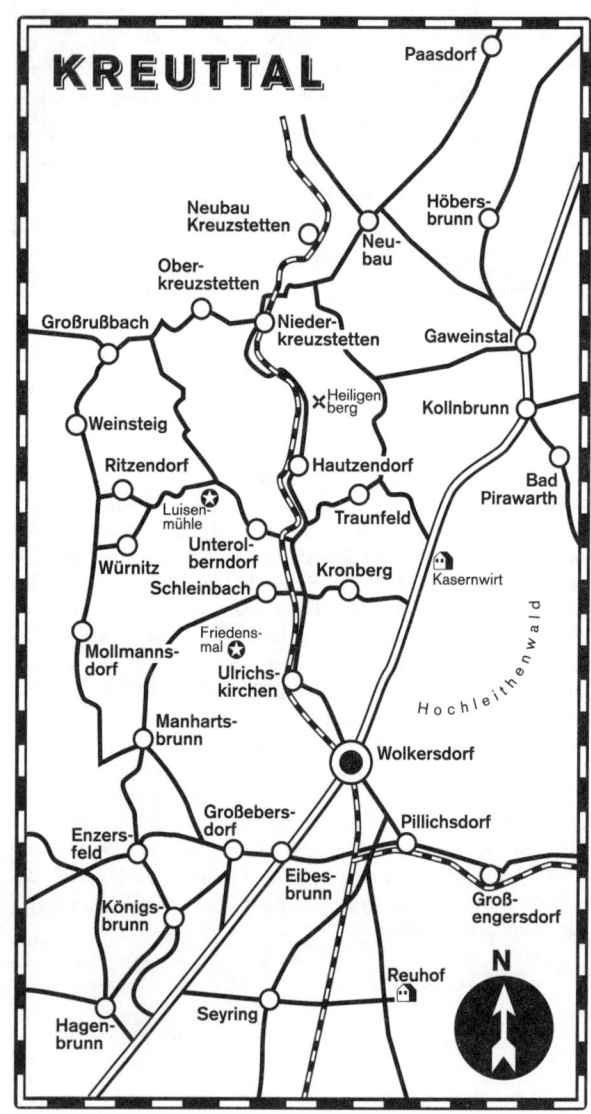

KREUTTAL

Paasdorf

Höbers-
brunn

Neubau
Kreuzstetten

Neu-
bau

Ober-
kreuzstetten

Großrußbach

Nieder-
kreuzstetten

Gaweinstal

Heiligen-
berg

Kollnbrunn

Weinsteig

Ritzendorf

Hautzendorf

Bad
Pirawarth

Luisen-
mühle

Traunfeld

Würnitz

Unterol-
berndorf

Kronberg

Kasernwirt

Schleinbach

Friedens-
mal

Mollmanns-
dorf

Ulrichs-
kirchen

Hochleithenwald

Manharts-
brunn

Wolkersdorf

Großebers-
dorf

Enzers-
feld

Pillichsdorf

Königs-
brunn

Eibes-
brunn

Groß-
engersdorf

Reuhof

N

Hagen-
brunn

Seyring

Kreuttal und Kreutwald

Noch 1866, als der Rußbach Demarkationslinie zwischen dem österreichischen und dem preußischen Heer war, wurde am 1. Dezember die Genehmigung zum Bau der Eisenbahnlinie Stadlau–Laa–Strehlitz gegeben. 1868 bis 1869 wurde gebaut, und am 24. November 1870 fuhr der erste Zug. Die Bahnstrecke war nun die Grundlage für den Aufschwung in den nächsten Dezennien; aus einem abgelegenen Gebiet wurde auf einmal eine Sommerfrischeregion für Wiener. Vereinzelte Villen und schöne Häuser, die man auch schon von der Schnellbahn aus sehen kann, belegen rege Bautätigkeit gegen Ende des 19. Jahrhunderts und zu Beginn des 20. Jahrhunderts. Wenn es im Weinviertel überhaupt ein Gebiet gibt, wo

Barocke Luisenmühle

der Begriff «Sommerfrische» gerechtfertigt erscheint, so ist es das Kreuttal; wer am Rußbach allerdings schöne Badehäuser wie im Kamptal sucht, wird sie nicht finden. Statt dessen reiht sich hier Mühle an Mühle und Pferdestall an Pferdestall.

Die Geschichte eines durchschnittlichen Weinviertler Dorfes läßt sich ungefähr folgendermaßen schematisieren: Urzeitliche Funde, romanische Mauerreste, darauf eine gotische Kirche, die später barockisiert wurde. Im Kreuttal kann man meist noch hinzufügen: Kreuzweg und Kirchenfenster der Gotteshäuser von Hermann Bauch gestaltet. Auch zahlreiche Marterln und Wegkreuze stammen aus der Werkstätte des bekannten zeitgenössischen Weinviertler Künstlers. Unzählige Mosaike aus seiner Werkstatt sind im Land verstreut, die meisten in der Nähe des Kreuttals – schließlich hat er in Kronberg im Kreuttal sein privates Reich geschaffen.

Sucht man als Wiener den kürzesten Weg ins Kreuttal mittels Auto, so fährt man über die B7, die vielbefahrene Brünner Straße. In Wolkersdorf biegt man in der Niederung des Rußbaches gleich Richtung Ulrichskirchen ab, wo man das Kreuttal von Süden her entdecken kann. Eine beschaulichere Variante mit viel weniger Verkehr führt vom Norden her in das Erholungsgebiet. Diesmal ist es die B6, die Laaer Straße, wo man in Wetzleinsdorf Richtung Großrußbach abbiegt, um das Kreuttal von Norden her, rußbachabwärts, kennenzulernen. Bei letzterer Variante fährt man durch *Karnabrunn*, jenem unverwechselbaren Ort, dessen Kirchturm auf der für Weinviertler Verhältnisse gigantischen Seehöhe von 358 Meter errichtet wurde – und somit als unübersehbare Landmarke in den Himmel ragt. Für einen kleinen Spaziergang zur Kirche durch die von barocken Heiligen geschmückte Kastanienallee sollte man sich durchaus Zeit nehmen.

Die «klassische» Art, das Gebiet zu erobern, ist die mittels Eisenbahn, sprich Schnellbahnlinie S2. Zunächst gilt es das Gebiet zu definieren: Das Kreuttal durchschneidet den Kreutwald von Osten nach Westen. Steigt man in Ulrichskirchen oder Schleinbach aus der S-Bahn, gelangt man direkt in den Wald, steigt man in Hautzendorf aus, ist dies der beste Platz, um ins Tal mit den Mühlen zu gelangen. Verläßt man den Zug erst in Niederkreuzstetten, erwischt man gerade noch den nördlichen Zipfel des Kreutwaldes.

ULRICHSKIRCHEN UND SCHLEINBACH

Ulrichskirchen, die erste Schnellbahnstation nach Wolkersdorf, ist ein idealer Ausgangspunkt für Wanderungen in den Kreutwald.

Einer Theorie nach ist die Pfarre unter der Ortsbezeichnung «Nerden» bereits 823 erwähnt, der Ort selbst wird 1094 erstmals genannt. Mit Sicherheit ist die Pfarre zu Beginn oder Mitte des 11. Jahrhunderts entstanden und befand sich im Besitz der Diözese Passau. 1160 wird die Pfarre als sehr vermögend bezeichnet.

Die ehemals befestigte Kirchenanlage steht mit ihrer Unterkirche auf einem heute verbauten Hügel. Bronze-, Hallstatt- und römerzeitliche Funde belegen kontinuierliche Besiedlung über Tausende Jahre hinweg.

Vom mittelalterlichen *Schloß* sind noch Bastionen erhalten, der heutige Bau stammt aus dem 16. und 17. Jahrhundert.

Ulrichskirchen und die Nachbarortschaft Schleinbach sind durch ein «Wunder» lokal bekannt. Eine Frau namens Juliana Weiskircher, am 3. Februar 1824 in Ulrichskirchen geboren, 1862 in Schleinbach ge-storben und begraben, soll eine mit «Wundmalen des Herrn begnadete Jungfrau» gewesen sein. Die Stigmatisierte hatte Visionen und hat angeb-lich unter anderem die Revolution von 1848 vor-ausgesagt. In der Pfarrchronik von Ulrichs-kirchen aus dem Jahr 1990 steht − etwas ein-schränkend − zu lesen: «Die Kirche ist bei der Beurteilung der Stigmata sehr zurückhaltend. Es könnten die Wundmale auch durch Hysterie, Sug-gestion oder Autosugge-stion entstanden sein.» Heute erinnert nur mehr ihr Grabstein am Friedhof in Schleinbach an die Jungfrau. Über ihr Grab führt der Friedhofsweg − auch das hatte sie einst vorhergesagt.

Schleinbach: Grab der «stigmatisierten Jungfrau»

Von Ulrichskirchen empfiehlt sich eine Wanderung nach Würnitz (grüne Markierung, 6,7 Kilometer). Eine kurze Vari-ante führt zum *Friedensmal am Mühlratsberg* (273 Meter).

Von der Bahnstation Ulrichskirchen bis zu jenem Friedens-mal geht man nur eine halbe Stunde. Der Weg führt über die Bahnbrücke, dann an ein paar Kellern vorbei und schließlich durch einen wunderschönen Hohlweg mit sehr hohen Lößwänden bergauf. Wie in einem Cañon liegt der gewunde, von Kellereingängen und Akazien gesäumte Fahrweg.

Jeder Wanderer, der zu dem Friedensmal kommt, sollte, so ist es hier Sitte, einen weiteren Stein auf den mächtigen Mugel schlichten, als Zeichen seiner friedfertigen Gesinnung. Ein schöner Rundblick bietet sich in jedem Fall von hier oben.

Von hier geht man entweder die gleiche Route zurück oder folgt dem Waldweg nach Würnitz (eineinhalb Stunden). Der

höchste Punkt im Kreutwald ist der Glockenberg mit 365 Metern Seehöhe.

Eine andere Wanderroute führt von der Bahnstation Ulrichskirchen der gelben Markierung entlang nach Schleinbach. Von dort aus bietet sich der Weg durch den Wald nach Würnitz oder eine Wanderung entlang des eigentlichen Kreuttals mit seinen Mühlen an.

Friedensmal am
Mühlratsberg

Die Wanderwege sind überall sehr gut beschildert, außerdem gibt es Gratis-Übersichtspläne, eine Wanderkarte und einen Folder mit Gastronomiebetrieben. Besonders Ehrgeizige können sich als Belohnung die «Kreuttal-Wandernadel» erwandern. Für diese Auszeichnung, die es in Gold (25 Kilometer), Silber (13 Kilometer) und Bronze (7 Kilometer) gibt, müssen Stempel in der Region gesammelt werden.
Information: Gemeindeamt Hautzendorf, Tel. 02245/89260.

ULRICHSKIRCHEN UND SCHLEINBACH
ESSEN UND TRINKEN In Ulrichskirchen: «ZUM GOLDENEN KREUZ», Fam. Aicher, Wiener Straße 2, Tel. 02245/2488. In Schleinbach: Gasthaus SCHRAMM, Hauptplatz 13, Tel. 02245/4354. Café-Restaurant-Pizzeria APREA, Am Bahnhof 6, Tel. 02245/3740. **HEURIGER** In der Waldgasse von Schleinbach, Fam. Josume, Tel. 02245/4856 od. 4392.

UNTEROLBERNDORF: MUSEVENI WAR DA

Bis zum 29. Mai 1993 war der Ort wahrscheinlich nur wenigen bekannt. An besagtem Tag war das Dorf in aller Munde, Hörfunk und Fernsehen kamen ins Kreuttal angereist. Der aufregende Anlaß: ein Staatsbesuch. Der Präsident von Uganda, Yoweri Kaguta Museveni, war in den Gasthof «Zum grünen Jäger» gekommen, um persönliche Erinnerungen aus dem Jahr 1985 aufzufrischen. Damals hatte sich der Widerstandskämpfer gegen Diktator Idi Amin mit einigen wenigen Männern ausgerechnet hier getroffen, um eine neue Verfassung für Uganda auszuarbeiten – das «Unterolberndorfer Programm», das Museveni 1985 im Extrazimmer des Gasthauses mit seinen Getreuen erstellte, ist heute tatsächlich in Kraft.

Wie war es dazu gekommen? 1971 hatte Amin den damaligen Präsidenten Milton Obote gestürzt und war so an die Macht gelangt. Als 1979 der große Diktator selbst gestürzt wurde, war Museveni bei den Aufständischen. Ein Wahlbetrug der Obote-Partei bei der anschließend abgehaltenen ersten freien Wahl zwang ihn, vorübergehend ins Exil zu gehen. Ausfindig machte das Gasthaus Dr. Peter Jjumba, ein Landsmann Musevenis, der in Wien als Zeitungskolporteur arbeitete.

Die Vertrauten Musevenis reisten zu diesem konspirativen Treffen aus ganz Europa und aus Nordamerika an. Für manche von ihnen spielte die Wirtin, Frau Leopoldine Bayer, sogar

Unterolberndorf: Staatsbesuch zu Ehren der hilfreichen Wirtin

Taxi. Geld hatten die Exilanten nie viel, deswegen kauften sie die Getränke beim Greißler vis-à-vis und wuschen ihre Gläser selber ab. 1985 bevorzugte Museveni Erbsensuppe, am Tag seiner Wiederkehr gab es dem Anlaß entsprechend ein viergängiges «Präsidentenmenü», das die herzliche (und gerührte) Frau Wirtin für ihren Ex-Flüchtling zubereitete.

Im Extrazimmer des Gasthauses sind Zeitungsartikel und Fotos über und von Museveni zu sehen, die Theke, an der der nunmehrige Präsident des geschundenen afrikanischen Staates einst selbst Geschirr abwusch, wird gerne vorgeführt. Und der Greißler am Hauptplatz existiert auch noch.

Gleich hinter dem Kriegerdenkmal von Unterolberndorf fällt ein schöner, rosaroter Bau mit barockem Volutengiebel auf. Ursprünglich eine Kirche, wurde der Bau in der Folge als Schule und später sogar als Milchhaus genutzt. Heute finden im Gebäude kulturelle Veranstaltungen statt. Die heute noch benutzte Kirche, an einem Südhang gelegen, ist jünger als man vielleicht vermuten würde. Sie wurde an Stelle eines Vorgängerbaus 1866 bis 1868 erbaut. Ähnlich wie in Kronberg wurden auch hier gußeiserne Kreuze rund um die Kirche aufgestellt, um das «Vater Unser» beziehungsweise das «Ave Maria» darzustellen.

Pferdeliebhaber sollten am ersten Sonntag im November unbedingt zur Leonardimesse kommen. An diesem Tag findet alle Jahre wieder eine Pferdesegnung statt, Reiter und Kutschenfahrer aus den umliegenden Orten versammeln sich hier, dem staunenden Pferdefreund bietet sich ein buntes, schönes Bild, fast so wie in einem mittelenglischen Dorf.

Auskunft im Pfarrhof, Tel. 02245/89306.

Auf dem Weg von Unterolberndorf ins Kreuttal fährt man an einer Reihe schöner Häuser und Villen vorbei. Unübersehbar ist das «Provinzhaus der Hedwigschwestern». Das Erholungsheim für Frauen und Mädchen, 1913 vollendet, steht heute allen, nicht nur Frauen, zur Benützung offen. Wer eine Woche oder länger Ruhe und Entspannung im religiösen

Umfeld sucht, kann hier in einem der Gästezimmer Quartier nehmen.

Auskunft: Tel. 02245/89314.

DIE MÜHLEN IM KREUTTAL

Ursprünglich waren am Rußbach von Wetzleinsdorf bis Großenbrunn im Marchfeld fünfundzwanzig Mühlen in Betrieb.

Geht man im Kreuttal den Rußbach aufwärts, so ist die erste bedeutende, erhaltengebliebene markante Mühle der stattliche *«Kronberghof»*, außerhalb von Riedenthal gelegen. Bereits 1370 zusammen mit sechs anderen Mühlen genannt, war der Hof die größte Mühle weit und breit. Die drei Wasserräder lagen innerhalb des Mühlraumes, was einen kontinuierlichen Sommer- und Winterbetrieb sicherte. Aus der maria-theresianischen Zeit stammt die Konzession zum Brotbacken, zur Ausschank und zur Beherbergung. Bis zum heutigen Tag ist die Mühle ein Feinschmecker- und Reitertreff der Spitzenklasse.

Die nächste Mühle befindet sich versteckt in Unterolberndorf. Schräg gegenüber vom «Provinzhaus der Hedwigschwestern» liegt an einer Furth des Rußbaches die *«Gösslmühle»*, die sich ebenso wie alle anderen Mühlen im Kreuttal in Privatbesitz befindet und leider eher desolat ist. Das Zunftzeichen, ein Mühlrad mit der Jahreszahl «1745», verrät das Alter.

Um zum «Wahrzeichen» des Kreuttales zu gelangen, begibt man sich auf der Unterolberndorfer Straße durch den Wald. Nach ein paar hundert Metern steht sie am linken Straßenrand: die schönbrunnergelbe *Luisenmühle* mit ihrem Zwiebelturm. Dieser gelbe Blickfang ist die einzige der noch erhaltenen maria-theresianischen Hofmühlen, von denen sich einst mehrere im Kreuttal befanden. Das Haus wurde nach der Gräfin Ludovica Gudenus benannt, das Wappen am Portal ist das der Familie Hardegg.

Das oberschlächtige Mühlrad befand sich einst an der Rückseite des Zwiebelturms; ein eigener Mühlkanal wurde von der zwei Kilometer entfernten Wannerermühle hierher gelei-

Kreuttal: Luisenmühle – Wahrzeichen mit Zwiebeltürmchen

tet. Im Erdgeschoß befand sich der Transmissionsraum, im ersten Stock der Maschinenraum mit dem Schüttboden. Dort lagerten auch die Mehlsäcke, die über eine Rutsche auf die im Hof wartenden Pferdewägen befördert wurden.

Bis in die neunziger Jahre des vorigen Jahrhunderts war die Mühle in Betrieb. Als die ersten Sommerfrischler ins Tal kamen, wurde die Luisenmühle in ein Restaurant und Lustbarkeitsetablissement umgewandelt. 1904 fanden hier jede Woche «illuminierte Ballveranstaltungen» statt.

In den sechziger Jahren unseres Jahrhunderts erwarb ein engagierter Privatmann das verlotterte Gebäude und renovierte es zu einem Schmuckstück der Region.

Dort, wo die Kreuttalstraße den Rußbach quert, steht die *Drechslermühle*. Ebenso wie die beiden folgenden, die *Nimmerrichter-* und *Wannerermühle*, befindet sie sich in Privatbesitz.

Den Abschluß der Mühlentour bilden einige Gebäude auf freier Flur, die als Ritzendorf bezeichnet werden, wobei der Begriff Dorf wohl etwas zu groß gegriffen erscheint. Wo einst Mehl gemahlen wurde, haben sich hier gleich zwei Reitställe niedergelassen.

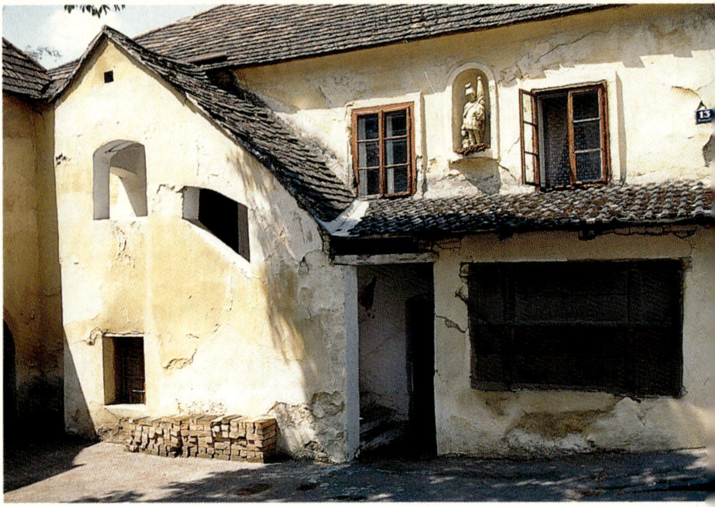
13

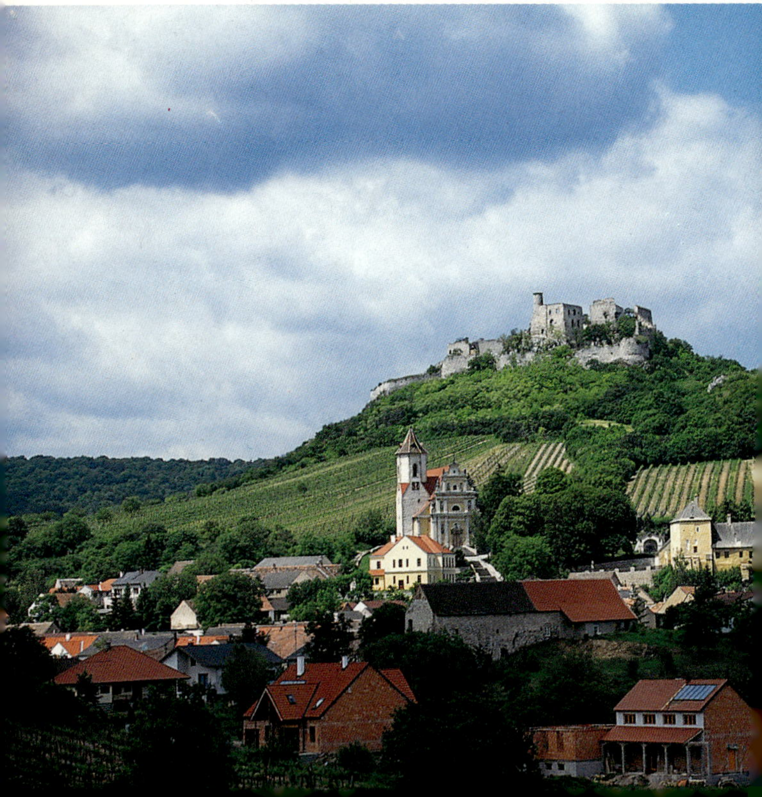

Vorhergehende Seite: Rapsfeld bei Mistelbach

Eisenhuthaus in Poysdorf (li. oben)
Burgruine und Kirche in Falkenstein (li. unten)
Kirche in Altlichtenwarth (re. oben)
Erdstall in Althöflein (re. unten)

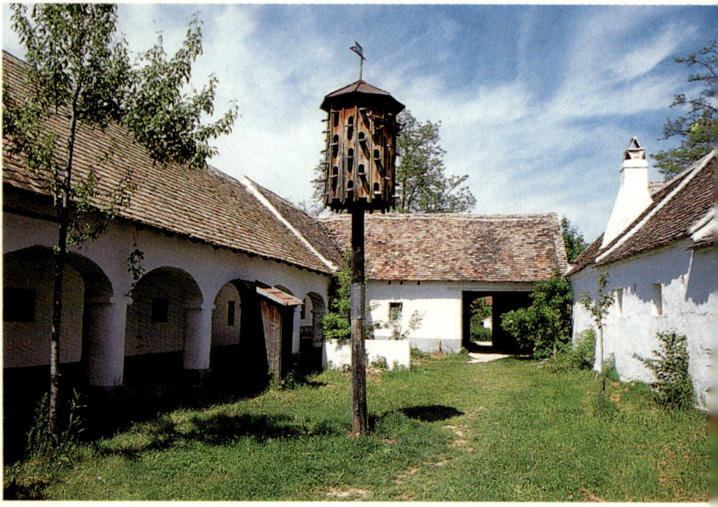

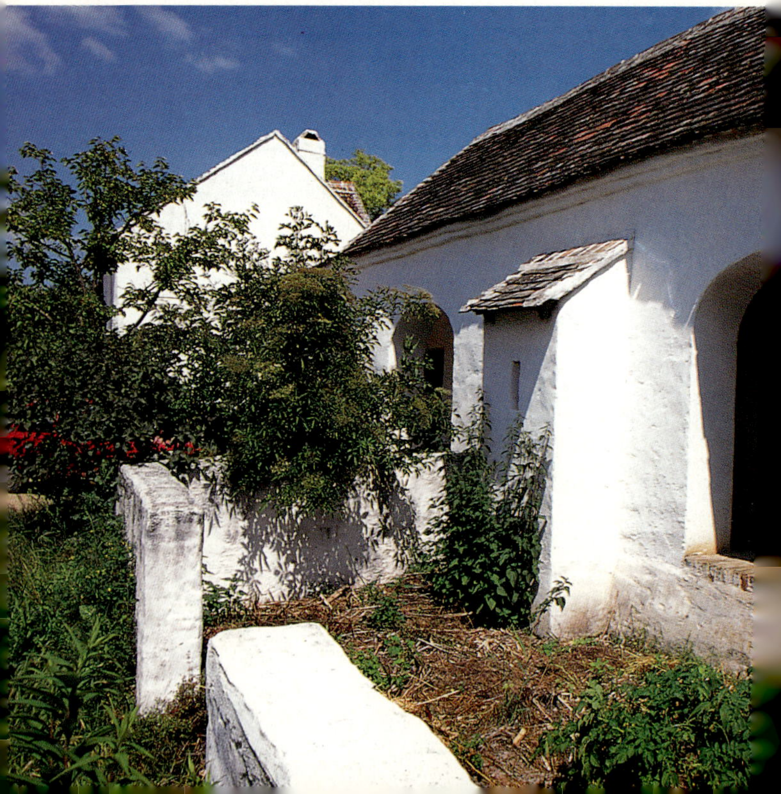

Diese Doppelseite: Museumsdorf Niedersulz
Doppelhakenhof aus Wildendürnbach (li. oben)
Hakenhof aus Kettlasbrunn (li. unten)
Zwerchhof aus Waidendorf (re. oben)
Taubenkobel aus Schönkirchen-Reyersdorf (re. unten)

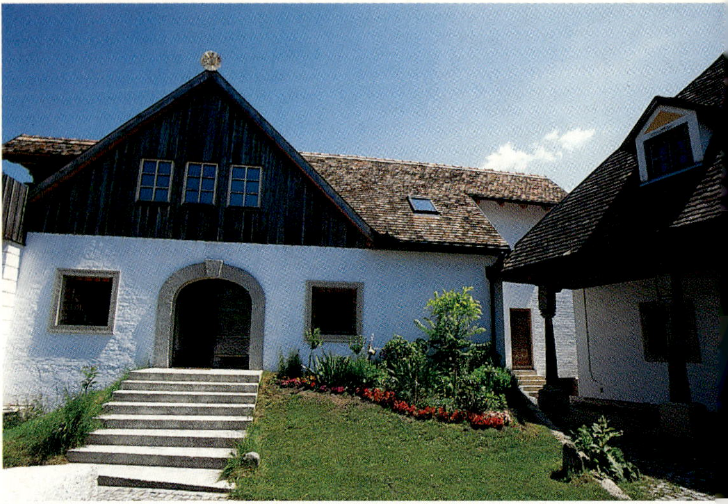

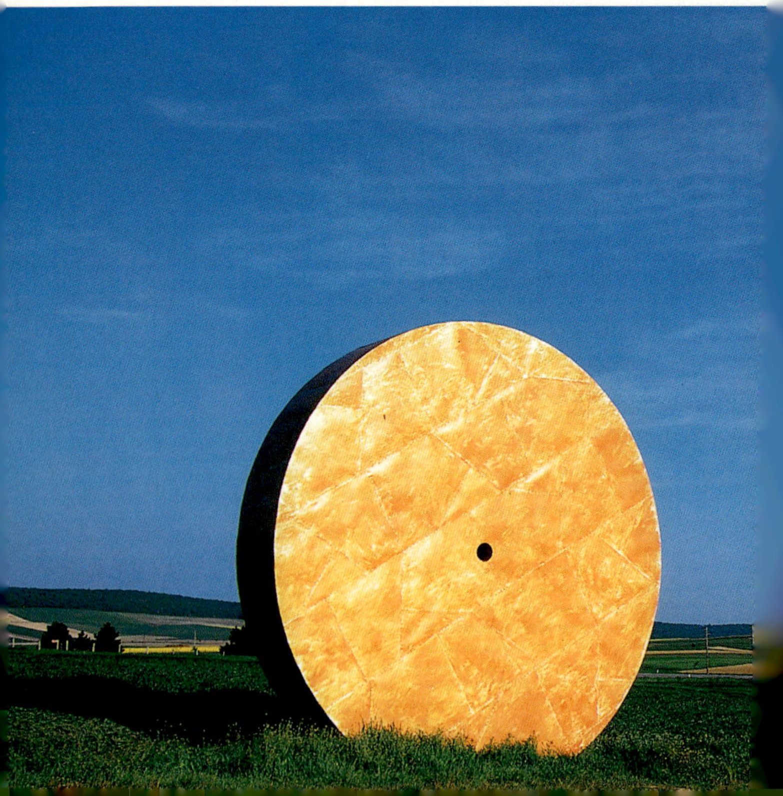

*«Himmelkelleranlage» von Hermann Bauch
in Kronberg (li. oben)*
«Rad» von Gerhard Kohlbauer an der B6 (li. unten)
Kellergasse in Hautzendorf (re. oben)
Altes Schild in Niederkreuzstetten (re. unten)

Folgende Seite: Margeriten im Kreuttal

DER HEILIGE BERG BEI HAUTZENDORF

Bereits im 12. Jahrhundert taucht der Name «Hucindorf» in einer Urkunde auf; 1178 wird die Kirche am «Heiligen Berg» zum ersten Mal urkundlich erwähnt. Auch im Pfründenverzeichnis des Bischofs Otto von Lonstorf (1254 bis 1256) findet sich die Pfarre Heiligenberg im Gebiet von Hautzendorf und Traunfeld verzeichnet.

Heiliger Berg: Nur die Kirche blieb erhalten

Dieser so oft angesprochene «Heilige Berg» befindet sich außerhalb des Ortes im Norden, dort, wo ein Kirchturmspitz über einen bewaldeten Hügel ragt. Von einer Friedhofsmauer umgeben, sind hier noch gotische Stilelemente zu erkennen. An der Wand stehen Grabsteine, denn bis 1844 wurden die Hautzendorfer noch hier begraben. Die Kirche am Berg wurde 1890 wegen Baufälligkeit gesperrt, ist aber inzwischen wieder renoviert worden. Zweimal im Jahr, zu Christi Himmelfahrt und am 17. September, dem Fest des hl. Lambert, kommen Wallfahrer aus der näheren Umgebung zu einem Festgottesdienst hierher.

Das dazugehörige Dorf Heiligenberg soll 1529 von den Türken niedergebrannt worden sein, den Rest zum Niedergang des Ortes besorgten Überschwemmungen.

Erst im Jahre 1769 gab das Passauer Konsistorium die Erlaubnis zum Bau der Kirche im Ort Hautzendorf. Das Langhaus dieser heute noch in Funktion stehenden Kirche stammt aus dem Jahre 1787, die Erweiterung erfolgte 1951, und danach wurde noch ein Kreuzweg aus der Werkstatt Hermann Bauchs in die Wand eingelassen.

Der Altar mit dem Ölbild des hl. Lambert stammt aus dem 18. Jahrhundert.

Von 1815 bis 1836 wirkte ein gewisser Pater Joachim Haspinger als Pfarrvikar in der Pfarre Traunfeld-Hautzendorf. Bevor dieser Gottesmann ins Weinviertel kam, kämpfte der anno 1776 in Südtirol geborene als «Pater Rotbart» an der Seite Andreas Hofers und trug viel zu den Erfolgen der Bauern bei. Nach dem Friedensschluß von Schönbrunn bewog er Andreas Hofer unter Vorspiegelung falscher Tatsachen zum Weiterkämpfen. Letztendlich mußte Haspinger fliehen – er landete im Kreuttal. Heute erinnert ein Relief über der Tür des Pfarrhofes in Traunfeld (Nr. 1) an den kämpferischen Kapuzinerpater.

Wer eine typische und noch dazu sehr schöne Weinviertler Kellergasse sehen will, ist in Hautzendorf richtig. Gleich beim Bahnhof beginnt der Rundwanderweg 23c, der über Unterolberndorf, die Luisenmühle und Hornsburg wieder zurück nach Hautzendorf führt. Apropos *Hornsburg*: Aus diesem kleinen Ort stammt ein bedeutender Mundartdichter. Dem am 1. Juli 1854 hier geborenen und am 4. Februar 1915 in Wien verstorbenen Koloman Kaiser wurde eine Linde und ein Denkmal gesetzt. Mit dem 1898 erschienenen Epos in fünf Gesängen «Da Franzl in da Fremd» schuf der Lehrer eine Fortsetzung des berühmten Epos von Josef Misson «Da Naz – a niederösterreichischer Bauernbui geht in d' Fremd». Beide sind berühmte Werke der ursprünglich hier heimischen «ui»-Mundart, die heute nur mehr von wenigen älteren Weinviertlern gesprochen wird.

UNTEROLBERNDORF, HAUTZENDORF, TRAUNFELD

ANREISE AUTO Von der Brünner Straße bei Wolkersdorf Richtung Kreuttal abbiegen. **ANREISE ZUG** Mit der S2 im Stundentakt ab Wien. **ESSEN UND TRINKEN** «ZUR BAHN» bei der Hautzendorfer S-Bahnstation, Tel.02245/89165. In Unterolberndorf: Gasthof «ZUM GRÜNEN

JÄGER», Nr. 57, Fam. Magister, Tel. 02245/89318. «DAS BIERBEISL» mit Biergarten, Tel. 02245/89331. **SCHLAFEN** Beim «GRÜNEN JÄGER» (s.o.). Ab einer Woche auch im «PROVINZHAUS DER HEDWIGSCHWESTERN» (Auskunft: Tel. 02245/89314) in Unterolberndorf. **HEURIGE** In Hautzendorf: Rita Rippel, Nr. 2, Tel. 02245/89268, ganzjährig geöffnet. Erika GASSLER, Nr. 72, Tel. 02245/89105. Fam. DOPLER, Nr. 89, Tel. 02245/894464. In Unterolberndorf: Elfriede KRAFT, Nr. 32, Tel. 02245/89085. Fam. SCHMID, Nr. 271, Tel. 02245/890289. **EINKAUFEN** In Traunfeld Nr. 19 verkauft Franz Achter verschiedene Fruchtweine und Most, Tel. 02245/4856. **WANDERN** 40 Kilometer markierte Wanderwege, Wanderkarten in fast allen Lokalen und Gemeindeämtern. Am ersten Maiwochenende «Kreuttalwanderwege», Information Tel. 02245/89260.

KRONBERG

Kronberg liegt wie ein Schwalbennest am Berghang, so, als hätten die Ureinwohner Angst vor den Fluten des Rußbaches gehabt. Hanglage in solch einer extremen Form ist selten im Weinviertel, der Ort will also entdeckt werden, am besten allerdings zu Fuß, über den «Kellergassenwanderweg».

Die Keller von Kronberg sind mit ihren unverputzten Steinfassaden aus Muschelkalkablagerungen des Sarmatmeeres eine Seltenheit im Weinviertel.

Im Geäst des Lindenbaumes vor der Kirche steht eine Statue des hl. Antonius mit dem Jesukind – ein Werk Hermann Bauchs, der sie deshalb hier plazierte, um den von der Schlägerung bedrohten Baum zu retten.

Das Gotteshaus *Maria Trost* steht auf einer ehemaligen Hausberganlage. Die Pfarre wurde 1330 gegründet, aus dieser Zeit stammt auch der gotische Chor der Kirche mit seinen Spitzbogenfenstern, die Verglasung geht allerdings auf Hermann Bauch zurück, der auch den Kreuzweg geschaffen hat. Der Turmbau erfolgte im Jahre 1682, mehr als hundert Jahre später erlebte die Kirche eine weitere Umgestaltung. An die Zeit der Türkenkriege erinnert die 430 Kilogramm schwere Glocke unter dem wuchtigen, von massiven Pfeilern gestützten

Turmgewölbe. Bemerkenswert sind auch die verschiedenen alten Gußeisenkreuze entlang der Friedhofsmauer.

DIE WELT DES HERMANN BAUCH

»Retten, erhalten und gestalten» lautet das Motto des Künstlers Hermann Bauch. Er ist beides: Künstler und Sammler. Er lebt in der Geschichte vergangener Jahrhunderte und schafft moderne Kunst. Er verbindet Geschäftstüchtigkeit mit Sendungsbewußtsein. Seine Werkstatt-Tür steht weit offen, seine Kunstwerke kann man bei einem Besuch gleich erwerben. Aber er investiert auch viel in seinen geliebten Ort: «Alles, was ich mit meiner Kunst verdient habe, habe ich in die Kultur der Kellergasse von Kronberg investiert», erzählt der flexible und experimentierfreudige Künstler, der als Graphiker auch originelle Weinetiketten und Logos für Vermarktungsgemeinschaften kreiert.

Berühmt wurde Bauch, 1929 im Ort geboren und hier aufgewachsen, für seine Mosaike, Glasfenster und Kreuzwege; Radierungen und Aquarelle gehören ebenso zu seinem Repertoire wie Skulpturen. Sein Markenzeichen ist ein Hahn, der ihm, wie er meint, ‹jeden Morgen einen neuen Tag schenkt›.

Der Bauernsohn hatte das Glück, von seinen Eltern in einer Zeit gefördert zu werden, in der andere ums Überleben kämpfen mußten. Nach der

Hermann Bauch: Herr seiner «Himmelkelleranlage»

«Graphischen Lehr- und Versuchsanstalt» in Wien besuchte er bei Güters-
loh und Böckl die Akademie. Anschließend ging er nach Friaul, um dort die
Kunst des Mosaiklegens zu erlernen, und gründete 1957 in Wien eine
Mosaik- und Glaskunstwerkstätte.

    Der Kontakt zu seiner Heimat, Kronberg, riß trotz internationaler Er-
folge nie ab, ganz im Gegenteil. Bauch ist ohne sein Kronberg nicht denk-
bar, nur hier schreibt er sich in die Geschichte ein: Aus dem, was andere
als «Glumpert» zum Sperrmüll werfen, aus scheinbar wertlosen, alten

Trümmern baute und baut er
seine «Himmelkelleranlage».
Über 5000 Besucher kom-
men pro Jahr in diese seine
Welt und werden vom Künst-
ler höchstpersönlich geführt.
Da gibt es einen unterirdi-
schen Kultraum der Templer
zu sehen, ein Weinmuseum
mit der barocken «Weinpres-
se» aus Gaweinstal, einen
Konzertstadel mit der Aus-
stellung «Kreuzzüge – Heil
und Unheil», die Mosaik-
werkstätte des Meisters, den
Sonnenstadel, in dem er seine
Galerie eingerichtet hat, die
Krypta, wo die Schau «Brot
und Wein» gezeigt wird, so-
wie den Kulturstadel, der als

Himmelkelleranlage: Blick ins Land

Veranstaltungsraum dient. Der Lindenstadel ist gerade in Arbeit, er wird
die prähistorischen Exponate, die er zum Teil selbst geborgen hat, beher-
bergen.

    Natürlich wohnt Bauch auch selbst in seiner «Himmelkelleranlage»,
und zwar im sogenannten «Malerhaus». Schon die Eingangstür ist ein alt-
ehrwürdiges Stück – eine gotische Eisentür, die er von einem Alteisenhändler
gekauft hat. In der Küche seines Domizils hängt ein Barockengel von der

Decke, im Wohnzimmer sind Teile einer alten Weinpresse integriert, im Hof steht ein barocker hl. Nepomuk. Gästen zeigt er auch gerne das Kronberger Kreuz, eine mittelalterliche Arbeit, die aus einem Pferdezaumzeug der Germanenzeit umgearbeitet wurde. Und an sämtlichen Wänden prangen Aquarelle, Radierungen und Zeichnungen aus seiner Feder.

Führungen durch die «Himmelkelleranlage»: Mai, Juni, September und Oktober jeden Sonntag um 15 Uhr, Tel. 02245/4377 od. 02246/34243.

KRONBERG

ESSEN UND TRINKEN Gasthaus Fam. HOLZBAUER, Kronberg 45, Tel. 02245/4312. «KRONBERGHOF», Fam. Grossauer, Kronberg Nr. 61, mit Gästezimmern, Schwimmbad, Sauna und Reitmöglichkeit. Tel. 02245/4304 od. 4397.

GROSSRUSSBACH

In den Ort findet man leicht: Das «Bildungshaus Großrußbach» ist ausgezeichnet ausgeschildert. Untergebracht ist diese Erwachsenenbildungsstätte im 1739 erbauten Barockschloß.

Zwei laternentragende Engel flankieren die von einer schönen Buchsbaumhecke gesäumte Treppe.

In der kleinen Kapelle, die sich links im Erdgeschoß befindet, ist noch die spätbarocke Stuckdekoration zu sehen. Üppige Formen und reiche Verzierungen stehen in krassem Gegensatz zu einem schlichten Holzkreuz hinter dem Altar.

Das Gebäude wurde nach den Bedürfnissen eines modernen Seminar- und Kongreßhauses adaptiert. Zubauten und ein großer Parkplatz veränderten den Charakter der Anlage nachhaltig. Die Bildungsstätte ist Sitz der «Weinviertelakademie», die sich der spezifisch weinviertlerischen Probleme annimmt.

Bildungshaus der Erzdiözese Wien im Schloß Großrußbach, Schloßbergstraße 8, Tel. 02263/6627. Die Räumlichkeiten können auch angemietet werden.

Überragt wird der Ort von einer mächtigen *Wehrkirche*. Die Größe der Kirche korreliert mit der ehemaligen Bedeutung des Gotteshauses. Bereits in der Mitte des 11. Jahrhunderts wird die Pfarre erstmals genannt, 1135 wird sie Babenberger Eigenpfarre und später landesfürstliche Pfründe. Der heutige spätgotische Bau mit seinen unverputzten Sandsteinen stammt aus der zweiten Hälfte des 15. Jahrhunderts. Zweimal – 1623 und 1947 – brannte der dreischiffige Bau ab. Bei letzterem Brand wurde das gotische Netzrippengewölbe zerstört, allerdings wieder restauriert. Der Altar und die Seitenaltäre stammen aus dem Jahr 1908 und sind somit rund 450 Jahre jünger als das Bauwerk. In der dem hl. Valentin geweihten Kirche ist noch die spätbarocke Orgel aus dem Jahr 1743 bemerkenswert.

Großrußbach – dies für Freunde mittelhochdeutscher Literatur – wird auch noch in einem ganz anderen Zusammenhang erwähnt: Konrad von Rußbach, 1216 bis 1224 bischöflicher Schreiber am Passauer Bischofshof, gilt als einer der möglichen Schöpfer des Nibelungenliedes.

ESSEN UND TRINKEN Gasthaus «JÄGERWIRT», Hauptstraße 2, Hubert Schwarz, Tel. 02263/6625.

DIE GROSSE KREUTTALUMRUNDUNG

Von Wien aus führt diese rund 40 Kilometer lange Tour, die sich für sportliche Rad- oder bequeme Autofahrer in gleicher Weise eignet, an der Brünner Straße zunächst nach *Eibesbrunn*. Dieser kleine, durch den Verkehr völlig geteilte Ort war einen Tag lang Mittelpunkt der Weltpolitik. Neben der Kirche erinnert am Haus Nr. 1 eine Tafel, daß in jenem Gebäude am 22. Juli 1866 Waffenstillstand zwischen Österreich und Preußen geschlossen wurde.

In Eibesbrunn biegt man links nach Großebersdorf ab.

Die Kirche in *Großebersdorf* ist eine der wenigen im Weinviertel, die nicht versperrt sind. Sie besitzt eine sehr reich geschmückte barocke Kanzel. Dargestellt ist der hl. Georg, der einen Drachen tötet. An den gotischen Chor und den Südturm (um 1400 errichtet) wurde das barocke Langhaus angebaut, 1908 wurde es nochmals gegen Westen erweitert.

Eibesbrunn: Ab-Hof-Verkauf an der Brünner Straße

In Großebersdorf fährt man rechts ab nach *Putzing*. Über Putzing führt der Weg nach *Manhartsbrunn*. Ein Blick zurück zeigt die weiten Ebenen des Wiener Beckens.

Die weitere Route führt über Kleinrötz nach Mollmannsdorf ins Korneuburger Becken.

In *Mollmannsdorf* liegt direkt neben der Straße ein verwaister Bahnhof. Personenzüge verkehren hier seit 1986 nicht mehr, Vorsicht am Bahnsteig ist dennoch geboten: Ab und zu kommen Last- oder Nostalgiezüge durch.

Rechts oben am Berg ist der Thüringerhof sichtbar, eine Villenanlage aus der Zeit der Jahrhundertwende.

In Lerchenau, einer kleinen Ortschaft drei Kilometer weiter Richtung Norden, biegt man nach *Würnitz* ab. Das Waldbad bietet im Sommer eine angenehme Erfrischung. Zwei Gasthäuser sorgen für Essen und Trinken – eines hat immer offen. An der Hauptstraße führt der Weg zunächst bergauf und dann in vielen engen Serpentinen ins eigentliche Kreuttal hinunter. Im Tal angelangt, wendet man sich nach links und an der nächsten Straßenkreuzung nach rechts, um nach *Weinsteig* zu gelangen.

Die malerisch auf einer Anhöhe gelegene kleine Kirche stammt aus der Gotik und wurde 1672 barockisiert. Das Eingangsportal zur versperrten Kirche ist mit 1568 datiert.

Über Großrußbach gelangt man nach *Oberkreuzstetten*. Hier fallen einige schön renovierte Bauernhäuser auf. *Niederkreuzstetten*, zwei Kilometer östlich, besitzt einen Bahnanschluß; der städtische Einfluß der «Sommerfrischler» ist hier deutlich spür- und sichtbar. Bereits 1899 wurde ein Freibad gestiftet, 1901 konstituierte sich der erste Verschönerungsverein, dessen Mitglieder Lindenbäume pflanzten und Bankerln aufstellten.

Im Ort wurden ein Männergesangsverein und eine Musikkapelle gegründet, und 1913 war Niederkreuzstetten sogar unter den ersten 14 der «europäischen Bade- und Kuranstalten in Niederösterreich» verzeichnet.

Nach der Zäsur des Ersten Weltkrieges kamen in den zwanziger Jahren die Wiener abermals. Ein neuer Boom folgte, in der Gemeinde war ein deutlicher Aufschwung zu verzeichnen.

In den letzten Jahrzehnten, speziell seit 1983, als die Bahnlinie zur Schnellbahnlinie ausgebaut wurde, kam es zu einem abermaligen Ansturm der Wiener. Diesmal kamen sie allerdings nicht als gewöhnliche Sommerfrischler, sondern sie siedelten sich hier als klassische Zweitwohnsitzer an. 140 in den siebziger und achtziger Jahren errichtete Häuser sind das für manche erschreckende Resultat.

Bei einem Spaziergang durch Niederkreuzstetten trifft man noch an manchen Stellen auf Reminiszenzen aus der Zeit des ersten Sommerfrischlerbooms. Schöne Villen mit Jugendstildekorelementen sind vor allem in der Wiener Straße zu sehen.

Die Kirche wurde 1923 neu gebaut, lediglich der gotische Chor blieb erhalten. Das hinter den Bäumen versteckte Schloß ist von einem mächtigen Wehrgraben und Wehrmauern umgeben. Urkundlich bereits 1265 erwähnt, wurde die Burg von Matthias Corvinus erobert. Der älteste Teil stammt aus dem 16. Jahrhundert. Später wurde das Anwesen von den Grafen

Neubau-Kreuzstetten: Juwel der Industriearchitektur – Ziegelofen

Hoyos übernommen, die dem Schloß die heutige Gestalt durch Umbauten im 18. und 19. Jahrhundert gaben.

Weiter Richtung Neubau fahrend, folgt man der Straße rechts zum Bahnhof *Neubau-Kreuzstetten.*

Die Sehenswürdigkeit des Ortes ist ein industriegeschichtliches Monument. Das Ziegelwerk – ein Hofmannscher Ringofen mit hohem Schornstein (bis 1975 in Betrieb) – sowie die guterhaltenen Arbeiterhäuser zeugen von schwerer Arbeit: Pro Jahr wurden hier vier bis fünf Millionen Ziegel geschlagen und gebrannt. Im ehemaligen Ringofen ist heute eine Sammlung von Geräten zur Ziegelherstellung untergebracht. Interessant sind unter anderem die rund 70 verschiedenen hölzernen und metallenen Ziegelschlagformen, in die der Lehm händisch hineingeschlagen wurde.

Besichtigungen gegen Voranmeldung, Wolfgang Schmied, Tel. 02575/8268.

Schon kurz nach Neubau biegt man nach rechts, Richtung Atzelsdorf und Pellendorf ab. Die Fahrt entlang dieses Höhenrückens gehört sicherlich zu den schönsten im ganzen Weinviertel. Auf dieser wenig befahrenen Panoramastraße fühlt man

Gaweinstal: das ehemalige Posthaus aus dem 18. Jahrhundert

sich wie der Herr über das weite Land, das sich in sanften Hügeln zur linken und rechten Seite darbietet. Klein parzellierte Felder, Weingärten, verstreute Ortschaften – man könnte fast meinen, in der Toskana zu sein. Ein Blick nach links zeigt im Tal Atzelsdorf und am Hang die Ortschaft *Höbersbrunn* mit der barocken Kirche (1754). In *Pellendorf,* rechter Hand der Straße gelegen, ist auf einer Anhöhe das Khevenhüllersche Schloß zu sehen. Das stolze Anwesen wurde im 17. Jahrhundert aus- und im 18. Jahrhundert umgebaut.

Die Kirche von Pellendorf stammt aus 1780, das Altarblatt, gemalt von Martin Johann Schmidt (1783), dem «Kremser Schmidt», zeigt das Martyrium der hl. Katharina. Von Pellendorf ist es nicht mehr weit nach *Gaweinstal.* Bis 1917 wurde der Ort «Gaunersdorf» genannt, was aber – so versichern alle Quellen – nicht auf etwa hier einst ansässige «Gauner» zurückzuführen ist. Der unrühmliche Name Gaunersdorf (1254: Gawnnesdorf, 1265: Guneisdorf) – so rekonstruieren Sprachwissenschaftler die Herkunft des Namens – läßt sich auf das mittelhochdeutsche «Gouwini», was «Gaufreunde» heißt, zurückführen. Wie auch immer: Gaweinstal, eine der ältesten

Pfarren des Weinviertels, wurde am 6. Juli 1280 von Rudolf, dem Sieger der Schlacht von Dürnkrut und Jedenspeigen, dem Stift Schotten geschenkt. Papst Martin IV. gab 1282 seinen Segen dazu. Die Kirche in ihrer heutigen Form stammt aus 1704. Die Statuen rund um die Kirche stammen ebenfalls aus dem Barock: hl. Benedikt 1715, Kreuzigungsgruppe 1718. Bedingt durch die Lage an der alten Poststraße nach Mähren war der Ort stets bedeutend. Das Haus Hauptplatz Nr. 27 ist das ehemalige Posthaus. Einmal, am 19. Oktober 1772, nächtigte sogar Kaiser Josef II. im Ort, und zwar im «Schwarzen Adler».

Die Tradition lebt fort: Gaweinstal hat heute überdurchschnittlich viele Gaststätten, alle liegen an der Brünner Straße. Wo früher Postillione Pferde wechselten, rasten heute allerdings Autofahrer und Buschauffeure.

Für all jene, die sich noch einmal die Füße vertreten möchten, bevor sie nach Wien zurückfahren: Ein kleiner, etwa halbstündiger Spaziergang führt vom nördlichen Ortsende den «Schricker Berg» hinauf. Ziel ist ein wunderschöner Aussichtspunkt, nicht zu verfehlen, da eine Antenne der Post und eine moderne Skulptur den Weg weisen.

Brünner Straße: Kasernwirtshaus

Abseits der beschriebenen Route liegt *Wolfpassing* mit dem hohen barocken Kirchturm von 1744. Die Pläne der von Maria Theresia gestifteten Kirche gehen auf Fischer von Erlach zurück. Angeblich ließ sie hier ihrem Beichtvater eine standesgemäße Kirche erbauen, als Trost dafür, daß er nicht Bischof wurde. Die barocke Innenausstattung, die aus der Karmeliterinnenkirche in Wiener Neustadt stammt, bleibt dem Besucher leider verborgen.

Zum Abschluß der Tour noch eine Lokalempfehlung: Am Fuß des Kasernenberges liegt direkt an der Brünner Straße das «Kasernwirtshaus», auch «Kasanwirt» genannt. Bereits anno 1723 wird von einem Marketender berichtet, der hier ein «Würthshaus» am Fuße des Hochleithenwaldes betrieb. Später diente das Haus wohl als Station der Kavallerie, die Wägen an der Poststraße begleitete. Im vorigen Jahrhundert stand oben am Berg für kurze Zeit sogar eine Kaserne.

RUND UM DAS KREUTTAL

ESSEN UND TRINKEN, HEURIGE In Großebersdorf: Hotel-Restaurant GSCHWINDL, Tel. 02245/2717. Heurige: Fam. RISAVY, Enzersfelder Straße 50, Tel. 02245/33512 und 4139, Fam. REICHEL, Enzersfelder Straße 19, Tel. 02245/2729, Fam. BRETZ, Enzersfelder Straße 58, Tel. 02245/3585. In Mollmannsdorf: «ALTES PRESSHAUS», Heurigenrestaurant, Tel. 02264/6886. In Oberkreuzstetten: Gasthaus WALTER, Hauptstraße 177, Tel. 02263/6671. In Niederkreuzstetten: Gasthaus ZENZ, Wiener Straße 14, Tel. 02263/8492. Der Ort besitzt mehrere Heurige und ein Freibad. In Gaweinstal: Café-Restaurant SCHILLING, Hauptplatz 10, Tel. 02574/2181, Café-Konditorei TITTEL, Brünner Straße 4, Tel. 02574/2246. Heurige: Josef ZICKL, Wiener Straße 10, Tel. 02574/2128, Gertrude ESCHBERGER, Abt-Hauswirth-Straße 7, Tel. 02574/2216. In Wolfpassing: «KASERNWIRTSHAUS», Pizzeria, Fam. Portner, Tel. 02245/89114. **WINZER IN HÖBERSBRUNN** Josef LEBERWURST, Obere Landstraße 27, Tel. 02574/2251 oder 2716. Spezialitäten: Grüner Veltliner (Riede Platte, Im langen Riede), Welschriesling (Riede Hanfthal), Blauer Portugieser (Riede Klause), Zweigelt (Riede Burgstallen).

Kreuttal: Paradies für Roß und Reiter

REITEN IN DER KREUTTALREGION

In Hautzendorf: Wanderreitstation, Dressurviereck, Springplatz, Einstellmöglichkeit Ing. Rudolf Wertheim, Hautzendorf 153, Tel. 02245/89379. In Höbersbrunn: Pferdegarten, Haflingerreitstall (Ausritte, Tagesritte, Kinderreiten, Reitunterricht). Gerhard Krexner, Ringstraße 8, Tel. 02574/3549. In Karnabrunn: Reitclub Schloß Karnabrunn, Herr Aures, Tel. 02263/6706. Reit- und Fahrverein St. Urban (Reithalle, Wanderreiten, Springen, Dressur), Kurt Wernhard, Karnabrunn 43, Tel. 02263/6562. In Kronberg: Kronberghof (Reithalle, Dressurvierecke, Spring- und Abreiteplätze, Koppeln, Fuchsjagden, staatl. anerkannter Lehr- und Ausbildungsbetrieb, Gästezimmer, Restaurant). Am Rußbach, Tel. 02245/4304 od. 4397. In Mollmannsdorf: Freizeithof (Reitschule, Reithalle, Viereck, Sprungplatz, Gasthaus), Fam. Leithner, Nr. 41–42, Tel. 02264/358. In Niederkreuzstetten: Lindenhof (Reithalle, Dressurviereck, Sprungplatz, Koppeln, Einstellplätze), Dr. Pock, Schloßstraße 8, Tel. 02263/8496 od. 8455. Reitstall Norbert Christely (Reitunterricht, Kinderreitlager, Wanderritte), Bäckergasse 20, Tel. 02263/8558. In Pellendorf: Reithalle, Reitplatz, Dressurviereck, Springplatz, Einstellmöglichkeit für Gastpferde, Reiterlager, Kurse, Reitabzeichen. Herr Schwingenschlögel, Goldbachstraße 14, Tel. 02574/3633. In Ritzendorf: Reiterzentrum Kreuttal (Reithalle, Reitplatz, Dressurviereck, Einstellmöglichkeit für Gastpferde, Restaurant), Dr. Scholda-Bachinger, Ritzendorf 1, Tel. 02263/6561. «Reitstall Ritzenhof» (Reithalle, Reitplatz, Turnierplatz, Koppeln, Dressurviereck, Einstellmöglichkeit für

Ritzendorf: Reitplatz

Gastpferde, Reitlehrer und Reitinstruktor), Erika Lichtner-Hoyer, Ritzendorf 2, Tel. 02263/6534. In Schrick: Ponyclub Schrick, Hobersdorfer Straße 25, Tel. 02574/3640 (für Kinder !).

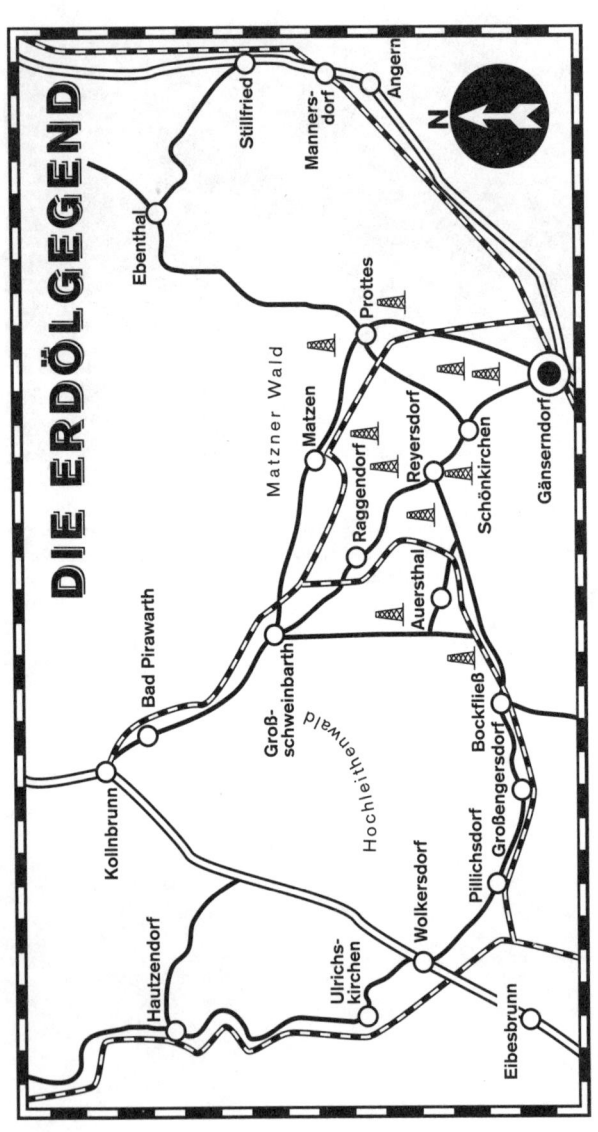

DIE ERDÖLGEGEND

Stillfried
Manners-
dorf
Angern
Ebenthal
Prottes
Matzner Wald
Matzen
Raggendorf
Reyersdorf
Schönkirchen
Gänserndorf
Auersthal
Bad Pirawarth
Groß-
schweinbarth
Bockfließ
Hochleithenwald
Großengersdorf
Pillichsdorf
Kollnbrunn
Wolkersdorf
Hautzendorf
Ulrichs-
kirchen
Eibesbrunn

Klein-Texas im Weinviertel

ERDÖL UND WEIN

Ein gewaltiger grüner Riegel trennt mit sanft ansteigenden
Flanken das Marchfeld vom «Weinland». Als hätten sie ursächlich miteinander zu tun, tauchen mit den Weinrieden des
Matzner Waldes auch gleich die ersten Erdölförderpumpen
auf. Das monotone Auf und Ab der «Pferdeköpfe» ist im Gegensatz zum Weinbau erst
seit wenigen Jahrzehnten prägendes Element
der Landschaft. Allerdings ist der große Erdölboom schon vorbei. Die wichtigen Erdölgemeinden Matzen, Prottes, Auersthal und
Schönkirchen-Reyersdorf haben in den fetten

Erdölpumpe

Jahren mit dem Geld, das ihnen über den Umweg der Lohnsummensteuer das Schwarze Gold eingebracht hat, Hallenbäder und andere Freizeiteinrichtungen gebaut.

Jetzt ist das Öl nicht mehr Geldquelle Nummer eins – die
OMV als wichtigster Arbeitgeber hat gelernt zu rationalisieren, neue Arbeitsplätze gibt es keine, da andere Großbetriebe in den Erdölgemeinden nicht angesiedelt wurden. Überraschend ist vielleicht, daß großartige Neubausiedlungen im
Erdölgebiet selten sind, die unterirdischen Öl- und Gasleitungen zu und von den Pumpen würden eine Aufschließung
von Baugründen in größerem Rahmen sehr kostspielig machen.

Damit dieser Teil des Weinviertels nicht ganz ins Off gerät,
werden Alternativen zu den bisherigen Einnahmequellen gesucht: In Bad Pirawarth, einem traditionellen Kurort der Monarchie, in dem 1980 endgültig die Pforten geschlossen wurden,
wird mit dem Bau eines Rehabilitationszentrums mit 250 Betten begonnen. Winzer schließen sich angesichts steigender
Konkurrenz zu Qualitätsvereinigungen zusammen. In Matzen
entstand eine Vinothek, um die Weingroßlage «Matzner Hü-

gel» samt seiner ausgeschilderten Weinstraße besser zur Geltung zu bringen.

WOLKERSDORF

Keiner, der sich auf der Brünner Straße dem Ort nähert, übersieht die großen Tanks bei der Ortseinfahrt von Wolkersdorf. Mit einer Lagerkapazität von 64 Millionen Liter ist das Weintanklager in Wolkersdorf das größte in Österreich. In diesem zentralen Weintanklager der Niederösterreichischen Winzergenossenschaft werden Weine aus ganz Niederösterreich gelagert, bevor sie in Wien vom «Winzerhaus Niederösterreich» abgefüllt werden. Das Tanklager befindet sich zusammen mit vielen anderen Betrieben im Industriepark Wolkersdorf, der als größter im nördlichen Niederösterreich schon in der zweiten Ausbauphase steckt.

Erst wenn man über die Bahnbrücke gefahren ist, kommt man ins historische Wolkersdorf. Entgegen allen Vorurteilen hat die Stadt einiges zu bieten. Auf dem Sportsektor sorgt der Tischtennisklub «Union Wolkersdorf» für Erfolge auf nationa-

Wolkersdorf: Im Schloß logierte einst Napoleon

ler und internationaler Ebene. Star der Mannschaft ist der in China geborene Ding Yi, zweifacher Olympiateilnehmer, Olympiafünfter 1992, der seit 1987 die österreichische Staatsbürgerschaft besitzt. Und das «Kunstforum Schloß Wolkersdorf» steht für hochkarätige Qualität, wenn es um junge Künstler und Avantgarde geht:

Mit den Schwerpunkten bildende Kunst, Jazz, Klassik, Theater, Kinder und Fotografie deckt das «Forum» die wichtigsten Kultursparten der Gegenwart ab. Zentrum und gleichzeitig auch Veranstaltungsort mit einer Galerie und dem Festsaal ist das große, gelbe Wasserschloß, in dem von 7. bis 9. Juli 1809 Napoleon logierte. Im Hof stehen Metallplastiken aus alten, verrosteten Eisentrümmern, geschaffen von Otto Potsch, der seit mehr als zehn Jahren hier sein Atelier eingerichtet hat. Die Jugend hat in der «Schloßtaverne» einen In-Treffpunkt gefunden.

In den Räumen des ehrwürdigen Gemäuers hat der Verein «FLUSS» sein Büro eingerichtet. Seit 1989 widmen sich seine Mitarbeiter dem Medium Fotografie: Mit den Weinviertler Fotowochen, einem Workshop für alle, die gerne mehr machen wollen als bloß auf den Auslöser zu drücken, hat es angefangen. Danach wurden die alljährlich wiederkehrenden Austellungen «Eisstoß» im Frühjahr und «Lese» im Herbst aufgebaut. Diese Ausstellungen werden fast immer von einem Workshop, einem Vortrag oder Podiumsgesprächen begleitet. Motor und Mentor der Initiative ist Heinz Cibulka (siehe Seite 243 ff.).

Der Verein FLUSS steht für alle offen. Information: Kulturforum und FLUSS: Schloß Wolkersdorf, Tel. 02245/6155.

Um die historischen Bauwerke Wolkersdorfs zu sehen, muß man nicht weit gehen. Am Ursprungsbau des *Schlosses* fällt gleich der runde Eckturm mit den massiven Steinmauern aus dem 13. Jahrhundert auf. Nachdem es 1458 vom Böhmenkönig Podibrad vergeblich belagert wurde, folgten im 17. und 18. Jahrhundert Umgestaltungen und Ausbauten. Die heutige Form geht auf 1810 zurück, als der Südflügel abgerissen wurde.

Am Weg zur Pfarrkirche kommt man zunächst an der *Pest-säule* vorbei. Ein barockes Zeichen der Dankbarkeit nach der erloschenen Pest von 1679 und 1713. Am Pfarrhof ist eine schwarze Steintafel angebracht: Hier hatte 1809 Kaiser Franz

I. sieben Wochen sein Quartier bezogen. Über eine Brücke, gesäumt von sechs Heiligen, erreicht man die *Kirche*. Der gotische Chor stammt aus dem 14. Jahrhundert. Das Langhaus geht auf 1727 zurück. Der Turm wurde erst später darangefügt. Kaiser Karl VI. hat sich als Förderer von Wolkersdorf im Kircheninneren mit einem riesigen Doppeladler und Monogramm für alle Zeiten verewigen lassen. Auf der anderen Straßenseite steht das im 18. Jahrhundert erbaute Forsthaus,

Wolkersdorf: Metallplastik von Otto Posch

eine Gründung Maria Theresias, die gerne zur Jagd in den Hochleithenwald kam.

An der Hauptstraße dominieren Gebäude aus dem vorigen Jahrhundert. Interessant ist das Rathaus, ein Bau aus dem Jahre 1803. Wer noch einen Sprung zur Brünner Straße schaut, wird die historische Bedeutung der Gasthöfe erkennen. Im «Anzengruberhof» schrieb besagter Dichter die Bauernkomödie «Der Gewissenswurm». In selbigem Lokal, damals noch «Zum goldenen Strauß», trafen einander Kaiser Alexander I. von Rußland und König Friedrich Wilhelm III. von Preußen und reisten gemeinsam von da zum Wiener Kongreß. Mehr als

50 Jahre später, im Jahr 1866, war Wolkersdorf zweigeteilt. Der Rußbach bildete die Demarkationslinie im Österreichisch-Preußischen Krieg.

WOLKERSDORF

ANREISE AUTO Auf der Brünner Straße, 12 Kilometer nördlich von Wien. **ANREISE ZUG** Mit der S-Bahn S2 im Halbstundentakt. **ERSTE ANLAUFSTELLE** Stadtgemeinde, Tel. 022245/2401. **ESSEN UND TRINKEN** REICH vis-à-vis von Bahnhof, Tel. 02245/2220. **KAFFEE-HAUS** Die Café-Konditorei WIZELSPERGER, Hauptstraße 37, bietet Wiener Kaffeehausflair. **HEURIGE** Informationstafel gegenüber vom Bahnhof. Stadtheuriger TRÖSTLER, Johannesgasse 31. **FAHRRAD-VERLEIH** Am Bahnhof, Tel. 02245/2367. **SCHWIMMEN** Freibad in der Badgasse Nr. 1, Tel. 02245/2350. **MINIGOLF** In Obersdorf bei Adolf Slenar, Tel. 02245/4140. **TENNIS, EISLAUFEN, SPORTHALLE, KE-GELN** In der Kirschenallee Nr. 4, Tel. 02245/4500. **JAGD** Auskunft bei Horst Ertl, Tel. 02245/3525. **EINKAUFEN** Markt jeden Freitagnachmit-tag 14–17 Uhr am Hauptplatz. Vier Jahrmärkte, Information: Tel. 0245/2401-33. **WINZER IN WOLKERSDORF** Josef PLEIL, Adlergasse 32, Tel. 02245/2407. Spezialitäten: Grüner Veltliner (Riede Freybergen), Rheinriesling (Riede Sonnleithen), Chardonnay (Riede Kühbühel), Blaufränkisch (Riede Stixenkreuter), Zweigelt (Riede Gerichtsberg).

RUND UM DEN HOCHLEITHENWALD

Von Wolkersdorf aus läßt sich der Hochleithenwald, der sich nördlich der Stadt erstreckt, gut umrunden. Fährt man von Wolkersdorf nur ein kleines Stück Richtung Osten, gelangt man auf einer kurzen Etappe nach *Pillichsdorf.* Den Pillichsdorfer «Dom am Rande des Marchfeldes» sollte man sich unbedingt anschauen. In erster Linie ist es die markante Gestalt der Kir-che, die ins Auge springt: Hoher Turm, niedriges Langhaus und überproportional hoher Chor, beide mit steilen Satteldächern, machen den Besucher neugierig. Pillichsdorf gehört zur Gruppe der «Mutterpfarren». Um 1050 wird der Ort erstmals erwähnt, in der Mitte des 13. Jahrhunderts wird nach einer ersten hölzer-nen eine dreischiffige Basilika aus Stein im romanischen Stil er-baut. Der Kern der heutigen Kirche besteht noch aus diesen alten, in der Gotik erhöhten Mauern. Das gotische Gewölbe war noch um drei Meter höher als das barocke. Der Turm mit seinen drei Türen stammt ebenso wie der Chor aus der Gotik. Interessant ist an der Außenseite eine Ölberggruppe aus der Zeit

um 1450 – stilistisch demselben Künstler, der auch die Ölberggruppe am Wiener Stephansdom schuf, zuzuordnen. Die Inneneinrichtung mit dem Hochaltar stammt aus der Barockzeit. Der mächtige Pfarrhof nebenan wurde schon 1540 erwähnt und unterstreicht die Bedeutung der Pfarre, die früher eine Wirtschaftspfarre war. Natürlich hat ein Ort mit einer so großen Kirche auch ein

Pillichsdorfer Kirche

Schloß. Dieses ist verhältnismäßig klein ausgefallen und befindet sich in der Ortsmitte. Heute sind darin Rathaus und Dorfgasthaus untergebracht. Die beiden Volutengiebel des blau-weiß gefärbelten Hauses stammen aus einer barocken Umbauphase des ursprünglich mittelalterlichen Gebäudes.

Am *Reuhof,* einst im Besitz von Leopold Figl und rund drei Kilometer südlich der Ortschaft Pillichsdorf gelegen, geben sich Westernreiter und solche, die es noch werden wollen, ein Stelldichein. Mit seinen 100 Pferden ist der Reitstall das größte Trainingscenter Österreichs für angehende Cowboys. Qualifizierte Reitlehrer unter der Führung von Familie Lex vermitteln, tief in den Ebenen des nördlichen Marchfeldes, Pionier- und Frontier-Feeling; Freunden von Country-&-Western-Atmosphäre wird en passant beigebracht, wie man auf natürliche Weise mit Pferden umgeht. Geritten wird auf Quarter Horses, am Lehrplan stehen: Ungebundenheit, Freiheit, Country-Life.

Auskünfte: Reuhof, Pillichsdorf 192, Tel. 02245/3033.

In *Bockfließ* direkt an der Hauptstraße befindet sich ein Pranger, der zwei unterirdische Kerkerzellen besitzt. Als Schandsäule diente der steinerne Pfahl von 1417 bis 1783. Vierzehn Tage vor den Markttagen wurde am Pranger ein Arm mit einem Richtschwert befestigt, der zwei Wochen nach dem Markttag wieder abgenommen wurde. In dieser Zeit galt die «gefürstete Freyung». Das alte Recht räumte Handwerkern und Kaufleuten auf dem Weg zum Markt den speziellen Schutz des Landesherrn ein. Innerhalb des Marktes galt der Marktfriede, der selbst großen Übeltätern das Asylrecht gewährte. Der «Marktzwang» legte fest, daß nur am Marktplatz verkauft werden durfte. Alle Zuwiderhandelnden wurden als Marktfrevler bestraft. Je nach der Schwere des Delikts gab es entweder Arrest, Prangerstehen oder – bei kleineren Delikten – auch bloß eine Geldstrafe. Kaiser Josef II., der große Reformer, entzog den hiesigen Marktrichtern letztendlich die Strafgerichtsbarkeit.

Bockfließ: Pranger mit unterirdischem Kerker

Zwei weitere interessante Sehenswürdigkeiten befinden sich abseits der Hauptstraße. Zwischen den Häusern Nr. 113 und Nr. 115 steht auf einem Hügel eine Kalvarienberggruppe mit einem Kreuz an der Spitze.

Ein weiteres Kleinod der Geschichte ist die *«Altstadt»*. Ursprünglich hieß der kleine Platz seitlich der Hauptstraße auch Judenstadt, wurde aber dann umbenannt. Rund um die kleine, platzförmige Erweiterung lebten in der Zeit von 1636 bis 1670 21 jüdische Familien. Durch einen Willkürakt von Leopold I. – er hatte sich vorgenommen, «die Judenschaft aus Österreich unter der Enns wegzuschaffen» – waren die Juden gezwungen, bis Ostern 1671 wegzuziehen oder zum christlichen Glauben überzutreten. Von zwei Bockfließer Familien weiß man, daß sie sich taufen ließen, die anderen fanden vorerst in Südmähren eine neue Heimat. Erst durch das Toleranzpatent von 1782 war es ihnen wieder möglich, langsam im Weinviertel Fuß zu fassen.

Neben dem denkmalgeschützten Kaufmannsladen mit der Fachwerkfassade fällt noch die schöne barocke Dreifaltigkeitssäule auf. Am Ortsende beim Bahnübergang sind einige alte landwirtschaftliche Geräte ausgestellt.

Richtung Kellergasse fahrend, sieht man schon das *Schloß*. Die Anlage ist weitgehend noch im Originalzustand aus der Zeit nach 1500 erhalten. Die alte Wasserburg wurde im 18. Jahrhundert zu einem Kastell umgestaltet und von einem Außenbau mit zwei Türmen ergänzt.

Als Wanderung empfiehlt sich von der romantischen Kellergasse aus ein Spaziergang zur Bildereiche in den Hochleithenwald. Nach der Kellergasse, in der jeden letzten Sonntag im Mai ein Kellerfest stattfindet, geht man nach Norden. Am Waldrand entlang gehend, wendet man sich nach Westen. Von diesem Weg ist der Blick nach Süden, wo man die Ortschaften Groß-Engersdorf und Pillichsdorf sieht, besonders schön. Bei der Straße, die von Pillichsdorf kommend schnurstracks in den Hochleithenwald führt, biegt man rechts in den Wald ab. Die Bildereiche, selbst nur mehr ein lebloser Baumstrunk mit einem Schindeldach und den vielen Heiligenbildern, ist ein Relikt des uralten Baumkultes.

Auersthal, vier Kilometer östlich von Bockfließ, ist Österreichs Erdgaszentrale. Hier wird das gesamte Gas gesammelt, aufbereitet und über Transportleitungen zu den Verbrauchern geschickt. Rund um die Uhr ist die computergesteuerte Stelle besetzt.

Die weithin sichtbare, auf einer Anhöhe gelegene Barockkirche geht mit dem gotischen Chor auf das 14. Jahrhundert zurück.

An der *Raggendorfer Kirche* ist an der Außenwand ein Relief von Christoph Zoppel von Haus zu Raggendorf eingelassen. Er legte 1559 den Grundstein zum Neubau des Raggendorfer Schlosses. Die Inschrift verrät das Alter der Steinplatte: «(…) Nach Christ (…) Im 1582 Jar».

Mit dem *Niederösterreichischen Museum für Volkskultur* besitzt der Weinbauort *Groß-Schweinbarth*, abseits der Brünner Straße gelegen, eine Attraktion ersten Ranges. Ratschen, Leiden-Christi-Flaschen, Krippen, Trachten und diverse andere volkskundliche Objekte aus ganz Österreich sind im alten Meierhof der Gutsverwaltung zu sehen. Eine Seltenheit ist die Sammlung alter Pferdewagen, die in einem Schuppen im Hof untergebracht ist. Neben den üblichen Leiterwagen, die man zuweilen noch völlig zweckentfremdet an Ortseinfahrten voll mit Blumen stehen sieht, sind auch Weinfuhrwerke, Kutschen und diverse andere Gefährte ausgestellt. Die letzte Fahrt im Leben eines Dorfbewohners war die auf dem Leichenwagen.

Wer einen Blick über die Grenzen und in andere Kontinente werfen will, kann sich im angeschlossenen Hirtenmuseum Hirtenstäbe im internationalen Vergleich ansehen.

Groß-Schweinbarth: alte Bauerngeräte im Museum für Volkskultur

Das *Schloß* des Ortes, gleich gegenüber vom Museum, befand sich zunächst im Besitz der Ritter von Schweinbarth, kam dann an die Kuenringer, die es bis 1594 innehatten, und gehört seit 1661 der Familie Abensberg und Traun. Die heutige Gestalt geht auf Umbauten aus dem Ende des 18. Jahrhunderts zurück. Unter Ernst von Abensberg und Traun wurde der Groß-Schweinbarther Wein auch bis an den kaiserlichen Hof nach Wien geliefert.

Rund um das «Zeißeltal» sind einige schöne Weinkeller zu sehen. Im Mai findet hier auch ein Kellergassenfest statt.
Information: Gemeindeamt, Tel. 02289/2302.

RUND UM DEN HOCHLEITHENWALD

ESSEN UND TRINKEN In Kollnbrunn: Gasthaus GRÜN, an der B7, Tel. 02738/2292. In Pillichsdorf: Gasthaus HAFERL, im Rathaus, Tel. 02245/3245. In Bockfließ: SCHLOSSRESTAURANT, Schloßplatz 5, Tel. 02288/2268. In Auersthal: Gasthaus SOMMER, Hauptstraße 112, Tel. 02288/2253. **SCHLAFEN** In Bockfließ: Gasthaus POKORNY-ZIL-LINGER, Hauptstraße 6, Tel. 02288/2286. In Auersthal: Gasthaus SOMMER (s.o.). **HEURIGE** In Bockfließ: Fam. WERNHART, Milchhausstraße 55, Tel. 02288/2711. In Auersthal: Vinothek, Information bei Josef Döllinger, Neubaugasse 22, Tel. 02288/2594. **SCHWIMMEN** In Auersthal: «Europabad», Beethovenstraße 14, Tel. 02288/2337. **UR-LAUB AM BAUERNHOF** In Auersthal: Jägerzeile Nr. 30, Tel. 02288/2440. **JAGD** In Bockfließ: Karl BÖCKL, Tel. 022888/2166. **EIN-KAUFEN** In Bockfließ: Markt am Faschingsmontag und zu Laurenzi (10. 8.). In Auersthal: Zuckermelonen bei Erich HÖCHER, Berggasse 30, Tel. 02288/6253. Distelöl bei Karl HELLMER, Hauptstraße 141, Tel. 02288/2393. **WINZER IN BOCKFLIESS** Schloßweingut Bockfließ, von der Privatkellerei MORANDELL bewirtschaftet. Keller Schlossplatz 5, Tel. 02288/2167 oder 0663/056841. Spezialitäten: Grüner Veltliner (Riede Hochfeld), Pinot Blanc (Riede Hochfeld), St. Laurent (Riede Hochfeld), Neuburger (Riede Hochfeld). Johann FALK, Engersdorfer Straße 19, Tel. 02288/2271. Spezialitäten: Vogelsang (Grüner Veltliner), Rheinriesling, Traminer, Sauvignon Blanc, Grüner Sylvaner, Winzersekt. **WINZER IN AUERSTHAL** Hermann und Maria HOFER, Neubaugasse 66, Tel. 02288/6561. Spezialitäten: Weißburgunder (Riede Acker in Eckern), Blauburger (In Winklern), Welschriesling, Grüner Veltliner (Riede Gaisripp).

BAD PIRAWARTH

Die Eisen-Schwefel-Quelle von Bad Pirawarth ist schon seit Jahrhunderten bekannt und erlebte ihre Blüte im vergangenen Jahrhundert. Kurz ein paar Worte zur Geschichte: Erstmals 1120 im Kodex des Stiftes Klosterneuburg genannt, findet sich in einem Urbar von 1306 die Erwähnung «stupa balneari» – einer Badestube – in «Pirhenwort».

1493, ein Jahr nach der Landung Kolumbus' in Amerika, beschreibt der Wundarzt Stephan Graß in 500 Versen das Bad sowie die Badeordnung und lobt die Heilkraft des Wassers.

Eine Hochkonjunktur erlebte das Bad im 19. Jahrhundert. Als höchster Gast weilte 1827 bis 1829 sogar Erzherzogin Sophie, die Mutter Kaiser Franz Josephs, in der Gemeinde. Aus dieser Zeit stammen einige schöne Biedermeierhäuser wie zum Beispiel das alte Rathaus. 1923 hatte

Bad Pirawarth: Statue aus Prof. Knesls Werkstatt

Bad Pirawarth 181 Gästebetten, es kamen 514 Gäste, die Saison dauerte 87 Tage und man zählte insgesamt 14.961 Übernachtungen. Zahlen, von denen heute die Gemeinde nur träumen kann – heute gibt es hier kein einziges Gästebett mehr. In der Blütezeit fuhren Fiaker zur Brünner Straße, im Kurhaus spielte dreimal täglich eine Kurkapelle. Bezüglich der Heilwirkung hatte Bad Pirawarth ähnliche Erfolge wie Franzensbad

371

aufzuweisen, Gäste kamen nicht nur aus Wien, sondern auch aus dem Ausland; Russen und selbst Ägypter sind in Bad Pirawarth auf Kuraufenthalt gewesen.

Der Kurbetrieb wurde 1980 eingestellt, das Kurhaus umgebaut. Die Zukunftshoffnungen des Ortes liegen bei einem Rehabilitationszentrum mit 250 Betten, das 1997 eröffnet werden soll. Eine Dokumentation der ruhmreichen Kurvergangenheit befindet sich im an das Gemeindehaus angebauten Teil des alten Kurhauses.

Zu besichtigen gegen Anfrage bei der Gemeinde, Tel. 02574/2340.

Lediglich der Park rund um das neuerrichtete Gemeindeamt mit Skulpturen von Prof. Hans Knesl verleiht Bad Pirawarth das Flair eines Kurortes. Der 1905 in Bad Pirawarth geborene Knesl lernte zunächst den Beruf des Steinmetzes. Dann studierte er an der Akademie, wo er in den fünfziger Jahren sogar eine Bildhauerklasse leitete. Nach zahlreichen Ausstellungen, Aufträgen und internationalen Erfolgen starb er 1971, bestattet ist er im Ehrenhain der Gemeinde Wien am Zentralfriedhof.

Interessant ist auch noch die wunderschöne, weithin sichtbare Barockkirche, die von 1739 bis 1756 nach Plänen von Felice d'Allio errichtet wurde. Der Standort des Gotteshauses war einst Fluchtort der alten Pirawarther, Reste einer ehemaligen Hausberganlage sind noch heute rund um die Kirche zu erkennen.

MATZEN UND DAS SCHWARZE GOLD

Matzen ist die Erdölgemeinde schlechthin; das Feld Matzen ist das größte und ergiebigste in Mitteleuropa. Das Erdöl wurde hier relativ spät, 1949, entdeckt. Innerhalb weniger Jahre kam es zu einem unvorhersehbaren Boom, der die ganze Region erfaßte und veränderte, innerhalb der Orte kehrte der Reichtum ein. In manchen Gemeinden sind Zunftzeichen des Bergbaus in die Wappen der neugegründeten Großgemeinden aufgenommen worden. Die hl. Barbara – Schutzpatronin der Bergleute – wurde zur meistverehrten Heiligen, schließlich ist sie auch für Geologen und Erdölarbeiter zuständig. Hier hat sie als oberste Schutzheilige sogar den hl. Urban (Weinbau) und den hl. Hubertus (Jagd) verdrängt. Sogar einen «Barbarawein» keltert man: am 4. Dezember – anderswo schneidet man Barbarazweige – wird bei der Familie Killmeyer in Raggendorf die Spätlese gelesen.

»Barbarawein«: Familie Killmeyer, Raggendorf, Ritter-Zoppel-Straße 1, Tel. 02289/2403.

Das Feld Matzen ist mit 100 Quadratkilometern das größte Ölfeld in Mitteleuropa, ein «giant field» in der internationalen Fachsprache. Die Ölproduktion stammt aus

Matzen: ganz im Zeichen des Erdöls

Tiefen zwischen 900 und 3300 Metern, die Gasproduktion aus 500 bis 6000 Metern Tiefe. Insgesamt befinden sich 25 wichtige Öl- und Gaslagerstätten in den verschiedenen geologischen Schichten des Matzner Feldes. Am wichtigsten, weil am ergiebigsten ist der Horizont des «Matzner Sandes». Systematisch wurde hier Raubbau betrieben, ein Rekord wurde 1955 erreicht. Allein aus dem Matzner Feld wurden 2,87 Millionen Tonnen Rohöl gefördert. Zum Vergleich: Die gesamtösterreichische Rohölförderung der letzten Jahre betrug weniger als die Hälfte dieser Menge. Das damals geförderte Öl floß als Reparationszahlung zum Großteil nach Rußland. Erst nach dem

Prottes: Bohrkronen am Erdöllehrpfad

Staatsvertrag wurde das Schwarze Gold den Österreichern überlassen. Immerhin konnte bis 1958 der gesamte österreichische Erdölbedarf noch aus heimischen Quellen gedeckt werden, der Großteil kam aus Matzen.

An der Matzener Kirchenwand hält die hl. Barbara ihre Hand schützend über einen Förderturm. Die Kirche hat zwar im Turm noch romanische Mauerreste, der heutige Bau stammt aber aus den fünfziger Jahren. Auch der Altar der Kirche erinnert, künstlerisch überhöht, an einen Förderturm.

Da Ausflügler nach wie vor süffigen Wein dem schwer verdaulichen Erdöl vorziehen, wurde unlängst die «Weinstraße Matzner Hügel» ausgeschildert. Auf dieser Route werden die Weinorte Orte rund um den Matzner Wald verbunden; es ist eine lohnende Idee, die rund 90 Kilometer lange Route mit dem Rad in Etappen, ausgehend von Matzen, nachzufahren. Man berührt dabei die Ortschaften des Erdölgebietes, fährt über Groß-Schweinbarth nach Bad Pirawarth, Hohenruppersdorf, Spannberg, Velm-Götzendorf bis nach Dürnkrut und Jedenspeigen an der March, fährt dann gen Süden und gelangt über Angern und Prottes wieder nach Matzen.

Als Spaziergang von Matzen aus empfiehlt sich der Weg auf den Matzner Hügel. Am (öffentlich nicht zugänglichen) Schloß mit seiner Fassade im romantischen Tudorstil vorbei geht man Richtung Wald. Das Schloß erhielt unter Joseph Graf Kinsky sein heutiges Aussehen. An mehreren Stellen, so auch am herrschaftlichen Preßhaus, ist noch heute das Kinskywappen zu sehen: drei Eberzähne auf rotem Grund. An der Schloßstiege, die vom Ort heraufführt, stehen die barocken Statuen der sogenannten «14 Nothelfer». Schon ein simples Abzählen zeigt, daß es nicht 14 sind. Auch die Identität der Matzener Kalksandsteinfiguren deckt sich nicht mit jener der echten Nothelfer.

Bei der Hubertuskapelle, wo der Waldlehrpfad beginnt, hält man sich rechts an der dem Wald entlangführenden Straße. Ein wunderschöner Panoramaweg führt zum Aussichtspunkt «Karpatenblick». An klaren Tagen sieht man nicht nur die Karpaten, sondern auch die Alpen. Einige Fixpunkte von Osten nach Westen: Rochuskapelle (»Wutzelburg«) in Mannersdorf/March, Barbarakreuz bei Prottes, im Hintergrund der Thebener Kogel in der Slowakei, südlich der Donau die Hainburger Berge, die sanften Hügel des Wienerwaldes und die Kalkalpen mit den schroffen Gipfeln. Im Vordergrund der sanfte Hügel des Wartbergs – er diente der Matzener Herrschaft als Hinrichtungsstätte.

MATZEN

ESSEN UND TRINKEN HUBERTUSHOF, Fam. Schwab, Tel. 02289/2230. «ZUR WEINTRAUBE», Bahnstraße 24, Tel. 02287/2237. **KAFFEEHAUS** Konditorei RETTIG, Bahnstraße 5, Tel. 02289/2235 od. 2204. **SZENE** «KINO», Bierpub mit großer Bierauswahl. **HEURIGE** «ALTES HAUS», Hauptplatz, Tel. 02289/2666. Fam. ZIMMER, Obere Berggasse 33, Tel. 02289/2623. **VINOTHEK** In der Hauptstraße 20, Angebot von 70 Winzern der Region, Matzner Hügel, geöffnet Mi bis Sa ab 13, Fr und Sa ab 10 Uhr, Tel. 02289/2273-19. **SCHWIMMEN** Freibad und Hallenbad, Tel. 02289/2273-20. **REITEN** Bei der «Eselranch» Ponyreiten für Kinder, Adalbert Pecker, Tel. 02282/8324. **TAXI** Renate Braun, Tel. 02287/2237.

PROTTES

Prottes, vier Kilometer östlich von Matzen, bietet mit dem vier Kilometer langen Erdöllehrpfad Information und frische Luft. Der Parcours hat für Technikfreaks seinen besonderen Reiz: Hier darf man Bohrer, Bohrstangen, einen Raupentraktor «Stalinec C-80» und viele andere technische Geräte aus nächster Nähe anschauen. Der Weg ist mit dem Auto befahrbar, damit eignet sich der Lehrpfad auch als Schlechtwetterprogramm für verregnete Tage. Der Rundkurs beginnt in der

Ortsmitte und führt über die Weinberge. Beim Förderturm auf dem Feld Neusiedl/Zaya ist Wendepunkt, von da an geht's durch die Weinberge wieder zurück nach Prottes.

Das eigentliche Wahrzeichen des Ortes ist das weithin sichtbare weiße Barbarakreuz, es wurde aus Teilen eines Förderturms errichtet.

Die alte Kirche von Prottes wurde in der Barockzeit einfach um neunzig Grad «umgedreht». Von außen sieht

Prottes: Barbarakreuz – Gedenken an die Erdölarbeiter

man wunderschön das ursprünglich West-Ost-orientierte mittelalterliche Langhaus. 1740 durchbrach man die Mauern und baute seitlich noch einen Chor und ein zweijochiges Langhaus dazu. Aus dem ehemals gotischen Hauptaltar wurde ein Seitenaltar, so entstand die Kirche «Maria am grünen Anger».

PROTTES

ERSTE ANLAUFSTELLE Gemeindeamt, Tel. 02282/2182-22. **ESSEN UND TRINKEN** GROSSPORTHALLE, Matzener Straße 17, Tel. 02282/81111. **HEURIGE** Saisonale Buschenschanken bei Johann HELM, Tel. 02282/3688, Karl PAAR, Tel. 02282/8304, Lorenz HELM, Tel. 02282/8222. **EINKAUFEN** Markt am Gründonnerstag.

Prottes: Erdölpumpen – auch ein Wahrzeichen des Weinviertels

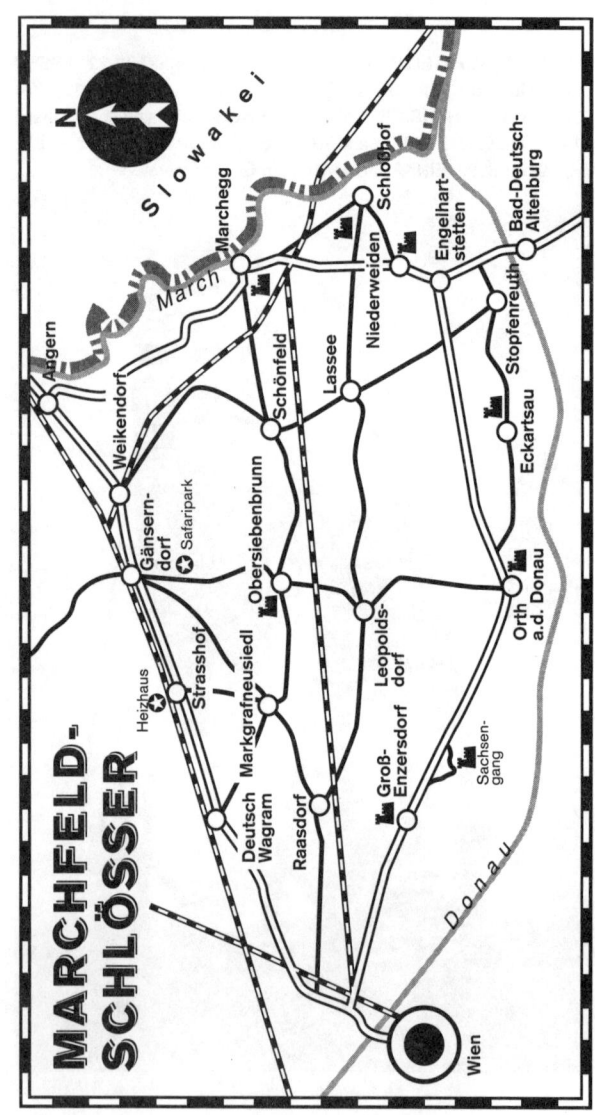

MARCHFELD-SCHLÖSSER

N

Slowakei

Marchegg
March
Schloßhof
Engelhart-stetten
Bad-Deutsch-Altenburg
Niederweiden
Stopfenreuth
Angern
Schönfeld
Lassee
Eckartsau
Weikendorf
Gänsern-dorf
Safaripark
Obersiebenbrunn
Orth a.d. Donau
Strasshof
Heizhaus
Markgrafneusiedl
Leopolds-dorf
Deutsch Wagram
Raasdorf
Groß-Enzersdorf
Sachsen-gang
Donau
Wien

Das Marchfeld und seine Schlösser

DIE AGRARWÜSTE UND DER KANAL

Das Marchfeld ist eines der intensivst landwirtschaftlich genutzten Gebiete Österreichs. Immerhin stammen zehn Prozent
des österreichischen Brotgetreides und 17 Prozent der österreichischen Zuckerrüben aus dem Marchfeld. Es ist auch das
Hauptproduktionsgebiet für Feldgemüse – also der wahre
Gemüsegarten Österreichs. Nirgendwo im ganzen Land gibt es
eine so große und zusammenhängende Ackerfläche wie eben
hier, Ökologen sprechen von einer «ausgeräumten Landschaft»
oder gar von einer «Agrarwüste».

Wie sehr das Marchfeld von der Landwirtschaft geprägt ist,
zeigt unter anderem, daß hier schon zweimal – 1964 in Fuch-
senbigl (südöstlich von Leopoldsdorf) und 1987 in Niederweiden – die Weltmeisterschaft der Pflüger abgehalten wurde.
Eine Veranstaltung, die sich zum Ziel gesetzt hat, «die Kunst
des Pflügens» aufrechtzuerhalten. Die «Kunst» der Marchfeld-

Marchfeld: Bauern bei der Ernte

379

bauern besteht heute vor allem darin, mit möglichst starken (und somit sehr schweren) Zugmaschinen vier, fünf und mehr Pflugscharen zu ziehen und damit möglichst rationell große Flächen in kurzer Zeit zu «beackern». Daß durch die Schwere der Traktoren der Boden, den sie beackern, zusammengepreßt und somit «verdichtet» wird, ist ein nicht zu vernachlässigender Negativ-Effekt. Denn nur lockerer, gut durchlüfteter Boden kann leben, Wasser halten und somit guten Ertrag bringen. Verdichtete Böden müssen mit größerer Zugkraft als lockere Böden gepflügt werden; diese größere Zugkraft wird aber wieder nur von großen, schweren Traktoren er-

Marchfeldkanal: Hoffnung für eine Region

reicht – ein Teufelskreis ist in Gang gesetzt, den zu durchbrechen nicht leicht fällt.

Als Antwort auf die vielleicht zu intensiv betriebene Landwirtschaft, auf große Monokulturen und endlose Felder hat sich in Orth an der Donau schon vor Jahren ein «Verein zur Erhaltung und Förderung ländlicher Lebensräume», kurz «Distelverein», konstituiert. Nitrat im Grundwasser, Artensterben und Getreideüberschuß veranlaßten die Betreiber einer sterbenden Landschaft «Erste Hilfe» zu leisten: Sie organisierten die Wiedereinführung von Rainen und Gstetten, in postmoderner Neusprache auch «Ökowertflächen» genannt. In der Regel sind das zehn Meter breite Streifen, die der Bauer freiwillig «liegenläßt», das heißt, nicht mehr bebaut. Nur in Ausnahmefällen, bei extremer Erosionsgefährdung, darf auf diesen Brachflächen eine Gras-Klee-Mischung angebaut werden. Sonst wächst nur das, was der Wind an Samen bringt. Die Pflege derartiger Streifen kann und soll «schlampig» sein. Disteln sind dem «Distelverein» als Kontrollinstanz der Flächen kein Dorn im Auge, sondern erwünschte Anzeiger einer bunten, intakten Flora. Für den Bauern bedeutet die bunte Wiese am Rande seiner Äcker doppelten Gewinn: Erstens gewinnt seine Flur wieder Lebensraum für Nützlinge, und zweitens kassiert er dafür auch noch Förderungsmittel des Landes, des Bundes und der EU.

Kontakt: Distelverein, Orth/Donau, Fadenbachstraße 17, Tel. 02212/ 2960.

In den letzten fünfzig Jahren sank der Grundwasserpegel durch die intensive Bewässerung um zweieinhalb bis drei Meter ab, seit 1965 verdreifachte sich der jährliche Verbrauch von Wasser in der Landwirtschaft von zehn Millionen auf 32 Millionen Kubikmeter.

Parallel zur Wasserknappheit wurde das Wasser auch zusehends unsauberer. Fehlende Kanalsysteme und Kläranlagen, Altlasten, schadhafte Senkgruben und vor allem der hohe Düngermitteleintrag aus der Landwirtschaft machten die ohnedies kärglich rinnenden Oberflächengewässer des Marchfeldes zu toten Abwasserkanälen. Die Hälfte aller gezogenen Grundwasserproben erreicht auch heute noch nicht die nach der Önorm geforderten Werte.

Eine erste Antwort auf die nicht mehr zu übersehenden ökologischen Probleme der Region wurde gesucht und gefunden – sie heißt: Marchfeldkanal. Donauwasser wird bei Langenzersdorf abgeleitet und über diesen künstlichen Wasserlauf in die durstige Ebene geschickt; der Grundwasserspiegel soll dadurch gehoben und die Wasserqualität verbessert werden. Der «naturnah» gestaltete Kanal mündet bei Deutsch-Wagram in den Rußbach. Dieser ist wiederum durch den Obersiebenbrunner Kanal mit dem Stempfelbach verbunden.

Natürlich löst der Kanalbau nicht alle ökologischen Probleme, sondern ist nur ein Tropfen auf den heißen Stein, aber für Ausflügler wurde hier, im an Wanderzielen armen Marchfeld, eine neue Attraktion geschaffen: Man kann, als interessierter Wanderer, den Kanal in seiner ganzen Länge von 25 Kilometern von Deutsch-Wagram bis Langenzersdorf abwandern oder ihn per Fahrrad verfolgen. Von Deutsch-Wagram aus wurde auch ein dreieinhalb Kilometer langer Kanal-Lehrpfad eingerichtet, an dem auf Schautafeln die Sinnhaftigkeit des Projekts erläutert und die Tier- und Pflanzenwelt an diesem Wasserlauf beschrieben wird.

Informationen: Errichtungsgesellschaft Marchfeldkanal, Franz-Mair-Straße 47, 2332 Deutsch-Wagram, Tel. 02247/4570.

Der Übergang von der Großstadt zum Land ist gerade im Marchfeld nicht immer scharf zu ziehen. Weite Felder innerhalb der offiziellen Stadtgrenze Wiens vermitteln oft den Eindruck, schon am Land zu sein. Andererseits zeigen gerade Orte wie *Groß-Enzersdorf* durchaus urbanen Charakter. Immerhin befindet sich auf dem Gemeindegebiet dieses Ortes Österreichs einziges Autokino (Tel. 02249/2660).

Groß-Enzersdorf ist, obwohl bereits eng mit Eßling zusammengewachsen, eine eigenständige Stadt. Sichtbarer Ausdruck ist die gut erhaltene Stadtmauer aus der Zeit um 1400. Urkundlich geht «Encinesdorf» bereits auf 1158 zurück. Auch die Kirche, eine im Kern frühgotische Pfeilerbasilika mit einem Wehrturm, ist sehenswert.

Das ehemalige Schloß wurde zum Rathaus umfunktioniert. Einst Teil eines Festungsgürtels, der sich am nördlichen Donauufer über Eßling, Groß-Enzersdorf, Sachsengang, Orth und Eckartsau bis nach Stopfenreuth fortsetzte, hat die Stadt heute als Zentrum der Gemüseverarbeitung des Marchfeldes große Bedeutung erlangt – und wird deshalb auch hier besonders hervorgehoben.

Die Firma Eskimo-Iglo beschäftigt über 1100 Mitarbeiter; mehr als 350 Vertragslandwirte im Marchfeld liefern jährlich

Marchfeld: bei der Erdbeerernte

40.000 Tonnen Gemüse an, vor allem Erbsen, Bohnen, Karotten und Spinat. Sie müssen nach genau vorgegebenen Qualitätsrichtlinien produzieren: Nur auf 20 bis 25 Prozent ihrer Anbaufläche dürfen sie Gemüse bauen und konsequent Fruchtwechsel betreiben, um den Boden nicht zu sehr auszulaugen.

Neunzig Prozent der Ware wird aus einem Umkreis von 15 Kilometern angeliefert; in den Erntemonaten rollen unzählige Traktoren mit Anhängern direkt vom Feld über die Landstraßen zur «Gemüsefabrik». Dieses Naheverhältnis im wahrsten Sinn des Wortes garantiert die frische Verarbeitung der Waren. Innerhalb von eineinhalb bis maximal zwei Stunden wird das Gemüse geerntet, geliefert und im «Schockfrost»-Verfahren bei minus 35 bis 45 Grad verarbeitet. Das Gemüse wird binnen 15 bis 30 Minuten in einen frostigen «Tiefschlaf» versetzt; die Zellflüssigkeit erstarrt zu winzigen Kristallen. Damit soll garantiert werden, daß rasch verarbeitetes Tiefkühlgemüse so frisch wie «Frischware» im Regal ist. Tiefkühlbrokkoli, so behaupten die Tiefkühl-Freunde, weisen im Schnitt einen um fünfzig Prozent höheren Gehalt an natürlichem Vitamin C auf als «Frischware».

Das Marchfeld gilt, nebenbei bemerkt, nicht nur als Korn-kammer, sondern auch als die «Sandkiste Wiens». Tatsache ist, daß die sechs bis vierzehn Meter dicke Schotterschicht, die un-ter der Bodenkrume liegt, in zahlreichen Sand-, Kies- und Schottergruben ausgebeutet wird. Die meisten dieser kleinen «Bergwerke» liegen nahe der Wiener Stadtgrenze, was sich günstig auf die Transportkosten des Bau-Rohmaterials aus-wirkt. Eine im Sommer besonders angenehme Nachnutzung der ausgeräumten Gruben ist die als Badeteiche.

DIE MARCHFELDSCHLÖSSER:
PRINZ EUGEN, DER EDLE BAUHERR

Nach dem Ende der Türkenkriege, 1683, und der Kuruzzenein-fälle am Beginn des 18. Jahrhunderts war mit dem Vertrag von Passarowitz 1718 endlich Frieden im Land eingekehrt. So be-gann auch im Marchfeld eine rege Bau- und Umbautätigkeit der Familien Schwarzenberg, Kinsky, Palffy und Sonnau. 1725 erhielt Prinz Eugen von Kaiser Karl VI. Schloß Obersieben-brunn samt den Dörfern zum Geschenk für seine Verdienste um die Bezwingung der Türken, was in einer Urkunde vom 15. Jän-ner 1725 festgelegt wurde. Dadurch kam der begeisterte Jäger in den Besitz einer Jagd. Da er inmitten der Ebenen für seine Vor-stellungen «keine Jagdbarkeit gefunden» hatte, erwarb er noch im selben Jahr Schloßhof an der March mitsamt Stopfenreuth. Am 23. September 1726 erstand er auch noch die Herrschaft Engelhartstetten samt Schloß und Dorf Niederweiden, weil er in der Nähe der Marchauen einen besonders großen Wildreich-tum erwarten konnte. Außerdem lagen die neuen Besitzungen in der Nähe seines Obersiebenbrunner Gutes. – 100.000 Gul-den zahlte er sofort bar, den Rest, 77.000 Gulden, in sieben Ra-ten. Mit diesem Handel war der kleinwüchsige Prinz zum Marchfelder Großgrundbesitzer geworden.

Den Wildreichtum fand er tatsächlich vor – dies schreibt er in einem Brief an seinen Jagdfreund Fürstbischof Friedrich

Karl von Schönborn. Letzterer verdankt dem Prinzen den Baumeister Johann Lukas von Hildebrandt (1688–1745), der nicht nur die Marchfeldschlösser des Prinzen umbaute, sondern auch Schloß Schönborn errichtete.

SCHLOSSHOF

Eine erste urkundliche Nennung aus dem Jahre 1413 spricht von einer landesfürstlichen «veste Hoff gelegen bei Marichart». Gegen Ende des 16. Jahrhunderts verlegte der damalige Besitzer, Friedrich Prankh von Rickersdorf, die Herrschaft von der Marchniederung auf die Anhöhe hinauf, wo heute das Schloß steht. Er ließ ein zweigeschoßiges Kastell, dessen vier Flügel einen Arkadenhof umschließen, samt Meierhof bauen. Nach seinem Tod kam es 1661 nach mehrmaligem Besitzerwechsel schließlich in die Hände von Graf Saint-Julien, von dem es 1725 Prinz Eugen «mit merklicher Überzahlung» kaufte.

Noch im selben Jahr fertigte Johann Lukas von Hildebrandt einen Plan für den Umbau des damals 100 Jahre alten Gebäudes an. Er erweiterte das Kastell nach Westen um zwei Flügelbauten mit Eckpavillons; so entstand ein großzügiger Ehrenhof. Die Meierhofanlage wurde ebenfalls in die Hildebrandtschen Umbaupläne einbezogen. Den Garten, entworfen vom französischen Garteningenieur Dominique Girard und von Hildebrandt ausgeführt, gliederte sich in mehrere Terrassen mit Wasserspielen und verschiedenen Steinplastiken und ein prunkvolles, heute gerne fotografiertes, zur Marchniederung hin orientiertes Tor. Die Versorgung der Wasserspiele sollte von Teichen bei Groißenbrunn erfolgen.

Der gesamte Schloßumbau, die Anlage der Gärten und die Errichtung der Wirtschaftsgebäude konnte in nur sechs Jahren abgeschlossen werden. Der Umbau hatte auch eine soziale Komponente. Mit diesem Bauvorhaben konnten zahlreiche arbeitslos gewordene Soldaten eine sinnvolle Arbeit finden. Zwischen 1726 und 1730 befanden sich immerhin 800 Handwerksleute und Tagelöhner in Schloßdiensten.

Außer in den Prunkräumen im ersten Stock und einigen weiteren im Erdgeschoß ist das restliche Schloß noch völlig unrenoviert. Hier muß allerdings erwähnt werden, daß das Gebäude seine heutige Gestalt erst durch Umbauten aus josefinischer Zeit (siehe unten) erhielt.

Durch das Haupttor tritt man ins *Vestibül*, das sich noch im Originalzustand aus der Zeit von Prinz Eugen befindet. Durch das schmiedeeiserne Tor links gelangt man über die Stiege in den ersten Stock.

Die Privaträume des Prinzen sind sämtlich mit den Farben Gold und Braun ausgestaltet worden. Die spätere Besitzerin Maria Theresia hingegen bevorzugte Weiß und Gold.

Das erste Zimmer, die *«Ante Camer»*, war bis auf einen Ofen und eine Laterne nicht eingerichtet. Das *«Caffeezimmer»* zeigt auf dem Kamin einen Jüngling, der einer Dame Kaffee eingießt. Diese Stuckarbeit stammt, ebenso wie alle anderen, aus den namhaften Wiener Werkstätten von Alberto Camesino und Santino Bussi. Im Speisezimmer, der *«Taffelstuben»*, weisen

Schloßhof: das größte unter den Marchfeldschlössern

Stuckarbeiten mit Szenen aus dem Reich des Dionysos recht deutlich auf den Zweck des Raumes hin. Im folgenden braungoldenen Arbeitszimmer des Prinzen dominiert eine nach Originalentwürfen wiederhergestellte Tapete. An der Decke ist Apollo mit der Lyra in der Hand und der Kriegsgott Mars mit einem von Ölzweigen bekränzten Schwert zu sehen.

Das nun folgende *Audienzzimmer* war nie beheizt, denn Audienzen sollten kurz und bündig abgehalten werden. Hier thront Pallas Athene, die Göttin der Weisheit, auf einer Wolke. Das Eckzimmer mit dem weiten Blick nach Norden und Osten bis hin zu den Kleinen Karpaten diente dem Prinzen als «*Schlaffzimmer*». Der nächste Raum, ein kleines Kabinett, zeigt eine komplett erhaltene Stuckdecke.

Durch eine weitere Zimmerflucht gelangt man zur *Kapelle,* die sich noch im Originalzustand befindet. Hier wird auch noch regelmäßig eine Messe gelesen. Das Kuppelfresko stammt von Carlo Innocenzo Carlone und stellt Gott Vater und den Heiligen Geist dar. Beim ebenfalls hier zu sehenden Gemälde von Francesco Solimena handelt es sich um eine Kopie, das Original wurde 1752 vom Kaiser angekauft und ist im Kunsthistorischen Museum aufbewahrt. An der Nordwand der Kapelle befinden sich die Allegorien von Glaube, Liebe und Hoffnung, an den beiden gegenüberliegenden Pfeilern jene der Mäßigung und Gerechtigkeit. Freigiebigkeit und Frömmigkeit sind an der Rückwand des dem Altar gegenüberliegenden Oratoriums zu erkennen.

Im Südtrakt ist der große Festsaal der zentrale Raum. An der Decke befindet sich eine Darstellung der Göttin Eos, die als Göttin der Morgenröte mit rosafarbenen Fingern der Erde das Licht bringt. Die Wandverzierungen stammen aus der Zeit Josef II., ausgeführt vom Wiener Meister Karl Martin Keller.

Der hinter dem Festsaal liegende Raum zeigt den Zustand des nicht renovierten Schlosses: Beschädigte Stuckdecke, desolate Lamperie – schlicht ein Bild der Trostlosigkeit. Der Blick auf die Dippelbaumdecke beruhigt allerdings, denn die dicken

Baumstämme sind derart gesund und massiv, daß die Gefahr eines Deckeneinsturzes nicht besteht.

Im Erdgeschoß ist die «*Sala Terrena*» der dominierende Prunkraum. Dem Prinzen diente sie als sommerlicher Speisesaal. Die Restaurierung dieses Saales war besonders aufwendig:

Mehr als zehn Jahre lang waren die Restauratoren Ernst und Hilde Werner damit beschäftigt, die Stuckausstattung des Raumes nach Originalplänen neu herzustellen – der originale Stuckverputz war einst abgeschlagen worden.

Im Südtrakt existiert noch das *Billardzimmer* mit original erhaltenen Reiher- und Falkenjagd-Stuckszenen.

Da Möbel fehlen, mag mancher vom Rundgang durch das Schloß enttäuscht sein. Doch entspricht dieser Zustand

Schloßhof: barockes Tor zum Garten

weitgehend jenem der Barockzeit. Meist waren die Zimmer nur spärlich mit Tischen und Sesseln eingerichtet. Die eigentliche Innenausstattung bestand aus den reichen Stuckarbeiten, den bunten Tapeten, den Bandlwerksdekorationen an den Decken, den wertvollen Kaminen und unzähligen Gemälden. So führt das Nachlaßinventar nach dem Tod Prinz Eugens allein 200 Gemälde an.

Neben den gezeigten Räumen standen im Schloß noch sieben «Dame Zimmer» und sechs «Cavallier Zimmer» für Gäste zur Verfügung. Im Erdgeschoß wohnten die Schloßbediensteten. Weiters befanden sich hier noch die Küche sowie eine Zuckerbäckerei, um die Prinz Eugen von seinen Zeitgenossen offenkundig beneidet wurde.

Bald nachdem Prinz Eugen am 21. April 1736 im Alter von 73 Jahren gestorben war, begann der langsame Verfall von Schloßhof. Der Besitz gelangte vorerst in die Hände seiner Nichte Anna Victoria, der Tochter seines ältesten Bruders Ludwig Thomas von Savoyen-Soissons. Sofort begann die unverheiratete Anna Victoria Bilder aus dem Schloß zu verkaufen. Am 17. April 1738 heiratete sie, 52jährig, den um 18 Jahre jüngeren Prinzen Joseph Friedrich von Sachsen-Hildburghausen, dem sie als Morgengabe unter anderem Schloßhof schenkte. 1744 waren die beiden wieder geschieden, das Schloß blieb im Besitz von Prinz Joseph und erlebte ein «Revival». Es folgte eine Zeit mit großen Festen, zu denen sogar eine eigene Hausmusik aufspielte. Im heute nicht mehr existierenden Schloßtheater traten verschiedenste Bühnenkünstler auf. An Sonn- und Feiertagen durfte selbst das Volk anwesend sein.

Im September 1754 fand ein pompöses Barockfest statt, mit dem Hintergedanken, dem Kaiserpaar, Franz Stephan I. und Maria Theresia, das Schloß zum Kauf schmackhaft zu machen. Mit Erfolg: Im März 1755 erhielt der geschiedene Prinz für Schloßhof 400.000 Gulden. Der jagdbegeisterte Mann Maria Theresias liebte das Anwesen sehr und war bis zu seinem Tod im Jahr 1765 oft hier zugegen. Die Anreise von der Residenzstadt erfolgte entweder zu Lande mit einer Kutsche oder mit einem Schiff die Donau abwärts.

Die Kaiserin selbst wollte Schloßhof zu ihrem Alterssitz machen, doch es kam alles anders: 1765 gründete sie, um dem Staat die Kosten für eine standesgemäße Versorgung der Mitglieder des Kaiserhauses zu ersparen, den Habsburger-Familienfonds. Dem Fonds wurden die Schlösser Eckartsau, Niederweiden und Orth sowie eben Schloßhof einverleibt.

Am 8. April 1766 wurde in der Schloßkapelle noch eine große Hochzeit gefeiert: Die Kaisertochter Maria Christina heiratete Herzog Albert von Sachsen-Teschen. Außer dem Stallumbau ist aus der Zeit keine große Veränderung bekannt. Erst 1773 wurde über Anordnung Josefs II. das grandiose Hildebrandtsche Gesamtkunstwerk massiv verändert. Unter der Leitung des Hofarchitekten Franz Anton Hillebrand wurde das Gebäude aufgestockt. Die Fassaden wurden neu gegliedert und erhielten ein völlig anderes Aussehen, das dem heutigen Zustand entspricht.

Dank einer Reihe wunderschöner Ölbilder von Bernardo Bellotto (»Canaletto«), die vor den Umbauten entstanden und heute im Kunsthistorischen Museum in Wien zu sehen sind, weiß man genau, wie Lukas von Hildebrandts Schloß aussah.

Gedacht waren diese großen Umbauarbeiten, um dem jüngsten, 1756 geborenen Sohn des Kaiserpaares, Maximilian Franz, hier ein angenehmes Zuhause zu bieten. Der aber ging ins Kloster und wurde bereits 1784 Erzbischof von Köln und Bischof von Münster. So wurde die weitere Nutzung des riesigen Komplexes abermals zum Problem.

Nach dem Tod Maria Theresias, 1780, ging es abwärts: Ihr Sohn Josef II. ließ 1788 in den Stallungen ein Beschälerdepartement einrichten, das bis 1857 dort einquartiert blieb. 1809 waren die französischen Kriegstruppen Napoleons «zu Gast», 1866 die preußischen Soldaten – beide Besuche gereichten dem Gebäude nicht eben zum Vorteil.

Die im Jahre 1898 erfolgte Unterbringung des «k.u.k. Militär-, Reit- und Fahrinstituts» gab dem Gebäude den Rest. Schon in der Zeit davor waren sämtliche Einrichtungsgegenstände sowie Tore, Gitter, Vasen, Pfeiler, Stiegengeländer, Balustraden und Kamine aus dem Schloß weggebracht worden.

Das Schloß verfiel immer mehr, auch die Übernahme der Verwaltung durch das Bundesheer im Jahr 1920 brachte für das Gebäude keine Verbesserungen. Erst 1937 wurde erstmals in bescheidenem Rahmen mit Sanierungsarbeiten an Dächern, Fassaden und Terrassenmauern begonnen.

Mit der Übernahme durch die Deutsche Wehrmacht 1938 erklärte Reichsjägermeister Hermann Göring die Donau- und

Marchauen zum Reichsjagdgebiet; Schloß Schloßhof sollte wiederhergestellt werden. Kaum begannen die Renovierungsarbeiten, waren sie auch schon wieder beendet. Nach Kriegsende zog die Rote Armee ins heruntergekommene Gebäude ein. In den Stallungen sind noch heute russische Inschriften zu sehen.

Schloßhof überstand auch die Besatzungszeit, in den fünfziger Jahren wurde schließlich Schritt für Schritt mit den Renovierungsarbeiten begonnen. Der größte Fortschritt wurde 1986 anläßlich der Landesausstellung «Prinz Eugen und das barocke Österreich» gemacht, seither wird in langsamerem Rhythmus weitergearbeitet.

Ein Schwerpunkt der Wiederherstellungsbemühungen ist die Rekonstruktion der historischen Gartenanlagen – die Anlage vor der Verwaltervilla wurde bereits restauriert. Das Andenken an den Erbauer ist auch hier, im Ziergarten, allgegenwärtig: In den akkurat beschnittenen Buchsbaumhecken ist an vielen Stellen ein kunstvoll geschwungenes «E» für Eugen zu erkennen.

SCHLOSSHOF

ANREISE AUTO Von Wien über Eßling, Raasdorf, Leopoldsdorf, Lassee, Groißenbrunn ca. 45 Kilometer. **ANREISE BUS** Ab Wien U1 Kagran mit dem Bus Dr. Richard. **ÖFFNUNGSZEITEN** Palmsonntag bis Allerheiligen, sonst gegen Voranmeldung, 10–17 Uhr. Information: Marchfelder Schlösserverein, 2294 Schloßhof 1, Tel. 02285/6580. Advent- und Ostermarkt in den Stallungen des Schlosses. Der Festsaal und das Billardzimmer werden auch vermietet. Jeden Sonntag um 10.30 Uhr Messe in der Schloßkapelle. **ESSEN UND TRINKEN** «SCHLOSSTAVERNE», Fam. Weber, Tel. 02214/2252.

SCHLOSS NIEDERWEIDEN

Im Gegensatz zum wuchtigen und viele Gebäude umfassenden Hildebrandtschen Schloßhof steht das viel kleinere und zierlichere Schloß Niederweiden heute alleine in der Landschaft. Als das von Schloßhof nur vier Kilometer entfernte Niederwei-

Schloß Niederweiden: geplant von Johann Bernhard Fischer von Erlach

den erbaut wurde, befanden sich unweit davon noch die öden Reste der einst mächtigen Wallburg Grafenweiden.

Der Besitzer und Erbauer des Schlosses war kein Geringerer als Ernst Rüdiger Graf von Starhemberg. Der Verteidiger Wiens im Türkenjahr von 1683 erwarb die Herrschaft Engelhartstetten und beauftragte 1693 Johann Bernhard Fischer von Erlach mit der Ausarbeitung eines Entwurfes für ein «Lustgebäude».

Rund um einen zentralen Kuppelsaal wurden zwei rechteckige Säle konzipiert. Diese leiten zu den vier Flügeln an den Ecken des Komplexes über. Laut Plan sollte der Bau von vier Nebengebäuden umgeben sein. Zwei sind heute noch erhalten, die beiden anderen wurden wahrscheinlich nie errichtet.

Als das Schloß 1726 in den Besitz von Prinz Eugen kam, blieb es im Gegensatz zu Schloßhof unverändert. Der neue Hausherr bewohnte die Nordostecke des Hauses, konkret gehörte dazu ein rot tapeziertes Schlafzimmer, eine Garderobe und eine Hauskapelle. Der Salon daneben diente als «Taffelzimmer mit niederländischem Spalier», der Raum auf der anderen Seite des großen ovalen Saales war das «Officier Taffel Zimmer».

Nach dem Tod des Prinzen erfuhr Niederweiden ein ähnliches Schicksal wie Schloßhof. Unter Maria Theresia erfolgte die Aufstockung des ehemals eingeschoßigen Gebäudes. Die Kaiserin beauftragte ihren Hofarchitekten Nicolaus Pacassi, entsprechend der damaligen Mode, einen «Pavillon Chinois» zu errichten. Das Stiegenhaus brachte der Architekt im linken Gebäudeteil unter, die exotische Malerei des Mittelsaales stammt von Jean Baptist Pillement. Die übrigen Zimmer wurden nach chinesischem Vorbild mit Reispapiertapeten ausgestaltet, die Chinesen beim Ackerbau, der Fischerei und beim Teesammeln zeigten. In den Kabinetten waren französische Kupferstiche in die Vertäfelung eingelassen.

Nach dem Tod von Maria Theresia erfuhr das Lustschlößchen einen kontinuierlichen Abstieg. Der endgültige Todesstoß erfolgte 1898 – sämtliche noch vorhandenen Wertgegenstände wurden nach und nach demoliert und abmontiert.

Auch in unserem Jahrhundert mußte Niederweiden leiden: 1956 führte ein Brand zum Deckeneinsturz im Stiegenhaus. Erst 1971 begann die Rettung: Seit damals wird hier kontinuierlich restauriert.

SCHLOSS NIEDERWEIDEN

ANREISE AUTO Siehe Schloßhof, dann nur mehr 4 Kilometer bis nach Niederweiden. **ÖFFNUNGSZEITEN** Siehe Schloßhof, Tel. 02214/2803. Während des Ausstellungsbetriebes Vinothek der Qualitätswinzervereinigung «Rudolf von Habsburg». **ESSEN UND TRINKEN** In Loimersdorf: Café-Restaurant WEBER, Nr. 60 (mit Übernachtungsmöglichkeit), Tel. 02214/2252. In Groißenbrunn: Gasthaus TESER, Nr. 72, Tel. 02214/6184.

SCHLOSS OBERSIEBENBRUNN

Obersiebenbrunn war als erstes der drei Prinz-Eugen-Schlösser in den Besitz des Feldherrn gekommem. Offiziell als Lohn für die hervorragenden Leistungen als Feldherr zuerkannt, war es wohl auch eine Entschädigung für den Verdienstentgang des

Prinzen durch den Verzicht auf die Generalstatthalterschaft der Niederlande. Ursprünglich wollte man dem Prinzen ein Jagdschloß in der Nähe von Laxenburg schenken, entschied sich dann aber für Obersiebenbrunn, das man Erzbischof Sigismund Graf Kollonitsch abkaufen konnte. Zusätzlich wurde der Besitz um die kaiserlichen Dörfer Lassee und Oberweiden erweitert. Den Neubau des aus dem 17. Jahrhundert stammenden Gebäudes und dessen Innenausstattung hatte noch der Kirchenfürst begonnen.

Kaum hatte es Prinz Eugen bekommen, beauftragte er schon Dominique Girard mit der Gartengestaltung. Inmitten der riesigen Gartenanlage wurde 1728 nach Plänen von Hildebrandt ein Gartenpavillon errichtet. Die Fresken im Inneren stammen vom Augsburger Jonas Drentwett, der als «berühmter Kunsdt-Mahler» unter anderem auch die Deckengemälde der beiden Wiener Belvedereschlösser und im Augartenpalais schuf. An den Wänden sind die Freuden des Landlebens und der höfischen Jagd bildlich dargestellt, ebenso die Tierkreiszeichen, die vier damals bekannten Kontinente, die vier Elemente und die vier Jahreszeiten in symbolischer Allegorie: Ceres, die Göttin des Sommers, auf einem von einem Drachen gezogenen Wagen; Bacchus, als Gott des Weines, den Herbst symbolisierend; die Frühlingsgöttin Flora mit dem kindlichen Amor und der Wintergott Saturn.

Nach dem Tod des Prinzen Eugen wurde Obersiebenbrunn von seinen früheren Vorbesitzern zurückgekauft.

Das Schloß befindet sich heute in Privatbesitz.

SCHLOSS OBERSIEBENBRUNN

ANREISE AUTO Von Wien an der B8 über Deutsch-Wagram, von dort über Markgrafneusiedl, 20 Kilometer. **ÖFFNUNGSZEITEN** Der Pavillon kann von Mai bis Oktober jeden ersten So im Monat 15–16.30 Uhr besichtigt werden. Das Schloß kann nicht besichtigt werden. **ESSEN UND TRINKEN** «SIEBENBRUNNERHOF» der Fam. Kopriva, Hauptstraße 28, Tel. 02286/2555, im benachbarten Untersiebenbrunn mit Café-Restaurant, Diskothek und Übernachtungsmöglichkeit. Gasthaus SUMMERER,

Hauptstraße 10, Tel. 02288/2309. **KAFFEEHAUS** In Untersiebenbrunn: Café-Bäckerei GEIBLINGER, Hauptstraße 7, Tel. 02286/2322.

Im benachbarten *Untersiebenbrunn* wurde Dr. Ernst Mach, Wegbereiter der modernen Physik, nachdem die «Machzahl» benannt wurde, geboren – lediglich eine Gasse wurde nach dem großen Sohn der Gemeinde benannt.

Zwei Abstecher bieten sich von hier aus an, ein schöner Spaziergang zur naheliegenden Siebenbrunner Heide und ein ganz besonderes Kaffeehaus.

Die *Siebenbrunner Heide* ist, man würde es nicht glauben, ein Naturschutzgebiet mitten im als «Agrarwüste» verschrieenen Marchfeld. Zwischen Siebenbrunn, Schönfeld, Oberweiden und dem Safaripark findet man im Trockenrasengebiet Wacholder, Federgras, Kuhschelle, mehrere Orchideen, Schleierkraut – und als besondere Seltenheit gibt es südlich von Oberweiden Reste von Sanddünen, die noch zu Maria Theresias Zeiten ernste Gefahren für Reisende zu stürmischen Zeiten darstellten. Ja, und Wachteln gibt es dort auch noch. Hier gilt genauso wie in anderen Naturschutzgebieten: Betreten erlaubt, aber nur mit den Augen schauen, mitgenommen darf nichts werden.

Zum Abschluß bietet sich in *Leopoldsdorf*, vier Kilometer südlich von Obersiebenbrunn, bei Herrn Seunigg in der Bahnstraße Nr. 29 ein Besuch in seinem Literatencafé an. In der kleinen, aber feinen Konditorei gibt es jeden Monat eine Ausstellung mit einer Lesung. Zu Wort kommen hier in erster Linie «Marchfeldliteraten». **GOLF:** Ein 9-Loch- und ein 18-Lochplatz warten auf Golffreaks in Schönfeld, Tel. 02213/2063.

SCHLOSS ECKARTSAU UND DAS ENDE DER MONARCHIE

Nach der Niederlage im Ersten Weltkrieg mußte Kaiser Karl die Regierungsgeschäfte niederlegen – die Abdankungsurkunde unterschrieb er am 11. November 1918 in Schönbrunn.

Gleich darauf fuhr er in einem Konvoi von sieben Autos samt Familie und seiner Frau, Kaiserin Zita, nach Eckartsau.

Das barocke Schloß, in das der letzte Kaiser der zugrundegehenden Donaumonarchie geflohen war, kannte er gut. Wiederholt war der Habsburger schon bei Jagden in den Donauauen hier gewesen; jetzt war seine Jagdlaune wohl verflogen.

Am nächsten Tag – dem 12. November – proklamierte in Wien eine provisorische Nationalversammlung die Erste Republik. Karl, der kein Kaiser mehr war, mußte in Eckartsau den Lauf der Dinge tatenlos zur Kenntnis nehmen.

Am 13. November erschien am Schloß eine ungarische Gesandtschaft und überreichte ihm die Verzichtserklärung für Ungarn, auch dieses Dokument unterschrieb der Monarch.

Die nächsten Wochen waren für den einstigen Herrscher wenig erfreulich. Versorgungsprobleme, mangelnde Lebensmittelvorräte und die spanische Grippe plagten Karl. Zu Weihnachten konnte er nur in Decken gehüllt an der Bescherung teilnehmen. In der ersten Jännerwoche kam unangemeldet Staatskanzler Dr. Karl Renner, um den Kaiser vor einem eventuell drohenden Linksputsch zu warnen und ihn zur Ausreise zu überreden. Renner wurde zwar nicht offiziell empfangen, doch notgedrungen gastlich aufgenommen. Im Februar bekam die Familie vom englischen König Georg V. Oberstleutnant Edward Lisle Strutt als persönlichen Beschützer gesandt. Er war es auch, der die Abreise der Familie in die Schweiz organisierte. Für Sonntag, den 23. März 1919 wurde die Hofzugsgarnitur bestellt. In der Schloßkapelle feierte man noch die Messe, sang noch ein letztes Mal das «Gott erhalte», ehe der Zug um 19.05 Uhr die Station Kopfstetten Richtung Westen verließ.

Schloß Eckartsau

Der heutige Baubestand des Schlosses geht im wesentlichen auf einen Neubau (1722 bis 1732) des Hofkanzlers Graf Franz Ferdinand von Kinsky zurück, der das von einem Wassergraben umgebene Schloß samt Turm 1720 erworben hatte. Vorher war es im Besitz der Herbersteins sowie vieler anderer Geschlechter gewesen. Belegt ist eine Burg als Vorläufer des Schlosses schon im 12. Jahrhundert. – Kinsky baute den Westtrakt und die Kapelle neu. Die Entwürfe lieferte der Hofarchitekt Joseph Emanuel Fischer von Erlach. Die Altarwand mit der Muttergottes und dem Jesuskind in Stuck stammt von Meister Antonio Beduzzi, inspiriert wurde er von der Gnadenstatue in der Ortskirche. Hinter dem Altar steht ein gläserner Reliquienschrein mit den Gebeinen des hl. Theodor. Die Deckengemälde werden dem Maler François Roettiers zugeschrieben und zeigen «Die Schlüsselübergabe an Petrus» und «Christus und die Apostel».

Zita von Habsburg: Österreichs letzte Monarchin

Das Prunkstück des Schlosses ist der Zentralteil des Westtraktes, das «Corps de logis», mit Eingangshalle, Stiegenhaus und Festsaal. Der Bildhauer Lorenzo Mattielli schuf das mythologische Jägerpaar Meleager und Atalante in der Eingangshalle und die Figurengruppe am Giebel der Außenfassade. Am Dach ist dargestellt, wie die Jagdgöttin Diana den Jäger Aktäon, der sie beim Baden erblickt hatte, in einen Hirsch verwandelt.

Auch die Deckenfresken widmen sich der Jagd. In der Eingangshalle ist eine Falkenjagd aus der Hand Roettiers zu bewundern. Im Festsaal malte Daniel Gran 1732 eine Verherrlichung der Jagdgöttin Diana.

1760 kommt das Schloß in den Besitz der Habsburger und wird dem von Maria Theresia gegründeten Familienversorgungsfonds des Hauses Habsburg einverleibt.

Gerne kamen die Kaiserin und der Kaiser mit dem Schiff von Wien, legten in Eckartsau an und fuhren mit der Kutsche durch die heutige Maria-Theresien-Allee zum Schloß. Die gnädige Regentin überließ den Ortsbewohnern die Viehtriftweide zu beiden Seiten der Allee zu einem günstigen Preis.

1784 und 1787 beschädigten Überschwemmungen der noch nicht regulierten Donau das Schloß arg; es begann zu verlottern. Kaiser Franz I. soll beleidigt gesagt haben: «Ihr habts mir mein Eckartsau schön zug'richt'!»

Als Landsitz neu adaptiert wurde Eckartsau dann 1897/98 vom später in Sarajewo ermordeten Thronfolger Franz Ferdinand. Er ging hier mit Freunden zur Jagd: 1908 hatte er Kaiser Wilhelm II. von Preußen als seinen persönlichen Jagdgast aufs Schloß geladen. In zwei Novembertagen schoß der Preuße 75 (!) Hirsche. Der Thronfolger überbot diese kaiserliche Vorgabe und erlegte wenig später an vier Tagen 240 Stück Rotwild. Nachzulesen sind diese und andere Details übrigens im Heimatbuch von Eckartsau.

Die Kirche vom Ort Eckartsau ist einen kleinen Abstecher wert. Die heute in ihrem Inneren fast quadratisch wirkende Kirche war in gotischen Zeiten wahrscheinlich dreischiffig.

Der heutige Bau, der wegen seines Turmes inmitten der Kirche auffällt, geht auf die zweite Hälfte des 17. Jahrhunderts zurück, der gotische Chor und der Grundriß wurden in dieser Barockisierungsphase nicht verändert. Der barocke Hochaltar zeigt auf dem Altarbild den hl. Leonhard als Fürbitter für den Ort und das Schloß. Das Bild stammt aus der Schloßkapelle. Die spätgotische Muttergottes aus der Mitte des 15. Jahrhunderts am linken Seitenaltar war das Vorbild für die barocke Madonna im Schloß.

SCHLOSS ECKARTSAU

ANREISE AUTO Von Wien über Eßling an der B3 Richtung Orth, von dort über Wagram an der Donau nach Eckartsau. 30 Kilometer. **ÖFF-NUNGSZEITEN** 1. 4.–30. 6. Sa, So, Fei, mit Führungen 11 und 13 Uhr. Sonst gegen Voranmeldung, Gruppen ab 6 Personen, Tel. 02214/2240. **ESSEN UND TRINKEN** In Eckartsau: Gasthof MOIK, Marktplatz 3, Tel. 02214/2235. Gasthof KRAMREITER, Untere Hauptstraße 12, Tel. 02214/2203. **REITEN** Beim Reiterhof in Wagram/Donau Nr. 18, Tel. 02212/2194. **FISCHEREI** Österreichische Bundesforste Schloß Eckartsau, Tel. 02214/2240. **EINKAUFEN** In Wagram/Donau: Schaf- und Ziegenkäse bei Helmut Kubo, Nr. 17, Tel. 02212/2115.

SCHLOSS UND STADT MARCHEGG

Das Schloß, das sich im nordwestlichen Teil der Stadt, gleich links vom Wiener Tor, befindet, ist selbstredend die Hauptattraktion des insgesamt interessanten Ortes.

Die Stadt war schon frühzeitig bedeutend, bereits 1344 wird Marchegg als landesfürstliche Burg erwähnt. In den Hussitenkriegen zwischen August 1426 und Juni 1427 wurde Marchegg erobert. 1499 wird die Burg mit ihren Zinnen und Gebäuden mit einer kleinen Festung verglichen. 1502 wird Niklas Graf Salm, der Verteidiger Wiens im Türkenkrieg 1529, mit der Burg belehnt. Auch die Stadt Marchegg wurde in dieser Zeit von den Türken eingenommen, die Burg blieb aber verschont. Als Dank erhielt der Graf die Burg nun endgültig geschenkt, aber bereits am 4. Mai 1530 starb der 71jährige oberste Feldhauptmann im nahegelegenen Salmhof. Das Schloß verfiel hierauf zusehends, erst mit der Übernahme durch die Familie Palffy im Jahre 1621 kam es zu einem Aufschwung. Große bauliche Veränderungen prägen das Bild des Schlosses bis heute. Die mit 1628 datierte Sonnenuhr im Hof markiert das Ende der Palffyschen Umbauarbeiten.

Mehr als hundert Jahre später kam es zu einer hochbarocken, 1733 vollendeten Umgestaltung. Sichtbar ist dies vor allem an der Fassade im Haupttrakt, dem Südteil. Offensichtlich wurden das von Lukas von Hildebrandt erbaute Schloßhof als Vorbild genommen.

Damals war Schloß Marchegg ein beliebter Treffpunkt für kaiserliche Jagden. Maria Theresia und Franz Stephan von Lothringen schätzen den Wildreichtum in den Marchauen. – Seit 1959 dienen die Räumlichkeiten als Jagdmuseum; vorher

drohte das Schloß sogar abgerissen zu werden. Nach dem Tod des letzten Besitzers, Ladislaus Fürst Palffy ab Erdöd verstarb im Jänner 1947, sahen sich die Erben außerstande, das 1945 beschädigte Schloß zu erhalten. 1953 wurde mit dem Abbruch begonnen – in allerletzter Minute wurde es von der Gemeinde erworben und doch noch gerettet.

Man betritt das Schloß durch den Haupteingang. Im Garten links befindet sich eine Bronzeplastik «Diana zu Pferd» des Bildhauers Caspar Zum-

Schloß Marchegg: von Kronprinz Rudolf erlegter Bär

busch aus dem Jahre 1908. Gleich links steht das ehemalige Wohnhaus des Landrichters mit einer schönen Barockfassade. Am Waldesrand sind verschiedene junge Bäume ausgesetzt; sie sind die Reste der Freiluftschau, die im Rahmen der Landesausstellung «Jagd – einst und jetzt» im Jahr 1978 hier stattfand.

Der Stuck in der gewölbten Torhalle stammt aus 1733. Im *Jagdmuseum* im ersten Stock ist die Kapelle noch im Originalzustand erhalten. Von den Objekten des Museums ist der von Kronprinz Rudolf erlegte Braunbär sehr beeindruckend. Interessant ist auch ein Zimmer mit Geweihmöbeln aus Schloß Fronsdorf.

Unter den ausgestopften Tieren hat der einstige Charaktervogel des Marchfeldes, die Großtrappe, Seltenheitswert.

In den ehemaligen Wirtschaftsgebäuden ist im ersten Stock das vorher in Bad Deutsch Altenburg stationierte *«Afrikamuseum»* untergebracht. Leopard, Strauß, Nashorn, Nilkrokodil, Zebra und Gazellen beäugen den Besucher aus gläsernen Augen.

Im Untergeschoß des Schlosses befindet sich das *Heimatmuseum* von Marchegg. Von der Urgeschichte bis hin zu den Palffys reicht das Spektrum. Die Gemeindelade um 1700 und der Marktrichterstab sind Zeugen einer Zeit, als in Marchegg noch Hochkunjunktur herrschte. So ist auch das Modell der «Ersten Marchegger Maschi-

Marchegg: Stadtturm – Zeuge einer reichen Geschichte

nenfabrik für Apparatebau und Eisengießerei» zu sehen, die 1899 von Max Sonnenschein in Marchegg-Bahnhof errichtet wurde. In der Monarchie war es die einzige Fabrik, die Bergwerksanlagen und Geräte zur Erzaufbereitung herstellte. Als Folge der Wirtschaftskrise wurde das Unternehmen 1934 geschlossen. Die Direktionsvilla beherbergt heute das Pensionistenheim und den Kindergarten. Der letzte noch stehende Teil des Fabriksgebäudes ist in der Ziegelfassade des Hauses Bahnstraße Nr. 38 erhalten geblieben.

Ganz hinten an der Wand neben den Fischernetzen hängt eine Fisch- und Wildwaage aus der Wende des 17. zum 18. Jahrhundert. Angeblich sollen damit auch Bräute mit Weizen aufgewogen worden sein – jener Menge, die der Bräutigam seinem zukünftigen Schwiegervater zu zahlen hatte.

Heimatmuseum, Jagd- und Afrikamuseum: 15. 3. bis 30. 11., tägl. 9–12 und 13–17 Uhr. Der zweite Teil des Heimatmuseums im Nebengebäude ist nur an Wochenenden geöffnet oder nach Voranmeldung, Tel. 02285/353.

DIE STADT MARCHEGG

Die heutigen Umrisse der Stadt gehen auf den Böhmenkönig Przemysl Ottokar II. zurück, jenen legendären Ottokar, dessen «Glück und Ende» von Franz Grillparzer ausführlich dargelegt wird.

Nach der Schlacht von Groißenbrunn, wo am 12. Juli 1260 Ottokar den Ungarnkönig Bela IV. besiegte, trachtete er die Grenze gegen Osten zu sichern. Also gründete er eine befestigte Stadt: Marekke.

1268 entstand die Stadt Marchegg an der Mündung des Mühlbaches in die March als planmäßige Anlage. Umgeben wurde das Geviert im Ausmaß von 720 mal 860 Metern von einer heute noch großteils vorhandenen Stadtmauer. Das Wiener, das Ungarn-, und das Hainburger Tor bildeten die einzigen Durchlässe. Im Turm des Wiener Tores mit dem Kegeldach wohnte bis 1802 noch ein Torwächter. Ungewohnt, im Gegensatz zu anderen Städten, wo sich innerhalb der Mauern die Häuser dicht an dicht drängen, ist hier die sehr lockere Verbauung. Marchegg war als Versorgungsfestung konzipiert. Die Bewohner hatten innerhalb der Mauern noch genug Platz, um Landwirtschaft und Viehzucht zu betreiben, und konnten somit längeren Belagerungen trotzen. Heute noch sind zahlreiche Felder innerhalb der Stadtmauern zu sehen.

Die Lage der Siedlung war äußerst günstig gewählt, sie befand sich an der Kreuzung der von Norden nach Süden verlaufenden Bernsteinstraße mit der von Osten nach Westen ziehenden Heerstraße, die schon 1045 «ungarica platea» (ungarische Straße) genannt wurde. Die hier durchkommenden Fuhrwerke hatten Maut zu zahlen. Aus diesem Grund hatte die Stadt bereits 1654 gepflasterte Straßen.

Die ersten, schon von Ottokar erlassenen Privilegien wurden später erweitert. 1350 verfügte Herzog Rudolf «die Gnad», daß alle ungarischen Weine durch die Stadt Marchegg «und nit anderswo» geführt werden sollten. Pro Wagen durften zwölf böhmische Pfennige Maut und «nit mehr» durch den Bürgermeister eingehoben werden. Die Einnahmen der Weinmaut wurden vielfach zum Ausbessern der Stadtmauer verwendet.

Die der hl. Margarete geweihte Kirche von Marchegg weist schon von außen eine markante Dreiteilung auf. Der Turm, das niedrigere, schlichte Langhaus und der wieder etwas höhere Chor zeigen deutlich verschiedenste Bauphasen. Die Spitzbogenfenster am Chor verraten deren Bauzeit in der Gotik. Als die Kirche zu klein wurde, ließ Karl Fürst Palffy 1789 die Kirche erweitern. Langhaus, Sakristei und Oratorium entstanden unter seiner Herrschaft. Der Turm wurde erst 1855 gebaut.

Vor den Toren der Stadt befindet sich das WWF-Naturreservat Marchauen. Dies wird im Kapitel «March und Donau» (Seite 416) genau beschrieben.

Geht man am Hochwasserdamm, dessen Fundamente die Reste der alten Stadtmauer sind, entlang, kommt man hinter dem Schloß vorbei und erreicht bei der Mühlbachmündung die March. Weiter marchabwärts gelangt man zum 1955 errichteten Zollwachedenkmal. Von dort Richtung Südwesten gelangt man zum Ungarntor, wo noch ein gotisches Fenster zu sehen ist. Man folgt weiter der Stadtmauer bis zu deren Ende. Das kleine Türmchen links ist der sogenannte Pulverturm, ein letzter Rest der im Jahre 1872 erbauten «Volkmanns k.u.k. Colodinfabrik Marchegg». Ab 1884 erzeugte man hier auch Jagdpulver, Schießbaumwolle und Salpetersäure. Die Fabrik florierte, doch wurde sie von der Finanzbehörde des Staates mit dem Hinweis, daß Pulverherstellung Staatsmonopol sei, eingestellt.

Man folgt der Straße weiter nach rechts. Die Stadtmauer fehlt hier, erst wieder der Bauernhof beim Hainburger Tor an der B49 nützt ihre Reste als Grundmauer. Jenseits der Bundesstraße bis hin zum Wiener Tor ist die Stadtmauer am ehesten vollständig, teilweise sogar in originaler Höhe erhalten. Am südwestlichen Eck der Mauer reicht die Nani-Au, die ebenfalls unter Naturschutz steht, bis zur Stadt heran. Im Gegensatz zum Auwald, der immer wieder überschwemmt wird, bleibt dieses Gebiet stets trocken. Der Schwarzerlenbruchwald ist einzigartig in Niederösterreich.

MARCHEGG

ANREISE AUTO Von Wien über Raasdorf, Markgrafneusiedl, Obersiebenbrunn, Schönfeld nach Marchegg. **ANREISE ZUG** Von Wien Süd. Vom Bahnhof weiter mit einem Bus nach Marchegg, Abfahrtszeiten im Gemeindeamt, oder mit dem **TAXI** von Monika Ludwig, Bahnstraße 2, Tel. 0663/53880. **ERSTE ANLAUFSTELLE** Gemeindeamt, Tel. 02285/291-11. **ESSEN UND TRINKEN** Gasthof «NAGL-HAGER», Hauptstraße 30, Tel. 02285/223, BAHNHOFSRESTAURATION, Herbert Krupan, Tel. 02285/6143. **SCHLAFEN** Fam. LOIDL, Am Berg 1, Tel. 02285/6786. **FAHRRADVERLEIH** Beim Bahnhof, Tel. 02285/6357. **HEURIGE** Bei der Bahnhofsiedlung, «KLARABELLA», Fam. Esterl, Tel. 02285/6551, ganzjährig, mit Ziegenkäse als Spezialität. «FALMBIEGLS GRILLHEURIGER», Tel. 02285/6145, ganzjährig. **REITEN** Gut Markhof (Biobauernhof), Familie Brandenstein, Tel. 02285/7111. Fam. Loidl, Tel. 02285/6786 (Islandpferde, spezielles Kindertraining, Sommerreitlager). **EINKAUFEN AM BAUERNHOF** Christa Stock, Siedlung Heimatland 2, Tel. 02285/6275. **URLAUB AM BAUERNHOF** Bei Fam. Loidl, s.o. (besondere Attraktion: Schlafen am Heuboden).

SCHLOSS ORTH UND SEINE VIER MUSEEN

Schon von weitem sieht man den Gebäudekomplex mit seinen vier wuchtigen Türmen. Die ältesten Teile des Wehrgebäudes stammen aus der Mitte des 12. Jahrhunderts. Dieser mächtigen

Burg ist im Westen das später hinzugekommene Schloß vorgelagert.

Zuerst zur Burg: Diese hochmittelalterliche Wasserburg mit ihrem 20 Meter breiten Graben stammt aus einer Zeit, als es galt, Feinde abzuwehren und diese schon möglichst früh von den 40 Meter hohen Türmen zu erspähen. Gegen Süden, zur Donau hin, war die Anlage bloß von einer Mauer mit einem Wehrgang umgeben. Diese wurde aber 1784 abgetragen. Die anderen drei Fronten bilden mehrgeschoßige Wohntrakte, die zwar mehrfach arg beschädigt wurden, aber immer noch in ihrer Substanz erhalten sind.

1679/80 wird laut «Dehio» der Zubau, das sogenannte «Neuschloß» errichtet. Einige andere Quellen stellen dessen Errichtung erst in das Jahr 1784 und schreiben sie August Graf Auersperg zu.

Die Türkeneinfälle von 1683 waren nicht ganz so vernichtend wie 1529, also gelangte Orth 1686 in den Besitz der Strattmanns. Die Belagerung von 1529 war so verheerend gewesen, daß viele Dörfer entvölkert waren. Um wieder Leben ins Land zu bringen, siedelte man kurzerhand Kroaten an, die jahrhundertelang einen großen Teil der Bevölkerung stellten.

Am Beginn des 19. Jahrhunderts wohnte auch die Schwester Napoleons, Gräfin Lipona, in Orth. Am 24. Juli 1824 erwarb schließlich Kaiser Franz I. das Anwesen, der es in den Privat- und Familienfonds des Hauses Habsburg inkorporierte.

Kronprinz Rudolf entdeckte das Schloß 1873 für sich und seine Jagdgesellschaften wieder. Er gestaltete die Räume des Schlosses im Stil des späten Historismus um. In den folgenden Jahren blieb Orth sein Lieblingsdomizil, bis er 1887 Mayerling vorzog. Im Spätherbst 1887 komponierte Johann Schrammel den Walzer «Rose von Orth», der der Kronprinzessin Stephanie von Belgien gewidmet ist. Der Marsch «Jagdabenteuer» ist dem Kronprinzen anläßlich des Abschusses eines Sechzehnenders gewidmet.

Heute beherbergt die Burg gleich vier Museen. Das Fischereimuseum, das Donaumuseum, beides Außenstellen des Niederösterreichischen Landesmuseums, das Heimatmuseum und das Bienenzuchtmuseum.

Den Rundgang beginnt man am besten im *Fischereimuseum* im ersten Stock. Vor dem Eingang soll eine moderne Plastik die beiden Quellflüsse der Donau, Brigg und Breg, darstellen. Der Fisch über der Tür ist ein Zander aus Metall.

Hier wird das Thema Fischerei in breitestmöglicher Form abgedeckt. Netze und Reusen sind hier ebenso ausgestellt wie ein konservierter Quastenflosser (Latimeria chalumnae).

Weiters finden sich Kunstgegenstände, ein Meißner Geschirr mit Fischmotiven und eine Darstellung eines Wiener Fischmarktes aus der Biedermeierzeit mit den berühmten Figuren von Helmut Krauhs in der Sammlung. In der Fischerkapelle mit dem Fischeraltar findet zu Peter und Paul (29. Juni) und am Nikololotag eine Fischermesse statt.

Im zweiten Stock, dem Sitz des *Donaumuseums*, spielen die Fische nur mehr eine untergeordnete Rolle. Gleich beim Eingang kämpfen zwei Hirsche. Daneben stehen zwei Wildschweine. Modelle von Donaubrücken, ein Lageplan der Donaukraftwerke, bunte, polierte Donauschottergerölle und diverse Anker ergänzen das Spektrum.

Im gegenüberliegenden Osttrakt gelangt man beim Stiegenaufgang des Kanzleiturms über eine freitragende Wendeltreppe in das *Heimatmuseum*. Ein ganzes Zimmer ist Annie Rosar gewidmet. 1888 in Orth geboren, feierte sie als Filmschauspielerin große Erfolge in Filmen gemeinsam mit O. W. Fischer, Theo Lingen und Willy Birgel, sie starb 1963 in Wien.

Der große Raum sollte eigentlich nie verändert werden. Die bunte Ansammlung von unglaublich vielen Gegenständen auf zu engem Raum sind ein beredtes Zeugnis einer liebevollen, jahrzehntelangen Sammelleidenschaft.

Da finden sich auf einer ganzen Wand Trophäen und Bilder der Habsburger. Die Büste von «Franzl» steht neben der von

Orth an der Donau: die bunte Sammlung des Heimatmuseums im Schloß

«Sissi», beide vor dem Wegwerfen gerettet. Aber auch das Geweih eines Hirschen, den Bruno Marek, der von 1965 bis 1970 Wiener Bürgermeister war, schoß, hat hier seinen Platz. Ein römischer Grabstein, Bohrkerne einer OMV-Bohrung, Bodenprofile und wertvolle Uhren weilen hier friedlich nebeneinander.

Gleich angeschlossen an dieses «Kuriositätenkabinett» ist das *Österreichische Bienenzuchtmuseum*. In der Präsentation durchaus mit dem Heimatmuseum vergleichbar, werden hier zur Freude aller Imker eine Honigschleuder aus dem Jahre 1864 ebenso wie Modelle diverser Bienenstöcke fremder Länder vorgeführt.

Der Ort Orth kann auf einem kleinen Spaziergang durchstreift werden. Am Marktplatz steht die *Mariensäule*, ein schönes barockes Kunstwerk, gestiftet 1711 von Anton Strattmann. Die vier Figuren stellen die Heiligen Sebastian (mit den Pfeilen), Florian (mit dem brennenden Haus), Augustinus (mit dem Bischofsstab) und Rochus (mit dem Kind) dar.

Die *Kirche zum hl. Michael* geht in ihrem Kern auf das Mittelalter zurück. Der Chor stammt aus dem Jahre 1517. Im Türkenkrieg von 1529 wurde das Gotteshaus schwer beschädigt, 1568 allerdings wiederaufgebaut. 1689 barockisierte sie Graf

Strattmann, ohne den spätgotischen Kernbau zu verändern. Die Kanzel aus dem Ende des 17. Jahrhunderts ist das eigentliche Prunkstück der Kirche. Auf ihrem Baldachin steht der hl. Michael, in den Nischen an der Kanzelwand sind diverse Kirchenprediger verewigt.

Der nicht mehr vollständig erhaltene Hochaltar stammt aus 1780. Im Gegensatz zu den beiden reichlich ausgestatteten, 1740 entstandenen Seitenaltären ist der Tabernakel mit seinem grauen Baldachin eher bescheiden, auch die beiden isoliert stehenden Figuren, die Heiligen Petrus und Paulus, waren ursprünglich eher Teil eines größeren Hochaltars.

Das Altarbild, eine Stiftung der Gräfin Lipona, stammt aus dem Jahr 1819. Die Kirchenbänke sind auch um die 200 Jahre alt. Das Deckenfresko hingegen ist eine Arbeit, die nach dem Zweiten Weltkrieg entstand.

Vis-à-vis vom Pfarrhof, einem schönen Biedermeierbau (1819), steht der aus dem 16. Jahrhundert stammende Pranger.

Einem Teil der Öffentlichkeit ist Orth auch aufgrund des hier ansässigen pharmazeutischen Betriebes «Immuno» ein Begriff. Ein wesentliches Aufgabengebiet dieses Unternehmens, das 350 Mitarbeiter beschäftigt, ist die Herstellung von Impfstoffen sowie die Aids-Forschung.

ORTH

ANREISE AUTO Von Wien über die B3 Großenzersdorf. **ANREISE BUS** Von Wien Mitte mit dem Bundesbus. **ERSTE ANLAUFSTELLE** Gemeindeamt, Am Marktplatz 26, Tel. 02212/2208. **ESSEN UND TRINKEN** «DAS UFERHAUS», von G. Humer, Geheimtip für Fischfreunde, direkt an der Donau. Gasthaus «SCHLOSSHOF», Zeuke-Rosner, Am Markt 6, Tel. 02212/2282 oder 2400, Gastgarten, auch vegetarische Küche. Gasthaus PAULESITS, Am Markt 1, Tel. 02212/2221, mit Gastgarten. Gasthaus BINDER, Jägergrund 2, Tel. 02212/2252. Gasthaus MASSINGER, Am Markt 7, Tel. 02212/2248 (Truthahnspezialitäten). Weinstube Norbert STEURER, Tel. 02212/2267. **KAFFEEHAUS** Café-Pizzeria TRENO, Tel. 02212/2323, am Ortsanfang. Espresso FLESCHER, Hauptstraße 58, Tel. 02212/2258, am Ortsende, mit Verkauf von Fischereiutensilien. **SCHLAFEN** Im «SCHLOSSHOF» (s.o.), Gasthaus BINDER (s.o.). Weinstube STEURER (s.o.). Frühstückspension Maria KIANEK, Tel. 02212/2843. Haus ZAHLBRECHT, Tel. 02212/2443. **MUSEEN** Fischerei- und Donaumuseum sowie Heimat- und Bienenzuchtmuseum im Schloß, Öffnungszeiten 15. 3. bis 15. 11. Sa, So, Fei 9–17, Di bis Fr 9–12 und 13–17 Uhr, Tel. 02212/2555. **FAHRRADVERLEIH** Im «SCHLOSSHOF» (s.o.). **JAGD** Auskunft bei Jagdobmann Johann Rosar, Tel. 02212/2257. **EINKAUFEN** Bäuerliche Produkte in der «Bauernspeis» bei Fam. Zihr in der Wiener Straße 55, Imkerprodukte bei Othmar Happel, Wiener Straße 38, Tel. 02212/ 2441, der auch viel über das Bienenmuseum zu erzählen weiß.

SCHLOSS SACHSENGANG

Ein letztes Marchfeldschloß befindet sich rund zehn Kilometer westlich von Orth, ganz in der Nähe der Weinviertler «Grenzstadt» Groß-Enzersdorf. Schloß Sachsengang liegt südöstlich der Stadt abseits in einem Auwäldchen versteckt. Diese massive Anlage ist die älteste – der Name «Sahsonaganc» taucht bereits 1021 auf – von allen Marchfeldschlössern, sie hat nicht nur Feinde, sondern auch massive Barockisierungswellen abwehren können. Einst lag die Festung mit dem Bergfried aus dem 12. Jahrhundert auf einer Insel, die beiderseits von der Donau umflossen wurde. Die Burg liegt auf einem künstlich aufgeschütteten Hügel von 40 Metern Durchmesser. Ein 20 Meter breiter Wassergraben schützte einst diese «Hausberganlage». Aus der Reihe der zahlreichen Besitzer ist Niklas Graf Salm hervorzuheben, der per Lehensbrief von Silvester 1529 das Anwesen erhielt und dadurch seinen Besitz in Marchegg und Orth erweiterte.

Die heutige Form geht auf Umbauten aus 1654 bis 1672 zurück. Zu besichtigen ist das Schloß nicht, es befindet sich in Privatbesitz.

SCHLOSS SACHSENGANG

ANREISE AUTO Ab Wien nach Groß-Enzersdorf rechts abbiegen. **ESSEN UND TRINKEN** Das Hotel «AM SACHSENGANG» gehört zu den

besten im Weinviertel, der kulinarische Schwerpunkt in der angeschlossenen «TAVERNE» liegt beim Hummer. Schloßhoferstraße 60, Tel.
02249/2901.

AUF NAPOLEONS SPUREN

Napoleon, 1769 in Korsika geboren, 1804 von Papst Pius VII.
zum Kaiser gekrönt, befand sich am Beginn des 19. Jahrhunderts auf europaweitem Expansionskurs. Österreich unternahm im Jahr 1809 den Versuch, das Gleichgewicht der Kräfte
in Mitteleuropa wiederherzustellen. Als der Korse in Spanien
in einen Krieg verwickelt war, hielt man in Österreich die Gelegenheit für günstig, eine Auseinandersetzung mit Napoleon
zu suchen. Man wollte den Franzosen als Revanche für die er-
littene Schmach von Austerlitz in die Knie zwingen. Der Bruder des Kaisers, Erzherzog Karl, war mit der Heeresreform be-
traut worden. Als Experte hielt er den Zeitpunkt für ein derart
großes Unternehmen für zu früh. Dennoch wagte man die
Konfrontation.

DIE CHRONIK DER EREIGNISSE

10. April 1809: Die österreichische Armee überschreitet unter
Erzherzog Karls Führung bei Braunau die Grenze zu Bayern, um die Franzosen anzugreifen.
Gleich von drei Richtungen stößt die österreichische Armee
auf die überraschten Franzosen. Rasch gelingt es den Franzosen, die Angriffe abzuwehren, der Spieß dreht sich um,
und die Österreicher müssen sich zurückziehen.

3. Mai: In Ebelsberg bei Linz kommt es zu einer blutigen Auseinandersetzung. Erzherzog Karl erkennt die Stärke des
siegreichen Napoleon und überzeugt die Wiener aufzuge-
ben, noch bevor das französische Heer in die Stadt kommt.

11. Mai: Napoleon erreicht den Stadtrand von Wien und be-
schießt die Stadt eineinhalb Stunden lang.

12. Mai: Wien ist von den Franzosen besetzt.

13. Mai: Napoleon zieht in Schönbrunn ein, während sich die Österreicher nördlich der Donau im Marchfeld sammeln. Der strategische Plan der Österreicher sah vor, das französische Heer die Donau überqueren zu lassen, um auf der eigenen Seite Zeit zu gewinnen.

20. Mai: Napoleon setzt in der Höhe von Kaiserebersdorf zur Lobau über, von dort wendet er sich in den Raum Eßling-Aspern. Erste französische Einheiten beginnen, das Marchfeld zu erkunden. Diese Truppen werden zurückgeschlagen. Napoleon setzt am nächsten Tag die Überfuhr der Truppen fort. Als sich die feindliche Armee wieder auf Vormarsch befindet, disponiert Erzherzog Karl seine Truppen um.

21. und 22. Mai: Schlacht bei Aspern. Die Österreicher treten als Sieger hervor. Napoleon sammelt nun seine gesamten Truppen. Bald stehen 180.000 Franzosen 120.000 Österreichern gegenüber, bei den Geschützen steht es 460 zu 410 zugunsten der Franzosen.

5. und 6. Juli: Schlacht bei Wagram. Stundenlang wird mit schweren Verlusten auf beiden Seiten um den Rußbach gekämpft. Die Entscheidung des ersten Kampftages fällt in Deutsch-Wagram. Durch einen Irrtum schießen Franzosen auf ihre eigenen Leute. Durch diese fatale Verwechslung muß der sächsische Marschall, der auf französischer Seite kämpft, den Platz, der seither «Sachsenklemme» heißt, räumen und zieht sich auf die gleiche Stellung zurück, von der er am Morgen aufgebrochen ist. Den Einsatz der Truppen für den zweiten Kampftag leitet der als offensiv bekannte Generalstabschef Freiherr von Wimpfen. Am 2. Tag der blutigen Schlacht wendet sich das Blatt. Erzherzog Johann trifft mit seinen Mannen verspätet aus Bratislava ein, die Niederlage der österreichischen Armee ist besiegelt.

Das Resümee der beiden Schlachten: 13.000 Tote. Erzherzog Karl tritt auf sein eigenes Ansuchen als Generalissimus zurück.

Nach den Ereignissen von 1809 folgte der Rußlandfeldzug Napoleons, bis er in der Völkerschlacht von Leipzig im Oktober 1813 von Preußen, Russen und Österreichern geschlagen wur-

de. 1814 dankte Napoleon ab und wurde auf Elba interniert, 1815 wurde am Wiener Kongreß die Neuordnung Europas beschlossen.

Die Julitage von 1809 sind bis heute nicht vergessen: Am 3. Juli 1994 kamen 600 kriegsbegeisterte Veteranen aus acht Nationen angereist, um in historischen Uniformen im Marchfeld «Krieg zu spielen». Vor und nach dem etwas seltsamen Spektakel herrschte der Geist der Versöhnung, bei einem riesigen europäischen Fest wurden die

Ulrichskirchen: Obelisk zum Gedenken an 1809

Hobby-Krieger von österreichischen Milizsoldaten im Feldlager bei Deutsch-Wagram versorgt.

Etwas unspektakulärer ist es, sich auf Napoleons Spuren auf eine Reise durchs Marchfeld zu begeben:

Im liebevoll eingerichteten Museum im «Erzherzog-Carl-Haus» in Deutsch-Wagram befinden sich in zahlreichen Vitrinen 222 Originalobjekte, die an die große Schlacht erinnern. Vom Tisch, an dem Napoleon saß, über seine Zigarettendose bis hin zum Fernrohr von Erzherzog Karl ist alles zu sehen, was an den Krieg von 1809 erinnert.

Öffnungszeiten: 15. 3. bis Ende November So, Fei 10–16 Uhr, gegen Voranmeldung jederzeit, Tel. 02247/ 2209-14, 4282 od. 2302.

Für intensiver interessierte «Schlachtenbummler» sind folgende Orte empfehlenswert:

Deutsch-Wagram:

– Vor der Wehrmauer der Pfarrkirche befindet sich eine Gedenktafel, die alle Ereignisse des 5. und 6. Juli 1809 zusammenfaßt.

– Am Hauptquartier (Erzherzog-Karl-Straße) weist ein Sgraffito auf die Bedeutung des Hauses als Hauptquartier von Erzherzog Karl hin.

– Siedlung Helmahof: Die Tafel am Gemeindebau erinnert an den Standort der österreichischen Infanterie-Munition-Reserve.

– Im Dr.-Sahulka-Park befindet sich die große Kapelle aus dem Jahr 1859, als erstes Denkmal, das an die Napoleonschlacht erinnert.

– Das Kriegerdenkmal aus 1909, unweit von Erzherzog Karls Hauptquartier, erinnert an die entscheidenden Tage des Jahres 1809.

– Am ehemaligen Schulhaus in der Kirchengasse Nr. 1 erinnert eine Tafel daran, daß sich hier einst die österreichische Feldpost befand.

Parbasdorf (einst Baumersdorf):

– Der zweisprachige Gedenkstein erinnert an ein abendliches Gefecht am 5. Juli.

Markgrafneusiedl:

– Bei der Kirchenruine wurde am 6. Juli die Schlacht für die Franzosen entschieden, der Gedenkstein steht dort, wo der linke österreichische Flügel kämpfte.

– Eine Tafel am Pfarrhof erinnert an Erzherzog Karl, der nach den ruhmreichen Tagen von Aspern und Eßling (21. und 22. Mai 1809) bis zum 4. Juli hier sein Hauptquartier bezog. Später wurde es nach Deutsch-Wagram verlegt.

– Beim Zugang zur Krypta der Pfarrkirche liest man: «In dieser Krypta wurden vermutlich die Gebeine von Tausenden Österreichern und Franzosen zusammengetragen, die in der Schlacht von Wagram am 5. und 6. Juli gefallen sind und auf dem Schlachtfeld verbrannt wurden.

Glinzendorf:
– An der Friedhofsmauer der Pfarrkirche kündet einen Tafel von den Gefechten am 5. und 6. Juli. Am Abend des 5. überschritten die Franzosen den Rußbach. Am 6. Juli besetzten die Österreicher unter Radetzky kurz den Ort, mußten dann aber weichen.

Zwischen Deutsch-Wagram und Raasdorf:
– Auf halben Weg steht eine dreieckige Säule, die an den Standort von Napoleons Hauptquartier erinnert.

Aderklaa:
– Am Haus Nr. 34 liest man: «Vor den ruhmreichen Tagen von Aspern und Eßling nahm hier der österreichische Generalissimus Erzherzog Carl am 16. Mai 1809 sein Hauptquartier.»
– Am Kriegerdenkmal wird festgehalten, daß um Aderklaa die sächsische Armee unter dem französischen Marschall Bernadotte ihr Grab fand.

Groß-Engersdorf:
– An der Pfarrkirche liest man, daß sich hier die erste Geschütz-Munitions-Reserve der Österreicher während der Schlacht am 5. und 6. Juli befand.

Groß-Enzersdorf:
– Vor der Pfarrkirche erinnert ein Gedenkstein an die Abendstunden des 4. Juli 1809, als Napoleon den Ort beschoß.

Ulrichskirchen:
– Bei der Kirche steht ein Obelisk zum ehrenden Gedenken an die Soldaten, die im Ulrichskirchner Feldspital gestorben sind.
– Im Schloßhof verkündet einen Tafel, daß sich hier einst das Feldspital befand.
– In der Kirche befindet sich das Grabmal des k.k. Hofkaplans Augustin Gall, dem damaligen Pfarrer von Ulrichskirchen, der sich um die Pflege der Verwundeten besonders bemühte.

Am Mühlratsberg:
– Etwa 2,5 Kilometer westlich der Kirche, steht das Soldatenkreuz, wo die verwundeten und an ihren Wunden gestorbenen Krieger beider Heere ruhen.

Wolkersdorf:
– Im Schloß nahm Napoleon von 7. bis 9. Juli Hauptquartier,
   im Pfarrhof hatte Kaiser Franz I. vom 16. Mai bis 6. Juli
   ebenfalls sein Hauptquartier.
Schönkirchen:
– Das Schloß diente als Feldspital.
Dürnkrut:
– Auch hier wurden im Schloß Verwundete gepflegt.
Pillichsdorf:
– Vom acht Kilometer von Deutsch-Wagram entfernten Kal-
   varienberg verfolgte Kaiser Franz mit einem Teleskop das
   Schlachtgeschehen.
Bockfließ:
– An der Schule erinnert eine Tafel an die Tage danach. Am 6.
   und 7. Juli biwakierten die Österreicher bei ihrem Rückzug hier.

DER MARCHFELDER HOF UND DER SPARGELKULT
Wenn es Frühling wird und die Spargelsaison, die zwischen April und
Mai beginnt und am 24. Juni, dem Fest des hl. Johannes, endet, befindet
sich Gerhard Bocek, der Herrscher vom Marchfelder Hof, in seinem Ele-

Deutsch-Wagram: Promitreff und Spargeltempel – der Marchfelder Hof

ment. Mit seinem nie enden wollenden Ideenreichtum läßt er sich jedes Jahr
neue Spargel-Kreationen einfallen.

»Spargel ist etwas Besonderes. Es gibt ihn nur kurze Zeit, er hat einen
hohen Preis und zudem noch eine erotische Ausstrahlung», bringt der perfek-
te Manager des 1843 gegründeten Gastronomiebetriebs die Dinge auf den
Punkt.

«Spargelwein» (Weißburgunder, Chardonnay), Spargelkönigin, Spar-
geltelefon, Spargelmarsch, Spargeloper, Spargelwettschälen, Spargelkirtag,

Spargelschnaps – es gibt kaum etwas, das es am Marchfelder
Hof nicht schon gegeben hätte.

Wenn nicht gerade Spargelsaison ist, so muß man keine
Angst haben, daß im Promitreff die Ideen ausgehen. Nach dem
Motto «Wir wollen nicht nur Essen und Kalorien verabreichen»
setzt man im Haus auf «Erlebnisgastronomie». Schon das Inte-
rieur des Lokals ist ein Erlebnis. Mit den überall herumstehen-
den und von der Decke hängenden Dekorationen könnte man
mehrere Nobelflohmärkte gut bestücken. Uniformen, Vogelkäfige

Feinster und Musikinstrumente sind hier versammelt. Daneben gibt es
Marchfeldspargel noch «Dableibsel» prominenter Besucher: Der Lippenstift Marle-
ne Dietrichs, der Zigarettenspitz von Liz Taylor und eine Boa von Josephi-
ne Baker sind hier ausgestellt – ob Bill Ramsey seinen Schlager «Souvenirs,
Souvenirs» nach einem Besuch im Marchfelder Hof schrieb, ist unbekannt,
aber möglich. Begonnen hat der Promikult jedenfalls, als der Wienerlieder-
sänger Hermann Leopoldi nach einem Auftritt hier seine Noten und Brillen
vergaß.

Inzwischen hat jeder «Promi» sein Stammplatzerl. Mehr als 8000
Schilder mit Namen Prominenter machen das Lokal zu einem Kandidaten
für das Buch der Rekorde.

Um die Gäste zu unterhalten, gehört ein Karikaturist zum ständigen
Personal. Für die ganz Kleinen stehen Ersatzschnuller bereit, für die etwas
größeren Kinder ein Kasperltheater, und für diejenigen, die schon lesen können, sind Hunderte Bilderbücher vorrätig. Kommt ein Gast aus einem frem-
den Land ins Lokal, bekommt er ein Fähnchen mit der Flagge seiner Heimat auf den Tisch gestellt. Um Schwierigkeiten beim Lesen der Speisekarte
vorwegzunehmen, hat man sie in 20 Sprachen übersetzt. Wer seine Brille

Vorhergehende Seite:
Weißer Tiger im
Safaripark Gänserndorf

Erdölförderpumpe im
Feld Matzen (li.)
«Ökowertfläche» bei
Lassee (re. oben)
Pontonbrücke in
Hohenau (re. unten)

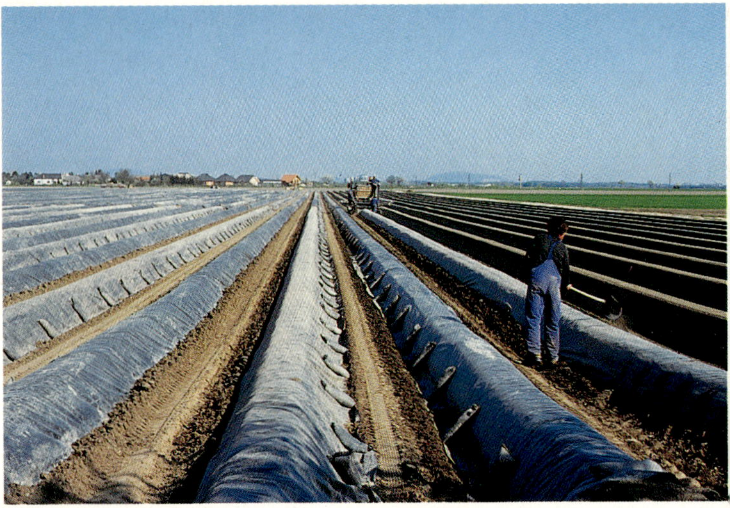

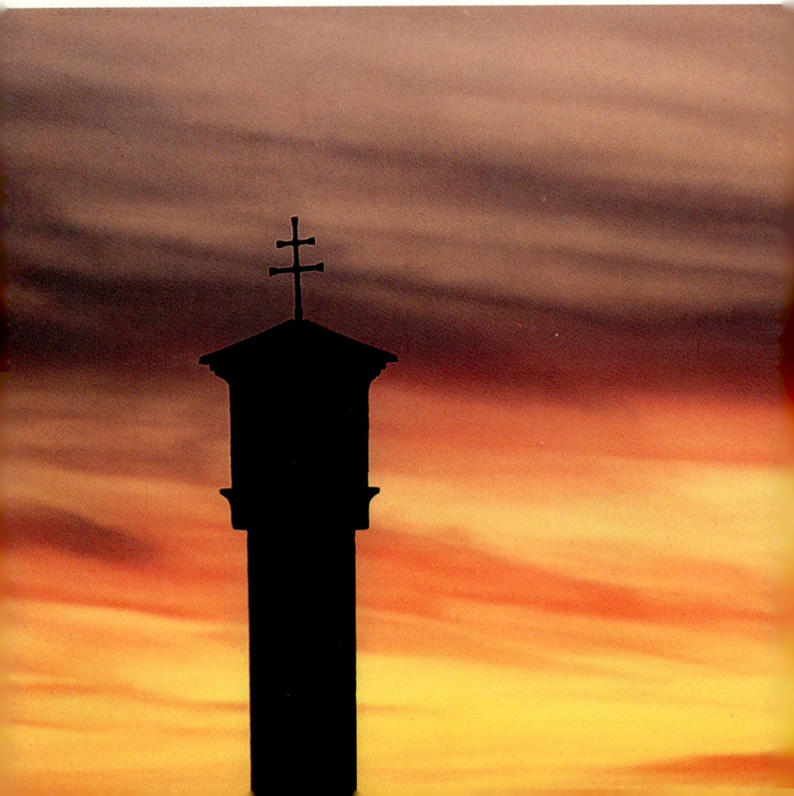

Spargelfeld bei Markgrafneusiedl (li. oben)
Abendstimmung im Marchfeld (li. unten)
Weintanklager in Wolkersdorf (re. oben)
Getreidefeld bei Raasdorf (re. unten)

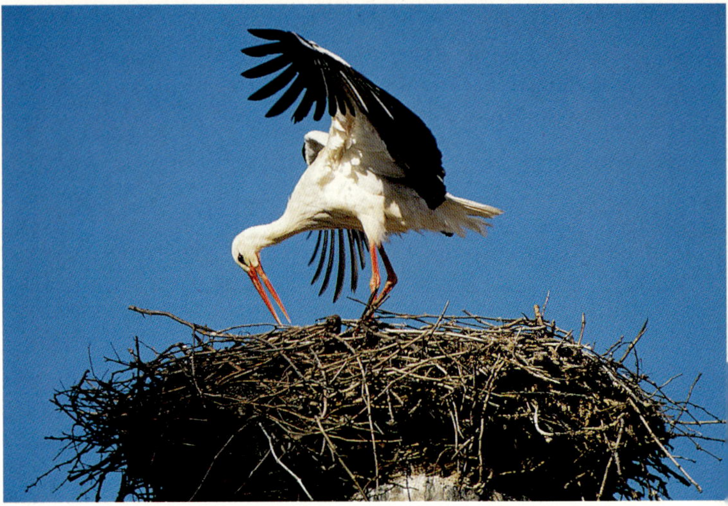

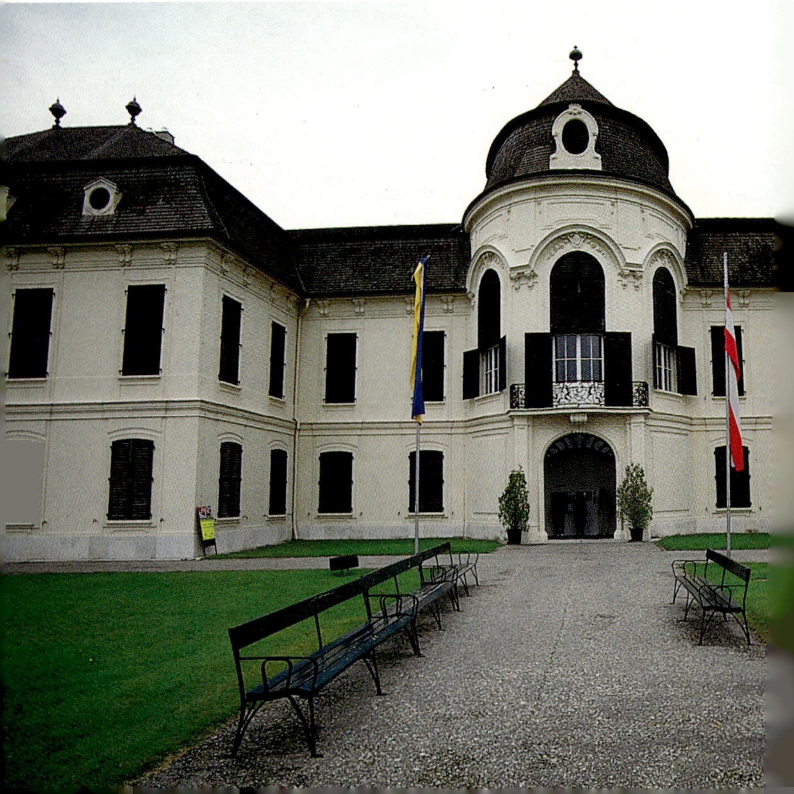

Storch in Schloßhof (li. oben)
Schloß Niederweiden (li. unten)
Im WWF-Reservat bei Marchegg (re. oben)
Rochuskapelle in Mannersdorf (re. unten)

Folgende Seite: Donauau bei Stopfenreuth

vergessen hat, bekommt eine Ersatzbrille zur Verfügung gestellt. Und wer nicht weiß, ob noch ein «Fluchtachterl» drin ist, darf schließlich auch den hauseigenen Alkomat benützen.

Marchfelder Hof, Deutsch-Wagram, Bockfließer Straße 31, Tel. 02247/2243, Montag Ruhetag.

SPARGEL

ADERKLAA Alfred Mühl, Nr. 23, Tel. 02247/2663; Josef Harbich, Nr. 5, Tel. 02247/2286. **RAASDORF** Karl Niedermayer, Nr. 3, Tel. 02249/89383; Fam. Theuringer, Nr. 31, Tel. 02249/89206. **FRANZENSDORF** Heinrich Unger, Nr. 19, Tel. 02215/2080. **LASSEE** Manfred Weiß, Obere Hauptstraße Nr. 36, Tel. 02213/2531. **LEOPOLDSDORF** F.X. Mayrhofer-Grünbühel, Hauptstraße Nr. 14, Tel. 02216/2237. **MANNS-DORF** Sulzmann & Sulzmann, Nr. 21, Tel. 02212/2414; Familie Magoschitz, Nr. 70, Tel. 02212/2318. **MARCHEGG** Markus Brandenstein, Gut Markthof, Tel. 02285/6742 (Biospargel). **MARKGRAFNEUSIEDL** Haindl & Theuringer, Nr. 16, Tel. 02248/2365-0.

DEUTSCH-WAGRAM ODER EINE REISE IN DIE URGESCHICHTE DER BAHN

Spätestens seit dem Jubiläumsjahr 1987 – damals feierte die Bahn ihren 150. Geburtstag – weiß es jedes Schulkind: Der erste Lokomotivzug des Landes fuhr im Jahr 1837 von Floridsdorf nach Deutsch-Wagram. Ein Journalist der «Wiener Allgemeinen Theaterzeitung», Franz Carl Wiedmann, war mit dabei:

«Das Dahingleiten des Zuges auf der schönen, weiten Bahn gewährte einen imposanten Anblick. Jubelgeschrei und freudiger Zuruf erscholl ihm von allen Seiten. Man begrüßte ihn mit Freudenschüssen, Schwenken der Hüte usw., und rings zeigte sich der lebendigste Anteil an der interessanten Fahrt.»

Wenig später sitzt Wiedmann schon in einem Wagen erster Klasse, dessen «Eleganz und Bequemlichkeit» ihn sichtlich beeindrucken. Wiedmann schließt seine Reportage euphorisch: «So begrüßen wir denn mit jener freudigen Regung, welche jeder Sieg des Geistes, der Intelligenz und der Industrie in uns erwecken muß, die Realisierung eines großartigen Unternehmens, dessen Resultate von dem wichtigsten Einflusse auf den Zustand unseres Vaterlandes sein dürften.»

Natürlich war das am 23. November 1837 mit Probefahrten eröffnete Stück zwischen Floridsdorf und Deutsch-Wagram

Deutsch-Wagram: Erst kam Napoleon, dann die Bahn

nur ein Torso der geplanten Strecke von Wien bis in das oberschlesische Kohlerevier. Schon am 6. Jänner 1838 fuhren die Züge – nach Fertigstellung der provisorischen, hölzernen Donaubrücken – vom Ersten Nordbahnhof (beim heutigen Praterstern) ab. An diesem Tag wurde auch der fahrplanmäßige Betrieb aufgenommen. Auf Plakaten wurde kundgemacht, daß die Fahrten, «wenn die Witterungsverhältnisse es erlauben», an Wochentagen zweimal, an Sonntagen dreimal stattfinden sollen. Daß die Züge bei den alsbald äußerst beliebten Vergnügungsfahrten ins Marchfeld natürlich nicht geheizt waren, tat der guten Stimmung offenbar keinen Abbruch.

Im April 1838 erreichten die Bautrupps Gänserndorf; im Juni 1839 Lundenburg/Břeclav und im Juli 1839 Brünn. Für die 144 Kilometer von Wien nach Brünn brauchten die ersten Züge viereinhalb Stunden. Heute fährt der Eurocity «Antonín Dvořak» die Strecke in einer Stunde und 46 Minuten.

Der weitere Bau wurde durch einige Krisen aufgehalten, Krakau konnte erst zehn Jahre nach Baubeginn erreicht werden. Der Financier der Nordbahn war Salomon Freiherr von Rothschild;

die Oberaufsicht über den Bau der ersten Lokomotiveisenbahn in Österreich führte Franz Xaver Riepl. Rothschild und Riepl ging es um die schlesische Kohle; das Bankhaus Rothschild besaß bald über 300 Kohlezechen. Als das Treibmittel der industriellen Revolution endlich auf der Schiene nach Österreich gebracht werden konnte, war die schwierige Anlaufphase für die Nordbahngesellschaft überwunden; das Geschäft mit der Kohle florierte.

Aus den ersten Jahren der österreichischen Dampfeisenbahn hat sich recht wenig bis heute erhalten. Die ersten Bahnbauten waren Zweckbauten und erfüllten bald nicht mehr die ständig wachsenden Aufgaben. Das erste ebenerdige Aufnahmsgebäude in Deutsch-Wagram wurde schon 1854 abgetragen und durch ein neues ersetzt. Doch auch von diesem Bauwerk ist nicht viel übriggeblieben; hinter der kahlgeputzten Fassade ist die Substanz des alten Bahnhofs nur mehr zu erahnen. Gleichsam zum Troste befinden sich zwei Gebäude am Bahnhofsgelände von Deutsch-Wagram, die anders als das Aufnahmsgebäude die gut 130 Jahre seit ihrer Fertigstellung relativ unbeschadet überdauert haben.

Die Wasserstation, erbaut vermutlich im Jahre 1854, gilt als das älteste Bahngebäude Österreichs (die Bauten der Linz–Budweiser Pferdeeisenbahn ausgenommen). Das Pumpenhaus ist seit 1960 ohne Funktion, es wurde allerdings renoviert – und ist, da leerstehend, nur von außen zu besichtigen.

Anders der sogenannte Arbeiterwartesaal oder, korrekt, der Wartesaal 3. Klasse, der um die Jahrhundertwende entstand. Die Wartenden waren im Wartesaal eingeschlossen und wurden erst, wenn der Zug eingefahren war, auf den Bahnsteig vorgelassen. Gleich rechts neben dem heutigen Bahnhof steht das renovierte, ebenerdige, einfache Häuschen, das heute das Eisenbahn-Museum am Bahnhof Deutsch-Wagram beherbergt. Als wertvollstes Stück der Sammlung gilt ein original Nordbahn-Fahrplanaushang aus dem Jahre 1840; ferner gibt es ein Exemplar der «Vorschrif-

ten für die Reisenden auf der Kaiser-Ferdinands-Nordbahn»
aus dem Jahr 1839 und eine Stationsglocke von 1837 sowie
andere Fundstücke und Relikte aus der k.u.k. Zeit zu sehen.

Auch eine Sammlung al-
ter Eisenbahner-Unifor-
men ist ausgestellt.

Vor dem Stationsge-
bäude befand sich auch
die erste Bahnhofrestau-
ration Österreichs. Übriggeblieben ist nur mehr ein
Sgraffito an der Wand des
nunmehr geschlossenen
Lokals. Statt dessen wirbt
ein Imbißlokal um die
Gunst der Gäste. Der
«Imbiß zum alten Wag-
gon» ist tatsächlich in einem alten Eisenbahnwag-
gon untergebracht und
erinnert mit der Tafel
«Floridsdorf–Wien» nicht
nur an historische Tage,
sondern definiert auch

*Markgrafneusiedl: einst Kirche,
dann Windmühle, nun Ruine*

das Ziel zahlreicher Pendler. Bereits um fünf Uhr in der Früh
wird hier aufgesperrt; ewig lockt die Riesenschnitzelsemmel, für
deren Verzehr man keine Fahrkarte braucht.

Eisenbahn-Museum am Bahnhof Deutsch-Wagram, März bis November
So, Fei 10–16 Uhr geöffnet. Information: Tel. 02247/2209-14 od. 4282
od. 2302. Anreise mit der S1 im Halbstundentakt.

Nur sechs Kilometer von Deutsch-Wagram entfernt liegt der
kleine Ort *Markgrafneusiedl*. Der Ort besitzt eine Kirchenruine,
die auch einmal als Windmühle in Verwendung war. Die Ruine
liegt im Nordosten des Ortes auf einer Anhöhe; das einstige
Gotteshaus wird 1754 sogar als Wallfahrtsort genannt.

Zwischen 1817 und 1862 wurde in der Kirche mit Wind-energie Mehl gemahlen. Für diesen Zweck baute man den heu-te noch von weitem sichtbaren Rundturm.

Die eigentliche Ortskirche von Markgrafneusiedl ist im Kern gotisch und wurde im 18. Jahrhundert barockisiert. Bei der Schlacht von Wagram waren beide Gebäude sowie der Pfarrhof, wo Erzherzog Karl nach der siegreichen Schlacht von Aspern sein Hauptquartier bezog, von einiger Bedeutung. Zusammen mit Raasdorf und Aderklaa bildet der Ort ein Zen-trum des Spargelanbaus.

ESSEN UND TRINKEN In Markgrafneusiedl: Gasthaus Erich SCHÖNER, Nr. 60, Tel. 02248/2251, Gasthaus PONWEISER, Tel. 02248/2404.

DAS HEIZHAUS –
EISENBAHNMUSEUM IN STRASSHOF

Die «Liacon» aus dem Jahr 1851 – natürlich betriebsbereit –, eine Gebirgsschnellzugslokomotive aus 1913, eine Dampf-schneeschleuder Bauart Henschl, eine dampfbetriebene Lok mit original Waggons der Wiener Stadtbahn, eine Lok, die

Strasshof: betriebsbereite Dampfveteranen im Heizhaus

einst (1882), auf der Aspangbahn verkehrte, einige Dampfrösser, auch aus österreichischen Nachbarstaaaten, und, natürlich, etliche «Kriegslokomotiven» der Baureihe 52, daneben Wag-

gons, ein wunderschöner alter Wasserkran und eine Modelleisenbahnanlage – das Heizhaus Strasshof ist das bei weitem attraktivste Eisenbahnmuseum des Landes.

Das Gebäude selbst ist der letzte Rest des riesigen, 1908 errichteten Verschiebebahnhofs Strasshof. Vor allem im Zweiten Weltkrieg hatte der Ort enorme strategische Bedeutung: Sämtliche Züge Richtung Osten wurden hier zusammengestellt. Nach 1945 wurde aus dem Verschiebebahnhof ein Lok-Friedhof, bis zu

Strasshof: historischer Wasserkran vor dem Heizhaus

hundert ausgemusterte 52er Ungetüme wurden hier – für immer – abgestellt.

Das Heizhaus ist ein lebendiges Museum im besten Sinne. Zum fixen Programm gehören Sonderfahrten mit alten Dampfloks, zwischen Mai und Oktober ist jeden ersten Sonntag im Monat Dampfbetrieb angesagt.

Das Heizhaus muß man suchen, man fährt, von Wien aus kommend, an der Lokomotive an der Hauptstraße vorbei, bis ein kleines, grünes Schild unweit des Ortsendes nach links weist. Nach einer nochmaligen Linkswendung hat man das Ziel erreicht.

Strasshof, dieser schier unendlich lange Ort, hat zwar kaum einen Reiz oder gar Lieblichkeit, aber eine Geschichte, die

manches erklärt. Als Vorstadt von Wien war Strasshof als
«Gartenstadt» geplant, der Zusammenbruch der Monarchie
setzte der Aufwärtsentwicklung aber ein jähes Ende.

Noch um 1900 eine Siedlung von sechs Häusern mit rund
50 Einwohnern, war die Erbauung des Verschubbahnhofs
1908 die Initialzündung für die weitere Entwicklung. Ein Netz
von genormten, langen, geraden Straßen, im rechten Winkel
miteinander verbunden, entstand. Gewundene Gassen oder einen Platz als Zentrum sucht man hier vergebens.

Mit dem Ende der Monarchie brach dieses städtebauliche
Konzept völlig zusammen, heute ist der Torso allmählich zu einer geschlossenen Ansammlung von Häusern zusammengewachsen.

STRASSHOF

ESSEN UND TRINKEN Restaurant STROBL am Bahnhofsplatz Nr. 7,
mit angeschlossenem Biergartl, Tel. 02287/2226. **KAFFEEHAUS** Sehr
empfehlenswert ist die Konditorei GEIER an der Hauptstraße Nr. 207,
an Wochentagen bereits ab 5 Uhr früh gute Mehlspeisen, Tel. 02287/
2331. **MUSEUM** Heizhaus-Museum, Sillerstraße 123, Öffnungszeiten:
Mitte April bis 26. Oktober, Sa, So, Fei 9–16 Uhr, Tel. 02287/3027. Jeden ersten Sonntag im Monat Dampflok-Vorführbetrieb.

SAFARIPARK GÄNSERNDORF

Der «Safari- und Abenteuerpark», wie er offiziell heißt, liegt
außerhalb des Ortes an der Straße nach Obersiebenbrunn. Für
den Besuch der Anlage sollte man sich einen Tag Zeit nehmen.
Der Safaripark bietet allerhand Sensationen und Shows; ein eigenes Auto ist für den Drive-in-Zoo zwar von Vorteil, aber
nicht notwendig: Auf den 680.000 Quadratmetern warten über
750 Tiere aus aller Herren Länder.

Der Safaripark ist anders als die üblichen Zoos: Hier ist
man als Besucher im Käfig des eigenen Autos eingesperrt und
bewegt sich im Schneckentempo durch den Föhrenwald. Neben harmlosen Kamelen, Dromedaren, Pavianen, Antilopen,

Safaripark Gänserndorf: Im «Käfig» sitzt der Mensch

Schafen und Rindern sind auch Löwen und Tiger durch die verschlossenen Scheiben zu sehen. Die Tiere haben immerhin mehr Fläche als in einem konventionellen Zoo und offenbar auch Freude daran, sich hier fortzupflanzen: Löwen, Tiger, Zebras, Kamele, Antilopen, Paviane und etliche andere Tierarten haben in ihrer «Geburtsurkunde» Gänserndorf stehen. Von den weltweit 180 in Zoos lebenden weißen Tigern, die 1958 als freilebende Wildtiere ausgerottet wurden, befinden sich zwei im Safaripark.

Die Palette der zu verschiedenen Tages- und Jahreszeiten gebotenen zusätzlichen Showeinlagen reicht von einer Papageien-Revue über die «Seelöwen-Schule» oder eine «Schlangenparade» bis hin zum «American High Diving Team», einem «Aqua Circus». In dem nach amerikanischem Vorbild inszenierten größten Fremdenverkehrsbetrieb der Region setzt man rundum auf Unterhaltung für alle Altersklassen. Ponyreiten, Streichelzoo, Abenteuerspielplatz, Clowns und «Dambo», der freundliche Elefant mit den lachenden Augen, warten ohne Ruhetag von Palmsonntag bis Ende Oktober auf Tierfreunde.

Safaripark Gänserndorf: Klein-Afrika im Marchfeld

Wem nach etwas weniger spektakulärem Sonntagvergnügen ist, dem steht das nur 20 Gehminuten entfernte Naturschutzgebiet der Siebenbrunner Heide zur Verfügung.

Safaripark, Öffnungszeiten: In der Saison täglich ab 9.30 Uhr bis drei Stunden vor der Dunkelheit. Restaurant und Minigolfanlage sind angeschlossen, Tel. 02282/70261-0.

Die Geschichte der Stadt Gänserndorf ist ähnlich der anderer Marchfeldgemeinden. Besiedlung seit der Hallstattzeit, 1683 schwere Schäden durch die Türken, Kuruzzeneinfälle und nach der Eröffnung der Nordbahn seit 1839 allgemeiner wirtschaftlicher Aufschwung, 1853 Markterhebung, 1901 Sitz der Bezirkshauptmannschaft, 1958 Stadterhebung. Das «Dorf» ist nicht nur im Namen der jungen Stadt zu finden. Ein kleiner Rundgang überzeugt überall vom ländlichen Flair. Gleich hinter der Kirche, die im Kern aus der Romanik stammt, einen gotischen Chor besitzt und 1961 erweitert wurde, beginnt die Kellergasse. Großartige städtebauliche Anlagen wird man vergebens suchen. Das ehemalige Schloß, Sitz des Rathauses, wurde nach einem schweren Brand von 1840 nach historischen Vorlagen wiederaufgebaut. Drei Giebel bilden eine im-

433

posante Fassade. An schönen Bauwerken ist noch die Schule in der Eichamtsstraße Nr. 4 mit schönen Ornamenten sehenswert.

Nur vier Kilometer östlich von Gänserndorf befindet sich in der Ortschaft *Weikendorf* ein baugeschichtliches Juwel.

Kein Geringerer als Jakob Prandtauer hat als Frühwerk mitten im Marchfeld im Auftrag der Benediktiner des Stiftes Melk eine großangelegte barocke Kirchenanlage samt Pfarrhof in einem einheitlichen, eher schlichten Stil geschaffen.

1702 bis 1709 führte der Architekt selbst Regie bei den Arbeiten an der Kirche, nach deren Vollendung baute er den schloßähnlichen Pfarrhof, der 1721 vollendet wurde.

Die Innenausstattung stammt aus dem Beginn des 18. Jahrhunderts. Der zweigeschoßige Hochaltar zeigt ein Altarbild «Christus am Kreuz» aus dem Jahr 1682. Mensa, Tabernakel und Anbetungsengel stammen aus der josefinischen Ära, das Orgelgehäuse aus dem Jahr 1752. Sehenswert sind noch barocke Kirchenbänke und der barocke Kreuzweg.

Unterstrichen wird die Wirkung des Gebäudekomplexes durch den großen Platz vor und um die ganze Anlage. Kirche und Pfarrhof waren früher von einer Mauer und einem Wassergraben umgeben. Die Dreifaltigkeitssäule ist mit 1765 datiert.

Die Kirche ist tagsüber versperrt. Schlüssel im Pfarrhof bei Pater Johannes erhältlich, Tel. 02282/2345.

GÄNSERNDORF

ANREISE AUTO Rund 30 Kilometer von Wien, über die B8 zu errichen. **ANREISE ZUG** Mit der S-Bahn S1. **ERSTE ANLAUFSTELLE** Gemeindeamt, Tel. 02282/2651-11. **ESSEN UND TRINKEN** «RESTAURANT HANSY», Hauptstraße 31, Tel. 02282/2371. Gasthaus PRAGER, Hauptstraße 11, Tel. 02282/2243. Pizzeria «RUDOLFO», Hauptstraße 2, Tel. 02282/2553. **SCHLAFEN** Komfortzimmer im Gasthaus PRAGER (s.o.). **KAFFEEHAUS** Café AKZENT, Rathausplatz 3, Tel. 02282/8633. Café OKAY, Straßergasse 1, Tel. 02282/8220. Konditorei ALTMANN, Bahnstraße 47, Tel. 02282/2446. Konditorei HAHN-REISSIG, Hans-Kudlich-Straße 2, Tel. 02282/2534. **SZENE** BOHRTURM, Bahnstraße

17, Tel. 02282/8140. **FAHRRADVERLEIH** Am Bahnhof, Tel. 02282/ 2429. **SCHWIMMEN** Hallenbad, Bahnstraße 5, Tel. 02282/2651-31. **SPORTHALLE** Hans-Kudlich-Gasse 28, Handball und Fußballspielen bei Voranmeldung unter Tel. 02282/2651-32. **MINIGOLF** Beim Safaripark, Tel. 02282/70265. **EINKAUFEN** Jeden Samstagvormittag Bauernmarkt (Tel. 02282/2651-16). Der Flohmarkt beim OMV-Gelände Samstag- und Sonntagvormittag (Tel. 02282/5455).

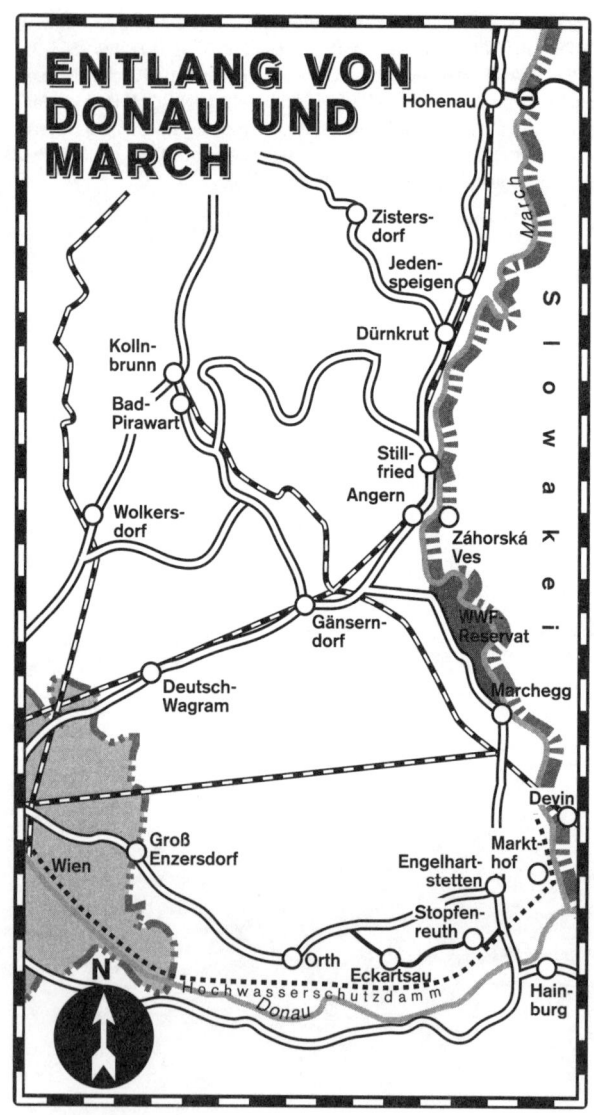

ENTLANG VON DONAU UND MARCH

Hohenau

Zisters-dorf

Jeden-speigen

Dürnkrut

Kolln-brunn

Bad-Pirawart

Still-fried

Angern

Wolkers-dorf

Záhorská Ves

WWF-Reservat

Gänsern-dorf

Deutsch-Wagram

Marchegg

Devin

Groß Enzersdorf

Markt-hof

Wien

Engelhart-stetten

Stopfen-reuth

Orth

Eckartsau

Hain-burg

Hochwasserschutzdamm

Donau

Slowakei

N

Der Urwald an March und Donau

Die Donau bildet die Südgrenze des Weinviertels, die Thaya und die March dessen Ostgrenze. Die drei Flüsse – Lebensadern, Wasserspender und natürliche Grenzen – werden neuerdings oft in einem Atemzug genannt. Seit Jahren werden Pläne zur Errichtung von Nationalparks gewälzt, die Teile der Flußsysteme, besonders die letzten Reste großer Auwälder, unter Schutz stellen sollen. Das letzte Kapitel dieses Buchs ist also den Rändern des Viertels unter dem Manhartsberg gewidmet – den Ökosystemen ebenso wie den Ortschaften, die an den Ufern dieser Gewässer mit den klingenden Namen liegen.

MARCH UND THAYA

Die March entspringt in Nordmähren und mündet nach 352 Kilometern bei der Hainburger Pforte in die Donau, die letzten 70 Kilometer bilden die Grenze zur Slowakei. Die mittlere Fließgeschwindigkeit beträgt rund 0,6 Meter pro Sekunde – was in der Tat dem sehr geringen Gefälle von nur zwölf Metern entlang der Staatsgrenze entspricht.

Einer der größten Nebenflüsse der March ist die Thaya. Dieser Fluß entspringt im Waldviertel, fließt auf großen Strecken in Tschechien, bildet zwischen Bernhardsthal und Hohenau die Staatsgrenze zwischen Österreich und Tschechien und mündet eben dort in die March. Die Gewässergüte beider Flüsse wird mit III ausgewiesen, was immerhin eine Verbesserung gegenüber 1979 darstellt. Damals wurde die March mit Stufe IV und die Thaya mit Güteklasse III–IV bewertet.

Von ursprünglich 50 autochthonen Fischarten sind in der March nur mehr 40 nachgewiesen, davon sind zehn vom Aussterben bedroht, sechs stark bedroht und sechs gefährdet. Dort, wo die Fischwelt noch halbwegs in Ordnung ist, wird gefischt. Was mit Maß und Ziel durchaus vertretbar ist, wurde auf slowakischer Seite übertrieben. Neben viel zu vielen staatlichen Fischereibewilligungen gibt es drüben, und wahrscheinlich nicht nur dort, jede Menge «Schwarzfischer» – Leute, die von

Marchegg: WWF-Schutzgebiet

früh bis spät illegal angeln. Noch ist der bis zu zwei Meter lange Wels hier ebenso heimisch wie das nur wenige Zentimeter große Moderlieschen – gesichert ist ihr Überleben aber nicht.

Zu den Sünden der Menschheit gehört auch die Regulierung der beiden Flüsse. Die Thaya wurde – auf österreichischem Gebiet – von fast 20 auf 16 Kilometer verkürzt, die March von 80 auf 69 Kilometer. Damit verbunden ist der Wasserstand in den Altarmen in den letzten Jahrzehnten um einen Meter gesunken – was nichts anderes als das langsame Todesurteil für Flora und Fauna der Au-Altarme bedeutet.

Stieleichen, Quirleschen, Ulmen und Wildbirnen wachsen noch in der Au. An wenigen Stellen trifft man sogar noch auf die Ahnen des Weinstockes: Die Echte Weinrebe klettert als Liane hoch auf die Bäume hinauf.

Der Weißstorch ist der prominenteste der mehr als 100 in den Marchauen brütenden Vögel. Stolz sind die Naturschützer auch auf den Schwarzstorch und eine Graureiherkolonie, die sich im WWF-Naturschutzgebiet der Marchegger Au angesiedelt hat.

Um dem bedrohten Augebiet, das jahrzehntelang die Vorteile der Unberührtheit entlang des Eisernen Vorhangs nutzen konnte, weiteren Schutz zu bieten, wurde im Jahr 1994 das RAMSAR-Konzept vorgestellt. Dieses Konzept möchte eine Versöhnung von Ökologie und Ökonomie erreichen – es will sowohl die Naturwerte schützen als auch eine sanfte Bewirtschaftung ermöglichen. Konkret würde Bewirtschaftung etwa das Mähen der großen Feuchtwiesen bedeuten. Die hier heimischen Frösche stellen aber andererseits eine wichtige Nahrungsgrundlage für die Störche dar.

Als entscheidende Basis für die Gesundung der March sollen auch alte Mäander rekonstruiert und die Begradigungen rückgängig gemacht werden.

HOHENAU

Hohenau liegt in unmittelbarer Nähe der Thayamündung in die March. Seit einiger Zeit besitzt der seit dem Neolithikum besiedelte, an der historischen Bernsteinstraße gelegene Ort einen Pontonbrücken-Grenzübergang zur Slowakei. Schon ab 1833 gab es hier eine Brücke über die March, die nach der Zerstörung durch einen Eisstoß 1925 abgetragen wurde. In der

Hohenau: Rathaus im Stil des «Roten Wien»

Folge wurde eine Überfuhr eingerichtet, die aber 1945 eingestellt wurde. Erst in den letzten Jahren konnte auf Betreiben
der Zuckerfabrik – vorerst nur für ein paar Monate – eine Pontonbrücke errichtet werden, um Kalkstein für die Zuckerge-
winnung aus der Tschechei über die Slowakei herüberbringen
zu können. Aus dieser Einrichtung wurde ein dauerndes Provi-
sorium.

Im Ort selbst fällt das Rathaus auf. Die Architektur gleicht
jener Wiener Gemeindebauten der dreißiger Jahre.

Wahrzeichen des Ortes ist der isoliert stehende, 1745 erbaute Glockenturm. An der heutigen Stelle steht er allerdings erst
seit 1968. Die Kirche geht in ihrem Ursprung auf die Romanik
zurück und erhielt letzte Umbauten zu Beginn des Jahrhunderts.

VON DER RÜBE ZUM ZUCKER

*Von den rund 50.000 Hektar Zuckerrüben entfallen über 20.000 auf das
Weinviertel, das mit den Standorten Hohenau und Leopoldsdorf zwei der
drei österreichischen Zuckerfabriken besitzt. Die Zuckerrübe (Beta vulgaris
saccharifera) als ergiebigste aller zuckerhältigen Pflanzen gehört zur Familie der Gänsefußgewächse, hat ein durchschnittliches Gewicht von 0,8 Kilogramm und einen Zuckeranteil von 17 bis 20 Prozent. Rund 10.000 Tonnen oder 500 Eisenbahnwaggons mit je 20 Tonnen werden täglich
während der «Kampagne» im Herbst in der Fabrik verarbeitet. 350 Leute
arbeiten dann rund um die Uhr, um aus sechs Kilogramm Rüben ein Kilogramm Zucker zu gewinnen. Die verschmutzten Rüben werden gleich beim
Entladen mit Wasser gereinigt. Der Tagesbedarf von rund 50.000 Kubik-
metern Wasser ist beträchtlich, das verschmutzte Wasser wird in Absetz-
becken gereinigt und dann wieder verwendet.*

*Die Gewinnung beginnt mit der «Schnitzelgewinnung», dem Zerklei-
nern der Rüben. 70 Grad warmes Wasser löst den Saft aus den Schnitzeln
heraus, letztere finden als Schweinefutter weitere Verwendung. Der dabei ge-
wonnene Rohsaft enthält 98 Prozent des Zuckers in der Rübe. Nach einer
Reinigungs- und Filtrationsphase kommt es zur Safteindickung und zur
Kristallisation. Der dabei auch entstehende Carbokalk wird als Dünger in*

der Landwirtschaft eingesetzt. Durch Zentrifugieren werden dann die Zuckerkristalle vom Sirup getrennt. Der Sirup wird nochmals kristallisiert, die dabei entstehenden Produkte sind wieder Zucker und Melasse. Letztere ist ein wichtiger Rohstoff für die Herstellung von Backhefe. Auch in der Futtermittelindustrie sowie für die Alkoholherstellung wird Melasse verwendet. Der fertige Zucker hat einen Saccharosegehalt von 99,7 Prozent, der Rest besteht aus Feuchtigkeit.

Exkursion: AGRANA, Hohenauer Zuckerfabrik, Bahnstraße 25, Tel. 02535/2311-0.

HOHENAU

ERSTE ANLAUFSTELLE Gemeindeamt, Am Rathausplatz 1, Tel. 02535/2307. **ESSEN UND TRINKEN** Café-Restaurant «KASINO», gegenüber der Zuckerfabrik in der Bahnstraße 36, Tel. 02535/3611. **SCHLAFEN** Privatzimmer bei Herbert HOLY, Hauptstraße 100, Tel. 02535/3542. Waltraud HOLY, Hauptstraße 80, Tel. 02535/3690. Josef SPANISCHBERGER, Hausbrunnerstraße 4, Tel. 02535/3310. Franz SOWKA, Schulgasse 8, Tel. 02535/2204. **KAFFEEHAUS** Konditorei Alfred MOKESCH, Rathausstraße 16, Tel. 02535/2288 und Günter GASS, Liechtensteinstraße 9, Tel. 02535/3510. **HEURIGE** Irmgard HANNIG, Nelkengasse 1, Tel. 02535/2628, Christine KURIL, Tulpengasse 8, Tel. 02535/2627 und Gerhard NOSSIAN, Glockenturmgasse 10, Tel. 02535/3482, alle saisonal. **SCHWIMMEN** Im Aubad. **FISCHEN** Auskunft bei der Liechtensteinischen Forstverwaltung, Forsthausgasse 2, Tel. 02535/2236. **JAGD** Auskunft bei Herrn Kostner, Tel. 02535/2315, oder Herrn Mildner, Tel. 02535/2971. **TENNIS** Info bei Herrn Schubtschik, Tel. 02535/2040. **KEGELN** Im Café DARO, Hauptstraße 11. **SCHIESSEN** Auskunft beim Schützenverein, Herr Kral, Tel. 02535/2977. **MODELLFLUG** Auskunft beim Obmann Herrn Prajka, Tel. 02535/2595. **KINO** Tel. 02535/3237. **EINKAUFEN** Vier Jahrmärkte (Josefs-, Alexander-, Bartholomä- u. Martinsmarkt). Beim Gemeindeamt genaue Termine erfragen.

DÜRNKRUT UND JEDENSPEIGEN

Die beiden Orte verbindet die Schicksalsschlacht zwischen Rudolf dem Habsburger und Ottokar dem Böhmen im Jahr 1278. Sonst haben die beiden Orte wenig gemeinsam, im Gegenteil,

Dürnkrut und Jedenspeigen: Denkmal auf dem Schlachtfeld von 1278

sie sind grundverschieden: Der Fabriksort Dürnkrut ist eine
«rote» Gemeinde, Jedenspeigen hingegen ist bis auf den heutigen Tag eine Bauerngemeinde mit einem «schwarzen» Bürgermeister.

In Jedenspeigen dominiert der neugotische Stil. Kein Geringerer als der Wiener Dombaumeister Friedrich von Schmid hat
nach mehreren Umbauphasen der im Kern romanischen Kirche zwischen 1880 und 1886 ein neugotisches Gesicht verpaßt.

In Dürnkrut ist die Pfarrkirche ein wahres Juwel an barocker Pracht. Unter Graf Jakob Hamilton im Jahre 1698 erbaut, spielt die Innenausstattung der Kirche alle Register:
Hochaltar mit goldenen Engeln und silbernen Wolken, Seitenaltäre mit gedrehten Säulen, Putti, Engeln und viel Stuck. Das
Dürnkruter Schloß, ehemals ein Besitz der Kuenringer, hat einen auffallend hohen Turm, der im 19. Jahrhundert seinen romantische Form erhielt.

Das Schloß in Jedenspeigen beherbergt die Dokumentation
der historischen Schlacht zwischen Dürnkrut und Jedenspeigen. Der kastellartige Bau mit den mächtigen Strebepfeilern an
der Außenwand stammt aus dem 16. Jahrhundert.

Öffnungszeiten: Mai bis Mitte Oktober an Wochenenden und Feiertagen von 10–17 Uhr, Tel. 02536/8224 (bei Ausstellungsbetrieb: 8468).

An die große Schlacht von Dürnkrut und Jedenspeigen am 26.
August 1278 erinnert ein großes Denkmal an der Straße zwischen den beiden Orten. Rudolf von Habsburg bezwang hier
an der March den König der Böhmen, Přemysl Ottokar II.
Mindestens 12.000 böhmische Soldaten fielen. Ottokar wurde
Opfer einer Verschwörung: Seine eigenen Adeligen stießen ihn
vom Pferd und erschlugen ihn. Mit diesem Datum wurde das
«Interregnum» beendet; die 640jährige Herrschaft der Habsburger in Österreich begann.

25.000 JAHRE BESIEDLUNG IN STILLFRIED

Der Ort Stillfried ist ein Mekka der heimischen Urgeschichte.
Eine befestigte Wallanlage aus der Zeit um 750 v. Chr. ist hier
rekonstruiert.

Die Anlage ist auf einem Spaziergang entlang des ersten
Urgeschichtswanderwegs Österreichs zu erkunden. Von der
Kirche abgehend, stößt man auf einen im Löß eingegrabenen
Backofen, der für Versuchszwecke angelegt wurde (»Experi-
mentelle Archäologie»). Der kuppelartige Ofen davor ist rö-
merzeitlich. Beim Wall erlaubt die Glaswand auch bei ge-
schlossener Tür einen Blick auf den Querschnitt durch die Geschichte. Über eiszeitlichem Löß folgen jungsteinzeitliche
Streufunde und darüber die Wallkonstruktion aus der Urnenfelderzeit: Als Kern dieses Walls wurde zunächst eine Holzka-
stenkonstruktion fabriziert und dann mit Erde gefüllt. Außen
wurde ein Erdwall angeschüttet, innen findet man Schutt, Löß
und eine Humusschicht mit römerzeitlichen und mittelalterlichen Funden. Ganz oben, an der Krone der urzeitlichen Befestigung, sind im Zweiten Weltkrieg Schützengräben angelegt
worden.

Die Besiedlung des Gebietes ist allerdings viel älter. In der
Tat fand man an der Basis des Westwalls im Löß mehr als 200

Stillfried: Querschnitt durch die Jahrtausende – durchschnittener Wall

Feuersteinstücke in verschiedensten Bearbeitungsstadien vom Rohling bis hin zur Klinge, etwa 25.000 Jahre alte Werkstücke eines altsteinzeitlichen Feuersteinklingenherstellers.

Von der Jungsteinzeit (5000 bis 2200 v. Chr.) bis zur Gegenwart reißt die Kette der Funde nicht ab. Berühmt ist Stillfried aber für die Funde aus der Urnenfelderzeit (1200 bis 700 v. Chr.), damals entstand hier eine große befestigte Anlage. 1,7 Kilometer lange Wälle, umgeben mit einem 26 Meter breiten und sieben Meter tiefen Graben, ziehen sich um ein 23 Hektar großes Areal. Lediglich fünf bis zehn Prozent sind heute ausgegraben und wissenschaftlich dokumentiert.

Um 750 wurde hier an der Bernsteinstraße reger Handel betrieben. Die berühmte «Stillfrieder Tasse» belegt Handelsbeziehungen bis nach Italien. Bereits ab der Jüngeren Eisenzeit (La-Tene-Zeit, 500 v. Chr. bis Christi Geburt) war der Wall schon bedeutungslos, zumindest hatte er keine Wehrfunktion mehr.

Um Christi Geburt kamen Germanen und Römer in das Gebiet, die nicht immer friedlich nebeneinander lebten – zumindest wird der Fund von 200 tönernen Schleuderkugeln so interpretiert. Mit der Völkerwanderung kamen der Reihe nach Goten, Heruler, Langobarden, Awaren und Slawen nach Stillfried. Im 10. Jahrhundert folgten von Osten die Magyaren. Die Ostgrenze entlang der March konnte erst 1042 gesichert werden. 1045 wird der Ort Stillfried erstmals urkundlich erwähnt. 1314 werden hier ein Jahrmarkt sowie Maut und Zoll über die March genannt.

Mit der Errichtung der Ungarnmark kam es zur Gründung der ersten Pfarren. Stillfried war eine dieser Mutterpfarren. Die ältesten Teile der Kirche und der Turm stammen aus dem 12. Jahrhundert. 1669/70 wurde die Kirche barockisiert. Im Inneren zeigt die Marienkapelle, die ursprünglich mit der Sakristei verbunden war und später als Herrschaftskapelle diente, gotische Kreuzrippen aus der Zeit um 1400.

Die Kirche ist versperrt, kann von Gruppen im Rahmen der Museumsführungen aber besucht werden.

STILLFRIED

ERSTE ANLAUFSTELLE Museum, Tel. 02283/2569. **ANREISE AUTO** Von Wien auf der B8 über Gänserndorf nach Angern, dort auf der B49 nach Stillfried. **ANREISE ZUG** Mit der Nordbahn von Wien. **ESSEN UND TRINKEN** «STILLFRIEDER HOF», Fam. Vopelka, Tel. 02283/2354. **MUSEUM** Vom ersten Aprilwochenende bis zum 31. Oktober Sa, So, Fei 13–17 Uhr geöffnet. Führungen durch den Wall: Jeden ersten Sonntag im Monat um 14 Uhr, Treffpunkt beim Museum, oder gegen Voranmeldung unter Tel. 02283/3241 od. 2569. **REITEN** Reitverein Bernsteinstraße, Reitstall Waidendorf, Hauptstraße 50, Tel. 02538/8296.

Zwei Dinge sind hier noch wichtig: Zum einen die «Wutzelburg», jene runde, weithin sichtbare frühbarocke Rochuskapelle in Mannersdorf, die 1648 geweiht wurde, und zum anderen der Wein. Sprich die vielen, malerisch schön gelegenen Preßhäuser am Rochusberg, den man am Weg zur Kapelle durchwandert.

Mannersdorf: Eingang zu den Kellern des Rochusberges

WINZER RUND UM DEN ROCHUSBERG Gerhard LOBNER, Mannerdorf/March Nr. 62, Tel. 02283/2391. Spezialitäten: Cabernet Sauvignon (Riede Zwieflhab), Gewürztraminer (Riede Vierviertel), Pinot Blanc (Alte Kirchenried). Roland MINKOWITSCH, Mannersdorf/March Nr. 64, Tel. 02283/2583. Spezialitäten: Gewürztraminer, Rheinriesling, Welschriesling (alle Riede Zwieflhab), Chardonnay (Riede Kappellenfeld). Kurt und Günther VEIT, Ollersdorfer Hauptstraße 112, Tel. 02283/2349. Spezialitäten: Rheinrieslig (Riede Rheintal), Welschriesling (Riede in Pügeln), Weißburgunder (Riede Lichtenberg), Neuburger (Riede Schönleithen).

ANGERN AN DER MARCH

Angern an der March hat am anderen Ufer der March, in der Slowakei, eine Schwesterortschaft namens Záhorská Ves (Ungeraiden). Zum Greifen nah liegen Häuser und Fabrik, trockenen Fußes hinüber kommt man aber nicht.

Früher war das anders. Schon im Jahr 1573 ist hier eine Brücke nachgewiesen. Durch wiederholte Kriege und Eisstöße sehr bald zerstört, wurde der Verkehr zwischen den Orten auf Plätten verlegt. Bald einigten sich die beiden Herrschaften auf der Bau einer Brücke, die 1806 errichtet wurde. Zehn Jahre später wurde sie bei einem Eisstoß wieder zerstört. Bald wurde wieder eine Brücke errichtet. In der Zwischenkriegszeit verkehrte sogar eine elektrische Straßenbahn von Angern nach Ungeraiden. Nach dem Zweiten Weltkrieg und dem Entstehen des Eisernen Vorhangs wurde die Brücke 1947 endgültig abgerissen.

Auch Marchegg und Dürnkrut besaßen einst Brücken, lediglich in Marchegg existiert noch eine intakte und auch benützte Bahnbrücke über die March. Erster zaghafter Andockversuch Richtung Slowakei aus unseren Tagen ist eine schwimmende Pontonbrücke in Hohenau.

Landmarke: Wutzelburg

Wer vom Boot aus die Natur entdecken will, hat die Möglichkeit, sich in Angern ein Kanu auszuborgen. Von dort wird man samt Kanu nach Dürnkrut, Drösing oder Hohenau geführt, von wo es gemächlich flußabwärts zurück nach Angern geht. (In der Mitte der March ist die Staatsgrenze, man muß also auf der rechten, der österreichischen Seite paddeln.) Von Dürnkrut aus (12,5 Kilometer) braucht man etwa zweieinhalb Stunden, von Drösing (27 Kilometer) ungefähr fünf bis sechs Stunden und von Hohenau (35 Kilometer) gute sieben Stunden nach Angern.

ANGERN

ESSEN UND TRINKEN In Angern: Restaurant ÖSTERREICHER, Bahnstraße 24, Tel. 02283/2442. **SCHLAFEN** Gasthaus REISCHÜTZ, Tel. 02283/2289. **FISCHEN** Für die March ist das Gasthaus DIPPEL-REITHER zuständig, Tel. 02283/2224. **JAGD** Auskunft bei Herrn Staringer, Tel. 02282/2579. **KANU** Ausgangspunkt: Nanukanu Kanustation direkt an der March in Angern. Saison: 1. Mai bis 1. Oktober (geöffnet Sa und So; Juli und August Mi–So), Tel. 02282/3448 oder 0663/9187574. Wer Zillen bevorzugt, kann – gegen Voranmeldung – von Angern oder Marchegg bis zur Marchmündung fahren, von dort wird man dann auf der Straße zum Ausgangspunkt zurückgebracht. Information: Gasthof Pension «PRINZ EUGEN», Schloßhof 60, Tel. 02285/6130 oder 6541.

DIE ERLEBNISAU: DAS WWF-RESERVAT
BEI MARCHEGG

Höhepunkt eines Wochenendausflugs ist ab April ein Besuch der Marchegger Storchenkolonie, die keine 200 Meter hinter dem Schloß von einem Besucherhochstand bequem und gut zu besichtigen ist.

Bereits 1970 wurde das 1150 Hektar große Schutzgebiet zwischen Marchegg und Zwerndorf entlang der March vom WWF und von der Stadt Marchegg erworben und unter Naturschutz

Marchegg: Treffpunkt der Störche

gestellt. Besucher werden nicht ausgesperrt, es wird von ihnen bloß erhöhte Disziplin verlangt. An Rundwanderwegen mit zehn markierten Beobachtungspunkten darf man die Vielfalt und Einzigartigkeit der Auenlandschaft bewundern. Tiere wie der Storch haben sich schon längst an die Naturfreunde gewöhnt.

Die Weißstörche kommen Anfang April aus ihrem Winterquartier in Zentral- und Südafrika in heimische Gefilde. Mehr als 10.000 Kilometer fliegen sie über Israel, den Bosporus bis nach Marchegg. Auf den 400 bis 900 Kilogramm schweren Nestern werden von den Storcheneltern drei bis fünf Eier abwechselnd bebrütet. Drei bis zehn solcher Horste befinden sich auf den Eichen im Augebiet, kein anderer Baum könnte eine solche Last tragen. Die Nahrung der Störche, vor allem

Frösche, Eidechsen und Mäuse, kommt aus den offenen Auwiesen, bevorzugt aus dem slowakischen Teil. Sind die Störche die auffälligsten Tiere der Stadt, die an den Frühjahrswochenenden Hunderte neugierige Leute anlocken, so leben im WWF-Reservat noch mehr bedrohte Arten aus dem Tier- und Pflanzenreich: Verschiedenste Reiherarten, Würgfalken, der Schwarzmilan, Graugänse und Moorenten sind hier heimisch. Botanische Raritäten sind Wassernuß, Strandampfer, Sumpfbrennessel, Sumpfwolfsmilch, Seerose oder sibirische Schwertlilie.

Neben dem bloßen «Storchenschauen» bietet sich im Naturschutzgebiet eine kleine (ca. 3,5 Kilometer) und eine große Wanderrunde (ca. 8 Kilometer) an. Wer will, kann auch gleich die ganze Au bis Zwerndorf durchwandern (ca. 10 Kilometer). Der WWF hat eine Karte (1:25.000) des Naturschutzgebietes aufgelegt und veranstaltet regelmäßig Führungen durch das Naturschutzgebiet, Tel. 0222/4091641-0.

DIE DONAU VON DER LOBAU BIS ZUR HAINBURGER PFORTE

Auf insgesamt 1500 Hektar Fläche erstreckt sich – von Wien bis zur Staatsgrenze – am nördlichen Donauufer das größte Auwaldgebiet Österreichs. «Europäischer Tropenwald» wird dieses von der Lobau und bis zur Hainburger Pforte reichende Urwaldgebiet auch bezeichnet. Mehr als 5000 Tierarten leben in diesem letzten Rest «Wildnis».

»Die Au» war und ist wie kein anderes Waldgebiet Österreichs zum Symbol für die vom Menschen bedrohte Natur geworden. Im Dezember 1984 wurde ein Stück der Au von Naturschützern besetzt, die damit den Bau eines Kraftwerks bei Hainburg verhindern konnten. Diese historische Auseinandersetzung war gleichzeitig auch die Geburtsstunde der österreichischen «Grünen».

Nicht nur Kraftwerksprojekte gefährden den vitalen Auwald. Die Donauauen drohen auch ohne Staumauern und Beton-

449

dämme auszutrocknen – die Altarme wurden durch Uferbefestigungen und Regulierungen abgeschnitten, die Donau tieft sich immer weiter ein, die Landwirtschaft entzieht über Gebühr Grundwasser – und die Au stirbt.

An der Marchmündung: der Arpadfelsen / Slowakei

So sehr heute Überschwemmungen für die Belebung der Augebiete fehlen, so verheerend waren sie in vergangenen Jahrhunderten. Ganze Orte wurden von den Fluten weggewaschen. 1787 war ein schreckliches Hochwasserjahr, aber auch noch 1830: Der Ort Kimmerleinsdorf wurde zur Gänze weggespült. So lag der Ruf nach einer Eindämmung der Fluten nahe. Bereits 1810 dachte man an einen Dammbau, der aber erst 1882 in Angriff genommen wurde. 1905 war der Hochwasserschutzdamm längs der Donau endlich fertiggestellt, und der Kaiser kam höchstpersönlich nach Markthof, um dort das Jahrhundertbauwerk einzuweihen. Eine wuchtige, dennoch reizvolle Jugendstilkapelle erinnert an die Feier am 10. Juni 1905.

Ein «Muß» beim Besuch der Kapelle ist ein Blick zur nahegelegenen Marchmündung, markiert durch den steil aufsteigenden Arpadfelsen.

Hoch oben an der Klippe, die bereits zu den Karpaten gehört, ragt ein Ruinenrest wie ein fauler Stockzahn in den Himmel: Die Festung Theben/Devin wird um 860 erwähnt, sie wurde 1233 erstmals vom letzten Babenberger, Friedrich II., zerstört, dann wieder aufgebaut und 1621 von den Österreichern wieder erobert. Sie konnte 1683 von den heranstürmenden Türken nicht eingenommen werden und fiel erst 1809 an die Franzosen.

Neben dem Hochwasserschutz hat der Hubertusdamm heute als «Donauradweg» eine zweite, eminent wichtige Funktion bekommen. Auf ihm kann man von Wien bis zur Donaubrücke knapp vor Hainburg fahren. Auch der Ostösterreichische Grenzlandweg (07) führt entlang des Dammes nach Osten, lediglich an manchen Punkten macht er Abstecher ins Land hinein.

Eines der bekanntesten und lohnenswertesten Ausflugsziele in der Au ist das *Uferhaus bei Orth*.

Früher ging von hier eine Rollfähre nach Haslau ab; der Fährmann wohnte in einer hölzernen Hütte. 1906, als man hier eine Anlegestelle für Donauschiffe baute, entstand das Haus neu aus Ziegelsteinen. Zunächst diente es als Fahrkarten-Ausgabestelle der Donaudampfschifffahrtsgesellschaft. Heute beherbergt das Gebäude, an dessen donauseitiger Hausmauer die höchsten Hochwasserstände aufgezeichnet sind, ein Restaurant – ein weithin bekanntes noch dazu. Der «Serbische Karpfen» hat überregionale Berühmtheit erlangt.

*Der Eisvogel –
Bewohner der Au*

Wer näheres über den Auwald wissen will, kann am «Aulehrpfad» nach Orth wandern.

Daß an der Donau immer Fisch gegessen wurde, versteht sich von selbst. Und ebenso selbstverständlich wurden hier berühmte Fischspezialitäten kreiert. Die Schwester des verstorbenen Georg Humer sen., dessen Sohn das oben gelobte Ufergasthaus führt, ist die Erfinderin der «Orther Fischsuppe»:

Ein halbes Kilo Fischfilet in zwei Zentimeter große Würfel schneiden, mit Zitronensaft und einem Schnapsglas Aquavit begießen. Speck fein würfeln, anrösten, eine kleingeschnittene Zwiebel und eine Knoblauchzehe dazugeben und drei

Minuten gelb dünsten. Zwei Karotten, 40 Dekagramm Erdäpfel, klein gewürfelt, und 10 Dekagramm Lauch, geringelt
geschnitten, dazugeben und mit einem Liter Fleischsuppe
aufgießen. Mit einem Lorbeerblatt, Safran und einem halben Teelöffel Basilikum etwa 15 Minuten kochen lassen.
Die mit Schnaps marinierten Fischwürfel fünf Minuten gar
ziehen lassen. Mit Salz und Pfeffer abschmecken, frische Pe-
tersilie darüberstreuen.

Die Kochbücher sind von den beiden Herausgeberinnen, Hermine Breuer (Tel. 02212/2237) und Maria Wambach (Tel.
02212/2772), direkt zu beziehen.

Bootstouren: Arwex Sport, Syringgasse 6–8, 1170 Wien, Tel.
0222/408 34 78, bieten geführte Touren durch die Au an.

NATIONALPARKPLÄNE

Schon 1978 kam man zu der Erkenntnis, daß die Donau-
March-Thaya-Auen als eine der letzten urprünglichen Landschaften Europas nach internationalen Maßstäben «nationalparkwürdig» sind. Ein endgültiges politisches «Ja» mit allen
Konsequenzen für den Nationalpark steht immer noch aus, unter anderem auch deshalb, weil einige der Anrainergemeinden
den Nationalpark auf ihrem Gemeindegebiet ablehnen.

Was ist – nochmals gefragt – der Grund, ausgerechnet hier,
zwischen den zwei Großstädten Wien und Bratislava, einen Nationalpark errichten zu wollen? Es ist, zusammenfassend, die
Hoffnung, ein letztes Stück frei fließende Donau der Nachwelt erhalten zu können. Denn: Auf den ersten 1000 Stromkilometern
der Donau gibt es 58 Staumauern, nur drei freie Fließstrecken
und nur noch einen intakten Auwald – jenen östlich von Wien.
Regelmäßige Überschwemmungen und starke Grundwasser-
schwankungen haben über Jahrtausende einen Lebensraum geschaffen, der in seiner Artenvielfalt durchaus mit einem tropi-
schen Regenwald vergleichbar ist. 623 höhere Farn- und Blüten-
pflanzen, 216 verschiedene Wirbeltierarten, davon 41 Säuger,

109 Brutvogelarten, acht Reptilien-, zwölf Amphibien und mehr als 50 Fischarten leben hier. Der seltene Eisvogel nistet in einer für Europa einzigartigen Dichte. Weitere «berühmte» Bewohner der Au sind Auhirsch, Biber, Schwarzstorch, Weißstorch, Sakerfalke, Flußregenpfeifer, Europäische Sumpfschildkröte, Würfelnatter, Laubfrosch, Donaukammolch sowie viele verschiedene Käfer-, Schmetterlings- und Libellenarten. Bei einem Kraftwerksbau würden mehr als 70 Tierarten unmittelbar bedroht sein.

Inzwischen wurden Unmengen an Papier und Gutachten gestapelt. Das fertige Nationalparkkonzept liegt am Tisch. Das politisch brisante Ergebnis: Nationalpark und Kraftwerksbau sind unvereinbar. Die sinnvollste Lösung einer Nationalparkvariante, sagen deren Planer, schließt das gesamte Gebiet zwischen Wien und der Staatsgrenze ein, insgesamt 11.500 Hektar.

Was würde ein Nationalpark bringen? Vor allem einmal würde er die Bewohner der Anrainergemeinden sicher nicht zu Bewohnern eines «Indianerreservats» machen, sondern den Auwald «revitalisieren» und geordnet für Besucher erschließen.

Zur Verbesserung des Wasserhaushaltes sollen, so der Plan, Altarme wieder in das Flußregime der Donau miteinbezogen

Mündung der March in die Donau – nur der Nationalpark fehlt noch

werden. Der Wald wird «außer Nutzung» gestellt; Jagd im herkömmlichen Sinn und Berufsfischerei werden eingestellt.

Parallel zum Nationalparkkonzept arbeitete die DOKW weitere Kraftwerksvarianten östlich von Wien aus. Die Variante Engelhartstetten hätte für die Au ähnlich fatale Wirkungen wie die Hainburg-Variante. Das Kraftwerk Wildungsmauer würde einen Rückstau bis nach Wien verursachen und drei Viertel der bestehenden Au zerstören, lediglich 2700 Hektar Au würden übrigbleiben. Die Realisierung des mit der Slowakei gemeinsam geplanten Kraftwerks Wolfsthal-Bratislava II würde weniger die Donau als viel mehr die March bis nach Angern betreffen. Aus ökologischer – und touristischer – Sicht ist jede dieser Varianten abzulehnen und auf eine baldige Verwirklichung des Nationalparks zu hoffen.

Donaufisch – eine von 50 Arten

Radwege im Weinviertel

Sämtliche Radwege sind mit einem grünen, rechteckigen Schild, einem eigenen, themenbezogenen Logo und dem Logo des Landes Niederösterreich gekennzeichnet.

BERNSTEINWEG (135 km)
Von Bisamberg (Donauradweg) nach Herrnbaumgarten (Weinviertelweg): Bisamberg – Hagenbrunn – Großebersdorf – Wolkersdorf – Prottes – Groß-Schweinbarth – Bad Pirawarth – Niedersulz – Zistersdorf – Neusiedl – Hohenau – Bernhardsthal – Schrattenberg – Herrnbaumgarten

WAGRAMWEG (16 km)
Von Altenwörth (Donauradweg) nach Fels (Weinviertelweg): Altenwörth – Neustift – Kirchberg/Wagram – Fels/Wagram

STAATZERBERGWEG (44 km)
Von Laa (Weinviertelweg) nach Gnadendorf (Leiserbergweg): Laa – Wildendürnbach – Kirchstetten – Neudorf – Staatz – Wultendorf – Loosdorf – Hagenberg – Zwentendorf – Gnadendorf

STEINBERGWEG (24 km)
Von Zistersdorf (Bernsteinweg) nach Altlichtenwarth: Zistersdorf – Prinzendorf – Hauskirchen – Althöflein – Großkrut – Altlichtenwarth

WEINVIERTELWEG (188 km)
Von Krems (Donauradweg) über Retz und Laa nach Niedersulz (Bernsteinweg): Krems – Grafenegg – Fels/Wagram – Mühlbach – Maissau – Burgschleinitz – Eggenburg – Röschitz – Pulkau – Retz – Haugsdorf – Seefeld-Kadolz – Laa – Neudorf bei Staatz – Kirchstetten – Falkenstein – Herrnbaumgarten – Poysdorf – Mistelbach – Niedersulz

DONAURADWEG (136 km im Weinviertel)
Von Passau nach Budapest: Krems – Tulln – Wien – Hainburg

LEISERBERGWEG (51 km)
Von Greifenstein (Donauradweg) nach Laa (Weinviertelweg): Greifenstein – Stockerau – Leitzersdorf – Niederfellabrunn – Ernstbrunn – Buschberg – Klement – Gnadendorf – Laa

HELDENBERGWEG (59 km)
Von Tulln (Donauradweg) nach Seefeld-Kadolz (Weinviertelweg):
Tulln – Stetteldorf/Wagram – Großweikersdorf – Kleinwetzdorf –
Thernberg – Hollabrunn – Wullersdorf – Mailberg – Seefeld-Kadolz

SCHMIDATALWEG (20 km)
Von Kleinwetzdorf (Heldenbergweg) nach Röschitz (Weinviertelweg):
Kleinwetzdorf – Glaubendorf – Ziersdorf – Frauendorf –
Sitzendorf/Schmida – Röschitz

BUSCHBERGWEG (58 km)
Von Laa (Weinviertelweg) nach Mistelbach (Weinviertelweg):
Laa – Wulzeshofen – Zwingendorf – Großharras – Stronsdorf –
Eichenbrunn – Gnadendorf – Michelstetten – Asparn – Mistelbach

URZEITWEG (59 km)
Langenlois – Strassertal – Maissau – Burgschleinitz – Zogelsdorf –
Eggenburg – Horn

BERTHA-VON-SUTTNER-WEG (23 km)
Gars – Kotzendorf – Buttendorf – Harmannsdorf – Zogelsdorf –
Eggenburg – Stoitzendorf – Röschitz

Wanderwege im Weinviertel

EUROPÄISCHER FERNWANDERWEG E8, (170 km)
BZW. OSTÖSTERREICHISCHER GRENZLANDWEG 07
(rot-weiß-rot, 607), rd. 170 km
Retz – Mailberg – Ernstbrunn – Bisamberg –
Langenzersdorf – Wien – Stopfenreuth

RUND-UM-WIEN-WANDERWEG/STADTWANDERWEG NR. 10
(rot-grün), rd. 35 km
Neue Donauinsel – Gerasdorf – Stammersdorf –
Magdalenenhof – Langenzersdorf – Donauinsel

WEINVIERTELWEG
(rot-weiß-rot, 632), rd. 95 km
Drasenhofen – Mistelbach – Leiser Berge – Ernstbrunn –
Kreuttal – Bisamberg – Langenzersdorf

WEINVIERTLER RUNDWANDERWEGE
(rot-weiß-rot, 633 bzw. 632), rd. 73 km
Langenzersdorf – Korneuburg – Rohrwald – Ernstbrunn –
Kreutwald – Bisamberg – Langenzersdorf

KORNEUBURGER RUNDWANDERWEG
(blau-gelb-blau), rd. 42 km
Korneuburg – Leobendorf – Burg Kreuzenstein –
Bisamberg – Langenzersdorf – Korneuburg

KREUZENSTEINER RUNDWANDERWEG
(rot-weiß-rot, grün, 636), rd. 40 km
Langenzersdorf – Korneuburg – Rohrwald-Harmannsdorf –
Bisamberg – Langenzersdorf

TULLNERFELDER RUNDWANDERWEG 4
(rot-weiß, T4), rd. 60 km
Absdorf – Kirchberg – Fels – Wagram –
Grafenegg – Altenwörth – Bierbaum

TULLNERFELDER RUNDWANDERWEG 1
(rot-weiß, T1), rd. 40 km
Schmida – Stockerau – Hausleiten – Absdorf

GROSSER TULLNERFELDER RUNDWANDERWEG
(rot-weiß-rot, 475 bzw. 675), rd. 80 km
Fels/Wagram – Absdorf – Stockerau – Schmida

DONAUKRAFT-WANDERWEG
(blau-weiß, Zusatztäfelchen), rd. 24 km
Langenzersdorf – Korneuburg – Leobendorf – Spillern – Stockerau

DONAUKRAFT-RUNDWANDERWEG
(blau, Zusatztäfelchen), rd. 46 km
Korneuburg – Stockerau – Goldgeben – Stockerauer Au –
Kraftwerk Greifenstein – Korneuburg

HANS-CZETTEL-RUNDWANDERWEG
(grün, blau, rot-weiß-rot, Zusatztäfelchen), rd. 42 km
Stockerau – Leitzersdorf – Waschberg – Goldenes Bründl –
Korneuburg – Leobendorf – Stockerau

MARCHFELDKANAL-WANDERWEG
(blau, Zusatztäfelchen), rd. 25 km
Langenzersdorf – Strebersdorf- Stammersdorf – Deutsch-Wagram

Info: Der Österreichische Alpenverein, Sektion Wienerland
(2103 Langenzersdorf Postfach 33, Tel. 02244/3536), bietet
Informationen, Karten und Wanderführer an.

Die besten Lokale im Weinviertel

DEUTSCH-WAGRAM

«Marchfelderhof» Spargeltreffpunkt, Promitreff, Erlebnisgastronomie: Nirgendwo werden Gäste so persönlich betreut wie hier unter der Ägide Gerhard Boceks. Kulinarischer Höhepunkt ist die Spargelsaison, wo stets Neues kreiert wird. Mehr als 170 Weine. Bockfließer Straße 31, Tel. 02247/2243 (Montag Ruhetag).

GROSS-ENZERSDORF

«Taverne am Sachsengang» Im eleganten Landhausstil, Terrasse mit Blick auf die Donauauen, hier gibt's nicht nur Zwiebelmarmelade, sondern natürlich auch Spargel und als besonderes Extra den «Hummerclub» mit frischen Hummern das ganze Jahr hindurch. Mehr als 160 Flaschenweine. Schloßhofer Straße 60, Tel. 02249/2901-0.

KORNEUBURG-LANGENZERSDORF

«Donaurestaurant Tuttendörfl» An der noblen Adresse direkt am Donaustrom, im Schatten uralter Bäume neben dem Donauradweg, genießt man nicht nur Fische, sondern, je nach Jahreszeit, auch Spargel, Maibock, Wild und Ente. Empfehlenswert ist eine Fischkreation des Hausherrn: Gefüllte Forelle mit Spinat, Lachs und Weißweinsauce. Mehr als 140 Weine. Tel. 02262/2485 oder 5677 (Sonntag, Montag Ruhetag).

MISTELBACH

«Restaurant Zur Linde» Österreichische Küche mit saisonalen Schwerpunkten, der Jungschweinsbraten mit dem knusprigen Schwartl hat immer Saison. Weinkulinarien im Frühjahr und Herbst runden das Spektrum ab. Mehr als 30 Weine, zusätzlich noch Spezialitäten. Bahnstraße 49, Tel. 02572/2409 (Sonntag ab 14 Uhr und Montag Ruhetag).

OBERSTOCKSTALL

«Gut Oberstockstall» «Möglichst frisch und, wenn möglich, aus dem eigenen Betrieb» lautet das Motto der Zwei-Hauben-Köchin Eva Salomon. Von Weinen, Schnäpsen über Kräuter, Gemüse bis zum Brot wird alles selbst fabriziert. Im Sommer sitzt man im Schatten von Oleandern auf der Terrasse. Schloß Oberstockstall, Tel. 02279/2335 (Sonntag bis Dienstag Ruhetag).

RETZ

«Althof» Junges Leben (Absolventen der Hotelfachschule) auf historischem Boden (Standort der alten Retzer Burg), so könnte man den Althof charakterisieren. Hier dreht sich die regionale Küche mit einem Kürbisschwerpunkt im Herbst in erster Linie um den Wein, als Geheimtip gilt die Veltlinercremesuppe, zweimal im Monat finden Weinkulinarien statt. 30 Flaschenweine aus dem Weinviertel. Burggasse 5, Tel. 02942/3711-0 (Montag, Dienstag Ruhetag).

Die schönsten Kellergassenfeste im Weinviertel

MAI
Stoitzendorf, Tel. 02984/3400

JUNI
Bullendorf, Tel. 02573/2366
Bad Pirawarth, Tel. 02574/2340
Gaiselberg, Tel. 02532/2401
Herrnbaumgarten, Tel. 02555/2200
Untermarkersdorf, Tel. 02943/2303

AUGUST
Hausleiten, Tel. 02265/267
Heldenberg, Tel. 02956/2553
Schöngrabern, Tel. 02952/2132
Unterstinkenbrunn, Tel. 02576/6361

SEPTEMBER
Großkrut, Tel. 02556/20
Haugsdorf (Hüatagang), Tel. 02944/2218
Kreuzstetten, Tel. 02263/8472
Pillichsdorf, Tel. 02245/2421
Zlabern, Tel. 02523/314

OKTOBER
Altlichtenwarth, Tel. 02533/8001806
Hohenruppersdorf, Tel. 02574/8304

GRENZÜBERGÄNGE IM WEINVIERTEL

HARDEGG
Für visumfreie Fußgänger und Radfahrer, 15. April bis 2. November von 8 bis 20 Uhr, Tel. 02949/8294 oder /8212.

HOHENAU (PONTONBRÜCKE)
Für Österreicher und Slowaken, täglich von 7 bis 19 Uhr, Tel. 02535/2222 oder 2253 oder 2243.

KLEINHAUGSDORF
Internationaler Grenzübergang, täglich rund um die Uhr, Tel. 02944/2295.

LAA AN DER THAYA
Internationaler Grenzübergang, täglich rund um die Uhr, Tel. 02522/276 oder 453.

MITTERRETZBACH
Für Österreicher, Tschechen und visumfreie Fußgänger und Radfahrer, täglich von 7 bis 22 Uhr, Tel. 02942/3489.

REINTHAL
Für Österreicher und Tschechen, täglich von 8 bis 20 Uhr, Tel. 02557/333.

SCHRATTENBERG
Für Österreicher und Tschechen, täglich von 8 bis 20 Uhr, Tel. 02555/2333.

LITERATUR – AUSWAHL

Berndt **Anwander**, Cordula **Loidl-Reisch**: Kellergassen in Österreich. Wien 1989.

Bezirkshauptmannschaft Mistelbach: Heimatbuch des Verwaltungsbezirkes Mistelbach. Mistelbach o.J.

Ernst **Bezemek** und Willibald **Rosner** (Hg.): Vergangenheit und Gegenwart. Der Bezirk Hollabrunn und seine Gemeinden. Hollabrunn 1993.

Anton R. **Bodenstein**, Carl Philipp **Hohenbühel**: Mühlen im Weinviertel. Wien 1985.

Bundesdenkmalamt (Hg.): Dehio-Handbuch Niederösterreich nördlich der Donau. Wien 1990.

Antonin **Bartonek**, Bohuslav **Benes**, Wolfgang **Müller-Funk**, Friedrich **Polleroß**: Kulturführer Waldviertel, Weinviertel, Südmähren. Wien 1993.

Walther **Brauneis**: Die Schlösser im Marchfeld. St. Pölten – Wien 1981.

Rudolf **Büttner**: Burgen und Schlösser in Niederösterreich. Vom Marchfeld bis Falkenstein. Wien 1982.

Rudolf **Büttner**: Burgen und Schlösser in Niederösterreich. Vom Bisamberg bis Laa/Thaya. Wien 1987.

Franz **Eppel**: Kunst im Lande rings um Wien. Salzburg 1977.

Karl **Gutkas**: Landeschronik Niederösterreich. Wien – München 1990.

Kulturbund Weinviertel: Schriftenreihe Das Weinviertel (Schlösser und Burgen). Mistelbach 1979.

Johannes-Wolfgang **Neugebauer**: Archäologie in Niederösterreich. Poysdorf und das Weinviertel. St. Pölten – Wien 1995.

Karl **Lukan**: Das Weinviertelbuch. Wien 1992.

Karl **Lukan**: Weißer Stein und Rotes Türl. Wien 1990.

Vene **Maier** (Hg.): Käse in Österreich. Wien 1993.

Hermann **Mayerhofer**: Wanderführer Ostösterreich. Wien 1994.

NÖ Bildungs- u. Heimatwerk: Weinviertler Hausbuch. Wien 1989.

Othmar **Pruckner**: Mit der Eisenbahn durch Österreich. Wien 1992.

Othmar **Pruckner**: Das Kamptal. Wien 1994.

Theo **Rosiwall**: Schlachtfeld Niederösterreich. St. Pölten 1978.

Otto **Schilder**: Land an March und Donau. Gänserndorf 1975.

Werner **Schima** und Robert **Sedlacek**: Unser Wein 1994/95. Wien 1994.

Rudolf **Steurer**: Österreichischer Weinführer. Wien 1990.

Christoph **Wagner** und Lois **Lammerhuber**: Weinviertel. Wien 1993.

Walther Franz **Ziehensack**: Land zwischen Thaya und Zaya. Wien – München 1975.

Zahlreiche Heimatbücher, Broschüren und mündliche Mitteilungen.

WICHTIGE PERIODIKA

Kulturnachrichten aus dem Weinviertel (erscheint viermal jährlich). Herausgegeben vom «Kulturbund Weinviertel», Mistelbach, Museumsgasse 4, Tel. 02572/3844.

NÖ-Kulturberichte (erscheint monatlich). Herausgegeben vom Amt der Niederösterreichischen Landesregierung, Wien, Herrengasse 11, Tel. 0222/53110-2181.

ORTSREGISTER

Fotonachweis:

Martin Bauer (S. 339 re. unten)

A.M. Begsteiger (S.323)

Heinz Cibulka (S. 213 unten)

Hans Göttinger (S. 55)

Monika Hofmann (S. 149)

Thomas Hofmann (S. 17, 35, 60, 72, 90, 122, 196, 198, 277, 291, 312, 326, 364, 420 oben, 426, 439, 446, 450)

Dr. Peter Kenyeres (S.134)

Karl Korab (S. 115)

Naturhistorisches Museum (S. 21)

NÖ Fremdenverkehrswerbung (S. 96)

NÖ Landesregierung/Bildstelle (Nechuta S. 155, Schleich S. 23, 221, Boltz S. 333)

ORF (S. 397)

Österreich Werbung/Archiv (Herzberger S. 422 oben, Kalmár S. 103 oben, Markowitsch S. 448, Reiberger S. 421 unten, Wiesenhofer S. 111, 104)

Österreichische Nationalbibliothek/Bildarchiv (S. 39, 58, 251)

Österreichischer Bundestheaterverband/Axel Zeininger (S. 305)

Paul Robert (S. 267)

Safaripark Gänserndorf (S. 417, 432, 433)

Schloß Schönborn/Golfclub (S. 102 unten)

Manfred Schneider (S. 244)

Alice Schumacher (S. 18, 94, 101 unten)

Wiener Kirchenzeitung (S. 152, 153)

Alle übrigen Fotos stammen von Michael Rathmayer und Uta Köstler.

Znojmo

Hardegg

T s c h e c h

Retz

Pulkau

Röschitz

Haugsdorf

Mailbe

Eggenburg

Großharras

Horn

Gars

Maissau

Ziersdorf

Hollabrunn

Ernstbr

Heldenberg
Kleinwetzdf.

Großwei-
kersdorf

Fels

Kirchberg a.
Wagram

Krems

Altenwörth

Stockerau

N

Tulln

Klosterneu

RADWANDERV

W

	Donauradweg
	Steinbergweg
	Staatzerbergweg
	Buschbergweg
	Urzeitweg
	Schmidatalweg
	Thayatalweg
	Wagramweg
	Berta v. Suttner Weg
	Bernsteinweg
	Weinviertelweg
	Heldenbergweg
	Leiserbergweg